개정판

Economics of Tourism

관광경제학

최병길 · 김태보 공저

백산출판사

Preface

인간은 기본적으로 불평등한 사회에서 살아가고 있다. 어떤 사람은 아무리 노력해도 국내여행조차 하기 힘든 반면에 또 어떤 사람은 별로 노력하지 않으면서도 수시로 해외여행을 즐기면서 살아가는 경우도 많다. 그런데 거꾸로 여행을 통해서 세상 사람들은 매우 불평등하게 살아가고 있고, 세상 사람들은 모두 서로가 매우 다르게 살아가고 있다는 것을 느끼게 된다. 그러나 한 가지 세상 모든 사람들이 추구하는 공통적인 목표는 경제활동을 통해 잘 살아보고자 노력하고 있다는 것이다.

지금보다 잘 살게 되면, 또는 어느 날 갑자기 큰돈이 생기게 되면 여행을 하고 싶다는 소박한 꿈을 가지고 사는 사람들이 많다. 결국 관광은 돈과 관련된 문제이다. 소비자로서 관광객은 돈을 쓰기 위해 여행을 하는 것이고, 관광상품의 공급자는 여행객을 통해 돈을 벌기 위한 것이다. 국가 차원에서 중앙정부는 외래관광객을 유치하기 위해 관광투자나 해외홍보 활동을 강화하고 있다. 우리나라 지방정부들이 앞 다투어 쏟아내는 지역발전 계획을 보면 관광객 유치를 위한 발전계획밖에는 찾아볼 수가 없다. 중앙정부나 관광목적지의 지방정부는 관광으로 인해 국가 및 해당 지역에 경제적 혜택을 얻기 위한 것이다. 이처럼 관광은 일차적으로 경제적 접근을 통해 분석되어져야 한다.

전 세계에서 우리나라처럼 관광관련 학과를 개설한 대학 수가 많은 나라도 찾아보기 힘들 것이다. 42개 4년제 대학을 포함해서 2년제 이상의 각종 대학을 합치면 131개의 고등교육기관이 관광관련 과목을 개설하고 있다. 우리나라는 관광교육만큼은 관광대국이라고 할 수 있다. 그런데 관광경영이나 관광개발을 전공한 학생들이 관광경제를 이해하지 못하고 졸업한다는 것은 관광학을 공부했다기보다는 관광의 기술만 배우고 졸업한 경우에 해당될 것이다.

관광경제학을 이해하기 위해서는 관광이 가지고 있는 특성을 고려하여 경제학적 접근이 이루어져야 한다. 관광상품은 서비스상품 중심으로 구성되어 있기 때문에 소비를 위해서는 상품의 이동이 아닌 소비자가 생산지로 이동을 해야 한다. 또한 관광상품은 여러 개의 개별상품들로 구성된 복합상품이다. 사과나 감귤처럼 유형재이면서 단일 상품에 대한 경제학적 분석은 이해가 쉬울 수 있으나 관광상품이 가지고 있는 이러한 특성 때문에 관광경제학을 이해하는 데 다소 어려움이 따른다.

따라서 관광경제학을 공부하기 위해서는 관광학은 물론 최소한 기초적인 경제이론에 대한 이해가 필수적이다. 그런데 수년간 관광경제학을 가르치다보니 많은 학생들이 이와 같은 조건이 충족되지 않은 상태에서 관광경제학을 수강하는 경우가 많았다. 이러한 경험을 바탕으로 이 책은 경제학적 기초가 없는 학생들에게도 경제학에 대한 기본적인 이해를 관광에서 찾고자 하는 데 도움을 주고자 준비하였다.

이 책의 구성은 관광경제학을 미시적(micro)인 측면과 거시적(macro)인 측면으로 분리하여 살펴보았다. 제1부는 경제학이 접근하는 문제들을 관광의 관점에서 소개하였다. 관광상품의 특성을 통해 관광경제학에서는 일반경제이론을 어떻게 적용해야 하는가를 설명하고 있다. 경제학에 대한 기초가 없는 사람들을 위해 미시경제학을 소개하는 데 많은 부분을 할애하였다.

제2부는 관광의 수요와 공급에 대한 이론으로 구성되었다. 일반적으로 경제학에서 공급은 시장에서 거래되는 상품만을 대상으로 하고 있지만, 관광의 공급은 민간부문과 공공부문에서 동시에 이루어지고 있는 점과, 소비를 위해서는 관광객이 반드시 관광지로의 이동이 이루어져야 한다는 점, 그리고 서비스상품으로서 관광상품은 재고가 불가능하다는 점에서 일반 경제학에서 접근하고 있는 공급이론과는 다소 복잡하게 구성되어 있다.

제3부는 관광자원이 가지고 있는 자원의 특성으로 인해 시장경제의 원칙이 적용될 수 없는 경우를 소개하였다. 그리고 소비자가 관광상품의 소비에

있어서 추구하는 소비자선택이론과, 관광상품의 공급자가 직면하게 되는 생산자선택이론을 설명하였다. 또한 관광시장의 형태와 각각의 시장형태에 따라 기업은 이윤의 극대화를 위해 어떤 선택을 하는지를 설명하였다.

마지막으로 제4부는 관광경제학의 거시적인 부분으로 관광이 국가 또는 지역경제에 어떠한 영향을 미치는지를 설명하였다. 또한 관광의 경제적 편익과 비용을 기술하였고, 국제관광의 이론적 배경과 함께 국제관광의 세계적인 동향과 우리나라의 인바운드와 아웃바운드의 경제적 규모와 위치를 살펴보았다. 관광의 기반이 환경, 특히 자연환경에 있다는 점을 고려하여 관광과 환경과의 관계를 경제학적인 측면에서 소개하였고, 대중관광 이후의 뉴투어리즘의 등장과 함께 지속가능한 관광이 세계적인 관심분야라는 점에서 이에 대한 소개로 본서의 구성을 마무리하였다.

대학 강의에 적합한 교재의 필요성에 의해서 본서의 출판을 준비해왔으나 막상 출판을 앞두고 생각해보니 여러 가지 면에서 부족한 점이 많다는 것을 느끼게 된다. 동료 학자들과 독자들의 질책과 격려를 바탕으로 후일에 좀더 나은 모습으로 거듭나기를 바라는 마음이다.

글을 마무리하면서 이 한 권의 책이 출간될 수 있도록 도움을 주신 백산출판사의 진욱상 사장님과 편집진의 노고에 감사드린다. 사실 개인적으로 대학교재의 출판에는 처음부터 관심을 가지고 있지 않았는데 어떻게 하다보니 'IT혁명과 관광' 이후 다시 또 한 권의 책이 나오게 되었다. 모두가 진 사장님의 권고와 격려에 의해서 시작되었음을 밝힌다.

마지막으로 나를 사랑해주시고 격려해주신 모든 분께 감사하는 마음으로, 그리고 많은 시간을 같이 지낼 수 없는 우리 가족에게 미안한 마음과 고마운 마음을 담아 나의 사랑이 배어 있는 이 책을 전하고 싶다.

한라산자락에서
최 병 길

Contents

제1부 관광과 경제학

제2부 관광의 수요와 공급

제3부 관광시장 이론

제1부
관광과 경제학
Tourism & Economics

Tourism & Economics

제1장

관광과 관광상품

1. 관광과 관광객

우리가 관광(tourism)을 하기 위해 제주나 해외에 간다고 하면 이는 즐거움(pleasure)을 찾기 위해 그곳을 여행한다는 뜻이다. 물론 비즈니스 목적으로 관광지를 가는 경우도 있으나 이는 자신이 평소에 하는 일(work)의 일부분이지 즐거움을 찾기 위해 관광지를 찾아 가는 것은 아니다. 관광은 자신의 여가시간을 활용하여, 자신의 경비를 지출하면서 행해지는 활동으로서 자의적으로 이루어지는 것이지 강제성은 없다. 그런데 사업목적으로 관광지를 방문하거나 해외여행을 하는 사람은 월급을 받기 위해, 돈을 벌기 위해 실제로는 가고 싶지 않지만 반드시 자신이 가야 하는 경우도 있다. 즉 사업목적으로 여행하는 사람은 여행시간이 바로 일하는 시간이고 이에 따른 경비는 회사에서 지급되던가, 아니면 사업비 또는 운영비의 일부분이다.

UNWTO의 정의에 의하면 '관광은 24시간 이상 그러나 1년을 넘지 않는 범위에서 일상생활권을 벗어나 다른 장소로 이동하거나 머물면서 이루어지는 활동'으로 폭넓게 해석하고 있다. 그 목적은 위락(pleasure), 개인 또는 공무상의 사업이나 출장, 종교순례, 교육, 의료 등 매우 다양하지만 크게는 위락(pleasure)과 사업 또는 용무(business)의 두 가지 목적으로 분류할 수 있다.

그런데 관광을 경제적으로 살펴보기 위해서는 이를 위락여행으로 한정시키는 것이 바람직하다. 그 이유는 위락여행객(pleasure traveler)은 그들 자신의 개인적인 즐거움을 찾기 위해서 여행을 하지만 비즈니스 여행객의 주요 목적은 그들의 경제적 이익을 위해서 여행을 하기 때문이다. 비즈니스 목적으로 여행을 하는 사람들은 여행객(business traveler)이며 그리고 관광객(tourist)으로 분류되고는 있지만 순수여행객하고는 소비자로서 경제적 분석을 하는데 있어 많은 차이가 있다.

관광객이 되기 위한 UNWTO의 또 다른 조건은 "방문지에서 어떤 경제적 혜택을 받지 말아야 한다"는 점이다. 관광객인가? 관광객이 아닌가?를 구분하는 방법 가운데 보다 포괄적인 기준은 관광지에 돈을 쓰기 위해 가는 것인가, 돈을 벌기 위해 가는 것인가로 쉽게 구분하는 것이 관광객에 대한 보다 명확한 분류기준이 될 수 있다.

사업목적의 여행객은 여행경비의 출처가 거주지에 위치하고 있는 경우가 대부분이지만, 경우에 따라서는 여행목적지일 수도 있다. 이는 관광지에 대한 관광의 경제적 영향(economic impacts)을 분석하는데 매우 중요한 부분이다. 왜냐하면 관광객의 지출이 지역경제의 투입(input)요소인가 누출(leakage)요소인가에 따라 그 결과가 크게 달라질 수 있기 때문이다. 그러나 현실적으로 이를 구분하기는 매우 어렵기 때문에 여행객의 지출은 외부에서 유입된 투입요소로 보고 있다.

여행객을 경제적으로만 살펴본다면 위락여행객이던 비즈니스여행객이던 두 경우 모두 돈을 쓰기 위해 목적지를 방문하는 사람들이다. 그러나 관광객은 여행비용을 자신이 부담하지만, 비즈니스여행객은 교통비, 숙박비, 식음료 비용을 다른 사람이 부담한다. 여행객이 지출하는 여행경비의 성격이 서로 상이하다면 여행객의 행동에도 서로 차이가 존재할 것이라는 가설이 성립되는 것이다.

여행객의 행동(traveler's behavior)을 구분할 수 있다면 여행시장(travel market)을 세분할 수 있다는 의미가 된다. 예를 들면, 호텔이나 항공사와 같은 관광의 공급자(tourism supplier)는 위락여행객과 비즈니스여행객의 시장을 구분하여 서로 다른 가격정책을 적용하고 있다. 정부 역시 위락여행과 비즈니스여행을 다르게 보고 있다. 비즈니스여행객의 지출은 사업상 비용으로 처리될 수 있으나 위락목적의 여행객은 그렇지 않다.

현재 몇몇 나라에서는 관광목적의 해외여행을 제한하고 있다. 그러나 사업상 또는 공무상 해외여행을 제한하는 나라는 없다. 1983년까지 한국인의 해외여행은 상업여행이 주류를 이루었고, 공무 및 시찰, 친지방문, 국제행사(문화, 스포츠, 학술 등) 참석목적으로만 가능했다. 즉 순수한 관광목적의 국외여행은 허용되지 않았다.

일반적으로 사업상 또는 공무상으로 여행하는 것을 '출장'이라고 말하지 이를 관광이라고 하지는 않는다. 따라서 위락목적의 관광여행은 다른 형태의 여행과는 구분되어져야 하며, 특히 관광의 경제적 측면을 살펴보기 위해서는 위락목적의 여행만을 관광으로 한정하는 것이 바람직하다.

그러나 관광경제의 연구대상을 항상 위락여행에만 한정할 수 없는 경우도 있다는 것을 알고 있어야 한다. 즉 다음과 같은 이유 때문에 관광경제의 적용범위를 명확하게 구분짓는 것보다는 적용대상의 성격에 따라 해석을 달리할 수가 있다. 왜냐하면,

① 관광사업의 공급자 즉 호텔을 포함한 관광사업체는 이용자의 성격을 구분하지 않는다. 위락목적으로 방문한 여행객이나 비즈니스목적으로 방문한 여행객이나 공급자 입장에서는 다 같은 손님일 뿐이다.

② 하나 이상의 목적을 갖고 여행을 하는 사람도 상당수에 이른다. 예를 들면, 위락 겸 비즈니스 목적으로 여행을 하는 경우도 있고, 의료선진국으로 치료를 받기 위해 해외여행을 하면서 오랫동안 휴가를 즐기는 경우도 있다. 국제회의에 참석하면서 회의 전후에 관광을 즐기는 사람도 많다. 하나 이상의 목적을 갖고 관광하는 사람을 겸목적(hybrid)관광객

이라고 한다.

③ 위락목적의 여행객만을 구분하여 이에 관한 데이터를 구하기 위해서는 많은 비용과 노력이 요구되기 때문에 현실성이 결여된 문제점을 갖고 있다. 특별한 예라고 볼 수 있으나 위락목적의 해외여행을 금지하는 국가의 국민들 가운데는 출국허가를 받기 위해 출국목적을 허위로 보고할 수도 있다.

경우에 따라서 우리는 '관광객' 또는 '여행객'이라는 용어 대신에 '방문객(visitor)'이라는 말을 사용하기도 한다. 방문객은 UNWTO가 해석하고 있는 관광객(tourist)의 정의를 보다 포괄적으로 적용한 경우이다. 관광객은 방문객이나, 방문객은 항상 관광객일 필요는 없다. 이 책에서의 관광객은 위락목적으로 여행을 하는 사람을 분석대상으로 삼고 있으나, UNWTO에 의한 관광객은 모든 여행객을 다 포함하고 있다는 것도 알고 있어야 한다.

2. 여가, 관광 그리고 레크리에이션

하루는 24시간이다. 인간이 갖고 있는 하루 24시간을 어떻게 사용하는가는 사람에 따라 다를 수 있으나, 시간의 사용에 있어서는 우리 모두 공통된 점을 갖고 있다. 즉 인간은 하나의 생물체로서 생존을 하기 위해서는 활동이 필요한데 이런 활동을 하는데 소요되는 시간, 음식물을 섭취하거나 잠을 자는 시간, 그리고 가사일 등을 하는데 소요되는 시간을 말한다. 또한 살아가기 위해서는 집도 필요하고, 음식물이나 옷도 필요하다. 이러한 것을 얻기 위해서 인간은 일을 해야 한다. 이를 두고 우리는 경제활동이라고 한다. 이 두 가지 활동을 하는데 필요한 시간을 제외하면 24시간 가운데 자신이 임의로 사용할 수 있는 자유시간이 남는다.

하루 24시간은 정해져 있고 또한 인간이 살아가기 위해 필요한 활동에 소요되는 시간은 사람에 따라 큰 차이가 없다. 따라서 자유시간의 크기는 대부분 일하는 시간의 크기와 서로 상충되는 관계를 갖고 있다. 일하는 시간이 많아지면 자유시간이 줄어들고 자유시간을 늘리기 위해서는 일하는 시간을 줄여야 한다. 그런데 일하는 시간을 줄이면 소득이 감소한다. 자신이 원하는 욕구를 충족시키기 위해서는 돈이 필요한데 이를 충족시키기 위해서는 자유시간을 줄여 가면서 일을 해야 근로소득이 증가하기 때문이다.

물론 세상에는 돈이 많아서 전체 소득 가운데 자본소득의 비중은 높고 근로소득의 비중이 낮아서 자유시간을 자신이 원하는 만큼 가질 수 있는 사람도 있다. 그러나 이런 사람들은 소수에 불과하고 대부분의 사람은 돈은 많은데 자유시간이 없거나, 대신에 자유시간은 많은데 돈이 많지 않은 경우에 해당될 것이다. 불행하게도 돈도 없고 자유시간도 많지 않은 사람들도 많다는 것을 알아야 한다. 돈이 많고 적다는 의미는 상대적인 것이지 절대적 기준은 될 수 없는 것이다. 다만, 하고 싶은 것이 많아서 지출을 증가시키려면 소득을 증가시켜야 하고 이를 위해서는 일을 더 많이 해야 되기 때문에 자연히 자유시간의 양은 줄어들게 된다는 논리이다.

관광을 이해하기 위해서는 관광과 여가 그리고 레크리에이션의 차이점을 알고 있어야 한다. 물론 관광이나 여가 그리고 레크리에이션에 대한 개념규정이 여러 가지로 해석되고 있는 것만은 사실이다. 여러 가지 해석을 모두 소개하기보다는 본서의 목적에 맞는 내용으로 다음과 같이 정리하였다.

- 여가(leisure)는 자유시간 또는 자유재량시간(discretionary)이다. 이는 자신이 마음대로 사용할 수 있는 시간을 의미한다. 먹고, 자고, 일하고, 직장이나 학교를 오가는 일이나 기타 집안의 허드렛일은 자신이 원치 않아도 해야 하는 일들이며 이런 일을 하고 남는 시간이 바로 여가로서 이는 여가를 시간적인 개념으로 해석한 것이다.

  여가에 대한 또 다른 해석은 여가를 시간과 행위의 질적 내용이 서로 절충된 것으로 보는 경우이다. 즉 실업자가 비록 많은 시간을 갖고 있으나 이들이 갖고 있는 시간의 질적 내용을 보면 이는 진정한 여가가 아니라 정신적 · 심리적으로 만족을 줄 수 없는 강요된 여가라는 것이다. 따라서 여가란 일과 대립되는 개념으로서 자신의 자유재량시간에 자신의 의지에 의해 즐기는 행위라고 해석하기도 한다.

- 레크리에이션(recreation)은 여가시간에 추구하는 것을 말한다. 즉 여가를 시간개념으로 보고 레크리에이션을 활동으로 보는 것이다. 레크리에이션은 그 본래의 뜻 re-creation(재창조)라는 의미에서 찾아볼 수 있듯이 정신적 또는 육체적 인간회복을 위한 목적성이 강한 활동이라는 성격을 갖고 있다.
  여가시간에 할 수 있는 레크리에이션은 독서나 음악 감상, TV시청과 같이 실내에서 이루어지는 실내(indoor) 레크리에이션이 있고, 스포츠나 관광과 같이 야외에서 이루어지는 실외(outdoor) 레크리에이션으로 구분할 수 있다.
- 관광은 그 의미 자체로는 여가활동 즉 레크리에이션을 위해 일상생활권을 24시간 이상 방문하는 것을 말한다. 이러한 관광객을 위락여행객(pleasure traveler)이라고 한다. 그런데 여가활동이 아닌 비즈니스목적으로 여행을 하는 비즈니스여행객(business traveler) 역시 관광객의 범주에 포함되고 있다.

레크리에이션과 관광은 모두 여가활동에 해당되며 활동의 장소에 따라 구분이 이루어진다. 관광이 여가나 위락과 크게 다른 점은 관광은 상당한 정도의 거주지역을 벗어나서 이루어지는 활동이라는 점이다. 이동이라는 관점에서 여행과 관광은 같기 때문에 여행과 관광이라는 용어는 서로 혼용되어 사용되고 있다. 그러나 여행은 단지 이동이라는 현상에 대한 속성만을 갖고 있을 뿐이다. 이와는 달리 관광의 범위는 관광지로 이동하는 것, 관광지에서 숙박하는 것 그리고 관광지에서의 활동 등이 모두 관광의 범주에 포함된다.

서울 사람이 제주도에 와서 골프를 하는 것은 관광이고, 제주도 사람이 제주도에서 골프를 하는 것은 레크리에이션이다. 또한 Tiger Woods가 제주도에 와서 골프를 하는 것은 일을 하기 위해 즉 돈을 벌기 위해 제주를 방문한 것이지 관광을 하기 위한 것은 아니다. 왜냐하면 방문자는 방문지에서 어떤 경제적 혜택을 받지 말아야 관광객이기 때문이다(UNWTO).

〈그림 1-1〉 여가, 관광 그리고 레크리에이션의 관계

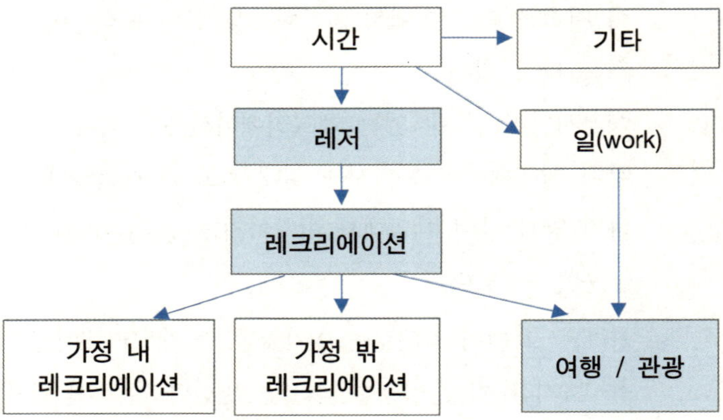

자료: Tribe, John(1999), The Economics of Leisure and Tourism, 2nd ed., Butterworth Heinemann.

3. 관광부문에서 생산과 소비

경제학에서 재화(goods)와 서비스(services)라는 용어를 자주 사용하게 되는데 재화는 음식, 의복, 책, 기계 등과 같이 사람에게 쓸모가 있는 유형의 물건을 말한다. 서비스(services)는 용역이라고도 하는데 인간에게 쓸모가 있는 무형의 것으로서 강의, 진료, 음악연주 등과 같이 인간으로부터 직접 나오는 직접용역과 전화, 항공운송 등과 같이 재화를 매개로 하여 이루어지는 간접용역이 있다.

재화는 여러 가지로 분류할 수 있다. 쓰이는 용도에 따라 재화를 소비재(consumer goods)와 중간재(producer goods)로 구분하기도 한다. 소비자가 소비하는 재화를 소비재라 하고, 생산자가 소비하는 재화는 생산재라고 한다. 재화는 다시 자유재(free goods)와 경제재(economic goods)로도 구분할 수 있다. 공기나 태양열과 같이 그 존재량이 무한히 많아 돈이나 노력을 들이지 않고도 얻을 수 있는 재화를 자유재라고 한다. 반면에 돈이나 노력을 지급해야 얻을 수 있는 재화를 경제재라고 한다. 자유재는 대가를 지급하지 않고도 얼마든지 얻을 수 있기 때문에 경제문제를 일으키지 않는다. 그러나 현실세계에서 자유재는 극히 드물다. 예를 들면, 공기는 자유재이나 도시에서 깨끗한 공기를 마시기 위해서는 대기를 오염시키지 않는 노력이 있어야 가능하다. 이처럼 우리가 소비하는 거의 대부분의 재화는 경제재이다.

경제재는 자원을 사용하여 생산되는 것이기 때문에 생산물(products) 또는 산출물(outputs)이라 부르기도 한다. 시장에서 사고파는 재화나 서비스를 우리는 상품(commodities)이라고 부른다. 재화(goods)는 서비스와 구분하여 유형재를 의미하는 것이나 경제재와 자유재, 사적재와 공공재 등이 갖는 재화의 성격은 유형재는 물론 무형재인 서비스도 그 대상이 된다.

1) 수요자상품과 공급자상품

관광은 교통수단을 이용하여 거주지를 일정기간 동안 벗어나서 목적지에서 숙박도 이루어져야 하고 숙박하는 동안 식음료의 구매도 이루어져야 한다. 그리고 자연경관을 감상하거나 목적지에서의 위락행위가 이루어져야 관광이라고 할 수 있다. 이 가운데 어느 하나라도 구매되어지지 않는다면 관광이 성립될 수 없다. 즉 관광객을 위하여 교통, 숙박, 식음료 및 위락 등의 개별상품이 서로 조합을 이룰 때 하나의 완전한 상품이 만들어지는 것이다. 예컨대 all-inclusive package tour 상품은 개별상품들이 모두 포함되어 있다. 그런데 관광상품을 구성하는 개별상품은 개별적으로 대체할 수 있는 대체상품들이 너무 많이 존재하고 있다. 예를 들면, 육상교통의 경우 버스, 택시, 렌터카 등이 서로 대체될 수 있으며, 관광객의 지출 역시 총지출의 변동 없이 식음료 비용을 줄이는 대신 관광지를 더 둘러보는 데 사용될 수 있다. 바로 이러한 특성 때문에 관광상품은 사과나 감귤처럼 단일상품이 아니라 여러 개의 이질적인 상품이 합쳐져서 하나의 완전한 상품이 된다는 복합상품의 개념을 갖고 있다.

그런데 소비자 입장에서의 관광상품과 공급자입장에서의 관광상품은 그 의미가 서로 다를 수 있다. 즉 소비자 입장에서는 여러 개의 개별상품들이 완전히 통합되어져야 하나의 완전한 관광상품이 만들어지지만, 공급자의 입장에서는 관광상품을 구성하는 개별상품들에 대한 최종 사용자의 성격이 관광상품의 분류기준이 되기 때문이다. 예를 들면, 호텔상품이나 항공상품의 이용자가 관광객이라면 공급자입장에서는 호텔상품과 항공상품은 각각 관광상품이 되는 것이다. 이를 좀더 구체적으로 설명하면, 유형재인 사과나 감귤은 소비자입장이나 공급자의 입장에서 똑같은 상품이다. 호텔상품의 경우 관광객이 아닌 사람이 이용하게 되면 사과나 감귤처럼 소비자나 공급자 모두 같은 입장에서 서비스상품을 사고판 것이 되는 것이다. 만약 호텔상품이 관광객에게 판매되었다면 이는 공급자 입장에서는 관광상품이 판매되었지만 소비자 입장에서는 관광을 하기 위해 호텔상품을 구매했을 뿐이지 호텔상품의 소비가 관광객의 입장에서는 최종적인 목적이 될 수 없다. 소비자 입장에서는 관광상품을 구성하는 하나의 개별상품을 구매한 것이 되는 것이다.

항공사나 호텔은 관광객 또는 여행객을 위한 사업임에는 분명하나, 관광 또는 여행이 단순히 비행기를 타거나 호텔에서 숙박하는 것만을 의미하지는 않는다. 관광객이 여행을 하기 위해서는 교통, 숙박, 식음료 등을 필요로 하는데 이러한 상품 자체가 관광객이 원하는 것은 아니다. 만약 휴가여행객에게 여행을 통해서 추구하고자 것이 무엇이냐고 물어보면 휴양이나 즐거움을 추구하기 위해서, 또는 유명한 장소나 역사적인 장소를 방문하는 것이라고 대답한다. 대부분의 관광객이 관광을 통해 추구하는 것은 여러 가지 경험을 체험하고자 하는 것이다. 관광객은 여행의 시작에서 끝날 때까지 경험을 추구한다. 이러한 경험은 일상생활에서는 찾아볼 수 없고 단지 여행을 통해서만 구할 수 있는 정신적 휴양이나 육체적 휴식이 될 수 있다. 소비자로서 관광객은 한정된 시간과 돈을 가지고 관광활동을 통해 만족이나 효용을 극대화시키려는 것이다.

공급자의 관점에서 보면 관광상품은 다양한 공급자로부터 제공되는 이질적인 재화와 서비스들로 구성되어 있다. 교통업이나 호텔업 그리고 관광객이용시설업은 관광객에게 직접 상품을 판매하지만 여행업은 이들 업체를 대신해서 중개업으로서 개별적으로 이들 상품을 관광객에게 판매하거나 이들 상품을 조합하여 완전히 하나로 통합된 관광상품을 판매하기도 한다. 그런데 통합된 하나의 완전한 관광상품의 구성상품으로 판매되든 개별적으로 판매되든 구매자가 관광객이라면 이는 관광상품이라고 볼 수 있다. 만약 제주관광상품이나 동남아관광상품처럼 관광상품의 구성요소들을 통합된 하나의 개념으로만 보았을 경우 관광상품은 소비자나 공급자입장에서 보는 관점은 같아질 수도 있다.

생산자 또는 판매자가 판매하고자 하는 것과 소비자가 요구하는 것 사이에 일치하지 않는 점은 관광상품의 거래에 있어서 혼돈을 가져올 수 있는 부분이다. 관광상품에 대한 두 가지 개념 사이의 혼돈을 피하기 위해 소비자가 원하는 것, 즉 여행을 만족시키는 관광상품을 소비자상품(consumer products)이라 명명하고, 공급자가 제공하는 호텔, 교통, 식음료 등과 같은 재화와 서비스를 공급자상품(seller products)이라고도 한다(Mak, 2003).

그런데 관광객이 공급자상품을 소비하는 것이 이들이 갖는 최종적인 목적은 될 수 없으나 이러한 상품의 소비는 관광객이 추구하는 목적을 달성하기 위한 필수조건에 해당된다. 공급자상품을 기본으로 하여 다른 많은 요소들이 결합될 때 관광객은 자신이 원하는 즐거운 여행경험이나 관광경험을 얻게 되는 것이다. 이를 위해 추가적으로 필요한 요소는 날씨, 경관, 문화적, 그리고 역사적 관광자원, 공공서비스의 질, 지역주민이나 지방정부가 보여주는 관광객에 대한 태도 등일 수도 있다.

이런 관점에서 관광상품은 두 가지 방법으로 측정되어야 한다. 소비자들이 가치를 두고 있는 것과 공급자들이 판매하는 것을 달리 측정되어져야 한다. 예를 들면, 관광객이 관광지에서의 만족도를 측정하는 것은 소비자로서 '수요자 상품'을 측정하는 것이다. 호텔의 객실 판매율, 항공기 탑승률과 같은 것은 관광의 공급자상품에 대한 측정이 되는 것이다. 관광지의 입장에서는 방문객총지출액, 총방문객수 등이 이에 해당된다.

2) 관광재와 관광상품

경제학에서 다루고 있는 재화는 경제재가 분석의 대상이 된다. 왜냐하면 경제재는 생산요소가 투입된 재화이고 공급량에는 한계가 있기 때문이다. 관광경제학에서 다루고 있는 재화와 서비스 역시 경제재가 분석의 대상이 되어야 한다. 앞 절에서 논의된 '공급자상품'은 기업이 이윤추구를 위하여 소비자에게 판매하는 상품이기 때문에 경제재에 해당된다.

그런데 관광객이 추구하는 소비자상품을 생각해 보자. 예를 들면, 한라산 등반 목적으로 제주도를 방문한 관광객은 한라산의 아름다운 경관, 맑은 공기, 시원한 바다를 통해 정신적 안정과 휴식을 느끼게 될 것이다. 관광객이 관광을 통해 충족하고자 하는 것이 바로 소비자상품에 해당된다. 즉 소비자상품은 관광객의 욕구충족 대상이 되는 것이다. 이런 의미에서 관광재는 소비자상품과 같은 개념이다. 관광재는 유형재인 재화는 물론 무형재인 서비스도 포함되어 있다는 것을 알아야 한다. 관광재의 주요 구성은 관광서비스가 차지하고 있다.

관광객에게 욕구충족의 대상이 되는 소비자상품은 현실적으로 이를 파는 사람도 없고 이것만을 구입하기 위해 돈을 지급하는 사람도 없을 것이다.

그렇다면 소비자상품은 자유재에 해당하는가? 한라산의 아름다운 경관을 바라보기 위해서 돈을 지급하는 사람은 없을 것이다. 제주도 사람들은 매일 같이 한라산을 바라보면서 살고 있다. 그들이 한라산을 바라보기 위해 어떤 대가를 지급하고 있다는 이야기를 들어본 적이 없다. 그러나 제주에 사는 사람이 한라산을 바라보는 것을 두고 관광객의 욕구를 충족시켜준다고 하지는 않는다. 제주도를 방문하고 있는 사람이 한라산을 감상해야만 관광이 성립되기 때문이다. 한라산이 관광재 또는 관광에서 소비자상품이 되기 위해서는 제주도를 일시적으로 방문하는 사람에게만 해당되는 것이고, 그들이 한라산을 감상하기 위해 제주도를 방문하는데 경제적 비용이 수반되었다는 것을 알 수 있다. 또한 기회비용 관점에서는 관광을 위한 반대급부로서 노동포기의 대가로 규정지을 수도 있다. 따라서 관광에서 모든 소비자상품 또는 관광재는 경제재에 해당된다. 즉 관광을 하는 소비자들이 욕구하는 특수한 성격의 경제재를 관광재(tourist goods)라고 한다(김사헌, 2003).

관광재는 포괄적인 개념으로서 관광행위의 대상이 될 수 있는 모든 것을 의미한다. 유형적, 물리적 대상뿐만 아니라 무형적이며 정신적인 욕구대상이 되는 휴식, 기분전환, 자기계발 또는 경관감상, 온화한 기후 등의 자원까지도 포함한다. 또한 교통수단의 궁극적인 목적이 인적 · 물적 이동에 있을 수 있으나 교통수단의 이용을 즐기는 경우를 생각해 보자. 또는 호텔은 사람들에게 숙박을 할 수 있는 공간을 제공하는 장소이나 호텔에 체류하면서 숙박은 물론 휴식이나 호텔서비스를 즐기는 경우도 있다. 이런 경우에는 관광에서 소비자상품이면서 공급자의 관점에서는 공급자상품이기도 한다.

관광학에서 관광상품(tourist products)이라는 용어를 자주 사용한다. 시장에서 사고파는 재화와 서비스를 상품이라고 한다면 관광상품은 관광시장에서 거래되는 재화와 서비스를 의미하게 된다. 관광상품이라는 용어는 앞서 논의된 공급자상품의 개념과 같은 의미이다. 공급자상품은 관광의 공급자가 이윤을 목적으로 관광객이 필요한 대상을 제공하는 상품을 말한다. 즉 금전적 대가를 받고 제공되는 판매대상이라는 의미가 함축되어 있다. 따라서 관광상품은 소비자와 생산자 사이의 이해관계를 설명해주는 느낌을 가져다준다. 호텔객실을 이용하기 위해서는 이용자는 화폐를 지급해야 한다. 관광기념품을 구입하기 위해서는 우리가 화폐를 지급하는 것처럼 관광상품을 구입하기 위해서는 반드시 이에 따른 금전적 대가를 지급해야 하는 것이다. 따라서 관광에서 공급자상품과 관광상품은 같은 개념이라고 볼 수 있다.

이를 종합적으로 정리하면 관광재는 관광객의 욕구를 충족시켜주는 모든 대상이 되며, 이는 소비자상품과 생산자상품 또는 관광상품을 다 포함하고 있다. 소비자상품이나 관광재는 같은 개념이나 소비자상품이라는 용어는 생산자상품과 구분하기 위해 사용된 용어이다.

생산자상품 또는 관광상품은 관광객의 욕구충족의 대상 가운데 반드시 금전적 대가를 지급해야만 구입할 수 있는 상품을 말하는데, 이에 대한 소비는 관광객 또는 여행객일 수도 있고 지역주민이 될 수도 있다. 모든 관광상품은 관광재이나 모든 관광재가 관광상품은 아니다.

우리가 관광의 수요나 공급을 이야기할 때에는 관광재가 그 대상이 된다. 그러나 관광의 공급이 경제 · 경영행위의 대상으로서 이윤을 추구하는 목적으로 제공되는 관광상품의 공급이 있고, 이윤의 목적이 아닌 관광객의 욕구를 충족시키기 위해 제공되는 경우도 관광의 공급에 해당된다. 예를 들면, 한라산에 보다 많은 이용객이 즐길 수 있도록 등산로를 정비하는 경우는 관광객의 만족을 크게 증대시켜주는 요인이기 때문에 관광의 공급이라고 한다. 그러나 이를 두고 관광상품의 공급이라고는 하지 않는다. 바로 이러한 점이 관광경제학을 이해하는 데 혼돈을 가져다주는 부분이다.

4. 관광상품의 구성 및 특성

공급자상품에 해당되는 관광상품은 시장에서 거래되는 상품이다. 관광객이 수요자상품에 해당되는 관광재를 얻는 것이 관광의 최종적인 목적이라 해도 관광상품을 구하지 않고서는 관광재를 얻을 수가 없다. 물론 넓은 의미에서 관광상품은 관광재의 범위에 포함시켜야 한다. 왜냐하면 관광객이 관광을 하면서 자신이 원하는 호텔에서 숙박을 하거나 음식을 먹는 일 그 자체 역시 관광의 일부분이고, 이러한 관광상품의 소비를 통해서 관광객의 욕구가 충족될 수 있기 때문이다. 또한 관광목적지에 도착해서 관광의 대상이 되는 관광지를 구경하기 위해서는 입장료를 지급해야 한다. 관광대상을 구매하는 일은 관광상품을 구매하는 행위이며 이를 통해 관광객이 관광을 통해 궁극적으로 얻고자 하는 것을 얻을 수 있기 때문이다.

1) 관광상품의 구성

소비자입장에서 관광상품은 독자적으로 존재하는 상품이 아니라 여러 개의 기본상품들(교통, 숙박, 식음료 및 관광시설)이 모여서 통합된 세트로서 하나의 관광상품이 만들어진다. 그러나 물리적으로 이러한 기본상품들이 통합되었다 해도 이것이 바로 수요를 창출할 수 있는 완전한 관광상품이 될 수는 없다. 시장에서 거래가 이루어질 수 있는 관광상품이 되기 위해서는 물리적으로 통합된 부분에 각각의 개별상품에 대한 '정보 서비스'가 부가되어야 한다.

<그림 1-2>에서처럼 정보서비스가 부가된 4개의 개별상품들이 통합되어야 완전한 관광상품이 될 수가 있다. 그러나 이러한 관점은 소비자의 입장에서 관광상품이고 공급자 입장에서는 개별상품 그 자체가 관광객에게 판매된다면 이를 관광상품으로 보아야 한다. 즉 소비자입장에서는 통합된 상품만이 관광상품이라고 보아야 하지만, 공급자 입장에서는 숙박업, 교통업, 식음료업 및 관광대상을 판매하는 관광객이용시설업 등을 이용하는 이용자가 관광객이라면 이를 관광상품이라고 한다.

정보서비스가 부가되지 않은 물리적 부분은 고객을 위해서는 거의 쓸모

가 없다. 정보 그 자체는 서비스상품의 일부분이고, 정보는 각각의 물리적 부문들을 통합하여 교통, 숙박, 식음료, 관광대상 등의 개별 관광상품을 하나로 통합하여 이를 고객과 연결시켜 주는 역할을 한다.

〈그림 1-2〉 관광상품의 구성

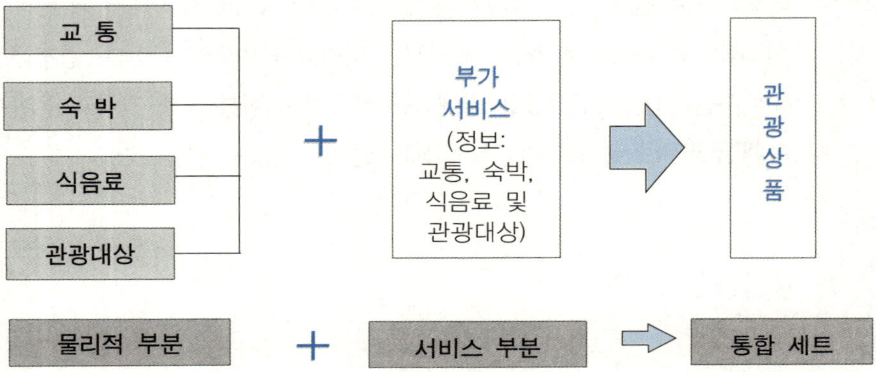

자료: Werthner, H. & Klein, S.(1999), Information Technology and Tourism - A Challenging Relationship, Springer Computer Science.

상품의 통합과정은 공급자와 중개업자 간의 계약을 통해 여러 개의 개별 관광상품들을 서로 연결시키는 것이다. 똑같은 물리적 상품을 가지고도 고객의 욕구나 기대 그리고 부가되는 정도가 서로 다를 수 있다. 패키지상품과 개별관광객에게 같은 관광상품을 판매할 때에도 서비스 수준이 달라질 수 있고, 모든 관광객의 기대수준 역시 같을 수가 없기 때문에 만족의 정도도 달라질 수 있다.

일반적으로 정보의 역할은 상품에 대한 소비자들의 평가가 제대로 이루어지게 하는데 있다. 그러나 현실적으로 상품에 대한 정보가 충분히 제공되어져도 소비자들의 평가 또한 제대로 이루어졌다고 볼 수는 없다. 이는 서비스상품이 가지고 있는 특성으로서 상품에 대한 고객의 기대수준이 서로 다르기 때문에 같은 정보를 갖고서도 평가가 다르게 나타나기 때문이다. 이러한 측면은 관광상품의 통합을 어렵게 하는 요인으로 작용한다.

실제로 똑같은 물리적 상품을 가지고서도 표적시장에 따라 서비스수준을 달리하여 전혀 다른 관광상품을 만들어 내거나 중개업자나 유통경로를 달리하여 판매하기도 한다. 유통채널을 달리하는 이유는 관광상품을 어떻게 고객에게 알리는가? 하는 정보의 역할에 관한 것으로 소비자와 공급자 간에 의사소통 방법을 달리하는 것이다.

2) 관광상품의 특성

관광상품의 특성을 살펴보는 일은 통합된 관광상품이 아니라 관광상품을 구성하는 공급자 입장에서의 관광상품을 그 대상으로 하게 마련이다. 즉 숙박이나 식음료 그리고 교통 및 관광객이용시설업을 개별적으로 그 특성을 살펴보는 일이다. 그런데 이들 개별상품이 가지고 있는 특성은 주로 서비스상품에 해당된다는 점이다. 따라서 이들 상품이 가지고 있는 특성은 서비스상품이 가지고 있는 특성에서 그 의미를 찾아볼 수 있을 것이다.

상품으로서 서비스란 한 당사자가 다른 당사자에게 소유권의 변동 없이 제공해 줄 수 있는 무형의 행위 또는 활동을 말한다. 서비스는 대체로 저장하거나 운반할 수 없다. 서비스에 대한 정의에서 이미 상품의 특성에 대한 설명이 이루어진 것을 찾아볼 수 있다. 즉 소유권이 존재하지 않고, 무형이며 또한 저장되거나 운반될 수 없는 특징을 말하고 있다.

서비스상품이 가지고 있는 특성 이외에 관광상품이 가지고 있는 특성은 관광상품이 여러 개의 기본적인 상품으로 구성된 통합된 하나의 상품이라는 설명에서 그 이유를 찾아 볼 수 있다. 일반적으로 관광상품의 특성은 그림과 같이 7가지로 요약할 수 있다.

첫째, 관광상품은 소멸성(消滅性: perishability)을 가지고 있다.

관광상품을 구성하는 개별상품 가운데 예를 들면, 호텔객실 · 항공기나 기차좌석 같은 것은 판매되어 이용되지 못하면 그 가치는 상실하고 만다. 이는 관광상품이 주로 무형재에 해당하는 서비스상품으로 구성되어 있기 때문이다.

판매되지 않은 호텔객실로 인한 호텔수입의 손실은 앞으로도 영원히 잃어버린 부분이다. 객실이 판매되지 않아도 영업비용은 발생된다. 때문에 호텔객실요금을 인하해서라도 객실을 판매하려고 노력하는 이유가 여기에 있다. 항공기의 좌석도 서비스상품이기 때문에 같은 결과를 갖게 된다. 서비스상품의 저장불가능성은 관광상품의 공급업체가 성수기에 대비해서 상품을 저장해 놓을 수 없다는 것을 의미하기도 한다.

둘째, 관광상품은 계절성(季節性: seasonality)을 가지고 있다.

계절성이란 시간(시기)에 따라 수요의 편차가 심하다는 것을 뜻한다. 관광상품의 계절성은 기후 · 휴가기간(holiday) · 용도(uses) 등으로 인해서 발생하게 된다. 예를 들면, 스키는 겨울철 운동이기 때문에 스키리조트에 대한 수요는 겨울철에 집중되어 있다. 여름은 대부분의 사람에게 여행시즌이면서 긴 방학이 있기 때문에 많은 사람들이 여름에 여행을 즐기는 경향이 있다. 하와이와 같은 관광지는 여름과 겨울 등 일 년에 두 번 성수기를 갖는다.

수요가 일정하면 서비스 질을 일정한 수준에서 지속적으로 제공될 수 있으나 관광상품의 수요는 시간별, 요일별, 월별 편차가 심하기 때문에 경영상의 많은 어려움을 가져다준다. 관광에서 계절적 구분은 성수기(high season)와 비수기(low season)로 구분된다. 관광에서 성수기가 존재한다는 사실은 공급자의 입장에서는 수요변화에 공급을 조절해야 한다는 것을 의미한다. 비수기에 항공사는 해당 노선을 줄여서 공급을 조절할 수 있으나, 호텔과 같은 곳은 이용시설을 폐쇄함으로써 영업비용을 줄이는 방법도 있다. 관광산업에서의 계절성은 사업운영상의 고정자산을 어떻게 운용할 것인가에 대한 적합한 방법을 찾도록 고민하게 만들 수 있다.

셋째, 관광상품은 무형성(無形性: intangibility)을 가지고 있다.

무형성이란 관광상품을 사전에 체험할 수 없다는 것이다. 거주지에서 구매가 이루어진 관광상품을 소비자가 소비하기 위해서는 일정한 시점이 지난 후에 일정한 거리를 벗어나서 체험이 이루어져야 실제로 소비가 이루어졌다고 할 수 있다. 즉 관광상품은 구매시점과 소비시점, 그리고 구매장소와 소비장소가 다르다. 이는 관광상품이 갖는 가장 중요한 특성이라고 할 수 있다.

상품을 구매할 때에는 여러 개의 상품들을 가격과 품질 면에서 서로 비교를 한 후 결정하게 된다. 상품이 표준화되어 있거나 동질의 상품은 서로 비교가 용이하다. 소비자들은 구매하기 전에 눈으로 확인하고, 손으로 만져보고, 코로 냄새를 맡아보면서 확인하게 된다.

이와는 반대로 서비스상품은 구매 전에 확인이 불가능하다는 특징을 가지고 있다. 구매 후에나 상품의 속성을 확인할 수 있는 재화를 경험재라고 한다. 경험재를 구매하는데 있어서는 소비자들은 상품에 대한 평판이나, 전문가의 조언(여행상품의 경우 여행사), 친구나 친척 또는 자신의 과거 경험에 의존하게 된다. 관광상품이 가지고 있는 이러한 속성은 공급자의 입장에서는 소비자들에게 자신의 상품을 알리는데 많은 어려움을 가져다주기도 한다. 관광상품의 홍보를 위해서 여행업자들을 무료 또는 저렴한 비용으로 관광지로 초빙하는 팸여행(fam trip)을 이용하거나 도시를 순회하면서 관광전시회(tourism trade show)를 갖기도 한다.

따라서 관광상품은 판매전이나 판매과정에서 정보에 크게 의존하는 상품이다. 소비자들은 정보를 이용하여 상품을 간접적으로 비교하여 스스로 판단하고 자신의 판단을 믿고 살 수밖에 없는 신뢰재에 해당된다.

넷째, 관광상품은 소유부재(所有不在: lack of ownership)이다.

관광상품을 구매자가 직접 소유(own)하기보다는 일정 기간 동안 사용할 권리를 갖는 것이다. 가령, 특정관광객이 호텔에 머무르는 경우 돈을 지급하고 호텔을 이용할 권리를 획득할 수 있으나, 객실(room)을 독점적으로 소유하는 것은 불가능하다. 항공사의 좌석도 마찬가지다.

다섯째, 관광상품은 이질성(異質性: heterogeneity)을 가지고 있다.

관광상품과 서비스는 상황에 따라 만족 및 평가가 다를 수 있다. 가령 동일한 고객이 특정호텔의 레스토랑에서 동일한 식사를 한다 해도 고객의 체험(experience) 또는 만족(satisfaction)은 분위기(moods), 시기(occasions), 종사원 서비스(staff performance)에 따라 다를 수 있다.

여섯째, 관광상품은 유사성(類似性: parity)을 가지고 있다.

유사성이란 관광상품을 구성하는 요소가 비슷하다는 뜻이다. 관광상품이 갖는 유사성 때문에 관광사업체는 자사의 상품을 차별화(differentiation)하기 힘들다. 즉 독특성(uniqueness)을 확보하기 힘들다는 의미이다. 이를 극복하고자 관광업체들은 종사원 서비스, 어메너티(amenity: 안락과 편의와 관련된 것), 무료 서비스(complementary) 등과 같은 소프트한 면을 활용하여 차별화를 시도하고 있다.

일곱째, 관광상품은 비분리성(非分離性: inseparability)이다.

〈그림 1-3〉 관광상품의 특성

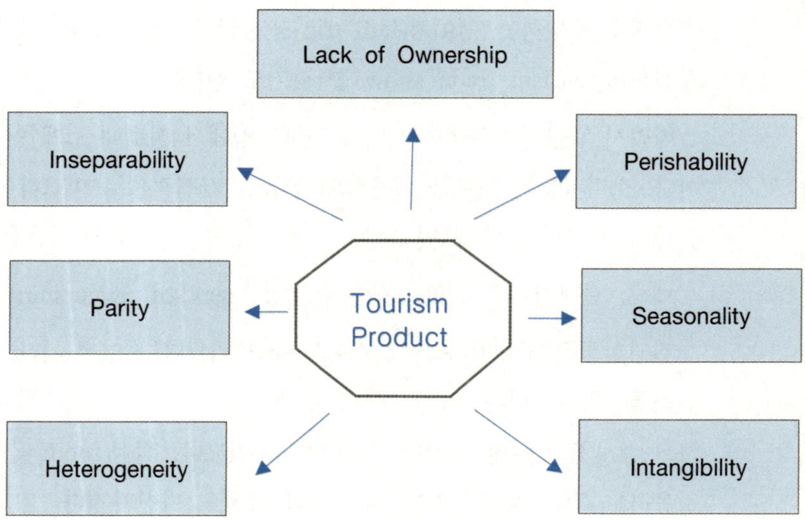

서비스상품으로서의 관광상품은 생산과 소비가 동시에 일어나는 특성을 가지고 있다. 관광지에서의 민속공연은 공연(생산)을 감상(소비)할 때, 공연이라는 서비스는 생산되면서 바로 소비되는 것이다. 생산과 소비가 동시에 행해진다는 것은 많은 경우 서비스를 생산하는 사람과 소비하는 사람이 같은 장소에 있다는 것을 의미한다.

제2장

경제학의 소개

1. 경제학의 연구대상

우리가 사는 세상은 기본적으로 불균형 상태에 있다. 세계적으로 잘사는 나라의 국민들은 우리가 상상할 수 없을 정도의 생활을 즐기고 있는 반면, 세계인구 60억 명 가운데 1/5에 해당하는 약 12억 명의 인구가 아직도 하루에 $1.00 미만의 생계비로 살아가고 있는 것이 현실이다(World Bank, 2003).

2012년 현재 북한은 1인당 GNP가 $1,243로 세계최빈국 가운데 하나이면서도 많은 비용이 소요되는 핵과 로켓개발을 하고 있다. 세계적으로는 국가간 개발경쟁이 심화되고, 에너지 소비량이 크게 증가하면서 이로 인한 지구환경 변화에 대한 우려가 높아지고 있다. 테러에 대한 우려로 많은 나라에서 안보에 대한 관심과 지원이 확대되고 있는 것도 지구상에 나타나는 또 다른 현상이다.

우리의 사정을 살펴보면, 수출중심의 경제구조로 2013년은 사상 최고의 무역흑자를 가져왔으나 정치 불안정, 사회계층 간 갈등, 지역 간·세대 간 갈등, 복지문제, 남북문제, 실업문제, 출산율 저하, 고령화 사회로의 급속한

진입 등이 한국경제 및 한국사회를 불안스럽게 만들면서 미래 한국의 전망이 밝지만은 않다는 것을 말해주고 있다. 실업문제는 쉽게 해결될 전망이 보이지 않고, 출산율 저하, 고령화 사회로의 급속한 진입, 원자재가격의 급변동은 자원빈국인 한국경제를 불안스럽게 만드는 등 미래 한국의 전망이 밝지만은 않다는 것을 말해주고 있다.

이러한 문제들을 살펴보면 한 가지 명백한 사실을 발견할 수 있다. 무엇인가를 얻기 위해서는 다른 무엇을 잃어야 하고, 어느 한쪽이 이득을 보면 또 다른 한쪽은 손해를 보아야 한다는 것이다. 너무 공부를 잘하는 사람이 있으면 상대적으로 손해를 보는 사람이 생겨날 수밖에 없다. 그래서 사촌이 땅을 사면 배가 아프다는 우리말 속담이 있는지도 모를 일이다.

우리가 시야를 조금 좁혀서 여가나 관광의 관점에서 살펴보면 이와 같은 불평등의 관계를 쉽게 찾아볼 수 있다. 관광경제가 필요한 이유는 바로 모든 사람이 공평하게 여가나 관광활동을 즐길 수 없다는 데 있다. 2012년은 국내경제가 여러 가지로 어렵다는 평가를 받았음에도 해외여행 출국자수는 1,257만 명으로 전년도 1,269만 명보다 다소 감소하였다. 내국인의 출국자수는 2005년에 전년도보다 14%나 증가하여 처음으로 1,000만 명을 넘어섰고 2010년 이후 1,250만 명 선에서 머물고 있다. 반면에 우리나라에 입국한 입국자수는 2007년 645만 명에서 2012년에는 1,035만 명으로 지난 5년 동안 외래관광객 수는 60%나 증가하였다.

이로 인해 2012년 관광수입은 131억 US$로 전년도 $124억에 비해 5.6% 증가하였고, 해외경비로 빠져나간 외화의 총액은 2012년도 143억 달러로 관광수지는 2012년도 12억 달러 적자를 보인 것으로 나타났다. 매년 이렇게 많은 해외여행객이 발생하고 있으나 아직도 해외여행을 한 번도 해보지 못한 국민은 상당수에 이를 것이다. 몇 년 전까지만 해도 제주 역시 쉽게 찾아갈 수 있는 관광지는 아니었다.

우리가 필요로 하는 재화와 서비스(goods and services)를 만들기 위해서는 자원(resources)이 필요하다. 경제학에서는 토지(원재료), 노동 그리고 자본(기계)을 생산의 3대요소라고 한다. 생산이란 이 세 가지 자원을 투입(input)하여 우리가 필요로 하는 재화와 서비스(output)로 변환시키는 것이다. 그런데 재화와 서비스에 대한 인간의 욕망은 끝이 없다. 무한한 인간의 욕망을 충족시켜 줄 수 있는 자원에는 한계가 있다는 데서 경제학은 출발하고 있다.

경제학에서는 「인간은 이기적으로 행동한다」는 것을 가정하고 있다. 인간은 기본적으로 타인보다는 자신을 먼저 생각하고, 현재 소유하고 있는 것이 아무리 많아도 더 많이 갖기를 원하고, 항상 자신의 복지를 증진하는 방향으로 의사결정을 한다는 것을 가정하고 있는 행동과학(behavior science)이 경제학이다. 현대경제학의 아버지라 불리는 아담 스미스(Adam Smith)는 이기적이라는 개념이 인간행동을 예측하고 설명을 가능하게 만드는 요인이라고 하였다. 즉 인간은 합리적인 동물이기 때문에 '최소의 비용으로 최대의 효과를' 얻으려고 노력을 하는데 경제학에서는 이를 경제원칙(economic principle)이라고 한다.

경제학이란 사회가 희소한 자원을 어떻게 관리하는가를 연구하는 학문이다. 대부분의 사회에서는 자원의 배분이 한 사람의 계획에 의해서 이루어지는 것이 아니라 무수한 가계와 기업 간의 행위에 의해 이루어진다. 따라서 경제학은 사람이 어떻게 결정을 내리는가를 연구하는 학문이라고 할 수 있다. 즉 얼마나 일하고, 무엇을 구입하고, 얼마나 저축하고 그 저축을 어떻게 투자하는가 등과 같은 사람들의 의사결정과정을 연구하는 학문인 것이다.

또한 수많은 판매자와 구매자들이 어떻게 상호작용하여 한 재화의 거래량과 가격이 결정되는지, 그리고 경제성장, 소득분배, 실업률, 인플레이션 등과 같이 국가경제 전체에 영향을 미치는 변수와 그 추세도 경제학의 연구대상인 것이다.

경제학은 다음의 세 가지 관찰에 기초를 두고 있다.

- 인간의 욕구나 욕망은 무한하다.
- 소비자가 원하는 대부분의 물건들은 자연 그대로의 상태로 존재하는

것이 아니라 용도에 맞게 변형되어져야 한다.

- 생산자원에서 사용되는 모든 자원은 그 공급량에는 한계가 있다.

따라서 경제문제가 발생하게 되는 근본적인 문제는 경제행위의 대상이 되는 경제재는 그 존재량이 인간의 욕망에 비해서 언제나 부족하다고 느껴지기 때문에 여러 가지 문제가 발생하게 된다. 다시 말하면 인간의 욕구를 충족시킬 수 있는 자원이 제한되어 있음으로 인해서 인간의 무한한 욕망이 제약을 받는 데서 경제행위가 비롯된다.

인간생활에 필요로 하는 재화와 서비스를 유상으로 조달하는 것을 경제행위(economic behavior)라고 하고, 이러한 경제행위가 계속적으로 규칙적으로 이루어져서 일정한 사회질서를 형성할 때 그것을 경제(economy)라고 한다. 유한(limited)한 자원과 무한(unlimited)한 욕구(needs)는 희소성(scarcity)의 문제를 야기한다. 희소성이 존재한다는 것은 바로 자원의 사용과 분배를 어떻게 할 것인가에 대한 선택의 문제를 야기하게 된다. 따라서 경제학은 재화와 서비스를 생산하기 위한 효율적인 자원배분에 관한 연구로서, 자원에 대한 최선의 사용방안에 그 초점을 두고 있으며, 이러한 희소한 자원을 어떻게 생산하고 분배하는가를 연구하는 학문이다.

2. 선택의 문제와 기회비용

1) 선택의 문제

우리는 아침에 잠에서 깨어날 때부터 지금 일어날까, 아니면 잠자리에서 조금 더 있다가 일어날까 고민하면서 하루가 시작된다. 아침식사로는 무엇을 해야 하는지? 오늘은 어떤 옷을 입고, 하루는 어떻게 보내야 하는지를 머릿속에 입력된 정보를 바탕으로 판단하여 행동으로 옮겨지게 된다. 이처럼 인간은 의식적이든 무의식적이든 이와 같은 일들을 매일매일 반복하면서 살아가야만 한다.

경제를 의미하는 economy라는 단어는 '집안 살림, 또는 가계 관리'라는 의미의 그리스 단어로부터 유래되었다고 한다. 집안 살림살이나 나라 살림살이 또는 국가경제에는 많은 공통점이 있다. 한 가계의 구성을 보면 전통적으로 남편은 밖에서 일을 해서 집안 살림을 할 수 있도록 돈을 벌어다 준다. 부인은 집에서 식구들을 위해 음식을 준비하고 청소나 세탁 등 집안 일을 한다. 자녀들은 자녀들대로 집안 살림에 역할이 있다. 가족구성원은 각각 맡은 역할에 대해 책임이 따르게 마련이다. 아버지, 어머니 또는 남편, 부인 그리고 아들, 딸의 호칭에는 나름대로의 역할과 책임이 있다는 의미를 담고 있다.

집안 살림은 각자의 능력이나 노력 그리고 희망에 따라 제한된 자원을 식구들에 나누어주는 것이다. 가계의 소득이나 하루 24시간은 항상 제한되어 있고 부족할 수 있다. 이렇게 제한된 조건을 갖고 어떻게 하면 자기 자신은 물론 식구 전체의 만족을 극대화하는 방향으로 자원배분이 이루어지도록 하는 것이 가정경제인 것이다.

가정살림살이와 마찬가지로 사회도 많은 결정을 내려야 한다. 어떤 일을 할 것인지, 또 그것을 누가 해야 하는지를 결정해야 한다. 집을 짓고, 식량을 생산하고, 옷을 만드는 일들을 누군가가 해야 한다. 또한 생산한 물건을 필요한 사람에게 배분하는 일을 하는 사람도 있어야 한다. 이처럼 사회는 사람들에게 각자 그 역할을 요구하고 있다. 선택(choice)이란 여러 개의 대안 가운데 하나를 취하는 것을 말한다. 우리는 이것을 의사결정이라고 한다. 대학의 학과목 가운데 필수과목과 선택과목이 있다. 필수과목은 선택의 대상이 아닌 피하고 싶어도 졸업하기 위해서는 반드시 수강해야만 하는 과목이다. 그러나 선택과목은 자신이 원치 않으면 수강하지 않아도 졸업하는데 전혀 문제가 발생하지 않는다. 물론 해당 학과의 졸업을 포기한다면 필수과목의 수강도 선택이 되는 것은 당연한 이야기다.

관광에 대한 의사결정도 마찬가지이다. 관광을 하기 위해서는 금전적 그리고 시간적 비용이 들게 마련이다. 한정된 예산과 시간으로 여행을 갈 것인지 말 것인지를 결정해야 한다. 일단 여행을 갈 것으로 결정을 하게 되면 어디로 갈 것인지를 선택해야 한다.

2) 선택에 따른 기회비용

세상에는 공짜가 없다. 공짜음식을 한번 대접받게 되면 무엇인가 그에 따른 대가를 지급해야 한다. 물론 그 대가라는 것이 반드시 물질적인 것은 아닐 수도 있다. 그런데 공짜가 좋다는 것은 틀림없는 사실이다. 왜냐하면 이것을 좋아하다 더 큰 것을 잃는 사람들을 수도 없이 보아왔기 때문이다.

공짜가 없는 세상은 우리가 무엇인가를 얻기 위해서는 그 대가로 다른 무엇을 포기해야 한다는 것을 의미한다. 대학에서 강의를 수강하는 데는 시간과 돈, 에너지, 긴장, 고통 등도 수반되어진다. 그러나 강의를 듣지 않는 것 역시 무엇인가를 희생하여야 한다. 이처럼 우리가 살아가는 데는 어떤 대가를 지급해야만 한다.

선택의 대가는 그것을 얻기 위해 포기한 그 무엇이다. 경제학에서는 이를 기회비용(opportunity cost)이라고 한다. 재화와 서비스를 생산하는데 필요한 자원은 서로 다른 방법으로 사용되어질 수 있다. 또한 욕망은 무한한데 비해 자원은 한정되어 있기 때문에 기회비용이라는 개념은 경제학에서 매우 중요한 개념이다. 기회비용은 무엇인가를 얻기 위해 희생이 요구되는 최고의 가치를 말한다. 즉 무엇을 얻기 위해 포기한 대안 가운데서 가치가 제일 높다고 생각되는 것이 바로 기회비용이라고 할 수 있다. 기회비용을 개인적인 입장에서 볼 때 이를 사적비용(private cost)이라고 하고 사회 전체의 입장에서 볼 때 사회적 비용(social cost)이라고 한다.

사적비용과 사회적 비용은 서로 차이가 발생할 가능성이 많다. 왜냐하면 사회적 비용은 사적비용에 제3자가 부담하는 비용이 더해진 것이기 때문이다. 자동차로 인해 발생하는 대기오염은 자동차 소유자가 자동차 구매할 때 지급하는 대기오염저감장치 비용과 휘발유에 부가된 환경세(environmental tax)가 사적비용이다. 환경이 오염되면 지역주민들의 건강을 해칠 수 있고, 환경보호운동을 하게 되면 이에 따른 비용이 수반된다. 사회적 비용은 이런 비용이 포함된 개념이다.

모든 일에는 대가가 있기 때문에 여러 개의 대안 가운데 어느 것을 선택할 것인가는 선택으로 얻게 되는 만족과 선택하지 않음으로써 잃게 되는 불만족을 비교하여 결정하게 된다. 그러나 현실적으로는 얻는 것과 잃는 것을 명확하게 구분하기가 쉽지 않은 경우가 많다.

예를 들어, 대학원 진학을 할 것인지에 대한 의사결정을 한다고 생각해 보자. 이로 인해 얻게 되는 혜택은 좀더 해당 분야의 전문지식을 갖게 되는 점일 것이다. 이로 인해 직업선택의 폭도 확대되어진다. 대학원 진학을 하지 않았다면 직장을 갖고 있을 것이다. 대학원을 진학하는 대신에 직장에서 일을 하게 되면 소득이 발생한다. 대학원 진학에 따른 기회비용은 이처럼 크게 발생한다. 단기적으로 현금비용만 고려하면 대학원 진학이 손해인 것 같으나 장기적 결과에 대한 계산은 매우 복잡해진다. 화폐비용뿐 아니라 시간비용까지 고려하면 기회비용의 개념은 더욱 확대되어진다. 중요한 것은 기회비용이 경제학에서 사용되는 비용의 개념이라는 것이다.

휴가여행을 가려고 마음을 먹은 사람들은 이로 인해 얻게 되는 잠재적인 만족 또는 효용(benefits)과 그 돈을 다른 곳에 지출했을 때 얻게 되는 잠재적인 만족을 서로 비교할 것이다. 일반적으로 여행으로 얻게 되는 즐거움은 짧은 대신에 그 돈을 다른 것을 구매하는데 소비했을 경우 이에 따른 즐거움이 더 오래갈 수도 있다. 휴가여행에 소요되는 시간 역시 기회비용에 해당된다. 여행을 하는 시간을 여행을 하는 대신 그 다음의 가치를 갖고 있는 곳에 쓰여졌을 경우는 시간에 대한 기회비용(opportunity cost)

이 된다. 여행기간에는 일을 하지 못하니까 상대적으로 손해를 볼 수도 있고, 그 시간을 집에서 레크리에이션을 하거나, 독서를 하거나, TV를 보면서 보내는 시간이 여행보다 더 높은 가치를 가져다준다면 사람들은 여행을 포기하게 된다.

3. 생산가능곡선과 응용

1) 기회비용과 생산가능곡선

어떤 것을 선택한다는 것은 다른 대안들을 포기한다는 것을 뜻한다. 즉 선택에는 다른 기회를 포기함으로써 발생하는 비용을 부담하게 된다. 기회비용은 생산가능곡선에서 잘 나타나 있다. 생산가능곡선(production possibilities frontier)이란 한 나라의 경제가 주어진 생산자원과 생산기술을 사용하여 최대한 생산할 수 있는 산출물의 조합을 나타내는 곡선이다.

만약 현재 존재하는 모든 생산요소를 모두 사용하여 텔레비전과 컴퓨터만을 생산한다고 가정하자. <그림 2-1>에서 모든 자원이 컴퓨터 생산에만 투입된다면 최대 300대의 컴퓨터가 생산되고 텔레비전은 한 대도 생산되지 않는다. 반대로 텔레비전만 생산하는데 모든 자원이 사용된다면 텔레비전은 최대 100대가 생산되고 컴퓨터는 한 대도 생산되지 않는다. 생산가능곡선상의 어느 점이나 그 내부의 어느 조합이라도 생산이 가능하다. 점 B는 텔레비전 30대와 컴퓨터 100대를 생산하는 조합을 나타낸다. 그러나 곡선 밖의 점 E는 현재 주어진 자원과 기술수준으로는 생산이 불가능한 조합이다.

경제에서 한정된 자원을 활용하여 최대의 효과를 얻는 것을 효율적(efficient)이라고 표현한다. 생산가능곡선상의 점들은 모두 효율적인 생산의 결과를 나타낸다. 따라서 점 A와 C 그리고 D는 효율적이나 점 B는 비효율적인 생산조합이다. 경제가 점 A와 같이 효율적인 생산을 하고 있을 경우 한 재화의 생산량을 늘리기 위해서는 반드시 다른 재화의 생산량을 줄여야 한다. 즉 점 A에서 점 C로 움직인다는 것은 컴퓨터를 20대 더 생산하는 대가로 텔레비전 생산을 85대에서 80대로 줄여야 한다는 것을 의미한다.

〈그림 2-1〉 생산가능곡선

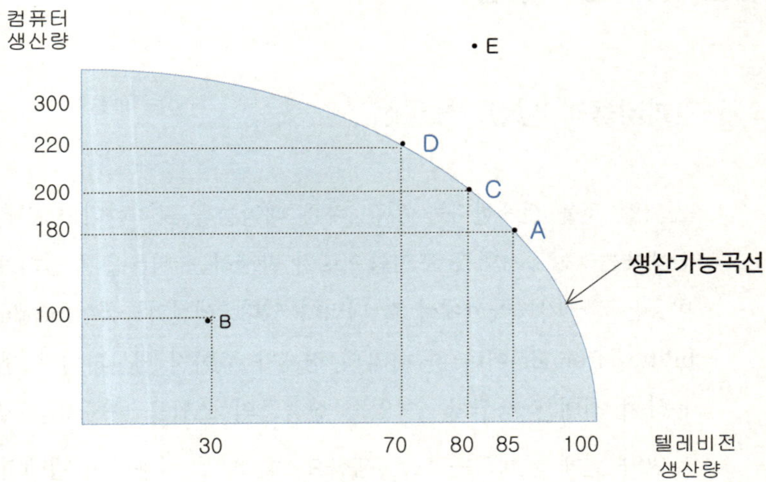

어떤 것을 얻기 위한 비용은 그것을 얻기 위해 포기한 그 무엇이 기회비용(opportunity cost)이라고 한다면 위의 경우에서 점 A에서 점 C로 생산조합이 옮겨지면 컴퓨터 20대의 기회비용은 텔레비전 5대에 해당되는 것이다. 이처럼 생산가능곡선은 한 재화의 기회비용을 다른 재화의 수량으로 나타낼 수 있게 해준다.

생산가능곡선이 밖으로 볼록한 형태를 갖고 있다는 것은 매우 중요한 의미를 갖고 있다. 이것은 생산량에 따라 기회비용이 달라진다는 것을 의미한다. 예를 들면, 점 A에서 점 C로의 이동은 텔레비전 5대를 포기한 대가로 컴퓨터 20대를 더 생산할 수 있다. 그런데 점 C에서 점 D로 이동하는 것은 텔레비전 10대를 포기해야 컴퓨터 20대를 더 생산할 수 있다. 이처럼 기회비용은 하나를 얻기 위해서는 반드시 다른 하나를 포기해야 된다는 것을 보여 준다. 따라서 어떤 선택의 기회비용이 클수록 그 선택은 큰 대가를 치루어야 하므로 선택이 어려워질 것이다. <그림 2-1>은 컴퓨터의 생산을 증가시킴에 따라 컴퓨터 1단위의 기회비용이 점점 증가하는 것을 보여주고 있다. 이를 기회비용체증의 법칙이라고 한다.

기회비용체증의 법칙(law of increasing opportunity cost)이란 모든 자원을 효율적으로 사용하는 상황에서 한 재화의 생산을 증가시킴에 따라 그 재화 생산의 기회비용이 증가하는 현상을 말한다. 경제학에서는 기회비용체증의 법칙이 현실세계에서 일어나는 일반적인 현상이라고 본다. 기회비용이 체증하는 경우 생산가능곡선은 <그림 2-1>에서와 같이 밖으로 볼록하고 원점에 대하여 오목한 곡선으로 그려진다.

2) 경제성장과 생산가능곡선

국가경제에서 총생산량은 내국인의 연간 총생산량을 화폐로 표시한 것이다. 플러스(+)경제성장은 전년도에 비해 총생산량의 증가를 의미하며, 이는 생산가능곡선이 오른쪽으로 팽창했다는 것을 뜻한다. 2012년도 우리나라 국민의 1인당 국민소득(Gross National Income: GNI)은 약 23,000달러에 이른다. 우리나라의 1인당 국민소득은 1994년 9,459달러, 1995년 11,432달러이었다가 1998년 7,355달러로 줄어들었고 2000년도에 다시 10,841달러로 1만 불 시대를 맞이한 후 2007년에 20,000달러를 넘어섰다.

2011년도 기준 1인당 국민소득이 가장 높은 나라는 룩셈부르크의 105,438달러, 미국은 세계 12위로서 47,199달러, 일본은 42,831달러이다. 이처럼 나라마다 국민소득의 차이가 발생하는 이유는 각 나라별로 노동생산성에서 차이가 있기 때문이다. 한 나라의 경제성장은 생산요소(토지, 노동, 자본)가 증가되거나 또는 기술의 발전이나 전문화를 통해 1인당 생산성이 증가한 경우를 말한다. 토지나 자본의 투자가 상대적으로 높고 노동의 질 또한 높기 때문에 똑같은 노동량을 투입해도 높은 생산량을 가져오기 때문에 1인당 국민소득이 높아지게 된다.

생산가능곡선은 경제성장의 개념을 이해하는데 많은 도움을 준다. 경제성장은 생산자원의 증가로 인해 생산물의 증가를 가져오는 것을 의미한다. 생산자원의 증가는 기술개발, 전문화 또는 집중화 등 생산의 효율성이 증대되어 이루어지게 된다. <그림 2-2>는 국가경제에서 현재의 의사결정이 미래에 어떤 결과를 가져오는가를 보여주기 위한 것이다. 만약 한 나라의 경제가 완전고용에 있을 때, 즉 생산가능곡선상에 있을 때 어느 한 분야에 대한 생산증가는 다른 분야에서의 희생이 있을 경우에만 가능하다. 국방비를 증액하게 되면 의료나 교육 등 다른 분야에서의 투자비용이 감소하게 된다. 실업이 존재한다면 이는 경제가 생산가능곡선상에서 이루어지는 것이 아니라 생산가능곡선의 안에 있는 경우이다.

<그림 2-2>에서 2010년도의 생산가능곡선은 원점에 가까운 곡선이라고

〈그림 2-2〉 생산가능곡선의 이동

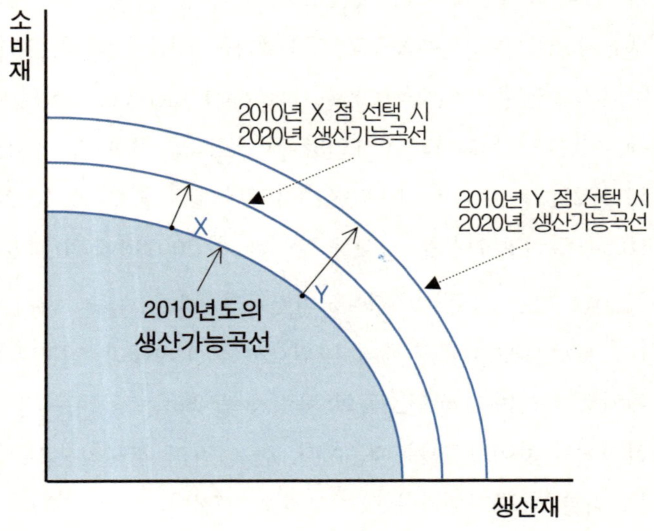

가정하자. 2010년도에 국가경제정책에 관한 의사결정을 X점과 Y점 가운데 어느 것을 선택하느냐에 따라 2020년도의 국가경제 즉 생산가능곡선의 크기가 결정되는 것이다. 그림의 생산가능곡선은 소비재와 생산재로 구분되어 있다. 소비재는 미래보다는 현재의 소비에 더 중심을 두고 생산되는 재화로서 관광과 같은 여가상품이 대표적인 예이다. 생산재는 현재의 만족보다는 미래의 만족에 더 많은 가치를 두고 투자하는 재화로서 국가경제 입장에서는 도로, 항만, 전기, 철강 등을 예로 들 수 있다.

2010년도에 점 X를 선택한 경우는 생산재보다는 소비재를 더 많이 생산한 경제이다. 반대로 점 Y는 소비재보다는 생산재를 더 많이 생산한 경제이다. 10년이 지난 2020년도에 점 Y를 선택한 경우가 생산가능곡선이 점 X를 선택한 경우보다 더 오른쪽으로 팽창되어 있음을 나타내고 있다. 따라서 현재의 만족수준을 줄이는 대신 미래에 더 큰 만족을 구할 것인가, 아니면 미래의 더 큰 만족보다는 현재의 만족수준에 더 큰 의의를 두는가는 국가지도자의 경제철학에 의해 결정되는 것이다.

경제학에서는 사회현상을 단순화하기 위해 모델을 많이 이용한다. 경제모델은 사람들이 어떻게 생각하고 있는가에 대한 설명보다는 단순히 그들이 어떻게 행동할 것인가만을 설명해 주고 있다. 생산가능곡선은 효율성, 상충관계(trade-off), 기회비용, 그리고 경제성장과 같은 중요한 경제원리를 명확하게 전달해 주는 매우 좋은 도구이다.

4. 관광경제학의 연구대상

경제학이 한정된 자원의 사용으로부터 최적의 보상에 대한 연구라고 한다면 관광경제학은 그 대상을 관광행위에 한정시켜 연구대상을 적용하고 있는 학문분야이다. 관광활동은 소비행위로서 관광을 통해 관광객의 욕구를 충족하게 된다. 소비자로서 관광객은 관광으로부터 추구하는 심리적 편익을 극대화하는 데 있다. 관광의 공급자 즉 관광상품의 판매자는 관광객에게 상품을 판매함으로써 이윤을 추구하게 된다. 또한 관광객의 욕구를 충족시켜주는 관광자원의 공급은 민간부문에서만 이루어지는 것이 아니라 공공부문에서도 이루어진다.

중앙정부 또는 지방정부 차원에서는 관광객의 욕구를 충족시켜주기 위해 관광개발을 통해 관광자원을 추가로 공급하거나 관리하게 된다. 공공부문이 추구하는 목표는 관광객 입장에서는 관광객의 관광만족이 이루어질 수 있도록 하는데 있으며, 관광기업의 입장에서는 관광기업의 이윤추구 활동에 도움이 될 수 있도록 조정자 역할을 하게 된다. 또한 관광지의 지역주민들을 위해서는 관광으로 인한 경제적 효과가 관광지지역경제에 파급될 수 있도록 하는 것도 공공부문의 역할이다.

1) 관광과 선택의 문제

만약 우리가 휴가를 떠나기로 결정했다면 언제, 어디로 여행을 갈 것인지, 예산은 얼마로 잡아야 하는지, 여행지에서는 무엇을 할 것인지를 결정해야 한다. 또한 여행목적지까지 가는데 있어서도 고속철도, 고속버스, 자가용, 항공기 등 수많은 선택에 직면하게 된다.

대표적 관광산업 가운데 하나인 항공사의 입장에서도 서울-제주항공편을 주중, 주말, 그리고 관광성수기와 비수기에 따라 몇 편의 항공편을 배정해야 하는지를 결정해야 한다. 물론 해당 항공편에 대해 요금을 얼마로 책정할 것인가의 문제도 당연히 따르게 마련이다. 여행사는 어떤 상품을 개발해야 소비자들에게 인기상품이 될 것인가를 고민해야 한다. 관광기념품점은 취급대상의 모든 상품들을 각각 얼마나 주문해야 하는지를 결정해야 한다. 중앙정부나 관광지의 지방정부 역시 금년에 관광홍보비를 얼마나 지출해야 하는가를 결정해야 한다.

이는 바로 관광분야에서의 선택의 문제이다. 관광경제학에서 다루고 있는 수많은 선택의 문제는 관광의 소비자와 공급자로 크게 구분할 수 있다(그림 2-3). 소비자로서 관광객이 갖고 있는 목표(goal)는 자신이 가지고 있는 한정된 자원을 사용함으로써 얻게 되는 만족을 극대화시키는 것이다.

영리목적의 관광사업체가 가지고 있는 목표는 관광객이 원하는 상품의 공급을 통해 이윤(profit)을 극대화하는 데 있다. 관광의 공급자 가운데는 비영리 목적의 조직도 많이 존재한다. 국립공원이나 박물관 같은 비영리조직이 갖고 있는 목표는 많은 사람들이 방문하는 것을 바라고 있을 것이다.

중앙정부나 지방정부가 관광분야에서 가지고 있는 목표는 매우 다양하다. 많은 관광객이 해당 국가나 해당 지역을 방문하여 관광수입이나 조세수입(tax revenues)을 극대화하고, 이로 인해 많은 고용이 창출되기를 원한다. 즉 관광이 경제적으로 국가 또는 지역발전에 이바지하기를 바라고 있는 것이다. 그러나 많은 관광객이 방문하게 되면 환경이나 고유문화가 훼손될 가능성은 높은데 관광으로 인한 환경 및 문화가 훼손되지 않도록 하는 것도 정부가 추구하는 또 다른 목표이기도 하다. 또한 국제관광은 민간교류를 의미하기 때문에 이를 통해 양국 간의 이해가 증진됨으로써 국가 간의 관계를 증진시키는 것도 국가의 목표가 될 수 있다.

관광경제는 바로 소비자로서의 관광객과 공급자로서의 여러 조직이 관광과 관련된 선택과 그 결과를 파악하는 것이 연구의 대상이 된다.

〈그림 2-3〉 관광의 조직

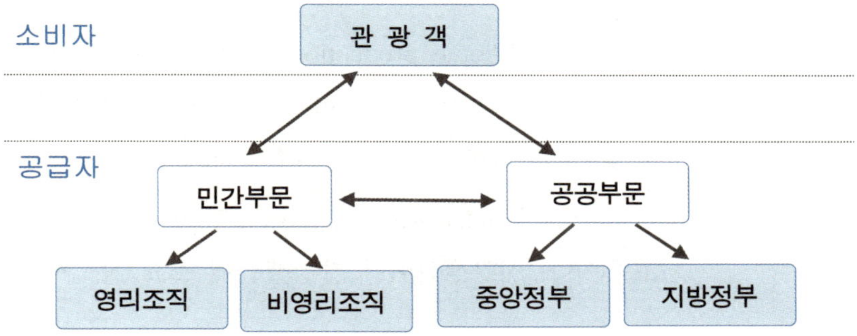

2) 소비자로서 관광객

우리 인간은 소비자이다. 돈을 내고 물건을 사는 소비자일 수도 있지만, 우리가 가지고 있는 시간을 어떻게 소비할 것인가를 결정해야 하는 소비자이다. 즉 우리들 인간은 돈과 시간을 어떻게 사용할 것인가에 관해 항상 의사결정을 해야 한다. 돈이 많고 시간이 많은 사람은 할 수 있는 선택의 폭이 그렇지 않은 사람보다 크다. 그러나 누구나 이에 대해 한계를 가지고 있게 마련이다.

소비자들은 시간을 소비하는데 어떻게 의사결정을 내리게 되는가? 소비자들은 자신의 만족 또는 효용(utility)을 극대화하는 방향으로 자신의 시간을 소비하려고 노력하게 된다. 효용은 소비자가 재화와 서비스(goods and services)를 사용함으로써 얻게 되는 만족인데, 효용을 극대화하기 위해서는 자원을 많이 소비하면 소비할수록 극대화시킬 수가 있다. 그런데 문제는 바로 이러한 자원이 제한되어 있다는 데 있다.

우리가 얻을 수 있는 효용은 크게 4가지로 분류하고 있다.

① 시장효용(market utility): 시장에서 구입된 재화와 서비스로부터 발생하는 효용이다. 이 효용을 얻는 방법은 화폐를 지급하고 재화와 서비스를 구입하는 것이다. 화폐는 어떻게 구입되는가? 요소시장에서 자신의 노동을 판매하고 화폐의 형태로 그 대가를 지급받는다. 근로소득, 배당, 지대를 통해서 얻는 것이 화폐이다.

② 가정생산효용(home production utility): 소비자 자신이 직접 생산된 것을 소비함으로써 얻어지는 만족이다. 식사준비, 청소, 정원손질 등을 통해서 얻는 만족감이다.

③ 여가 · 오락효용(leisure-recreation utility): 여가활동을 통해서 얻는 효용이다. 시장생산이나 가정생산에 소요되는 시간을 제외한 시

간을 어떻게 보내느냐에 따라 그 만족이 결정된다. 여행이나 운동, 독서, 음악이나 영화 감상 등 주로 취미생활을 통해 얻게 되는 만족이다.

④ 외부효용(external utility): 소비자에게 간접적으로 제공된 재화와 서비스로부터 나오는 만족이다. 이들은 소비자가 직접적으로 구입하거나 가정에서 생산하지 않더라도 사용할 수 있는 재화와 서비스들이다. 동네에 있는 공원에 쉽게 갈 수 있다는 것, 안보나 경찰, 소방서비스와 같이 대부분 공공서비스를 통해 얻게 되는 효용이다.

3) 관광의 최적화

<그림 2-3>에서처럼 관광의 구성은 소비자와 공급자로 구분할 수 있고, 공급자는 다시 민간부문과 공공부문으로 구분된다. 민간부문은 추구하는 목표나 운영방식의 차이에 따라 영리조직과 비영리조직으로 나눌 수 있다. 그리고 공공부문은 중앙정부와 지방정부의 역할에 있어 분명 그 차이가 존재하나 정부에 의해 운영된다는 공통점을 갖고 있다. 관광의 최적화를 크게 관광객, 영리목적의 민간부문, 그리고 정부부문으로 구분하여 살펴볼 수 있다.

(1) 관광객 : 관광경험의 최적화

관광객이 관광을 통해 추구하고자 하는 것은 관광경험을 극대화하는 것이다. 물론 관광객이 가지고 있는 여러 가지 제약조건을 전제로 하고 있다. 관광객의 입장에서는 우선 기본적으로 여행경비와 여유시간이 있어야 관광을 할 수 있을 것이다. 경제적, 시간적 여유는 무한정 있는 것이 아니라 제한되어 있다. 제한된 자원을 가지고 얻을 수 있는 최대의 만족을 얻는 것이 관광객이 관광을 통해 얻고자 하는 것이다.

(2) 민간부문(관광기업): 이윤의 최적화

관광조직에서 민간부문이라면 여행객에게 여행상품을 공급하는 관광기업을 연상하게 된다. 이러한 기업들로는 여행객에게 교통이나 숙박을 제공하는 업체, 여행객을 위해 교통이나 숙박예약을 대행해주는 업체, 그리고 여행객에게 위락을 제공하는 업체들이 있다.

사기업의 관광사업은 관광객을 대상으로 영리를 목적으로 하는 사기업의 경영활동이다. 사기업에 의한 관광사업은 숙박, 교통, 여행업, 휴양 및 레크리에이션 사업이 중추적인 분야이다. 이러한 업종의 사업은 기본적으로 각각 개별적인 기업경영활동을 추구하고 있고, 관광객의 유치활동에 있어서는 각 업종이 모두 공통의 이익을 갖고 있으며, 관광홍보 및 관광객 유치활동은 기업단위로 추진되기도 하지만 대개 공동의 사업으로 이루어지고 있다.

현행 「관광진흥법」은 관광사업의 종류를 크게 7가지로 분류하고, 동법시행령에서는 이를 각각의 종류별로 다시 세분하고 있다(제3조, 동법시행령 제2조). 즉 여행업(일반여행업, 국외여행업, 국내여행업), 관광숙박업(호텔업, 휴양콘도미니엄업), 관광객이용시설업(전문휴양업, 종합휴양업, 자동차야영장업, 관광유람선업, 관광공연장업, 외국인전용 관광기념품판매업), 국제회의업(국제회의시설업, 국제회의기획업), 카지노업, 유원시설업(종합유원시설업, 일반유원시설업, 기타유원시설업), 관광편의시설업(관광유흥음식점업, 관광극장유흥업, 외국인전용 유흥음식점업, 관광식당업, 시내순환관광업, 관광사진업, 여객자동차터미널시설업, 관광펜션업, 관광궤도업, 한옥체험업, 외국인관광 도시민박업) 등으로 구분하고 있다.

기업이 상품을 생산 · 판매하기 위해서는 자원을 가계로부터 구매해야 한다. 그런데 구매할 수 있는 자원은 한계를 갖게 마련이다. 한정된 자원을 이용하여 어떻게 이윤을 극대화하는 것이 관광기업이 추구하는 최적화라고 할 수 있다.

(3) 공공부문(국가 또는 지방정부): 관광효과의 최적화

관광지의 지방정부는 보다 많은 관광객이 방문할 수 있도록 홍보를 강화하고, 관광자원 개발이나 관광편의시설들을 확보하기 위해 투자를 장려하기도 한다. 이러한 이유는 관광이 지역경제에 긍정적 효과를 가져다주기 때문이다. 관광객의 지출은 1차적으로 관광산업 부문에서 생산, 소득, 고용증대 효과를 가져다준다. 물론 관광산업에서 경제적 효과는 관광과 관련이 없는 산업에까지 그 효과는 연쇄적으로 영향을 미치게 마련이다.

제주도에서 관광산업은 전체 산업 가운데 가장 높은 비중을 차지하고 있는 산업이다. 제주도가 가지고 있는 자원의 특성, 관광의 발전 가능성 등을 고려할 때 관광산업은 앞으로도 지속적으로 발전시켜야 할 핵심 산업으로 인식되고 있다. 따라서 제주도의 지방정부는 관광산업의 발전을 통해 궁극적으로 제주지역경제의 발전을 이루려는 노력을 하게 될 것이다. 국가 또는 관광지의 지방정부 차원에서 추구하는 목표는 관광의 효과를 극대화하는 것이다. 물론 관광의 효과는 경제적 효과만을 대상으로 하지는 않는다. 환경 및 사회 · 문화적 효과도 동시에 고려되어져야 한다.

관광객, 관광기업 그리고 지방정부가 갖고 있는 목표를 모두 충족시킨다는 것은 불가능하다. 일반적으로 관광객과 관광기업이 각각 추구하는 목표는 서로 양립될 수 없는 부분이 많다. 관광객은 상품가격이 내리면 더 많은 상품을 구매하려 하지만 관광상품을 공급하는 관광기업은 그 반대이다. 따라서 관광객이 더 많은 만족을 얻게 되면 관광기업은 이에 따른 비용이 추가되는 것이다.

그러나 정부는 관광객의 입장과 관광기업의 입장을 동시에 고려해야 하는 위치에 있다. 때로는 관광객을 위해 그리고 경우에 따라서는 관광기업을 위해 이들의 입장을 대변해주어야 하는 위치에 있는 것이다.

공적 관광사업은 대내적으로는 국민경제의 발전과 국민복지의 증진 및 향상을 기하고 대외적으로는 국위선양과 국민경제의 발전을 위하여 정책적으로 추진하는 관광사업이다.

이와 같은 공적 관광사업은 중앙관광행정기관과 지방관광행정기관 및 특수 공기업인 한국관광공사, 그리고 관광사업자단체인 한국관광협회중앙회 등에 의해 행하여진다. 이들 기관의 역할을 좀 더 구체적으로 살펴보면

첫째, 우리나라 관광행정의 주무부서인 문화체육관광부는 산하의 관광국이 중심이 되어 외래관광객의 유치증대와 관광수입증대, 관광산업에 대한 외국자본의 유치증대 등을 통한 경제사회 발전에의 기여 및 국민관광의 균형발전을 통한 복지국가 실현이라는 목표를 설정하고 각종 관광산업육성정책을 의욕적으로 추진하고 있다.

둘째, 지방관광행정기관으로서의 지방자치단체가 관광과 관련하여 행하는 사무로는 첫째, 국가시책에의 협조인데, 지방자치단체는 관광에 관한 국가시책에 필요한 시책을 강구하여야 한다(관광기본법 제6조). 둘째, 공공시설 설치사무로서, 지방자치단체는 관광지 등의 조성사업과 그 운영에 관련되는 도로, 전기, 상 · 하수도 등 공공시설을 우선하여 설치하도록 노력하여야 한다(관광진흥법 제57조). 셋째, 입장료 · 관람료 및 이용료의 관광지등의 보존비용 충당사무이다. 지방자치단체가 관광지등에 입장하는 자로부터 입장료를, 관광시설을 관람 또는 이용하는 자로부터 관람료 또는 이용료를 징수한 경우에는 관광지등의 보존 · 관리와 그 개발에 필요한 비용에 충당하여야 한다(관광진흥법 제67조 3항). 특히 제주특별자치도에 대하여는 "제주특별법"상 관광관련 특례규정을 두고 있다.

「제주특별자치도 설치 및 국제자유도시 조성을 위한 특별법」(이하 "제주특별법"이라 한다)에 따르면 국가는 제주자치도가 자율적으로 관광정책을 시행할 수 있도록 관련 법령의 정비를 추진하여야 하며, 관광진흥과 관련된 계획을 수립하고 사업을 시행할 경우 제주자치도의 관광진흥에 관한 사항을 고려하여야 한다. 이에 따라 제주자치도는 자율과 책임에 따라 지역의 관광여건을 조성하고 관광자원을 개발하며 관광사업을 육성함으로써 국가의 관광진흥에 이바지하여야 하는데, 이를 위한 관광진흥 관련 특례규정을

살펴보면 다음과 같다.

① 국제회의산업 육성을 위한 특례(제주특별법 제170조)

② 카지노업의 허가 등에 관한 특례(제주특별법 제171조)

③ 관광숙박업의 등급 지정에 관한 특례(제주특별법 제171조의2)

④ 외국인투자의 촉진을 위한 「관광진흥법」 적용의 특례(제주특례법 제171조의6)

⑤ 관광진흥개발기금 등에 관한 특례(제주특별법 제171조 1항, 제172조)

⑥ 관광진흥 관련 지방공사의 설립 · 운영(제주특별법 제173조)

셋째, 정부투자 공기업인 한국관광공사는 국제관광진흥사업, 국민관광진흥사업, 관광자원개발사업, 관광산업의 연구 · 개발사업, 관광관련 전문인력의 양성과 훈련사업, 관광사업의 발전을 위하여 필요한 물품의 수출입업을 비롯한 부대사업으로서 이사회가 의결한 사업을 수행함으로써 국가경제발전과 국민복지증진에 이바지하고 있다.

넷째, 지역별 · 업종별 관광협회가 관광사업의 건전한 발전을 위하여 설립한 한국관광협회중앙회는 우리나라 관광업계를 대표하는 단체로서 관광사업의 발전을 위한 업무, 관광통계업무, 관광종사원의 교육과 사후관리업무, 회원의 공제사업, 국가나 지방자치단체로부터 위탁받은 업무, 관광안내소의 운영 및 위의 업무에 따르는 수익사업을 수행한다.

제3장

경제학의 본질

경제학이란 경제현상을 연구하고 경제문제를 다루는 학문이다. 즉 개인이나 사회가 여러 가지 용도를 가지는 희소한 자원을 선택적으로 사용하여 다양한 재화와 서비스를 생산 · 교환 · 분배 · 소비하는 과정에서 일어나는 경제현상을 연구대상으로 하는 학문이 경제학이다. 경제학이 구체적으로 어떤 학문인가 하는 것은 경제학의 여러 분류를 살펴보면 어느 정도 알 수 있다. 경제학은 기준을 달리함에 따라 여러 가지로 분류할 수 있다.

1. 경제학의 분류

1) 경제이론, 경제사와 경제정책론

경제학의 학문체계는 전통적으로 경제이론, 경제사, 그리고 경제정책론의 세 분야로 분류된다.

경제이론은 분석도구를 이용하여 여러 경제현상 사이에 존재하는 법칙을 규명하고 그 법칙을 이용하여 현재의 경제현상을 설명하거나 미래의 경제현상을 예측하는 분야이다. 경제이론은 이론경제학이라고도 한다.

경제사는 과거의 경제를 연구하는 분야이다. 경제이론이 규명하는 경제법칙들은 대부분 과거의 역사적 사실과 연관되어 있다. 따라서 경제이론은 경제사의 도움을 통해 경제법칙들을 쉽게 규명 · 확인할 수 있다. 반대로 경제사를 연구할 때에는 과거의 경제현상들 사이에 존재했었을 경제법칙을 규명함에 있어서 경제이론과 경제이론이 이용하는 분석도구에 의존한다.

경제정책론은 어떤 경제상태가 바람직하며 그 바람직한 경제상태를 효율적으로 달성하기 위해서는 어떤 정책을 사용해야 하는가를 다루는 분야이다. 바람직한 경제상태는 사회적 · 정치적 · 윤리적 · 시대적 상황에 따라 달라질 수 있다. 그러나 포괄적으로 말해서 모든 사회구성원들이 최소한의 인간다운 삶을 영위하면서 시간이 지날수록 생활이 안정되고 향상되는 상태라고 정의할 수 있다. 이 바람직한 상태는 경제적 효율과 형평, 성장과 안정이 조화를 이룸으로써 도달할 수 있다. 효율과 형평, 성장과 안정이 조화를 이루는 방법은 경제사와 경제이론에 의하여 밝혀진 경제법칙과 예측능력을 수용하여 연구해야 한다. 그렇지 않을 때 경제정책론은 사람마다 다르게 마련인 주관적 가치판단에 빠짐으로써 학문으로서 요구되는 최소한의 객관성을 잃어버리고 말 것이다.

경제사와 경제이론은 경제정책론을 통하여 사회과학으로서의 실천적 유용성을 가지게 된다. 따라서 경제사 · 경제이론 · 경제정책론은 상호 밀접한 연관관계를 가진다.

2) 미시경제학과 거시경제학

경제학은 연구대상에 따라 미시경제학과 거시경제학으로 구분된다. 미시경제학(microeconomics)은 개별 경제주체들의 경제행위와 그 상호작용을 연구대상으로 한다. 즉 개인들이 어떤 방식으로 의사결정을 하고 이러한 결정들이 어떻게 상호작용하는가를 연구하는 분야가 미시경제학이다. 자본주의 시장경제를 다루는 미시경제학에서 경제행위의 상호작용은 주로 시장에서 나타나는 상호작용이다. 시장에서의 상호작용은 시장가격을 둘러싸고 이루어진다. 가계의 소비와 기업의 생산이 이어지는 시장에서 가계와 기업의 상호작용이 가격을 결정하고, 거꾸로 가격은 개별 경제주체들의 상호작용에 영향을 미친다. 따라서 미시경제학에서는 시장에서의 가격결정원리가 중요하다.

거시경제학(macroeconomics)은 개별 경제주체들로 구성된 국민경제의 전체적인 현상을 연구대상으로 한다. 총생산 · 총고용 · 총저축 · 총투자 · 물가 · 통화량 · 정부지출 · 조세 · 이자율 · 환율 · 인플레이션 · 실업률 · 경제성장 · 국제수지 등이 거시경제학에서 즐겨 다루는 경제지표들이다. 이 거시경제지표들 간에 어떤 관계가 있는가, 경제정책은 각각의 거시경제지표에 어떤 영향을 미치는가, 경제정책을 어떻게 운용하는 것이 바람직한가 등을 연구하는 것이 거시경제학의 주요 과제이다.

3) 실증경제학과 규범경제학

경제학은 가치판단의 유무에 따라 실증경제학과 규범경제학으로 분류할 수 있다. 실증경제학(positive economics)은 경제현상을 '있는 사실'(what is) 그대로 분석하고 경제현상 간에 존재하는 법칙을 발견하여 경제현상의 변화를 예측하는 학문이다. 따라서 개인의 감정이나 주관적인 판단이 요구되지 않는다. 만약 주제공원의 입장료를 5% 인상시켰을 때 총판매수입이 10% 감소하였다면, 결과적으로 가격인상이 총수익의 감소를 가져오게 된 결과이다. 이 같은 결과는 좋고 나쁘고를 떠나 있는 사실 그대로이다. 보통 경제학이라고 말할 때는 이 경제학을 지칭한다. 경제사와 이론경제학은 실증경제학이다.

규범경제학(normative economics)은 '바람직한 상태'(what ought to be)를 설정하고 그 상태에 도달하기 위해서는 어떻게 해야 하는가를 다루는 경제학이다. 예를 들면, 기업소유의 골프장 회원권은 개인소유의 회원권보다 더 비싸게 분양해야 한다는 것은 하나의 의견일 뿐이다. 경제정책론은 규범경제학에 속한다.

있는 사실 그대로를 묘사하거나, 참인가 거짓인가를 밝힐 수 있는 문장을 실증적인 기술(positive statement)이라 한다. 좋다, 나쁘다 혹은 바람직하다, 바람직하지 않다 하는 가치판단이 개입되는 문장을 규범적인 기술(normative statement)이라 한다. 예를 들면 '최저임금제가 실업을 유발한다'는 실증적인 기술이고 '형평보다 효율이 더 중요하다'는 주장은 규범적인 기술이다. 실증경제학은 실증적인 기술로 구성되어 있고 규범경제학은 규범적인 기술로 구성되어 있다.

오늘날 경제학은 어떤 경제현상이 있고 왜 그런 현상이 있는가를 다루고 나서 그 다음으로 그 현상이 바람직한가? 더 바람직한 상태는 무엇인가?를 연구하게 된다. 실증경제학의 바탕 위에 규범경제학을 전개함으로써 양자가 융합되어 있는 것이다.

information **효율성과 공평성**

시장경제체제에서 발생되는 소득불평등은 사람에 따라 받아들일 수도 있고 받아들일 수도 없는 문제이다. 이를 받아들이는 사람들은 자신의 자산이나 노동을 다른 사람에게 자발적인 판매를 통해서만 수익이 발생하는 것을 공평하다고 생각하는 사람들이다. 즉 개인의 소득이란 결과적으로 사람들의 재능이 서로 다르고 소유하고 있는 자산이 다르기 때문이며 또한 여러 가지 대안 가운데 사람마다 서로 다른 선택을 한 결과라고 생각하기 때문이다. 반대로 소득분배의 공평성을 중요시하는 사람이라면 시장을 통해 이루어지는 소득분배는 불공평하다고 생각하고 있는 경우이다. 개인의 소득이 단순히 재능이나 자원의 소유기회, 그리고 단순한 행운과 같은 것에 의해 결정된다는 것이 공정하지 않다고 생각하는 입장이다.

시장은 이러한 문제를 해결하지는 못한다. 이처럼 경제학자들이나 우리들 사이에 일치하지 않는 문제는 서로 다른 가치관을 갖고 있기 때문이다. 이러한 예에서처럼 사회적으로 부딪치게 되는 선택의 문제는 효율성(efficiency)과 공평성(equity)의 관계이다. 효율성과 공평성은 서로 상충(trade-off)관계에 있다. 즉 효율성을 강조하게 되면 공평성의 희생이 따르고 그 반대도 성립된다. 효율성이란 제한된 희소자원으로부터 한 사회가 최대의 효과를 얻고자 하는 속성이고, 공평성이란 희소자원 활용의 혜택이 사회구성원에게 공정하게 분배되는 속성을 말한다. 자원을 효율적으로 사용한다는 것과 최대의 효과를 얻는다는 의미는 화폐단위로 측정할 수 있는 돈과 관련된 것은 아니다. 경제학자들은 다른 사람의 후생을 감소시키지 않으면서 또 다른 사람의 후생을 증가시킬 수 있는 방법이 없을 때 경제가 효율적이라고 한다.

효율성이 떡의 크기를 나타내는 개념이라면 공평성은 떡을 어떻게 나누는가에 관한 것이라고 할 수 있다. 정부정책이 수립되는 과정에서 이 두 가지 목표가 서로 상충되는 경우가 많다. 사회복지제도나 실업보험제도는 경제적으로 어려운 사람들을 돕기 위한 수단이다. 이러한 제도들은 공평성을 높이기 위한 것들이지만 경제적 효율성을 낮추는 대가를 치르게 된다. 정부가 부유한 사람들로부터 빈곤한 사람들에게 소득을 재분배하려고 하면 열심히 일하는데 대한 보상이 줄어드는 효과가 발생함으로 사람들은 덜 열심히 일하게 되고 결과적으로 재화와 서비스의 생산이 줄어들게 된다.

사람들이 항상 선택을 해야 한다는 것은 선택되지 않은 대안을 포기하는 것을 의미하는 것은 아니다. 예를 들어, 형평성보다는 효율성을 강조하여 의사결정을 내렸다고 해서 형평성을 무시해도 된다는 의미는 아니다. 환경보호를 위한 정부규제와 인간의 물질적 생활수준과는 상충관계를 갖고 있다. 생활수준을 높이기 위해서 환경보호를 하지 않아도 된다는 말은 아니다. 또는 가난한 사람을 도와주는 형평성을 강조하는 정책을 시행하게 되면 사람들의 근로의욕을 감소시킬 수 있다고 해서 이를 포기하라는 말은 아니다.

이러한 문제들을 경제학적인 관점에서 해결하는 것이 바로 경제학이라고 볼 수 있다. 물론 경우에 따라서는 모순이 있을 수 있다. 어느 경우에는 분석 그 자체만으로는 해결이 되지 않는다. 즉 공공장소에서 흡연을 금지할 것인가, 은행이자는 통제되어야 하는가에 관한 것과 같은 답은 개인의 가치판단에 의존할 수밖에 없다. 관광지의 개발이냐 자연보존이냐 하는 것은 경제적 논리만을 적용하기에는 한계가 있다. 다시 말하면, 주민들의 의사를 무시했을 경우 발생되는 주민들의 불만은 경제적 비용으로 산출하기가 힘들뿐 아니라 환경적 영향을 산출하는 과정에서 아무리 환경평가를 잘했다 해도 미래에 발생되는 결과에 대해서는 누구도 확신할 수 없기 때문이다.

2. 경제이론의 구성

1) 경제이론의 목적

일반적으로 경제현상은 매우 복잡다양하기 때문에 이를 직접 관찰하는 것만으로는 거기에 존재하는 보편적인 규칙성을 발견할 수 없는 경우가 많다. 따라서 복잡한 경제현상을 추상화(abstraction)하고 단순화(simplification)하여 이로부터 보편적인 법칙성을 밝혀내고자 한다. 또한 법칙성을 이용하여 다른 경제현상을 설명하고, 경제현상의 여러 가지 변화를 예측하고자 한다. 이것이 경제이론의 목적이다.

2) 경제이론 구성의 3단계

경제이론은 다음과 같은 세 단계를 밟아서 출현한다. 첫째, 가정(assumption)을 설정하여 복잡 다양한 경제현상을 추상화하고 단순화한다. 둘째, 단순화된 경제현상들 사이에 존재할 수 있다고 생각되는 상호의존관계나 인과관계를 추리해 본다. 추리된 인과관계를 가설(hypothesis), 또는 모형(model)이라고 한다. 셋째, 모형이 현실경제현상과 일치하는가를 검증(test)한다. 이 셋째 단계에서 모형이 현실경제현상과 잘 부합하는 것으로 검증되면 이 검증된 모형이 경제이론으로 수용되고 다른 경제현상을 설명·예측하는데 사용된다.

(1) 가정의 설정

사회현상으로서의 경제현상은 매우 복잡하고 다양하다. 어떤 경제현상에 영향을 주는 요인이 너무 많고, 또한 이들 가운데는 직접적으로 영향을 주는 것도 있지만 간접적으로 영향을 주는 것도 있다. 따라서 모든 요인들을 다 포함하여 어떤 보편적인 법칙성을 가려내기란 거의 불가능하다. 이런 이유로 경제학에서는 어떤 경제현상에 가장 직접적이고 그리고 큰 영향을 주는 요인들만 뽑고 다른 요인들을 일정불변이거나 존재하지 않거나 또는 어떤 조건에 있다는 등의 가정으로 추상화하여 인과관계를 추론한다.

따라서 경제이론은 「합리적인 소비자라면」, 「생산기술이 일정하다면」, 「완전경쟁하에 있다면」 등의 가정하에서 구성된다. 이러한 가정은 현실적인 것도 있지만 중요한 것은 경제이론이 얼마나 현실경제에 대한 설명력과 예측력을 갖느냐 하는 것이다.

(2) 모형의 정립

가정에 의하여 복잡다양한 경제현상이 단순화되면 그 단순화된 경제현상에서 성립할 만한 인과관계를 추리해 볼 수 있다. 이렇게 추리된 인과관계를 가설 또는 모형이라고 한다. 가설은 대개 「다른 모든 조건이 일정불변이라면 어떤 요인이 변함에 따라 어떤 경제현상은 어떻게 변한다」와 같은 형식으로 표시된다.

경제학에서는 「다른 모든 조건이 일정하다면」(ceteris paribus 또는 other things being equal)의 가정이 자주 그리고 유용하게 사용된다. 따라서 경제모형을 이용한 미래의 예측은 조건부 예측(conditional forecasting)이다. 다른 것들을 일정하다고 놓고 우리가 관심을 가지는 독립변수가 변할 때 종속변수가 어떻게 변할 것인가를 예측하기 때문이다.

(3) 모형의 검증

모형은 가정으로 단순화된 틀에서부터 있음직하다고 추리된 인과관계이다. 따라서 어떤 모형의 적합성 여부를 확인하기 위해서는 그 모형이 제시하는 인과관계가 현실에 부합되느냐 안되느냐를 검증해야 한다. 검증이란 여러 가지 통계자료를 분석하여 모형이 현실과 일치하는가를 검사하는 것을 말한다. 만약 어떤 모형이 현실과 부합하는 것으로 검증되면 그 모형은 하나의 경제이론이 되어 다른 경제현상의 변화를 설명하고 예측하는데 사용될 수 있다. 결론적으로 말해서 경제이론이란 검증된 모형이다.

경제이론이 검증에 의해 일단 그 타당성이 인정되었다 하더라도 그것이 영구불변의 진리인 것은 아니다. 이론이란 시대와 사회 그리고 경제체제에 따라 달라질 수 있기 때문이다. 경제학은 끊임없이 진화하고 있는 사회과학 분야이다.

3. 경제문제와 시장경제

1) 기본적인 경제문제

개인은 부자일 수도 있고 가난할 수도 있다. 국가차원에서도 풍부한 자연자원과 자본을 보유하고 있는 나라도 있고 그 반대인 경우도 있다. 개인이나 국가 어느 경우에서나 선택의 문제는 피할 수가 없다. 왜냐하면, 모든 국가는 국민이 원하는 만큼 재화와 서비스를 제공해줄 수 없기 때문에 선택의 문제가 제기되는 것이다. 결과적으로 모든 경제학의 기본 쟁점들은 무엇을 하고 무엇을 하지 않을지에 대한 개인, 그룹 그리고 국가의 선택과 연관된다.

경제학에서 재화와 서비스는 토지 · 노동 · 자본과 같은 생산자원 또는 생산요소가 투입되어 만들어진 생산물이다. 현실적으로 생산자원이 아무리 풍부한 사회가 있다 해도 사회구성원 모두가 원하는 만큼 재화와 서비스를 제공하지는 못할 것이다. 모든 국가는 이렇게 한정된 자원을 어떻게 분배할 것인지에 대한 문제에 직면해 있다.

경제학은 희소성으로 인해 다음과 같은 선택의 문제가 발생하는 것이며,

이는 모든 사회가 어떤 형태로든 풀어야 할 기본적인 경제문제이다.

- 무엇을 생산할 것인가?(What & How much to produce?)
- 어떻게 생산할 것인가?(How to produce?)
- 누구를 위하여 생산할 것인가?(For Whom to produce?)

2) 경제체제

이와 같은 기본적인 경제문제를 풀어나가는 제도나 방식을 경제체제(economic system), 간단히 줄여서 경제(economy)라 한다. 경제체제는 여러 가지가 있으나 기본적으로 중앙집권적 계획경제와 시장경제로 나눌 수가 있다. 중앙집권적 계획경제(centrally planned economics)는 과거 공산국가들이 도입했던 체제로서 정부의 경제계획가들이 경제활동을 가장 효과적으로 관리할 수 있으리라는 전제에서 오직 정부만이 국가 전체의 경제적 후생을 가장 잘 증진시킬 수 있다는 논리에 근거를 두고 있다. 계획경제는 소유권을 인정하지 않고 국가가 기업을 소유하고 있다. 재화의 생산결정은 국가의 생산위원회가 결정하고 그에 맞춰서 자원의 분배가 이루어진다. 소비자들은 무엇을 구매할 것인가에 대한 선택은 있지만 선택의 폭이나 생산량이 이미 정해진 상태이기 때문에 제한될 수밖에 없다.

시장경제(market economy)는 소유권을 인정하는 체제로서 기업은 자원을 구입하여 이를 이용하여 재화와 서비스(goods and services)를 생산한다. 생산의 동기는 이윤에 있고 이윤을 남기기 위해서는 구매자가 있어야 하는데, 이 구매욕구가 수요로서 표현되며 수요가 있을 때 생산을 하게 되는 것이다. 시장경제(market economy)는 수많은 기업과 가계들이 모두 의사결정에 참여를 한다. 기업은 누구를 고용하고 무엇을 생산할 것인가를 스스로 결정한다. 가계는 어느 기업에서 일을 할지, 어느 제품을 구입할지를 자유롭게 결정한다. 기업과 가계는 시장을 통해 상호작용하며, 시장에서는 가격과 사적 이윤이 그들의 의사결정을 좌우하는 것이다.

오늘날 많은 국가들이 자유시장경제를 표방하고 있지만 부분적으로는 혼합경제체제(mixed economic system)를 유지하는 경우가 많다. 혼합경제체제는 자유시장 경제체제하에서 계획경제의 요소를 일부분 포함하고 있는 경우를 말한다. 즉 사기업은 인정은 되지만 생산과 소비가 공공기관의 몇몇 기업에 의해 영향을 받게 되며, 세금이나 정부의 지출에 의해서 소비자들의 소비가 결정되는 것이다.

그동안의 역사적 경험을 통해 시장경제가 경제활동을 조직화하여 경제복지수준을 전반적으로 향상시키는 가장 유효한 수단임이 입증되었다. 고전학파 경제학자 아담 스미스(Adam Smith)는 1776년에 저술한 「국부론」에서 경제학에서 가장 중요한 발견을 하였다. 그것은 바로 가계와 기업들이 시장에서 서로 작용하는 과정에서 마치 '보이지 않는 손'에 의해 이끌리는 것처럼 행동하여 바람직한 시장성과를 나타낸다는 것이다. 경제활동을 조정하기 위해 사용하는 수단 즉 아담 스미스의 보이지 않는 손은 바로 가격(price)이다. 어떤 재화의 가격은 그 재화가 지니고 있는 사회적 가치를 나타낼 뿐 아니라 그 재화를 생산하기 위한 비용의 의미도 포함하고 있다. 가계나 기업이나 모두 물건을 사고팔 때 가격을 고려하기 때문이다.

만약 정부가 수요 · 공급의 변화에 따른 가격의 자유로운 움직임을 제한한다면 이는 보이지 않는 손의 조정기능을 제약하는 것과 같다. 이로 인해 시장성과가 효율적으로 작용하지 않을 수가 있다. 즉 보이지 않는 손이 가지고 있는 능력은 모든 사람들에게 높은 삶의 질을 보장하지는 않는다. 능력 있는 사람들에게 더 많은 보상을 주도록 되어 있는 기능이다. 그런데, 세상사람 모두가 능력이 있는 것은 아니다. 즉 시장경제는 자원의 효율적 배분에 있어서는 가장 좋은 수단이 될 수 있으나, 사회 전체구성원의 경제적 후생이 공평하게 이루어지게 하지는 않는다.

3) 시장경제의 원리와 작동

(1) 경제순환모델(circular flow model)

시장경제가 어떻게 작동하는지를 이해하기 위해서는 경제가 어떻게 조직화되어 있는지를 살펴보아야 한다. <그림 3-1>은 경제의 순환과정을 그림으로 표현한 것으로 경제순환모형(circular flow model)이라고 한다. 이 모형에서는 경제에 가계와 기업이라는 두 종류의 의사결정자가 존재한다. 가계를 구성하고 있는 사람들은 두 가지 방법으로 소득을 얻는다. 즉 노동을 팔거나 자산(자본, 토지, 또는 자연자원)을 빌려줌으로써 소득이 발생한다. 가계가 소유하고 있는 생산자원(토지, 노동, 자본)은 생산자원시장에서 기업에 판매된다. 기업은 생산자원을 구매한 대가로 가계에 지대, 임금, 이자를 지급함으로써 화폐의 흐림이 발생한다.

기업은 가계부문에서 제공한 생산자원을 이용하여 사람들이 필요한 재화와 서비스를 생산한다. 기업이 생산한 재화와 서비스는 결국 가계부문에서 구매가 이루어지고 가계는 구매대가로 화폐를 지급해야 한다. 즉 생산자원의 판매대가로 얻은 소득을 재화와 서비스를 구매하는 데 사용한다. 기업으로부터 가계로 전달되는 재화와 서비스의 흐름은 결국 화폐의 흐름과 일치하게 된다. 생산요소시장과 생산물시장을 같이 묶어 놓으면 경제의 순환모형이 되고, 이 모델은 가계와 기업 사이의 화폐의 흐름과 생산요소시장과 생산물시장의 상호관계를 시장경제에서 보여주고 있다.

소득과 가격 사이의 관계는 개인 및 그 사회의 생활수준을 결정하게 된다. 재화와 서비스의 가격은 계속 변동이 이루어진다. 만약 재화와 서비스의 가격이 가계수입보다 상대적으로 낮아진다면 가계의 생활수준은 높아지게 된다. 즉 재화와 서비스의 가격보다 임금증가율이 높아진다면 생활수준이 올라가는 것이다.

<그림 3-1>에서처럼 생산요소시장과 생산물시장은 상호 의존적이다. 가격과 구매량에 대한 가계의 선택은 기업의 판매량 또는 재고량에 영향을 미치게 된다. 이처럼 경제순환모델은 생산요소 및 생산물시장에서의 화폐 및 실물교환을 보여주는 것이다.

경제학에서 시장이란 생산물과 생산요소가 교환되고 거래되는 것을 의미하는데, 가계와 기업은 다른 두 시장에서 서로 만나게 된다. 생산물시장 즉 재화와 서비스가 거래되는 시장에서는 가계가 구입자가 되고 기업이 판매자가 된다. 반대로 생산요소시장에서는 가계가 판매자가 되고 기업이 구입자가 된다. 순환그림의 외부순환은 가계와 기업 간에 이루어지는 재화와 서비스의 흐름을 나타낸다. 가계는 소유하고 있는 노동, 토지, 자본을 생산요소시장에서 기업에게 판매한다. 기업은 이 요소들을 투입하여 산출물을 생산하고, 이 산출물은 재화와 서비스시장을 통해 가계에 판매된다. 따라서 생산요소는 가계로부터 기업으로 흐르고, 재화와 서비스는 기업으로부터 가계로 흐르는 것이다.

〈그림 3-1〉 경제의 순환모형

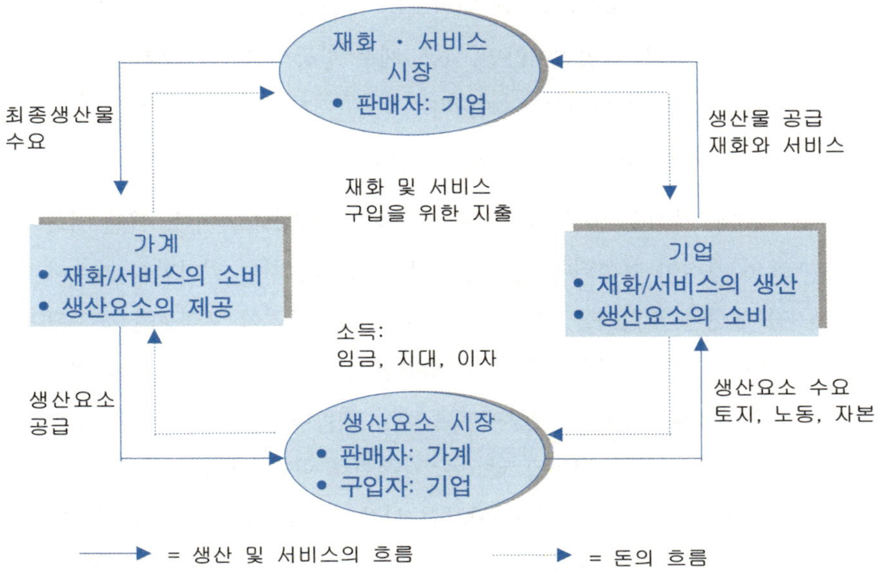

순환그림의 내부순환은 외부순환에 상응하는 돈의 흐름을 나타낸다. 가계는 기업으로부터 재화와 용역을 구입하기 위해 돈을 지급한다. 기업은 이 돈의 일부를 임금 등 생산요소의 사용에 대한 대가로 지급한다. 그리고 남은 돈은 기업주의 이윤이 된다. 이 기업주들도 마찬가지로 가계이다. 따라서 재화와 서비스에 대한 지출은 가계로부터 기업으로 흐르고, 이 지출이 다시 임금과 지대, 이윤형태의 소득으로 바뀌어 기업으로부터 가계로 흐르는 것이다.

이 순환모형은 단순히 가계와 기업만을 대상으로 하고 있으나 정부와 국제무역을 포함하면 보다 복잡해지고 현실적인 모형이 된다.

(2) 가격의 기능

시장경제에서는 거의 모든 재화와 서비스가 시장에서 거래된다. 시장(market)이란 사람들이 상품을 사고팔게 해주는 매개체이다. 시장이 반드시 지리적인 장소에 국한되는 것은 아니다. 신경제(new economy)에서는 인터넷 세상을 통해 사이버마켓(cyber market)이 형성된다. 어떤 상품의 가격이란 그 상품 1단위와 교환되는 화폐액을 말한다. 서울에서 제주까지 왕복항공료가 15만원이라면 서울~제주 항공서비스를 받기 위해서는 15만원을 지급해야 한다는 의미이다.

시장경제에서 가격은 크게 두 가지 기능을 한다.

첫째, 가격은 생산 및 소비활동의 지표(indicator)이다. 어떤 재화나 서비스의 가격이 형성되어 있다면 이에 따라 공급자는 얼마만큼 재화나 서비스를 생산할 것인지를 결정하게 된다. 또 그 가격이 오랫동안 유지된다고 생각하면 앞으로 계속해서 해당 재화나 서비스의 공급을 계속할 것인지를 결정해야 한다. 소비자 입장에서도 해당 재화나 서비스의 가격이 적정하다고 판단하면 구매할 것이고 앞으로 가격이 하락할 것으로 생각하는 소비자는 구매를 하지 않을 것이다. 이처럼 시장가격(market price)은 생산 및 소비활동을 하는데 유용한 신호(signal)를 보내 주거나 유인(incentive)을 마련해 준다는 점에서 경제활동의 지표가 된다.

마찬가지로 가격은 누가 어떤 재화를 얼마나 생산할지를 결정한다. 누가 농사를 지어야 하고 누가 호텔에서 일을 해야 하는지는 어떻게 결정되는가? 식량은 없어서는 안 될 재화이기 때문에 누군가가 필요한 만큼의 식량을 생산해야 한다. 그렇다면 어떤 사람이 농부가 되어야 하는지는 시장이 결정하는 것이다. 자유시장경제에서는 정부가 이런 결정을 하거나 적정한 양의 식량공급을 계획하지는 않는다. 누가 농장에서 일할지는 수많은 근로자의 직업선택에 의해 결정되는 것이다. 모든 사람이 직업선택에 대한 의사결정은 가격을 기초로 시장에서 훌륭하게 작동하는 것이다. 식량가격과 농업부문 임금의 변동을 통해 충분한 수의 근로자가 호텔에서 일하도록 조직되는 것이다.

경제는 서로 연관된 행위에 종사하는 여러 부류의 개인으로 구성되어 있다. 그렇다면 이들의 분권화된 의사결정이 혼란을 야기하지 않도록 하는 장치는 무엇인가? 무엇이 능력과 욕구가 다른 수많은 사람들의 행동을 조정하는가? 실행되어야 할 일을 실제로 실행하도록 만드는 것은 무엇인가? 그 답은 한마디로 가격기능(price mechanism)에 의한 것이다.

둘째, 가격은 자율적인 배급(rationing)의 기능을 한다. 서울에서 제주까지 비행기 좌석의 공급량이 일일 1,000석인데 이를 원하는 사람이 1,500명이라면 부족한 항공좌석을 어떻게 배분해야 할 것인가 하는 문제가 발생한다. 만약 항공권이 자유롭게 시장에서 거래가 된다면 제주도에 꼭 가야 하는 사람이라면 비싼 가격을 치르고라도 항공권을 구입하기를 원하게 된다. 따라서 항공권의 가격은 오르게 된다. 유명한 경기시합이나 콘서트의 경우 입장하고자 하는 사람이 수용인원보다 더 많다면 암표가 등장하는 것을 볼 수 있다. 이처럼 가격은 인위적인 간섭 없이도 해당 상품을 꼭 필요로 하는 사람에게 배급해 주는 기능을 수행한다.

따라서 시장은 경제활동을 조직하는 좋은 수단이다. 어느 경제체제에서든지 희소한 자원은 경쟁관계에 있는 여러 용도 사이에 배분되어야 한다.

시장경제는 수요 · 공급에 의해 자원배분의 문제를 해결한다. 수요와 공급은 경제에서 생산되는 많은 재화와 서비스의 가격을 결정하고 결정된 가격은 다시 자원을 배분하는 신호가 된다. 예를 들어 제주도 해변에 위치한 토지를 어떻게 배분할 것인가를 생각해 보자. 해변에 있는 토지의 양은 제한되어 있으므로 누구나 해변에 사는 즐거움을 누릴 수는 없다. 그렇다면 누가 이 자원을 사용하게 될 것인가? 누구든지 더 높은 가격을 지급하려는 사람이 해변의 토지를 차지할 것이다. 해변에 위치한 토지의 가격은 이 토지에 대한 수요와 공급이 일치할 때까지 조정된다. 이와 같이 시장경제에서 가격은 희소한 자원을 배분하는 장치가 된다.

(3) 시장가격의 결정 : 수요·공급의 이론

시장가격의 결정원리는 수요와 공급이론으로 설명된다. 어떤 상품의 가격이 비싸지면 소비자들은 상품을 적게 사려하고 공급자는 많이 팔려고 한다. 반대로 가격이 싸지면 소비자는 많이 사려하고 생산자는 적게 팔려고 한다. 이와 같은 가격의 자율적인 배급기능에 의하여 시장에서 사고자 하는 수량과 팔고자 하는 수량이 같아지는 방향으로 가격의 조정이 이루어진다.

시장에서 사고자 하는 수량을 시장수요량, 팔고자 하는 수량을 시장공급량이라 한다. 상품의 시장가격과 시장수요량의 관계는 우하향하는 시장수요곡선으로 나타낼 수 있다. 상품의 시장가격과 시장공급량의 관계는 우상향하는 시장공급곡선으로 표시된다. <그림 3-2>에서 P_o보다 낮은 가격에서는 시장수요량이 시장공급량보다 많기 때문에 사람들이 사고 싶은 만큼 살 수 없다. 이때에는 소비자끼리 경쟁이 일어나서 가격이 올라간다. P_o보다 높은 가격에서는 시장공급량이 시장수요량보다 많기 때문에 생산자들이 팔고 싶은 만큼 팔 수 없다. 이 경우 생산자들끼리 경쟁이 일어나서 가격이 떨어진다. 이처럼 상품의 시장수요량과 시장공급량이 일치하도록 가격이 인도한다고 보는 것이 수요 · 공급의 이론이다.

수요 · 공급의 이론이 적용하는 시장조직을 자유시장기구(free market

mechanism) 또는 시장기구, 가격기구(price mechanism)라고 한다. 시장경제는 이 가격기구를 바탕으로 운영된다. 자유시장기구가 자원배분의 역할을 담당하는 경제를 자본주의경제라고 한다. 가격기구는 아담 스미스의 보이지 않는 손이라고도 한다.

〈그림 3-2〉 수요 · 공급의 이론

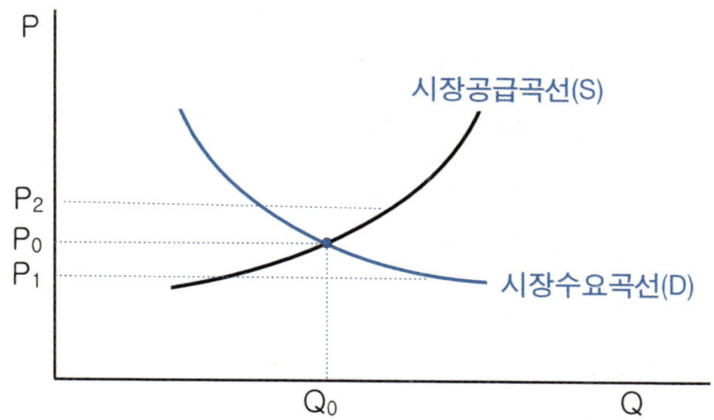

(4) 시장경제와 경제문제

자유시장경제에서는 시장의 기능에 의해서 사회가 직면하고 있는 경제문제들을 해결하고 있다. 어떻게 시장경제가 모든 사회가 직면하고 있는 경제문제를 해결할 수 있는가? 세상에는 수백 수천 가지의 상품이 존재하는데 이 가운데 어떤 상품을 생산할 것인지를 결정해야 한다. 또한 생산할 상품이 결정되었다면 어떤 방식, 즉 생산요소를 어떻게 결합시켜 제품을 만들어 낼 것인지를 결정해야 한다. 그리고 일단 제품이 생산되면 누가 그 제품을 소유하는가? 즉 누구를 위하여 생산할 것인가를 결정해야 한다.

또한 현재를 위한 생산이냐? 미래를 위한 생산이냐? 소비재를 생산할 것인가? 생산재를 생산할 것인가? 노동력을 집중화할 것인가, 아니면 가능한 자본재만을 집중적으로 투입할 것인가? 가족중심으로 생산할 것이냐? 외부의 노동력에만 의존할 것인가? 등 생산조직과 생산기술의 선택에 관한 문제이다.

우리 사회가 직면하고 있는 여러 가지 경제문제들을 시장경제는 어떤 방법으로 해결할 수 있는가? 이러한 문제들은 바로 시장경제에서 가격이라는 메커니즘에 의해 스스로 해결되는 것이 시장경제이다. 가격은 생산자와 소비자에게 재화와 서비스 그리고 자원의 가치에 대한 신호이다. 시장경제의 또 다른 용어는 가격시스템이다. 시장경제와 가격체계는 같은 의미이다. 시장경제는 수많은 판매자와 구매자가 상호작용하는 분산된 시스템이다.

세상에는 수많은 종류의 재화와 서비스를 사람들이 원하고 있다. 어떤 것은 생산되고 어떤 것은 생산되지 않는 것은 무엇에 의해 결정되는가? 또한 사람들이 원하는 재화와 서비스를 만들어 내는 방식도 매우 다양한데 어떤 방식이 선택되어지는가? 어떻게 생산요소가 결정되는가?

일단 상품이 생산되면 누가 그것을 구입하는가? 어떻게 재화와 서비스가 분배되는지를 결정하는가? 그리고 어떤 소비자는 다른 소비자보다 더 많은 것을 갖게 되는가?

시장경제는 매우 분산된 시스템인데 수많은 개인의 상호작용의 결과로 나타나는 가격에 의존하는 분산된 시스템이다. 경제의 순환작용을 보면 시장경제를 이해하는데 도움을 준다. 여기서의 경제순환작용은 정부부문과 무역부문을 제외하고 가계와 기업만이 존재한다고 가정하자.

시장경제는 가계 및 기업에 의해 등록된 선택에 따라 희소한 자원을 분배한다. 각 집단의 결정은 원인과 결과에 해당된다. 무엇을 생산할 것인지에 대한 기업의 선택은 기업이 소비자라고 생각하는 사람들에 의해 결정된다. 기업은 이러한 상품을 생산하기 위해 생산자원을 고용한다. 소비자와 생산자는 각각 시장에 전달된 정보에 기반을 두고 자기 자신의 이익을 위해 의사결정을 하는 것이다.

■ 무엇을 생산할 것인가?

무엇을 생산하고, 얼마만큼 생산할 것인지는 수많은 가계와 기업이 서로 독립적인 의사결정에 의해 결정되는 것이다. 생산물시장에서 가계는 소비자로서 기업은 공급자로서 서로 만나서 가격과 거래량이 결정된다. 소비자들이 많이 선호하는 상품일수록 많이 생산되고 적게 선호하는 상품일수록 적게 생산될 것이다. 소비자가 전혀 원하지 않는 상품은 생산되지 않을 것이다.

만약 가계가 어떤 상품을 생산비용을 충분히 커버할 수 있는 가격으로 물건을 구매하려 한다면 기업은 더 많은 물건을 생산하려 할 것이다. 만약 기업이 자신이 생산하는 물건이 생산비용보다도 적은 가격으로 물건을 구매하려 한다면 기업은 더 이상 물건을 만들려고 하지 않을 것이다.

결국 소비자가 원하는 정도와 상품을 생산하는데 소요된 생산비용에 의해 결정되는 가격기구에 의해 무엇을 얼마나 생산할 것인가가 자동적으로 결정된다.

■ 어떻게 생산할 것인가?

기업이익의 관점에서 생산비용은 그들이 받아들일 수 있는 최저의 가격이 될 것이다. 기업이 상품생산을 통해 얻게 되는 이윤을 극대화시키기 위해서는 그들이 가지고 있는 이용가능한 자원의 여러 가지 조합 가운데 비용을 최소화시킬 수 있는 방법을 선택하려 할 것이다. 생산요소를 결합하는 방식은 수도 없이 많다. 농사를 짓는 방식에 있어서 선진국들은 농기계를 이용하여 농산물을 생산하는 반면에 후진국들은 농기계보다는 인력을 이용하여 농사를 짓는 것을 볼 수 있다. 즉 자본집약적인 방식과 노동집약적인 방식 가운데 어느 경우가 더 생산비의 부담이 적은지를 고려하여 선택하게 된다.

자유시장경제에서 생산요소의 결합방식은 기업의 이윤극대화를 위한 생산활동을 통해 저절로 해결된다. 자본집약적인 생산방식은 1인당 자본의 투입량이 높은 것을 말한다. 노동집약적인 생산방식은 1인당 자본의 투입량이 낮은 것을 말한다. 자본에 비해 노동비용이 비싼 경제에서는 노동량의 투입을 낮추고, 반대로 자본에 비해 비교적 노동비용이 저렴하다면 노동량의 투입을 높이려고 할 것이다. 이러한 행동은 기업이 자발적으로 선택하여 일어나고 있는 일이다.

▪ 누구를 위하여 생산할 것인가?

자유시장경제에서는 생산된 수많은 생산물은 누구에게 어떻게 분배되는가? 이 문제는 가격기구에 의해 두 가지 차원에서 해결된다.

첫째, 개별 생산물 차원에서는 생산물에 대한 수요량과 공급량이 일치하여 가격과 거래량이 결정된다는 수요 · 공급의 이론에 의해 분배의 문제가 해결된다. 만약 어떤 상품의 시장가격이 균형수준에 있다면 그 상품에 대한 수요량과 공급량이 일치한다는 의미이다. 균형가격 이상으로 돈을 지급할 의사와 능력이 있는 소비자라면 그 상품을 살 수 있게 된다. 어떤 상품을 누구에게 분배해야 하는 문제는 시장에서 자연스럽게 결정되는 것이다.

둘째, 어느 사회에서 생산되는 전반적인 상품에 대한 분배를 이야기할 때는 소비수준의 관점에서 설명되어져야 한다. 소비자가 어느 재화를 균형가격으로 살 의사와 능력이 있느냐의 여부는 그의 소득이 얼마나 되느냐에 크게 의존한다. 가계의 소비수준은 가계소득에 달려 있고, 가계소득은 어떤 생산요소를 소유하고 있는가와 얼마에 이들 생산요소를 팔 수 있는가에 달려 있다. 단순 노동력밖에 소유하고 있지 않는 가계라면 소비수준이 낮을 것이고, 상대적으로 비싼 자원 즉 기름진 땅이나 고가의 설비, 또는 특별한 재능을 갖고 있는 가계라면 높은 소득과 함께 소비수준이 높을 것이다. 결국 소비수준은 가계가 어떤 생산요소를 소유하고 있는가와 얼마에 이들 생산요소를 팔 수 있는가에 달려 있다.

시장경제는 사람들의 능력에 비례해서 그들에게 이에 대한 보상을 받도록 하는 체제이다. 박찬호가 미국에서 야구를 했던 이유는 한국에서 할 때보다 더 많은 돈을 벌 수 있기 때문이다. 돈을 더 많이 벌 수 있는 이유는 미국 사람들이 야구경기를 보기 위해 지급하고자 하는 금액이 한국 사람들이 지급하고자 하는 금액보다 많기 때문이다.

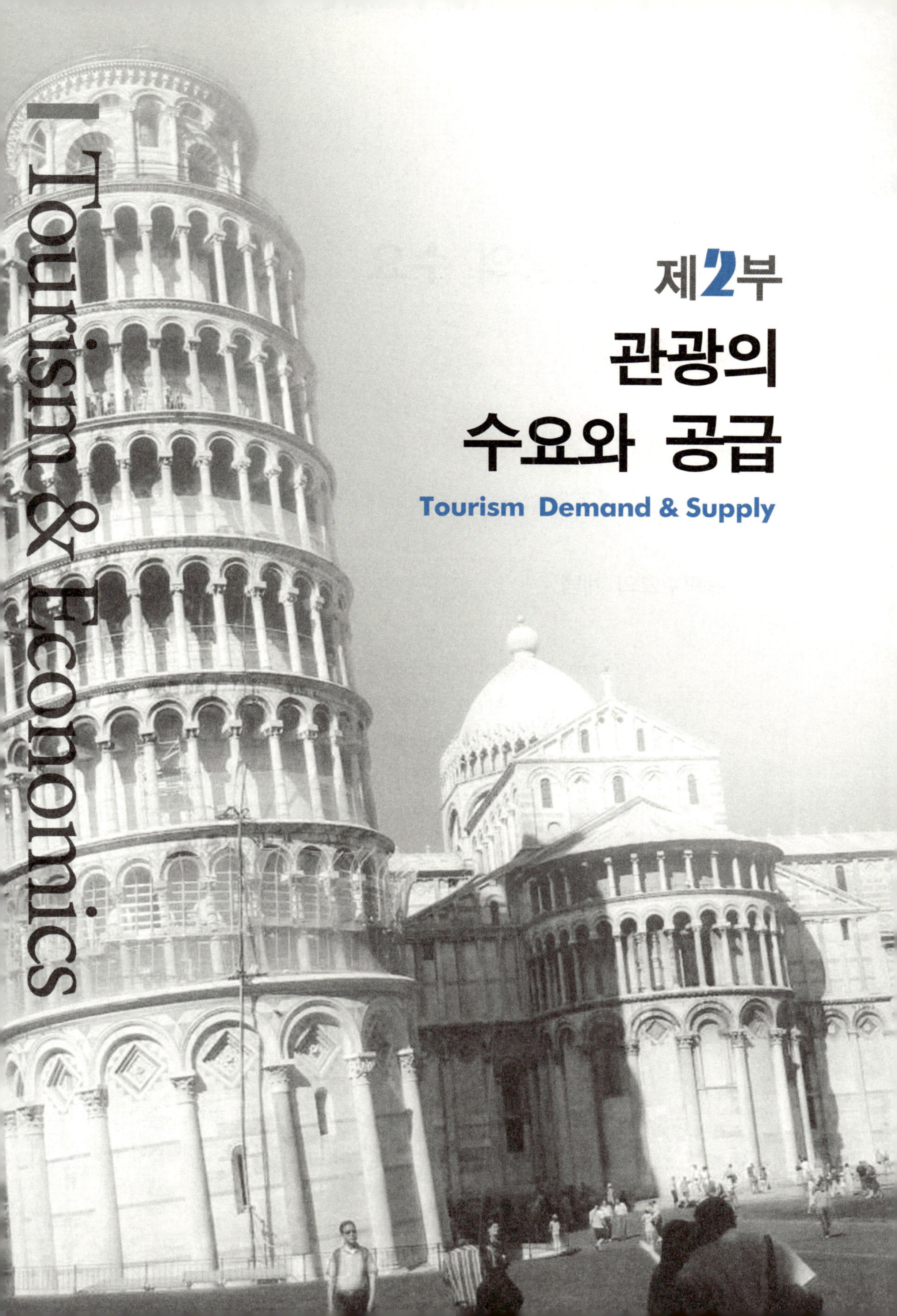

제2부 관광의 수요와 공급

Tourism Demand & Supply

제4장

관광의 수요

1. 관광수요의 개념

수요(demand)란 소비자가 어떤 특정 재화를 일정한 기간에 일정한 값으로 구매하고자 하는 욕구를 말한다. 따라서 관광의 수요란 소비자로서 관광자가 관광재를 일정한 기간에 일정한 값으로 구매하고자 하는 욕구라고 해석할 수 있다. 관광목적지 입장에서는 소비자로서 관광자가 해당 관광지를 방문하고자 하는 욕구를 관광수요로 본다. 이 때 구입하고자 하는 재화와 서비스의 수량을 수요량(quantity demanded)이라고 한다.

수요는 욕구에서부터 비롯된다. 사람은 누구나 욕구를 지니고 있다. 선천적, 본능적, 본원적 또는 생리적인 것으로도 불리는 욕구는 인간이 생물체로서 살아가는데 필요한 의 · 식 · 주 및 성에 대한 욕구를 가리킨다. 이에 반해 문화나 환경의 영향을 받아 학습된 욕구로서 존중 · 애정 · 권력 · 학습과 같은 욕구는 후천적, 심리적, 또는 부차적 욕구라고 한다.

욕구는 충족되어져야 하며 미충족된 욕구는 긴장이나 스트레스를 가져온다. 또한 욕구는 일정한 강도를 갖고 있으며 또 일정한 기간 지속되는 것이 보통이다. 욕구를 충족하는 방법은 사람에 따라 그 사람의 경험이나 문화적 배경 그리고 시간이나 자금사정에 따라 달라진다. 스트레스나 긴장을 해소하는 방법은 사람마다 서로 다르다는 것을 알 수 있다. 음악이나 영화를 감상하거나, 운동을 하거나, 동료들과 술자리를 같이 하거나 또는 여행을 함으로써 심리적인 안정을 취하는 경우를 볼 수 있다. 여러 개의 대안 가운데 하나를 선택하는 것은 물론 금전적, 시간적 여유와 많이 관련되어 있음을 알 수 있다.

만약 욕구를 충족하기 위해 여행이나 관광의 필요성을 느끼게 된다면 이는 욕구(needs)가 요구(wants)로 변한 상태이다. 모든 요구가 수요로 바뀌지는 않는다. 예를 들면, 제주여행을 하고 싶다는 것은 요구이나 시간적·금전적 여유가 없다면 가고 싶지만 여행을 할 수 없는 입장이 되는 것이다. 제주관광에 대한 필요성 즉 요구가 제주관광의 수요로 바뀌기 위해서는 구매력이 뒷받침되어야 한다.

〈그림 4-1〉 욕구와 수요와의 관계

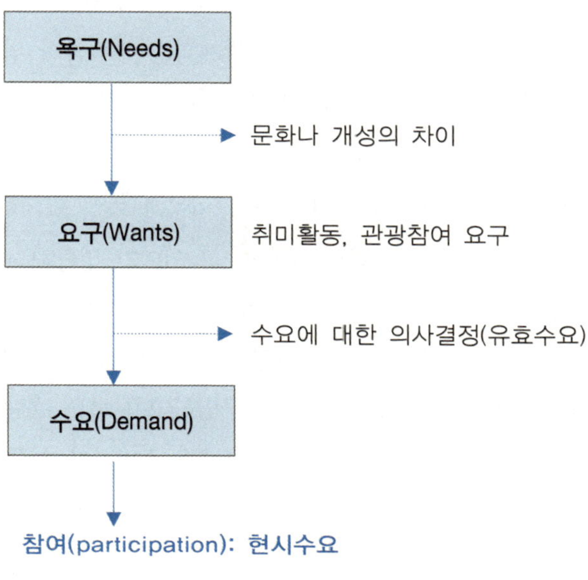

① **유효수요**(effective demand)

Keynes의 수요라고도 하며 수요가 단순히 주관적 욕구나 욕망에 그치지 않고 실제로 그 욕망을 충족시킬 수단, 즉 구매력이 뒷받침된 수요를 말한다.

② **현시수요**(revealed demand)

구매력을 바탕으로 하고 있다는 점에서는 유효수요와 같으나 현시수요는 현실적으로 나타나고 있는 수요라는 점을 강조하는 개념이다.

③ **잠재수요**(latent demand)

수요 여건은 충족되어 있기 때문에 공급 여건만 개선된다면 즉시 현시수요로 바뀔 수 있는 경우에 해당된다. 관광지가 관광객을 위한 시설이나 교통 및 정보체계 등에서 개선이 이루어져 관광객수가 증가하였다면 이는 잠재수요가 현실화된 것이다. 관광계획을 수립하기 위해서는 항상 잠재수요의 예측을 통해 공급계획의 목표가 설정된다.

수요량은 주어진 가격수준에서 소비자가 구입하고자 하는 최대수량을 의미한다. 따라서 수요량이 실제 구입량과 항상 일치할 수는 없다. 수요량은 일정한 기간을 명시해야 비로소 그 의미가 명확해진다. 관광수요의 척도가 되는 어느 특정지역의 방문횟수는 분명히 기간이 명시되어져야 하는 것과 같은 의미이다. 또한 수요량은 막연히 의도된 수량이 아니라 구매력(purchasing power)을 가지고 구입하고자 하는 수량을 의미한다. 구매력이란 상품을 구입할 수 있는 능력, 즉 소비자가 상품구매를 위해 지급해야 하는 화폐액을 말한다.

2. 수요곡선

다른 모든 조건이 일정불변이라면 일정기간에 사람들이 구입하고자 하는 상품의 수량은 그 상품의 가격이 높고 낮음에 따라 크게 좌우된다. 수요곡선은 모든 조건이 일정 불변하다는 가정에서 가격변화에 따라 수요량이 어떻게 변하는지를 보여주는 것이다. 수요곡선은 오른쪽 아래로 기우는 모양을 갖고 있다. 이처럼 재화의 가격이 내리면 수요량이 증가하고 가격이 오르면 수요량이 감소하는 관계를 수요의 법칙(law of demand)이라고 한다.

〈그림 4-2〉 수요곡선

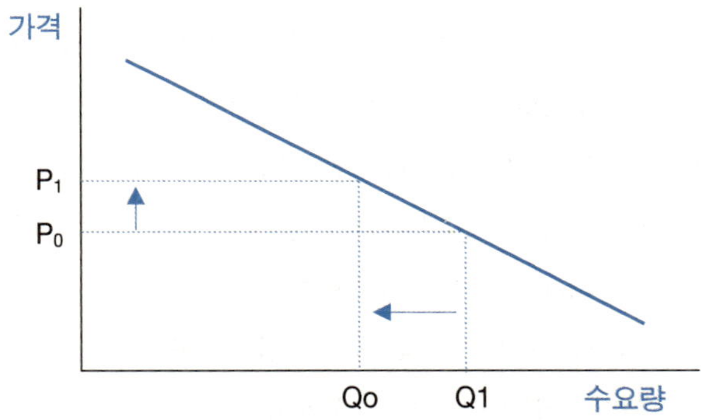

현재 가격 P_o에서 수요량은 Q1에서 형성된다. 만약 가격이 P_o에서 P_1로 오르게 되면 수요량은 Q1에서 Qo으로 줄어들게 된다. 가격이 오르면 소비자들은 해당 재화나 서비스의 소비를 줄이거나 또는 가능하다면 다른 재화나 서비스를 소비함으로써 소비자의 욕구를 충족하려 할 것이다. 수요의 법칙이 성립하는 이유는 첫째, 어느 한 상품의 가격이 하락하면 다른 상품에 비하여 상대적으로 값이 싸지기 때문에 그 상품에 대한 수요량이 증가한다.

즉 상대적으로 비싸진 상품을 덜 사고 상대적으로 싸진 상품을 더 사고자 하는 것이 사람들의 일반적인 소비심리이다. 이를 대체효과(substitute effect)라 한다. 둘째, 상품의 가격이 하락하면 동일한 지출액으로 전보다 더 많은 수량을 구입할 수 있게 되기 때문에 일반적으로 수요량이 증가한다. 이를 소득효과(income effect)라 한다.

관광객이 관광지를 선택하는데 있어서 가장 중요한 변수는 관광지를 방문하는데 소요되는 여행비용이다. 관광목적지 선택 의사결정과정을 보면 관광객은 먼저 가고 싶은 여러 대상지를 선정하고 전체 여행경비에서 어떤 차이가 있는가를 살펴보고 목적지를 결정할 것이다. 또한 관광목적지가 결정되었다 해도 이용 가능한 교통편, 숙박형태 및 등급에 따라서도 가격차이가 발생하기 때문에 가격비교를 통해서 선택을 해야 하는 경우가 많이 발생한다. 물론 가격비교를 할 때에는 구매했을 때의 편익도 동시에 고려하고 있다는 점도 잊지 말아야 한다.

국제관광의 경우는 환율이라는 항목이 더 고려되어진다. 외국여행자는 방문국 화폐로 환전을 해야 관광지에서 상품구매를 할 수 있기 때문이다. 1998년 IMF외환위기로 인해 우리나라의 대미 환율은 900원대에서 갑자기 1,800원대까지 치솟은 적이 있었다. 이로 인해 내국인의 해외여행객수는 1997년 464만 명에서 1999년 306만 명으로 크게 줄어들었고, 반면에 같은 기간에 외국인의 국내여행객수는 368만 명에서 425만 명으로 크게 증가하였다. 이는 내국인의 해외여행은 전년도에 비해 여행경비가 2배로 인상된 결과이며, 외국인의 국내여행은 여행경비가 거의 반값으로 인하된 결과를 가져왔기 때문이다. 2008년 세계가 금융위기를 맞이했을 때도 미달러화에 대한 원화의 가치가 3개월 사이에 900원대에서 1,500원으로 크게 하락하면서 같은 현상이 나타났다. 2008년 11월 현재 전년 동기 대비 외국인의 국내여행객수는 3%의 증가를 보였지만 내국인의 해외여행객수는 무려 34%나 감소한 것으로 나타났다(한국관광공사 통계).

수요는 개별수요(individual demand)와 시장수요(market demand)로 구

분된다. 시장에는 수많은 소비자가 존재하는데 소비자 한 사람 한 사람의 수요를 개별수요라 하고 시장 전체의 수요를 시장수요라 한다. 그리고 시장수요는 서로 독립된 개별수요를 수평으로 모두 합한 것을 의미한다. 수평적 합계란 동일한 가격수준에서 모든 소비자의 개별수요량을 합하는 것을 의미한다. 시장수요곡선은 어느 재화의 가격이 변함에 따라 그 재화의 시장수요량이 어떻게 변하는지를 나타낸다. <그림 4-3>에서처럼 만약 시장에 A와 B 두 명의 소비자가 존재한다고 가정할 때 A와 B 각각의 개별수요곡선을 수평으로 합한 것이 시장수요곡선이 되는 것이다.

〈그림 4-3〉 개별수요곡선과 시장수요곡선

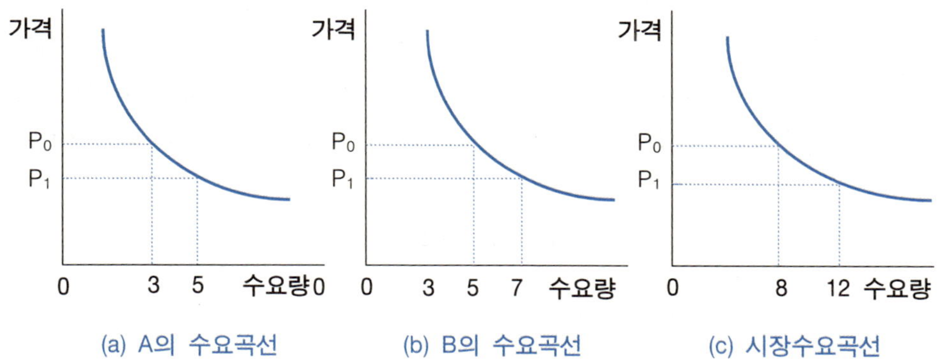

3. 수요량과 수요의 변화

수요곡선은 많은 변수들이 일정하다는 가정에서 가격의 변화에 따른 수요량의 변화를 보여주는 것이다. 따라서 가격변화에 따른 수요량의 변화(changes in quantity demanded)는 주어진 수요곡선 상에서의 이동을 뜻한다. <그림 4-4>의 수요곡선 D_0에서 곡선상의 A, B 그리고 C점상에서의 이동을 수요량의 변화라고 한다.

그러나 수요량은 꼭 가격이 변할 때만 변하는 것은 아니다. 가격이 변하지 않더라도 다른 요인의 변동으로 수요량이 변할 수 있다. 예를 들면, 소비자의 소득이나 기후의 변화가 특정 관광지의 방문객수에 영향을 주는 것처럼 특정상품의 수요에 변화를 가져오게 된다. 수요자의 소득이나 취향 등 다른 변수들은 고정되어 있고 다만 가격만 변할 경우 그 수요량이 어떻게 변하는지를 보여주는 것이 수요량의 변화이다.

경제학에서는 현재 분석하고 있는 변수들을 제외한 다른 모든 변수들은 고정되어 있다는 사실을 '다른 조건이 같다면'(ceteris paribus라는 라틴어)이라는 문구를 사용한다. ceteris paribus는 다른 변수들이 고정되어 있다는 가상적인 상황을 지칭하는 말이지만 현실에서는 많은 변수들이 동시에 변하기도 한다. 이는 경제논리를 설명하는데 어려움을 가져다주기 때문에 ceteris paribus 라는 조건을 갖고 설명한다. 따라서 수요 · 공급곡선을 분석할 때는 무엇이 고정되어 있고 무엇이 가변적인지를 유의해야 한다.

〈그림 4-4〉 수요와 수요량의 변화

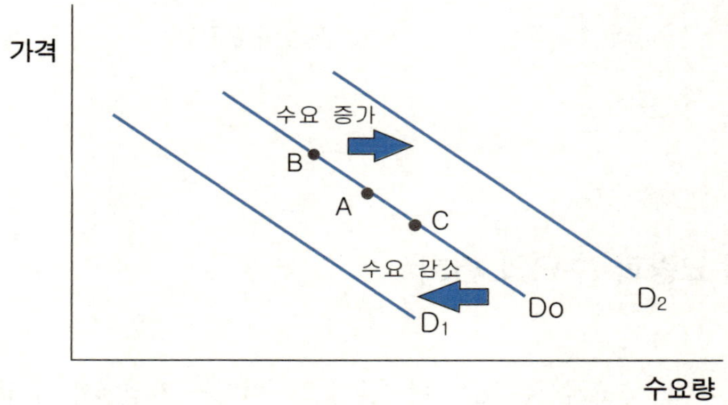

해당 상품가격 이외의 요인이 변화하여 일어나는 수요량의 변화는 수요곡선 자체의 이동으로 표시된다. 해당 상품가격 이외의 요인이 변화하여 일

어나는 수요량의 변화를 수요의 변화(changes in demand)라고 한다. 수요의 변화는 <그림 4-4>에서처럼 수요곡선 그 자체가 이동하는 것을 의미하는데 수요곡선이 오른쪽으로 이동(D_0에서 D_2)하는 것을 수요의 증가, 왼쪽으로 이동(D_0에서 D_1)하는 것을 수요의 감소라고 한다. 수요의 증가는 소득의 증가, 대체재의 가격인상, 기호의 변화 등으로 인해 특정상품의 수요량이 증가할 때 발생한다. 반대로 수요의 감소는 소득의 감소, 대체재의 가격인하와 같은 요인에 의해 발생한다.

4. 관광수요의 영향요인

관광수요를 관광지 입장에서 좀 더 자세하게 살펴보면, 관광수요는 사람들이 해당 지역을 방문하고자 하는 성향에 비례하고 거주지와 방문지역 사이에 발생하는 저항이 반비례로 작용하여 발생하는 것이다. 이를 다음과 같은 함수로 표시할 수 있다.

$$D = F(\text{propensity},\ \text{resistance})$$

D는 관광수요이고 propensity는 여행에 대한 개인의 성향을 의미한다. resistance는 개인이 해당 여행지를 방문하는데 따른 저항이다. propensity(개인성향)는 여행하고자 하는 개인의 의지로서 현시점에서 선호하고 있는 여행경험의 형태나 고려하고 있는 관광목적지의 형태로서 설명된다. 여행하고자 하는 개인성향에 가장 크게 영향을 미치는 요인은 개인의 욕구로 설명되는 심리학적(psychographic) 요인이며 이로 인해 발생하는 관광동기이다. 이러한 심리학적 요인과 사회경제학적(socioeconomic) 요인이 결합하여 관광수요가 발생하는 것이다. 그런데 심리학적 요인은 주로 관광마케

팅 분야에서 다루어지는 부분이고 사회경제학적 요인은 경제학에서 수요의 변화요인으로 분석되어진다.

관광은 차이에 의해서 발생한다. 거주지와 방문지 사이에 자연환경이나 문화환경의 차이가 크면 클수록 관광객에게는 매력요인으로 작용한다. 일반적으로 거주지와 방문지 사이의 거리가 멀면 멀수록 자연이나 문화적 차이가 크게 마련이다. 그런데 관광객이 관광을 소비하기 위해서는 소비자로서 관광객이 반드시 관광지로 이동을 해야 한다. 이 점이 바로 감귤이나 컴퓨터와 같은 유형재와 서비스상품으로서 관광상품이 가지고 있는 차이점이다. 결국 거주지와 관광지 사이의 거리가 환경적 그리고 문화적 차이로 인해 매력요인으로 작용하게 되면 관광수요에 긍정적 영향을 미치지만, 소비자가 이동에 따른 저항으로 작용하게 되면 관광수요에 부정적 영향을 미치게 된다. 저항요인은 관광의 제약요인이라고도 볼 수 있는데 주로 경제적 비용과 시간요인이 이에 해당된다.

앞에서 설명한 것처럼 해당 상품가격 이외의 다른 요인이 변하면 그 상품의 수요가 변하여 수요곡선이 이동한다. 그 중에서 특히 관광수요에 영향을 미치는 중요한 것들은 다음과 같다.

① 관광자의 소득

소득은 국내총생산액(GDP), 개인소득 또는 가처분소득 등을 말하는데 여기서의 소득은 가처분소득(disposable income)을 의미한다. 이는 개인이 자유로이 처분할 수 있는 소득을 말한다. 대부분의 상품은 일반적으로 소득이 증가하면 수요가 증가하고 소득이 감소하면 수요가 감소한다. 그러나 상품에 따라서는 소득이 증가하면 오히려 수요가 감소하는 경우가 있다. 예를 들어 돼지고기를 소비하던 사람이 소득이 증가하여 돼지고기 대신 쇠고기를 먹는다면 소득이 증가하는데도 돼지고기에 대한 수요는 감소한다. 소득이 증가함에 따라 그 수요가 증가하는 상품을 정상재(normal goods) 또는 우등재(superior goods)라고 한다. 반면에 소득의 증가함에 따라 수요가 감소하는 상품을 열등재(inferior goods) 또는 하급재라고 한다. 열등재라는 것이 바람직하지 않다거나 조악하게 만들어진 상품이라는 의미는 아니다. 열등재는 단지 소득이 증가했을 때 사람들은 해당 재화의 소비를 감소시킨다는 의미이다.

대부분의 상품은 정상재이다. 여행상품 역시 가계소득이 증가하면 수요가 증가하는 정상재이다. 또 열등재라 해도 낮은 소득수준에서는 정상재이지만 소득이 어느 수준을 넘어서면 열등재가 되는 경우가 많다. 두 지역의 관광지 사이에도 이런 관계가 성립된다. 우리나라의 신혼관광지는 서울을 중심으로 볼 때 과거 온양온천에서 속리산으로, 그리고 경주로, 그 다음 1980년대 들어서면서 제주도로 바뀌었다. 1990년대 중반부터는 신혼여행객이 외국관광지를 선호하면서 제주도를 찾는 신혼여행객수는 감소하기 시작하였다. 2003년부터 제주관광통계에서 신혼여행객은 더 이상 분류하지 않고 있다. 신혼여행지로서 제주여행상품은 국내관광지와의 관계에서는 우등재지만 해외여행지와의 관계에서는 열등재라고 볼 수 있다.

소비자의 재산도 상품의 수요곡선을 이동시킨다. 부유한 사람은 가난한 사람보다 상품을 더 많이 수요할 수 있는 능력이 있기 때문이다. 소비자들이 부유해지면 여행이나 관광과 같은 문화비가 전체 가계지출에서 차지하는 비중이 높아지게 된다.

우리가 국민소득이라는 변수를 이야기할 때 이는 국민 1인당 평균소득을 의미한다. 따라서 소득변수는 한 나라의 소득분배수준이 무시되어 있는 의미이다. 국민소득과 더불어 그 나라의 소득이 얼마만큼 균형 있게 분배되어 있는지도 살펴보아야 한다.

② 여가시간

돈이 있다 해도 시간이 없다면 여행을 할 수가 없다. 관광은 여가활동의 일부분이기 때문에 여가시간은 관광수요를 결정짓는 중요한 변수이다. 역사적으로 유급휴가시간이 증가하거나 노동시간이 단축될 때 관광활동이 크게 증대되었다. 여가시간이 크게 증대되었고 이후 1950년대 이후 서구에서는 분업화, 공장자동화를 통해 대량생산이 가능해지면서 대중관광 시대를 맞이하게 되었다.

우리나라도 2005년부터 주5일 근무제가 실시되면서 노동시간의 단축과 여가시간이 증대됨에 따라 국민관광수요가 크게 증대되고 있다. 주5일 근무제가 도입되면서 연간 휴일 및 휴가 사용일수는 2003년 82.23일에서 2007년 92.07일로 9.84일 증가하였으며, 이에 반해 한국인의 근로시간은 47.93시간으로 2003년도 49.54시간보다 1.61시간 줄어들은 것으로 나타났다(한국노총, 2008). 여행은 주말을 이용해서 하는 경우도 있지만 휴가기간 동안 비교적 장기여행에 참여할 수 있어야 여행수요가 증가하게 마련이다. 국민여가시간은 선진국에서는 앞으로도 크게 증대되지 않겠지만 후진 국가에서는 관광수요의 영향요인 가운데 매우 중요한 변수가 될 것이다.

〈표 4-1〉 국가별 유급휴가일 및 공휴일 수

국 가	유급휴가일 수	공휴일 수
오스트리아	30	13
이탈리아	20～30	12
프랑스	25	11
독일	24	11
일본	10～20	14
영국	23	8
호주	20	8
남아프리카공화국	14	12
캐나다	10～15	11
말레이시아	12	13
미국	10	9
중국	10	7

자료: Vanhove, N.(2005), The Economics of Tourism Destinations, Elsevier.

우리나라 국민의 여가시간은 앞으로도 계속 증가할 가능성이 높다. 미국의 워싱턴포스트(WP)는 OECD의 2008년 통계자료를 인용하여 한국인들은 미국인에 비해 1년에 560시간이나 많은 일을 하고 있다면서 하루 8시간 노동을 기준으로 하면 70일이나 더 오래 일하는 셈이라고 하였다. 또 한국인 3분의 2가 스스로를 일중독자라는 것을 인정하고 있다는 여론조사를 전하면서 한국인 스스로도 일을 많이 하고 있다는 것을 인정하고 있다(한국경제신문, 2008). 이러한 점은 한국인의 일과 여가에 대한 가치관을 반영하는 부분으로서 미래세대의 한국인이 가지게 될 가치관은 변할 수밖에 없을 것이다.

③ 관광객의 선호

관광객의 선호(preference) 역시 수요변화를 가져오는 주요 변수이다. 관광객의 기호는 관광수요에 많은 영향을 가져다준다. 특히 방문객의 선호도가 쉽게 바뀔 수 있는 관광지인 경우 관광객의 기호변화는 바로 관광수요의 변화를 의미한다. 우리나라 청소년들이 선호하는 스포츠가 과거 테니스에서 볼링으로 그리고 인라인스케이트로 시대변화에 따라 변화를 보인 것은 그들의 기호가 변화되었기 때문이다.

관광은 사회적 분위기에 편승하는 경우가 많다. 만약 사회적 분위기가 해외여행의 붐을 가져오는 방향으로 움직이게 되면 해외여행상품의 수요곡선은 오른쪽으로 이동하게 될 것이고, 반대의 경우에는 수요곡선은 왼쪽으로 이동하게 된다.

소비자로서 관광자의 기호는 미래의 관광 변화에 가장 커다란 영향을 미치게 될 것이다. 대중관광으로 인해 이미 여행경험을 갖고 있는 사람들이 많아지면서 관광에 대한 욕구가 매우 다양하게 표출되고 있다. 보다 융통성이 있고 개인의 특성을 나타낼 수 있는 특별한 체험에 대한 수요가 더욱 증가하면서 고객맞춤형 상품에 대한 수요가 증가하고 있다. 생태관광, 농촌관광이나 환경친화적인 관광에 대한 수요가 증대되고 있다. 건강에 대한 관심증대는 복지(well being)와 관련된 관광수요 증대로 이어질 수 있다는 점도 소비자의 기호변화에 따른 것이다.

대중관광시대에 보여주었던 패키지관광보다는 New tourism 시대는 정보기술의 발전으로 관광객들이 개별여행을 하는데 훨씬 용이하게 되었다. 미래관광의 변화방향은 개별여행객 중심으로 대중적으로 알려져 있지 않은 세계적으로 유명한 산이나, 바다의 해저, 남극이나 북극과 같은 곳을 선호하는 방향으로 바뀌어질 가능성이 높다. 그런데 이런 성격의 관광자원을 갖고 있는 나라들은 저개발국가에서 보다 쉽게 찾아볼 수 있다.

④ 관련 상품의 가격

소비자는 상품 구매나 소비하는 과정에서 다른 많은 상품과 대체관계 또는 보완관계를 갖게 된다. 한 상품에 대한 수요는 그 상품과 대체 또는 보완관계에 있는 다른 상품의 가격이 변함에 따라 영향을 받는다. 국내여행을 할 것인가? 해외여행을 할 것인가? 여행자들이 고민하는 이유는 두 상품이 서로 대체관계에 있기 때문이다. 물론 만족도에서는 차이가 있을 수 있으나 여행자들이 고민한다는 이유는 한 상품 대신에 다른 상품을 소비해도 얻는 만족에는 별 차이가 없기 때문이다. 커피나 홍차와 같이 두 상품의 용도가 비슷하여 한 상품 대신에 다른 상품을 소비해도 얻는 만족에는 별 차이가 없는 상품들을 대체재(substitute goods)라고 한다.

관광을 하기 위해서는 교통, 숙박, 식음료 등의 개별 상품의 모든 요소가 다 포함되어야 한다. 소풍객이나 일일 여행객들은 숙박상품의 소비 없이 교통이나 식음료 상품의 소비만으로 관광이 가능하나 이 경우의 소비자를 관광객이라고 하지는 않는다. 커피와 크림처럼 한 상품을 소비할 때보다 함께 소비할 때 더 큰 만족을 얻을 수 있는 상품들을 보완재(complementary goods)라고 한다. 따라서 관광객이 소비하는 관광상품은 서로 다른 이질적인 개별상품들로 구성되어 있기 때문에 이들 개별상품은 상호간에 보완관계가 있다고 말한다.

대체재와 보완재가 성립되는 상품 간의 관계를 보면 한 상품의 가격변화가 다른 상품의 가격에 영향을 미치게 된다. 만약 중국관광상품이 여행사간의 경쟁으로 인해 가격이 인하되면 이에 대한 수요는 증가하게 될 것이다. 이로 인해 제주관광상품의 수요는 감소하게 되고 결과적으로 제주관광상품의 가격인하로 이어질 것이다. 만약 국내 항공요금이 오르면 고속전철 이용인구가 증가하게 될 것이다. 이와 같이 한 재화의 가격이 상승함에 따라 다른 한 재화의 수요량이 감소하는 경우 두 재화는 대체재의 관계에 있다고 말한다.

〈표 4-2〉 관련 상품의 가격효과

대체재				보완재			
중국관광상품의 가격	↓	↓	제주관광상품의 수요	항공요금의 가격	↓	↑	호텔수요
제주관광상품의 가격	↑	↑	중국관광상품의 수요	항공요금의 가격	↑	↓	호텔수요

또한 항공요금의 가격이 인하되면 항공수요가 증가하고 이로 인해 관광지에 관광객이 많이 찾는다면 호텔의 수요도 증가할 것이다. 이처럼 어느 상품의 가격변화와 다른 상품의 수요변화가 반대로 움직인다면 두 상품은 보완재(complements)의 관계를 갖고 있다고 한다. 대체재의 가격이 오르게 되면 수요곡선은 오른쪽으로 움직이게 된다. 보완재의 가격이 오르게 되면 반대로 수요곡선은 왼쪽으로 움직이게 된다.

⑤ 안전 및 보안

범죄, 전쟁, 테러, 정치적 불안정은 여행객들에게 많은 위험을 가져다주는 요인이기 때문에 특히 국제여행에는 매우 크게 영향을 미친다. 2001년 미국의 9 · 11사태 이후 세계의 여러 곳에서 테러에 대한 공포가 확산되고 있다. 2003년 SARS 바이러스는 동남아시아에 상당한 경제적 타격을 가져다주었고, 2004년 말 인도네시아에서는 지진으로 인한 쓰나미 피해가 관광 산업에 추가적으로 많은 피해를 주기도 하였다. 이처럼 관광객의 안전에 영향을 주는 요인이 발생하게 되면 국제관광수요는 크게 감소하는 결과를 가져다 준다.

⑥ 인구통계학적 요인

■ 인구수 및 분포

관광지 인근 지역의 인구통계학적 구성은 해당 지역의 관광수요를 결정짓는 중요 요인이다. 관광이 이루어지기 위해서는 관광객은 반드시 거주지에서 관광지로 이동해야 한다. 먼 지역을 방문한다는 것은 여러 가지 어려움이 따르기 때문에 대중관광지가 되기 위해서는 가까운 지역에 많은 인구가 분포되어 있어야 한다.

관광지와 가까운 거리에 많은 인구가 분포되어 있다면 관광수요의 잠재력이 크다는 사실을 의미하지만, 인구밀도 역시 관광수요를 변화시키는 요인이다. 인구밀도가 높은 도시에 사는 사람들은 공해, 소음, 혼잡으로 인해 자연과 인간의 생태적 균형을 잃게 됨으로 농촌지역에 사는 사람보다 상대적으로 자연관광에 대한 수요가 높을 수밖에 없다.

■ 연령별 인구의 구성

우리나라도 마찬가지지만 현재 세계 인구는 고령화되고 있으며, 2040년이 되면 세계 인구는 감소하게 될 정도로 인구성장률은 감소하고 있다. 우리나라는 2025년 이후에 인구가 감소될 것으로 예측되고 있다. 노인들의 관광횟수는 그들이 경제적, 시간적 여유가 있다 해도 아무래도 적을 수밖에 없기 때문에 인구의 감소나 고령화로 인해 국내 및 국제관광객수는 감소하게 될 것이다.

노령인구의 증가와 독신자 특히 여성 독신자수의 증가 등 가족구조의 변화나 이에 따른 라이프스타일의 변화 역시 관광수요에 영향을 미치는 요인이다. 라이프스타일은 사람들이 시간과 돈을 소비하는 유형이라 할 수 있는

데, 시대변화에 따라 사람들의 가치체계는 변화를 보이게 마련이다. 오늘날 대다수의 현대인들이 추구하는 가치는 단순히 수입을 얻고 생활을 영위해 가는 소비자로서의 생활방식보다는 한 개인으로서 발전해가기 위해 보다 많은 자유시간을 희구하고 있고, 재화의 양보다는 생활의 질에 더 관심을 갖게 된 점은 관광에 대한 인식의 변화를 의미한다.

■ 교육수준 및 직업구조

교육수준은 탐구심 또는 호기심에서 차이를 보이기 때문에 관광수요에도 영향을 미친다. 교육수준의 정도에 따라 취미활동이 다르다는 것을 살펴보면 쉽게 이해할 수 있을 것이다. 교육수준의 차이는 물론 직업구조에도 영향을 준다. 전문직 및 관리직의 정신노동자와 육체노동자의 취미활동에서의 차이나 업무의 형태가 정형화 또는 비정형화인가에 따라서도 여행수요에 영향을 미치게 된다.

예를 들면, 매일 같은 일을 반복하는 정형화(structured)된 일을 하는 사람들이 관광을 하는 이유는 평상시의 권태감이 증대됨으로써 발생하는 스트레스를 해소하기 위해 관광을 하게 된다. 반면에 전문직 또는 관리직에 있는 사람들의 업무 성격은 매일 같은 일을 반복하기보다는 주별, 분기별, 또는 연 단위로 같은 일이 반복된다. 이런 업무를 비정형화(unstructured)된 일이라 일컫는다면 이들은 평상시에 긴장을 갖고 생활하게 된다. 따라서 이들이 선호하는 관광은 긴장으로 발생하는 스트레스를 해소하기 위한 목적일 수 있다.

제5장

관광의 공급

1. 관광공급의 개념

공급(supply)이란 생산자가 어떤 특정 재화를 일정한 기간에 일정한 값으로 판매하고자 하는 욕구를 말한다. 따라서 관광공급은 관광상품의 생산자가 관광상품을 일정한 기간에 일정한 값으로 판매하고자 하는 욕구라고 해석할 수 있다. 관광목적지 입장에서 관광공급을 관광수요처럼 해석한다면 관광수요자가 일정한 비용을 지급하고 해당 관광지를 방문하게 만드는 일체의 행위를 관광의 공급이라고 할 수 있을 것이다.

그런데 관광공급의 개념은 경제학에서 감귤이나 자동차와 같은 상품의 공급처럼 간단하지가 않다. 그 이유는 첫째, 감귤은 단일 상품이지만 관광상품은 교통 · 식음료 · 숙박시설 및 관광대상으로 구성된 복합상품이기 때문이다. 둘째, 유형재와는 달리 관광상품은 서비스상품으로 구성되어 있기 때문에 관광이 성립되기 위해서는 소비자로서 관광객이 관광지로 이동을 해야 한다. 셋째, 2장에서 설명한 것처럼 관광상품은 수요자상품과 공급자상품이 서로 다르다. 즉 교통이나 식음료 및 숙박시설과 같은 관광의 공급자는 이러한 상품을 관광객에게 공급하지만 관광객이 관광을 통해서 얻고자 하는 주된 목적은 이들 상품의 소비에 있는 것이 아니라 관광경험에 있다. 넷째, 관광객을 관광지로 유인하는 요인은 관광기업이 경제적인 목적으로 제공하는 관광상품 뿐만 아니라 자연경관이나 지역문화와 같은 공공재적 성격을 가지고 있는 관광자원 그리고 공공부문이 제공하는 사회기반시설에서 발생하는 서비스도 포함되어 있다. 따라서 관광의 공급은 관광기업과 같은 민간부문에서 제공되는 부분도 있지만, 국민복리 증진이나 여가 증대 목적으로 공공부문에서 제공되는 부분도 있다.

관광시스템을 보면 관광의 수요와 관광의 공급이 어떻게 구성되었는지를 이해하는데 도움을 준다. 관광은 복합적인 현상으로서 관광수요와 공급은 지리적으로 다른 장소에서 발생하지만, 생산과 소비는 지리적으로 같은 장소에서 일어난다. 관광시스템은 관광이 어떻게 구성되어 있는가를 명료하게 보여주고 있다. 관광시스템은 관광수요, 관광지에서의 관광공급, 그리고 관광수요와 관광공급 사이의 연결요소 간의 상호작용을 말해주고 있다.

〈그림 5-1〉 관광수요 및 공급의 관점에서 관광시스템

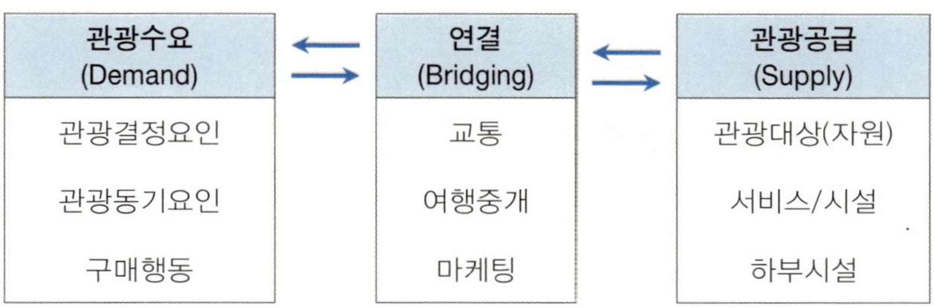

자료: Vanhove, N.(2005), The Economics of Tourism Destinations, Elsevier.

관광시스템의 첫 번째 구성요소는 소비자로서 관광의 수요자이다. 관광수요자는 시간적 그리고 금전적 요소와 같은 관광의 결정요인을 갖추고 있으면서 관광동기가 발생해야 관광상품의 구매자로 이어질 수 있다. 두 번째 구성요소는 관광수요와 관광공급을 연결하는 요소로서 관광객의 이동에 필요한 다양한 교통수단이 필수적이고 관광상품을 수요자와 공급자에게 연결시켜주는 중개인의 역할이 필요하다. 또한 관광지에 관한 정보의 제공이나 관광지 홍보가 관광의 수요자와 공급자 사이에서 이루어져야 한다.

관광시스템에서 관광공급의 구성요소는 관광자원(attractions), 관광시설/서비스(facilities/services), 그리고 기반시설(infrastructure) 등이다. 관광공급의 구성요소를 보다 자세하게 설명하면, 먼저 관광지가 되기 위해서는 관광객을 유인하기에 충분한 힘을 가지고 있는 관광대상(attractions)이나 관광자원(tourism resources)을 가지고 있어야 한다. Tourist attractions는 tourism resources처럼 관광자원으로 해석되고 있으나, 관광자원은 개발된 자원이나 개발은 되지는 않았지만 잠재력을 가지고 있는 자원 모두를 의미한다. 반면에, tourist attraction은 '관광객을 관광지로 끌어들이는 힘을 가진 대상(매력물)'으로서 힘의 크기를 내포하고 있다. 관광지는 단일 관광자원의 힘으로 관광객을 끌어들이기도 하고 여러 개의 단일 관광자원이 결합된 힘이 발휘되어 관광객을 유인하기도 한다. 관광객에게는 관광지의 거의 모든 것이 관광자원이 될 수 있다. 일반적으로 관광자원은 다음과 같이 세 가지로 분류된다.

2. 관광공급의 구성요소

1) 관광자원

① 자연자원 : 기후, 해수욕장(해변), 자연경관, 폭포, 호수, 산, 강

② 인문자원

- 인조물 : 건축물, 성당, 교회, 사원, 성, 정원, 기념비, 공원
- 문화자원 : 박물관, 예술, 스포츠, 종교, 역사, 민속, 축제
- 사회자원 : 관광지역주민의 생활, 언어 및 인종

③ 인공자원 : 주제공원, 스키장, 마리나, 이벤트 등 관광객을 유인하기 위해 의도적으로 만들어진 관광자원

관광자원이 어디에 위치해 있으며 누구를 대상으로 어떻게 관광되어지고 있는가는 관광지의 성격을 규명하는데 매우 중요하다. 왜냐하면 관광자원의 이러한 요소가 관광객을 해당 지역에 며칠 동안 머물게 할 수도 있고 다른 목적지를 방문하는 과정에서 일시적으로 관광자원을 즐기는 경우도 있기 때문이다. 예를 들면, 축제나 이벤트와 같은 이용자중심적인 관광자원은 관광시장과 인접한 지역에 위치하고 있어야 한다. 반면에 자연중심적인 관광자원은 관광시장과 거리가 있는 지역에 위치하고 있을 가능성이 높다.

2) 시설/서비스

관광자원만 가지고 관광객들을 관광지로 유인하지는 못할 것이다. 관광객이 편안히 관광지에 와서 관광자원을 즐길 수 있는 조건이 갖추어져야 한다. 관광지에서 가장 중요한 시설로는 숙박시설을 들 수 있다. 관광지는 양적(quantitative)으로 그리고 질적(qualitative)으로도 관광수요를 충분히 충족시킬 수 있을 정도의 숙박시설을 갖추고 있어야 한다. 또한 관광객이 관광지에서 먹고 마실 수 있는 식음료시설도 갖추고 있어야 한다. 숙박비용과 식음료비용은 관광객의 지출에서 큰 비중을 차지한다.

관광객이 관광지에서 머무는 동안은 일시적으로 거주자가 되기 때문에 지역주민과 마찬가지로 일상생활에서 필요한 각종 서비스가 필요하다. 은행, 약국, 병원, 편의점, 극장, 주유소, 미장원, 세탁소 등에서 제공되는 서비스 역시 관광객에게 제공되어져야 한다. 이러한 서비스를 주고받는 과정에서 관광객과 지역주민과의 접촉이 발생하는 것이 관광이다. 관광종사원의 서비스 질이나 지역주민의 환대(hospitality)는 관광객의 관광만족을 결

정하는 주요 요인으로 보고 있다. 관광지에서 서비스의 질이 높으면 높을수록 더 많은 관광객이 찾아오게 되겠지만, 아무리 좋은 시설을 가지고 있다 해도 고객이 환대를 받지 못하면 다시 방문하고 싶은 생각이 들지 않을 것이다.

3) 기반시설

기반시설(infrastructure)이란 지하 및 지상의 모든 구조물로서 도로, 철도, 항만, 공항, 버스, 택시와 같은 교통시설과 수도, 전기, 상 · 하수도, 통신네트워크와 같은 시설 등을 말한다. 기반시설의 공급은 민간부문에서 이루어지는 부분도 있지만 대부분 공공부문에서 책임을 지고 있다. 기반시설은 관광객만을 위해서 공급되어지기보다는 지역주민의 삶의 질을 개선하기 위해 지역개발 목적으로 이루어지기 때문에 기반시설의 확충은 지역주민과 관광객 모두를 위한 것이다.

민간부분에서 이루어지는 관광의 공급은 이윤을 추구하기 위해 이루어지지만 공공부문에서는 공익을 목적으로 관광의 공급이 이루어진다. 관광객들에게 제공되는 기반시설의 서비스부분은 관광지 입장에서 경제적 혜택보다는 비용만을 부담하게 된다. 따라서 공공부문에서 이루어지는 관광의 공급은 사회적인 편익과 비용을 고려하여 공급량이 결정된다.

3. 관광수요와 관광공급의 연결요소

관광경제학의 관점에서 관광시장을 분석하기 위해서는 시장에서 거래되는 상품만을 분석의 대상으로 삼아야 한다. 즉 수요자와 공급자가 서로의 관계를 형성하고 있는 공급자상품만이 시장에서 거래가 이루어지는 관광상품이기 때문에 관광공급을 관광상품의 공급만으로 한정시킬 때 경제적으로 이해가 용이하다. 이러한 해석은 협의의 관광공급이라고 할 수 있다.

그런데 관광은 거주지에서 출발과 함께 시작되고 다시 거주지로 돌아와야 관광이 마무리가 된다. 관광재는 '관광객의 욕구나 욕망을 충족시킬 수 있는 모든 대상'으로 정의된 것처럼 관광공급(tourism supply)은 관광객의 욕구를 충족시켜줄 수 있는 대상을 공급하는 모든 것을 다 포함하는 것이라고 볼 수 있다. 이러한 해석은 광의의 관광공급 또는 수요자 입장에서 살펴본 관광의 공급이라고 할 수 있다.

관광시스템에서 보는 바와 같이 관광의 수요와 공급을 연결(bridging)해주는 구성요소까지 관광의 공급으로 본다. 왜냐하면, 이들 구성요소가 없다면 관광이 이루어질 수 없을 뿐만 아니라 이들 구성요소의 역할이 관광의 공급량을 결정하는데 결정적으로 작용할 수 있기 때문이다.

관광수요와 관광공급을 연결해주는 요소로는 첫째, 접근성(교통)이라고 불리는 도로, 철도, 항공, 선박 등과 같은 교통서비스로서 거주지와 관광지를 연결해주는 교통을 말한다. 관광자원의 기반시설 부문에서 설명한 교통은 관광목적지에서의 교통을 의미한다. 두 번째 연결요소로는 여행중개이다. 여행중개는 소비자와 공급자 사이에 여행상품의 거래가 이루어지게 만드는 매개역할을 의미한다. 마지막으로 마케팅요소는 관광지의 정보나 홍보를 잠재관광객에게 전함으로써 관광객의 관광지선택 의사결정에 영향을 주게 된다.

4. 공급곡선

관광경제학적 관점에서 관광의 공급량(quantity supplied)이란 관광상품의 생산자가 판매하고자 하는 수량을 말한다. 다른 모든 여건이 일정불변일 때 어떤 상품의 공급량은 그 상품의 가격변화에 가장 많이 그리고 직접적으로 영향을 받는다. 일정한 기간에 성립할 수 있는 가격수준은 매우 많다. 따라서 각각의 가격수준에 대응하여 생산자가 판매하고자 하는 상품의 수량 또한 다를 것이다. 이때 어느 한 가격수준에 대응하여 팔고자 하는 상품의 수량이 공급량이고, 있을 수 있는 모든 가격과 공급량의 대응관계를 표시하는 것이 공급이다.

공급량은 수요량과 마찬가지로 주어진 가격수준에서 생산자가 판매하고자 하는 최대수량으로서 실제로 판매된 수량과는 구분된다. 또한 공급량은 대개 일정한 기간을 명시해야만 그 의미가 분명해지는 것이고, 이는 생산자가 실제로 팔 수 있는 능력을 갖춘 상태에서 판매하고자 하는 최대수량을 의미한다. 이를 정리하면 상품의 공급량이란 판매능력을 가진 생산자가 일정한 기간에 판매하고자 하는 최대수량이다. 그리고 공급이란 일정기간에 가격과 공급량 사이에 존재하는 일련의 대응관계를 말한다.

한 상품의 가격과 공급량 사이의 관계를 나타내는 곡선을 공급곡선(supply curve)이라고 한다. 즉 한 상품의 공급곡선이란 일정기간에 있을 수 있는 그 상품의 여러 가지 가격과 공급량의 조합들을 나타내는 곡선이다.

다른 모든 조건이 동일할 때 한 상품의 가격이 상승하면 그 상품의 공급량은 증가고 가격이 하락하면 공급량은 감소한다. 이와 같이 가격과 공급량

〈그림 5-2〉 공급곡선

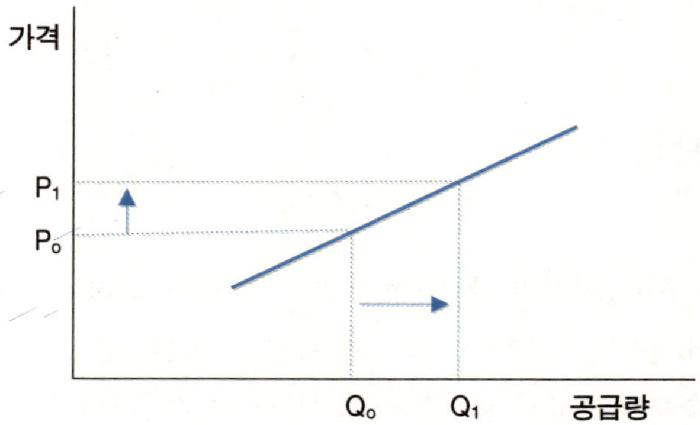

사이에 존재하는 양의 관계, 즉 가격과 공급량이 같은 방향으로 변하는 것을 공급의 법칙(law of supply)이라고 한다. 일반적으로 생산자는 이윤을 얻기 위해서 상품을 판매한다. 따라서 다른 모든 조건이 같을 때 가격이 상승하면 공급량이 증가하고 가격이 하락하면 공급량은 감소한다.

현재 어떤 상품의 가격이 P_o이고 공급량은 Q_o에서 형성된다고 가정할 때, 만약 가격이 P_o에서 P_1로 오르게 되면 공급량은 Q_o에서 Q_1로 증가하게 된다. 가격이 오르면 생산자들은 해당 재화나 서비스의 생산을 증가함으로써 이윤을 극대화하려 할 것이다.

수요와 마찬가지로 공급 역시 개별공급과 시장공급으로 구분된다. 생산자 한 사람 한 사람의 공급을 개별공급(individual supply)이라 하고 시장 전체의 공급을 시장공급(market supply)이라고 한다. 시장수요가 모든 소비자들의 개별수요를 더한 것처럼 시장공급도 모든 판매자들의 개별공급을 수평으로 합한 것이고 시장공급곡선은 개별공급곡선의 수평적인 합계이다. <그림 5-3>에서처럼 만약 시장에 A와 B 두 개의 기업만 존재한다고 가정할 때 A의 공급곡선과 B의 공급곡선을 수평으로 합한 것이 시장공급곡선이 된다.

〈그림 5-3〉 개별공급곡선과 시장공급곡선

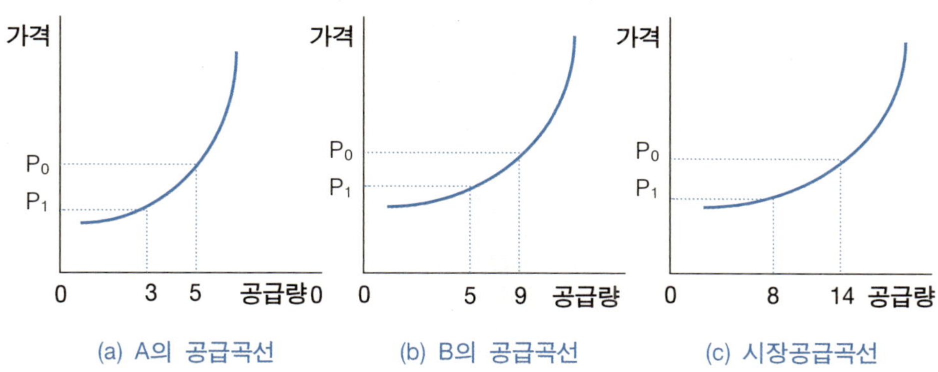

5. 공급량과 공급의 변화

수요량의 변화와 수요의 변화를 구분하는 것과 같이 공급량의 변화와 공급의 변화를 구분할 수 있다. 공급량의 변화(changes in quantity supplied)란 가격변동에 따른 공급량의 증감을 의미하는 것으로 주어진 공급곡선 상에서의 이동이다. 이것은 가격 이외에 공급에 영향을 주는 모든 요인들이 일정불변이라는 가정에서다. 그러나 가격 이외의 다른 요인들이 변하는 경우에는 공급곡선 자체가 이동하게 되는데 이를 공급의 변화(changes in supply)라고 한다.

<그림 5-4>에서 공급곡선 S_0에서 점 A에서 점 B로 이동하는 것은 가격하락에 따른 공급량의 감소를 의미하며, 반대로 점 A에서 점 C로 이동하는 것은 가격상승에 따른 공급량의 증가를 의미한다. 이처럼 공급곡선상의 이동은 공급량의 변화이다. 이와는 달리 노동자의 임금인상으로 생산요소비용이 증가하게 되면 종전과 같은 생산비로는 전보다 작은 양의 상품을 생산할 수밖에 없기 때문에 상품가격은 변동이 없는데도 불구하고 공급량은 감소하게 된다(S_0에서 S_1로의 이동).

〈그림 5-4〉 공급량과 공급의 변화

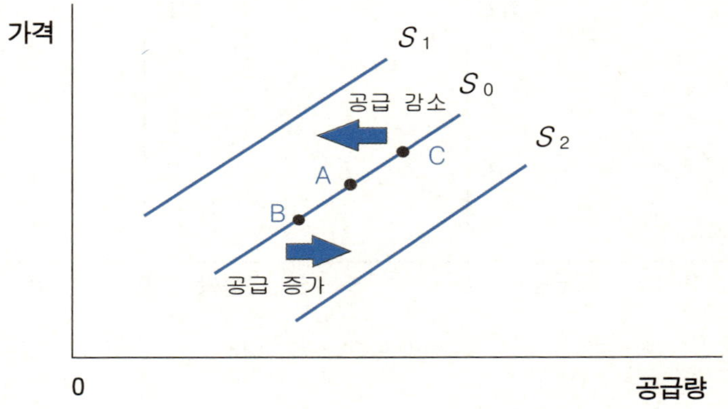

또는 생산기술이 발달하여 단위당 생산비용이 절감되면 종전과 같은 생산비로 보다 많은 상품을 생산할 수 있기 때문에 매기당 상품의 공급량은 해당 상품의 가격이 상승하지 않아도 증가한다(S_o에서 S_2로의 이동). 이처럼 공급곡선 자체의 이동을 공급의 변화라고 한다. 수요곡선이나 공급곡선이나 모두 오른쪽으로 이동하는 것이 증가이고 왼쪽으로 이동하는 것은 감소인 것이다.

6. 공급변화의 요인

앞에서 설명한 것처럼 해당 상품가격 이외의 다른 요인이 변하면 그 상품의 공급이 변하여 공급곡선이 이동한다. 그 중에서 특히 공급에 영향을 미치는 중요한 것들은 다음과 같다.

① 생산요소 가격

관광에서 자연자원의 생산성은 노동과 경영의 함수관계에 달려 있다. 두 가지 요소의 투입량과 조합은 생산의 양과 질을 결정짓게 된다. 특히 인적 서비스의 비중이 높은 관광상품의 경우 인건비의 변화는 상품의 생산비에 절대적으로 영향을 주게 된다. 예컨대 여행사가 관광상품을 생산하기 위해서는 사무실, 종업원, 사무기기 등에 대한 지출이 발생한다. 토지 가격이 상승하게 되면 호텔이나 관광편의시설물을 짓는데 투자비용이 더 들어간다. 임금 · 지대 · 이자 등 생산요소가격은 생산비용에 영향을 미치게 마련이다. 만약 생산요소가격이 하락하였다면 종전과 같은 생산비로 더 많은 상품을 생산할 수 있게 되어 각각의 상품가격수준에서 종전보다 더 많은 상품을 공급할 수 있게 된다.

반면에 생산요소가격이 상승하면 상품공급은 감소한다. 주어진 가격에서 생산비용의 증대는 이전에 비해 수익감소를 의미하게 됨으로 해당 상품의 공급 인센티브의 감소를 가져오게 된다. 따라서 가격변화가 없다면 기업은 해당 상품의 공급을 감소시킴으로써 공급곡선이 왼쪽으로 이동하게 된다. 어느 재화의 공급량은 그 재화의 생산에 투입되는 요소가격과 반대방향으로 움직인다.

② 기술발전

상품생산에서 기술은 공급량을 결정하는 또 하나의 변수이다. 1970년대 점보제트기의 등장으로 대중관광시대를 맞이하게 되었다. 최근 컴퓨터와 인터넷의 이용이 급속도로 증대되면서 여행객들의 여행정보수집과 여행상품구매에 있어서 많은 변화를 주고 있다. 정보기술(information technology: IT)은 관광산업에 혁명적 변화를 가져다주고 있다. 정보기술은 전통적인 시장구성에서 중간상의 개입을 배제시키고 생산자－소비자의 직거래를 가능하게 만들었다. 또한 생산자는 소비자들이 무엇을 원하는지를 쉽게 파악하여 그들의 기호에 맞는 다양한 상품을 맞춤식으로 만들어 낼 수 있게 되었다. 마케팅에서도 다수의 관광객을 대상으로 했던 과거의 방식에서 개별 소비자에게 상품을 팔 수 있도록 1대 1 마케팅을 가능하게 하였다. 즉 소수의 상품을 다수에게 많이 파는 전통적인 마케팅 방식에서 이제는 다수의 상품을 소수의 사람에게 많이 파는 새로운 마케팅전략을 활용하고 있다. 이로 인해 관광지마케팅 역시 보다 적극적이고 공격적인 방향으로 변화되고 있다.

정보기술은 비즈니스여행에도 큰 영향을 주고 있다. 과거 해외출장이 필요했던 업무가 화상회의를 통해서 가능하기 때문에 상용여행 횟수는 줄어들게 되었다. 항공사, 호텔 등의 자동예약시스템은 상품의 판매비용을 크게 절감시켜주는 효과를 가져다준다. 이처럼 기술발달은 해당 제품의 생산비용을 낮추는 효과가 있기 때문에 생산자에게 더 많은 이윤을 가져다주게 된다. 이로 인해 생산자들은 더 많은 상품을 생산하여 더 많이 팔려고 할 것이다. 기술의 발달은 공급곡선을 오른쪽 방향으로 이동시키게 된다.

③ 정부정책

관광은 세계적으로 가장 규제를 덜 받는 산업이라고 한다. 그러나 이러한 말은 관광을 구성하는 모든 산업에 다 적용되지는 않는다. 교통산업은 관광산업 가운데 가장 중요한 산업이지만, 안전이라는 이유로 가장 많은 제약을 받고 있다. 환경, 지속가능한 관광, 개발과 보존이라는 측면에서 정부의 규제는 앞으로 더욱 강화될 것은 분명한 사실이다.

국제무역의 관점에서도 관광은 자유무역에 해당된다. 그러나 저소득국가에선 해외여행을 금지하거나 제한을 하는 경우도 많고, 정치적인 이유 또는 여행객의 안전을 이유로 특정지역의 방문을 금지하기도 한다. 또한 국제여행객에게 나라마다 반입금지품목을 명시하거나 반입량을 제한시키고 있는 점도 여행의 제약요인들이다.

④ 세금 또는 정부보조금

상품거래에서 판매세가 부과되면 소비자가 지급하는 금액과 판매자가 얻게 되는 금액 사이에 차이가 발생하게 되는데, 이는 시장에 두 개의 공급곡선이 존재한다는 것을 의미한다(그림 5-5). 공급곡선 S_o는 세금의 변동과는 상관없이 공급자의 공급곡선이다. 공급곡선의 가격이 P_o에서 형성되었다면 공급자는 Q_o만큼의 상품을 공급하게 된다. 만약 해당 상품에 세금(t)이 부과된다면 소비자가 Q_o만큼의 공급량을 구매하기 위해서는 P_o+t의 가격을 지급해야 가능해진다. 따라서 소비자가 직면하는 공급곡선과 공급자가 직면하는 공급곡선은 세금만큼 차이가 발생한다. <그림 5-5>에서 보여주는 것처럼 두 개의 공급곡선의 수직 차이가 세금에 해당된다.

공급자에게 부과되는 대부분의 세금은 상품생산 비용에 해당되기 때문에 소비세를 올리면 공급이 감소한다. 반대로 정부의 기업에 대한 보조는 상품의 생산비용을 낮추는 결과를 가져오기 때문에 공급을 증가시키게 된다.

〈그림 5-5〉 세금부과에 따른 공급곡선의 이동

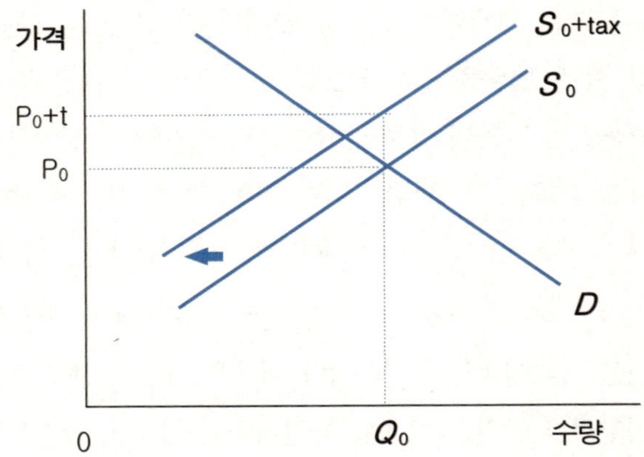

⑤ 관련상품의 가격

소비측면에서 볼 때와 마찬가지로 생산측면에서 볼 때에도 한 상품은 다른 여러 상품과 대체관계나 보완관계에 있다. 한 상품의 공급은 그 상품과 생산측면에서 대체관계나 보완관계에 있는 다른 상품의 가격변화에 영향을 받는다.

⑥ 공급자의 예상

만약 공급자가 해당 상품가격이 오를 것으로 예상한다면 가격이 오를 때까지 자신의 상품을 팔지 않고 기다릴 것이다. 이 경우 공급자는 지금 현재의 어떤 가격에서도 판매량을 줄이게 된다. 공급자의 예상대로 미래에 가격이 오르게 되면 현재보다 더 높은 가격으로 해당 상품을 판매할 수 있게 된다. 이 경우 공급곡선은 왼쪽으로 이동하게 된다. 반대로 장래에 상품가격이 하락할 것으로 예상된다면 해당 상품의 공급량은 늘어나게 된다. 이처럼 현재의 공급수준은 미래에 대한 기대에 영향을 받을 수 있다.

제6장

수요와 공급의 탄력도

1. 수요의 가격탄력도

1) 수요의 가격탄력도 정의

수요의 법칙에 따르면 한 재화의 가격이 하락함에 따라 그 재화의 수요량은 증가한다. 수요의 가격탄력도(price elasticity of demand) 또는 수요의 가격탄력성이란 한 상품의 가격이 변화할 때 그 상품의 수요량이 얼마나 변하는가를 나타내는 척도이다. 한 상품의 수요량이 가격변화에 대해 민감하게 변하면 그 재화의 수요는 탄력적(elastic)이라고 한다. 가격의 변화에 비해 수요량의 변화가 적게 나타나는 경우는 수요가 비탄력적(inelastic)이라 한다.

수요의 가격탄력도는 가격의 변화율에 대한 수요량의 변화율로서 이를 수식으로 표현하면 다음과 같다.

$$\text{(6-1)} \quad \text{수요의 가격탄력도}(\epsilon_d) = \left| \frac{\text{수요량의변화율}}{\text{가격의변화율}} \right|$$

$$= \left| \frac{\Delta Q / Q \times 100}{\Delta P / P \times 100} \right| = \left| \frac{\Delta Q}{\Delta P} \cdot \frac{P}{Q} \right|$$

수요의 가격탄력도는 흔히 수요의 탄력도, 혹은 수요의 탄력성이라 부른다. 수요의 탄력도는 개별수요에 대하여도 쓸 수 있고 시장수요에 대하여도 쓸 수 있다. 한 상품의 가격과 수요량은 수요의 법칙에 의하여 서로 반대방향으로 변하기 때문에 수요의 가격탄력도는 원래 음의 부호를 갖는다. 그러나 일반적으로 음의 부호는 무시하고 절대값으로 탄력도를 나타내고 그 크기를 비교한다.

수요의 가격탄력도는 가격이 1% 변할 때 수요량이 몇 % 변하는가를 표시해 준다. 예컨대 X재의 수요의 탄력도가 2라면 이는 X재의 가격이 1% 상승(하락)할 때 수요량이 2% 감소(증가)한다는 것을 뜻한다. 수요의 탄력도는 0과 무한대(∞) 사이의 값을 갖는다. 한 상품에 대한 수요량의 변화율과 가격의 변화율이 같다면 수요의 탄력도는 1이 된다. 이 경우 수요는 단위탄력적(unitary elastic)이라고 말한다. 한 상품에 대한 수요량의 변화율이 가격의 변화율보다 커서 수요의 탄력도가 1보다 크면 수요가 탄력적(elastic)이라고 한다. 반면에 수요량의 변화율이 가격의 변화율보다 작아서 수요의 탄력도가 1보다 작으면 수요가 비탄력적(inealstic)이라고 한다.

〈표 6-1〉 수요의 탄력도 구분

$\varepsilon_d = 0$	$0 < \varepsilon_d < 1$	$\varepsilon_d = 1$	$1 < \varepsilon_d$	$\varepsilon_d = \infty$
완전비탄력적	비탄력적	단위탄력적	탄력적	완전탄력적

2) 수요의 호탄력도

<그림 6-1>은 어느 주제공원의 입장료와 방문횟수와의 관계를 표시한 세 개의 서로 다른 수요곡선이다. <그림 6-1(a)>는 입장료의 가격이 1,000원일 때 어느 개별방문객의 연간 주제공원 방문횟수는 2회인데 비해 가격이 500원으로 하락하면 방문횟수가 연간 6회로 증가하는 경우이다. 그림에서 A점의 가격을 기준으로 수요의 탄력도를 구하면

$$(6\text{-}2)\qquad \varepsilon_d = \left|\frac{\Delta Q/Q\times 100}{\Delta P/P\times 100}\right| = \left|\frac{\Delta Q}{\Delta P}\cdot\frac{P}{Q}\right| = \left|\frac{4}{-500}\cdot\frac{1000}{2}\right| = 4$$

이다. 반면에 B점의 가격을 기준으로 입장료가 500원에서 1,000원으로 인상되었다고 가정할 경우 방문횟수는 종전 6회에서 4회가 감소된 연간 2회를 방문하게 된다. 이때 수요의 탄력도를 구하면

$$(6\text{-}3)\qquad \varepsilon_d = \left|\frac{\Delta Q/Q\times 100}{\Delta P/P\times 100}\right| = \left|\frac{\Delta Q}{\Delta P}\cdot\frac{P}{Q}\right| = \left|\frac{-4}{500}\cdot\frac{500}{6}\right| = \frac{2}{3}$$

이다. 가격이 상승하거나 하락하거나 가격변동구간이 같기 때문에 수요의 탄력도가 같은 것이 바람직하다. 그런데 위의 식을 사용하면 기준가격과 기준수요량을 어디로 잡느냐에 따라 서로 다른 탄력도가 나오게 된다.

이와 같은 문제점을 해결하기 위하여 A와 B 사이처럼 구간의 탄력도를 계산할 때 A와 B의 중간점을 기준으로 하는 다음과 같은 공식을 사용한다.

$$(6\text{-}4)\quad \varepsilon_d = \left| \frac{\Delta Q}{\Delta P} \cdot \frac{(P_1+P_2)/2}{(Q_1+Q_2)/2} \right| = \left| \frac{\Delta Q}{\Delta P} \cdot \frac{(P_1+P_2)}{(Q_1+Q_2)} \right| = \left| \frac{4}{500} \cdot \frac{500+1000}{6+2} \right| = \left| \frac{1}{2} \cdot \frac{3}{1} \right| = \frac{3}{2}$$

<식 6-4>가 <식 6-1>과 다른 점은 평균가격과 평균수요량을 사용하고 있다는 점이다. 이처럼 수요곡선상의 두 점 사이에서 계산된 탄력도를 수요의 호탄력도(arc elasticity)라 한다. 수요곡선상의 두 점 A, B가 한 점이 되다시피 가까워지면 호탄력도는 점탄력도가 된다. 즉 수요의 점탄력도(point elasti- city)란 말 그대로 수요곡선상의 한 점에서 측정한 탄력도이다. 예컨대 <그림 6-1(a)>의 수요곡선상의 C점에서 탄력도를 구하면 이는 수요의 점탄력도가 되는 것이다.

<그림 6-1(b)>는 주제공원의 입장료가 1,000원에서 500원으로 인하하면 방문횟수가 종전 연간 2회에서 4회로 증가하는 경우이거나 혹은 입장가격이 500원에서 1,000원으로 인상되면 방문횟수가 4회에서 2회로 줄어드는 경우이다. 이때 수요의 가격탄력도는

$$(6\text{-}5)\quad \varepsilon_d = \left| \frac{\Delta Q}{\Delta P} \cdot \frac{(P_1+P_2)}{(Q_1+Q_2)} \right| = \left| \frac{2}{500} \cdot \frac{500+1000}{4+2} \right| = \left| \frac{1}{3} \cdot \frac{3}{1} \right| = 1$$

로서 단위탄력적이다.

〈그림 6-1〉 수요의 가격탄력도

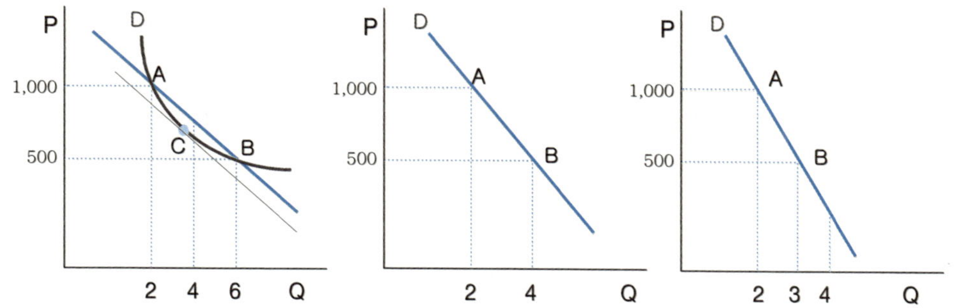

<그림 6-1(c)>는 주제공원의 입장료가 1,000원에서 500원으로 하락할 때 방문횟수는 연간 2회에서 3회로 증가하거나 혹은 입장료가 500원에서 1,000으로 오르게 되면 연간 방문횟수가 3회에서 2회로 감소하는 경우이다. 이때 수요의 가격탄력도는

(6-6)

$$\varepsilon_d = \left| \frac{\Delta Q}{\Delta P} \cdot \frac{(P_1 + P_2)}{(Q_1 + Q_2)} \right| =$$

$$\left| \frac{1}{500} \cdot \frac{500 + 1000}{3 + 2} \right| = \left| \frac{1}{5} \cdot \frac{3}{1} \right| = \frac{3}{5}$$

으로서 1보다 작기 때문에 비탄력적이다.

수요곡선은 경우에 따라 완전탄력적이거나 완전비탄력적인 극단적인 경우도 있다. 수요의 탄력도가 0이면 완전비탄력적인 경우로서 수요곡선은 수직선이다(그림 6-2(a)). 이 경우에는 가격이 어떻게 바뀌든 간에 매기의 수요량에는 변함이 없다는 것을 의미한다. 따라서 수요곡선상의 어느 점에서도 점탄력도는 0이 된다. 수요의 탄력도가 커질수록 수요곡선은 점점 더 완만해지는데 수요곡선이 수평이 되면 완전탄력적인 경우로서 이때 수요의 탄력성은 무한대(∞)이다. 이 경우는 수요곡선이 수평선으로서 수요량이 얼마가 되든지 가격은 항상 똑같은 상태를 의미한다(그림 6-2(b)).

〈그림 6-2〉 두 가지 특수한 경우의 수요곡선의 탄력도

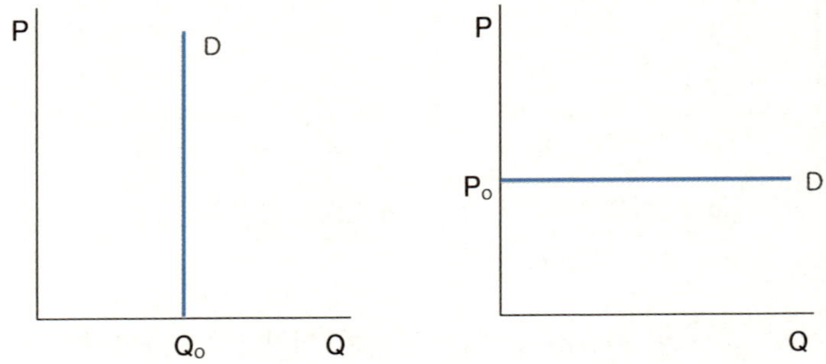

(a) 완전탄력적($\epsilon_d = 0$)　　(b) 단위탄력적($\epsilon_d = \infty$)

3) 수요의 가격탄력성에 대한 경제적 의미

수요의 가격탄력도 개념은 소비자입장이나 생산자입장에서 매우 중요한 정보를 제공해준다. 소비자입장에서는 수요의 가격탄력도가 가격의 변동에 따라 가계지출액이 어떻게 변할 것이라는 정보를 제공해주는 반면에 생산자입장에서는 수요의 가격탄력도가 가격정책에 있어서 매우 중요한 판단자료를 제공해주기 때문이다.

전체 가계의 어떤 상품에 대한 총지출액(E)은 그 상품에 대한 시장수요량(Q)에 가격(P)을 곱한 값, 즉

(6-7)	$E = P \times Q^d$

이다. 따라서 총지출액은 가격의 변화에도 영향을 받고 수요량의 변화에도 영향을 받는다. 그런데 가격이 변하면 수요량은 그 반대방향으로 변하기 때문에 가격의 변화와 수요량의 변화는 각각 반대방향으로 변화시킨다.

마찬가지로 전체 공급자의 어떤 상품에 대한 판매수입(R)은 그 상품에 대한 시장판매량(Q)에 가격(P)을 곱한 값, 즉

$$(6\text{-}8) \qquad R = P \times Q^s$$

이다. 가계지출액은 가계가 시장에서 기업이 공급하는 상품을 구입하는 금액이기 때문에 결국 공급자의 판매수입액이 된다. 공급자의 입장에서 보면 가격의 변화율에 따른 판매량의 변화가 판매수입을 결정짓는다는 것을 알 수 있다. 따라서 독점시장에서 공급자의 가격정책은 수요의 탄력도가 중요한 판단자료가 된다.

예를 들면, 주제공원의 입장료 변동과 여러 가지 수요곡선의 탄력도에 따라 판매수입에 어떤 변화를 가져다주는가를 분석해 볼 수 있다.

① 탄력도가 0인 경우

수요의 가격탄력도가 0이면 가격의 변동이 수요량의 변동에 전혀 영향을 주지 않는다. 따라서 가격인하는 판매량을 전혀 증가시키지 못한 채 총수입의 감소만을 가져온다. 반대로 가격인상은 수요량의 변동에 전혀 영향을 미치지 않으면서 공급자의 총수입만을 증가시키는 결과를 가져온다.

② 탄력성이 0보다 크고 1보다 작은 경우

수요의 탄력도가 0보다는 크고 1보다는 작은 비탄력적인 경우는 가격의 변동비율에 비하여 수요량의 변동비율이 작다는 것을 의미한다. 따라서 가격을 인상하면 공급자의 총수입은 증가하고 가격을 인하하면 총수입은 감

소하게 된다. <그림 6-1(c)>에서 가격이 500원에서 1,000으로 인상되었을 경우 방문횟수는 3회에서 2회로 감소하여 총수입은 종전 1,500원에서 2,000원으로 증가하였다. 반대로 입장료가 1,000원에서 500원으로 하락한 경우 방문횟수는 2회에서 3회로 증가하여 총수입은 2,000원에서 1,500원으로 감소한다.

③ 탄력성이 1인 경우

수요의 탄력성이 1인 경우, 즉 단위탄력적일 때는 가격의 변동비율과 수요량의 변동비율이 같은 경우이다. 가격의 변동비율과 판매량의 변동비율이 같다면 총수입은 변화가 없게 된다. <그림 6-1(b)>에서 입장료가 500원에서 1,000원으로 인상되면 방문횟수가 4회에서 2회로 감소하는 경우 총수입은 2,000원으로 변동이 없다. 마찬가지로 입장료가 1,000원에서 500원으로 인하되면 방문횟수가 2회에서 4회로 증가하기 때문에 총수입은 2,000원으로 종전과 같다. 이는 수요의 가격탄력성이 1이기 때문에 가격의 변화가 총수입에 영향을 주지 않은 결과이다.

④ 탄력성이 1보다 크고 무한대보다 작은 경우

수요의 탄력성이 1보다 크고 무한대보다 작은 경우는 수요가 탄력적이라고 말한다. 이는 가격의 변동비율보다 수요량의 변동비율이 크다는 것을 의미한다. 따라서 가격인하는 생산자의 총수입을 증가시키나 가격인상은 생산자의 총수입을 감소시키는 결과를 가져다준다. <그림 6-1(a)>에서 입장료가 500원에서 1,000원으로 인상되면 방문횟수가 6회에서 2회로 감소하는 경우 총수입은 종전 3,000원에서 2,000원으로 1,000원이 감소하였다. 반대로 입장료가 1,000원에서 500원으로 인하되면 총수입은 종전 2,000원에서 3,000으로 증가한다.

⑤ 탄력성이 무한대인 경우

수평선으로 표시되는 수요곡선은 수요량의 변화율은 임의의 양(+)의 값을 갖는데 반하여, 그에 대응하는 가격변화율은 영(0)인 경우이다. 이 때 탄력도를 구하는 분수의 분모는 가격의 변화율이 0이기 때문에 수학적으로 부정이 되어 탄력도를 정할 수 없다. 그러나 경제학에서는 가격변화율을 완전히 0이 아닌 아주 작은 수치, 즉 거의 0에 가까운 아주 작은 수치로 생각하여 수요의 탄력도가 무한대라고 부른다.

수평의 수요곡선은 가격이 아주 미미하게 내릴 기미만 보여도 수요량이 무한대로 늘어나는 것으로 생각하여 모든 점에서 수요의 탄력도가 무한대가 되는 것이다. 반대로 가격이 조금만 올라가도 수요는 없어지고 만다. 이 경우 가격인상은 공급자의 총수입을 0이 되게 하고 반대로 가격인하는 수요량이 무한대로 늘어나서 공급만 이루이질 수 있다면 총수입은 무한대로 증대된다.

이상에서 논의한 바를 요약하면 <표 6-2>와 같다.

〈표 6-2〉 수요의 탄력도와 총지출액 또는 총수입액의 변화

탄력도	소비자		공급자	
	가격하락	가격상승	가격하락	가격상승
$\varepsilon_d > 1$	총지출 증가	총지출 감소	총수입 감소	총수입 증가
$\varepsilon_d = 1$	총지출 불변	총지출 불변	총수입 불변	총수입 불변
$\varepsilon_d < 1$	총지출 감소	총지출 증가	총수입 증가	총수입 감소

4) 수요의 가격탄력도 영향요인

수요가 탄력적인지 비탄력적인지를 결정하는 요소는 일반적으로 다음의 경우에 따라 다르게 나타난다.

① 필수품과 사치품

대체로 필수품에 대한 수요는 비탄력적인 반면 사치품에 대한 수요는 탄력적이다. 가격이 크게 올라도 생활필수품에 대한 수요량은 어떤 최저수준 이하로 줄일 수 없지만 사치품에 대한 수요량은 영(0)의 수준으로 줄일 수 있기 때문이다. 어느 재화가 필수품인지 사치품인지는 그 재화 자체의 속성보다는 소비자들의 선호에 의해 좌우된다. 또한 상품지출이 가계소득에서 차지하는 비중이 크면 탄력성은 작고 비중이 작으면 탄력성은 크다. 즉 없어도 되고 있으면 편리한 제품의 경우 값이 오르면 수요량의 변화에 크게 영향을 준다.

② 대체재의 유무와 다소

일반적으로 대체재가 없는 상품보다 있는 상품의 수요의 탄력도가 더 크다. 밀접한 대체재가 있으면 소비자들은 가격이 오른 상품 대신에 다른 상품을 사용할 수 있기 때문이다. 따라서 대체재가 있을 때와 대체재의 수가 많을 때 탄력성은 크고 반대로 대체재가 없거나 그 수가 적을 때 탄력성은 작아진다.

어느 시장에서든 수요의 가격탄력성은 재화의 범위를 어떻게 정의하느냐에 따라 달라진다. 재화의 범위가 넓을수록 대체재를 찾는 것이 쉽지 않기 때문에 넓게 정의된 재화에 대한 수요는 좁게 정의된 재화의 수요에 비해 더 비탄력적이다. 식료품으로 정의된 재화는 대체재를 찾기 어려우므로 수요가 비탄력적인 반면 컵라면으로 정의된 재화에 대해서는 보다 좁게 정의된 재화이므로 대체재가 많다. 따라서 좁게 정의된 재화는 보다 많은 대체재가 존재하므로 수요는 매우 탄력적이다.

③ 상품이 가계소득에서 차지하는 비중

상품의 가격이 가계소득에서 차지하는 비중이 클수록 탄력도는 커지는 경향이 있다. 이것은 가격이 높을수록 가격변화가 소비자의 가계생활에 주는 영향이 크기 때문이다.

④ 시간의 차원

시간을 길게 잡을수록 수요는 더 탄력적이다. 휘발유 가격이 인상될 때 처음에는 수요가 큰 폭으로 줄지 않는다. 그러나 시간이 지남에 따라 사람들은 연비가 높은 차를 사거나 대중교통수단을 이용하거나, 직장과 가까운 곳으로 이사를 하게 된다. 따라서 휘발유 가격이 오른 후 몇 년이 지나면 수요는 크게 줄어든다. 같은 폭의 가격변화에 대하여 기간이 길어질수록 수요량의 변동 폭이 크므로 수요의 탄력도가 더 커진다. 시간이 길면 정보를 얻는 시간도 많고 다른 경쟁사의 출현이나 생산중단 등이 따를 수 있다.

2. 수요의 소득탄력성

소비자들의 소득이 변할 때 수요량이 어떻게 변하는지를 나타내는 것이 수요의 소득탄력성(income elasticity of demand)이다. 소득탄력성은 수요량의 변화율을 소득변화율로 나눈 것이다.

$$\text{(6-9)} \quad \epsilon_{d \cdot I} = \frac{\text{수요량의 변화율}}{\text{소득의 변화율}} = \frac{\Delta Q / Q}{\Delta I / I} = \frac{\Delta Q}{\Delta I} \cdot \frac{I}{Q}$$

여기에서 $\epsilon_{d \cdot I}$는 수요의 소득탄력도, I는 소득, ΔI는 소득의 변화분을 각각 표시한다. 대부분의 상품은 소득이 증가함에 따라 그 수요가 증가하기 때문에 수요의 소득탄력도는 양의 값은 갖는다. 이러한 상품을 정상재라고 한다. 즉 정상재의 경우에는 수요량과 소득이 같은 방향으로 움직이므로 소득탄력성이 양(+)의 값을 갖는다. 그러나 열등재는 소득이 증가함에 따라 수요가 감소하기 때문에 수요의 소득탄력도는 음(−)의 값을 갖는다. 대중교통수단 등 열등재(inferior goods)의 경우에는 소득이 상승하면 수요량이 감소한다.

정상재들 사이에도 소득탄력성의 크기에는 차이가 있게 마련이다. 음식이나 옷 같은 필수품은 우리가 살아가는데 꼭 필요한 것이므로 비싸도 살 수밖에 없는 재화이다. 그러나 동남아시아나 유럽으로 해외여행을 한 번도 가지 않는다고 해서 살아가는데 어려운 점이 있는 것은 아니다. 사치품은 소비자들의 소득이 낮으면 구매가 발생하지 않으므로 수요의 소득탄력성은 크다. 소득이 증가할수록 식료품에 대한 지출보다 주거비 · 문화비 등 식료품 이외의 지출액이 더 크게 증가한다. 따라서 식료품에 대한 지출액이 소득에서 차지하는 비율은 소득이 증가함에 따라 점차 감소하게 되는데 이를 엥겔의 법칙(Engel's law)이라 한다. 엥겔의 법칙은 식료품에 대한 수요의 탄력도가 1보다 작다는 것을 의미한다.

관광수요의 소득탄력도는 국가와 국가 그리고 기간별로 서로 다르다. <표 6-3>은 Smeral(1994)에 의해 계산된 1975년부터 1992년 사이 각국의 외국여행수요에 대한 소득탄력도와 가격탄력도이다. 독일과 영국을 제외하고 모든 국가의 소득탄력도는 1보다 높다. 12개 국가 가운데 5개 국가의 소득탄력도는 2 이상으로 나타났다. 일본의 경우 소득탄력도가 2.10인데 이는 소득이 1% 증가하면 외국여행에 대한 수요가 2.1% 증가한다는 의미이다. 또한 외국여행에 대한 수요는 가격에 매우 민감한 것으로 나타났다. 전체 12개 국가 가운데 6개 국가가 외국여행수요의 가격탄력도가 1보다 큰 것으로 나타났다. 일본의 가격탄력도는 −1.69로서 가격이 1% 증가할 때 해외여행수요는 1.69% 감소한다는 의미이다.

〈표 6-3〉 외국여행수요에 대한 각국의 소득 및 가격탄력도

국가	소득탄력도	가격탄력도
오스트레일리아	1.24	−1.32
오스트리아	1.21	−0.87
독일	0.61	−0.43
스웨덴	1.60	−1.15
덴마크	1.36	−0.99
프랑스	1.11	−0.91
이탈리아	2.12	−1.41
일본	2.10	−1.69
스페인	2.45	−1.39
스웨덴	2.47	−1.76
미국	2.06	−0.44
영국	0.52	−0.72

자료: Smeral(1994), Tourism 2005, Vienna, Ueberreuter, reprinted in Vanhove; Norvert(2005), The Economics of Tourism, Elsevier.

3. 공급의 가격탄력도

1) 공급의 탄력도의 개념

한 상품의 가격이 변하면 그 상품의 공급량이 변하는데, 그 변화의 정도를 측정하는 척도가 가격에 대한 공급의 탄력도(elasticity of supply)라고 한다. 공급의 가격탄력도 역시 수요의 탄력도처럼 단순히 공급의 탄력도라고 부른다.

(6-10) $$\text{공급의가격탄력도 } \epsilon_s = \frac{\text{공급량의변화율}}{\text{가격의변화율}} = \frac{\Delta Q/Q}{\Delta P/P} = \frac{\Delta Q}{\Delta P} \cdot \frac{P}{Q}$$

공급의 탄력도는 공급량의 변화율을 가격의 변화율로 나눈 값으로서 가격이 1% 변할 때 공급량이 몇 % 변하는가를 표시한다. 가격과 공급량은 공급의 법칙에 의하여 같은 방향으로 움직이기 때문에 공급의 탄력도는 항상 양(+)의 값을 갖는다.

공급의 탄력도도 수요의 탄력도와 같이 호탄력도와 점탄력도로 구분할 수 있다. 공급의 호탄력도는 가격의 변동폭이 클 때 사용하는 공급의 탄력도 개념이다. 공급의 호탄력도를 계산하기 위해서는 가격(P)과 공급량(Q)을 각각 평균가격과 평균공급량으로 바꾸어 사용한다. 반면에 공급의 점탄력도는 가격의 변동폭이 작을 때 사용한다.

2) 상이한 공급곡선의 탄력도와 탄력도의 결정요인

<그림 6-3>에서 만약 가격이 P_0에서 P_1로 인상되었다면 S_1의 공급곡선에서는 공급량이 Q_0에서 Q_1로 증가하게 된다. 반면에 똑같은 조건하에서 S_2의 공급곡선에서는 공급량이 Q_0에서 Q_2로 증가하게 된다. 공급곡선 S_1과 S_2를 비교하면 똑같은 가격의 변화율에서 S_2가 더 높은 공급량의 변화율을 보이고 있다는 것을 알 수 있다.

〈그림 6-3〉 상이한 공급곡선의 탄력도

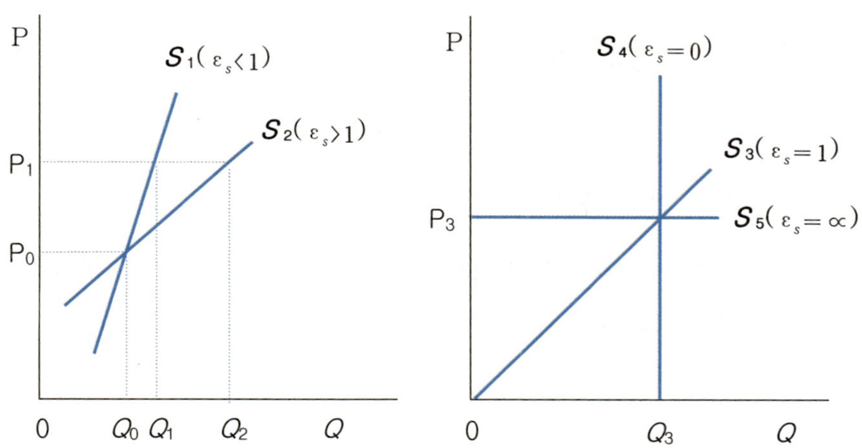

공급곡선 S_1은 가격의 변화율보다 공급의 변화율이 작은 경우로서 비탄력적이라고 하며 ϵ_s는 1보다 작다. 공급곡선 S_2처럼 가격의 변화율보다 공급량의 변화율이 큰 경우는 공급의 탄력도가 탄력적이라고 하며 ϵ_s는 1보다 크다. 공급곡선 S_3은 가격의 변화율과 공급의 변화율이 같은 경우로서 단위탄력적이라고 부르며 ϵ_s는 1이다.

수요곡선과 마찬가지로 극단적인 공급곡선도 생각해 볼 수 있다. <그림 6-3>의 공급곡선이 S_4처럼 수직인 경우에는 가격이 어떻게 변해도 공급량의 변화율이 0이므로 모든 점에서 공급의 탄력도가 0이다. 이를 완전비탄력적이라고 부른다.

탄력성이 커질수록 공급곡선은 완만해지다가 공급이 완전탄력적일 때, 즉 $\epsilon_s = \infty$인 경우는 공급곡선이 수평이다. 공급곡선 S_5는 가격의 변화율이 0에 가까울 정도로 조금만 변해도 공급량은 얼마든지 변할 수 있다는 것을 의미하며 모든 점에서 공급의 탄력도는 무한대이다.

공급의 탄력도를 결정하는 요인으로는 다음 두 가지를 든다.

① 생산요소의 가용성

해당 상품의 생산에 필요한 생산요소를 쉽게 얻을 수 있으면 공급의 탄력도가 커진다. 생산요소를 조달하기가 어려우면 공급의 탄력도가 작아진다.

② 시간의 차원

수요의 탄력도처럼 기간이 길어질수록 가격변화에 대응하기가 쉽기 때문에 공급의 탄력도가 커진다.

제7장

수요와 공급의 결합

1. 시장균형의 결정

시장(market)이란 사람들이 특정한 재화나 서비스를 사고파는 장소이고 수요와 공급은 시장에서 사람들이 상호작용하는 행위를 의미한다. 시장에서 형성되는 시장수요와 시장공급을 서로 결합하면 재화의 거래량과 가격이 어떻게 결정되는지를 살펴볼 수 있다.

<그림 7-1>은 시장수요곡선과 시장공급곡선이 함께 그려져 있다. 시장수요곡선과 시장공급곡선이 만나는 점을 균형(equilibrium)점이라고 한다. 균형 혹은 균형상태란 일단 그 상태에 도달하면 다른 상태로 변화할 유인이 없는 상태를 말한다. 시장균형상태에서는 소비자와 공급자의 힘이 평형을 이루고 있는 상태이다.

시장수요량과 시장공급량이 일치하는 가격수준에서는 소비자들은 원하는 만큼의 재화를 구입할 수 있고 판매자들은 원하는 만큼의 재화를 판매할 수 있으므로 소비자와 판매자 모두가 만족스런 상태이다. 이러한 의미에서 시장수요량과 시장공급량이 일치하는 가격수준을 시장균형가격(market equilibrium price) 또는 간단히 줄여서 균형가격이라고 부른다. 균형가격

에서의 수요량과 공급량을 균형거래량(equilibrium quantity)이라고 한다. 그림에서 균형가격은 P_0이고 균형거래량은 Q_0이다.

<그림 7-1>에서 만약 가격이 P_2라면 이 가격에서 소비자들의 수요량은 Q_2가 된다. 반면에 생산자들의 공급량은 Q_2가 된다. 이 경우에 Q_1만큼만 시장에서 거래된다. 왜냐하면 소비자들이 사고자 하는 최대수량이 Q_1이기 때문이다. 이 경우 $Q_2 - Q_1$만큼의 공급량은 팔리지 않고 남게 되는데 이것을 초과공급량이라고 한다. 초과공급량(excess quantity supplied)은 어떤 가격수준에서 소비자들의 수요량보다 생산자들의 공급량이 많아서 상품이 남아돌 때 이 잉여분을 말한다.

〈그림 7-1〉 시장균형가격의 결정

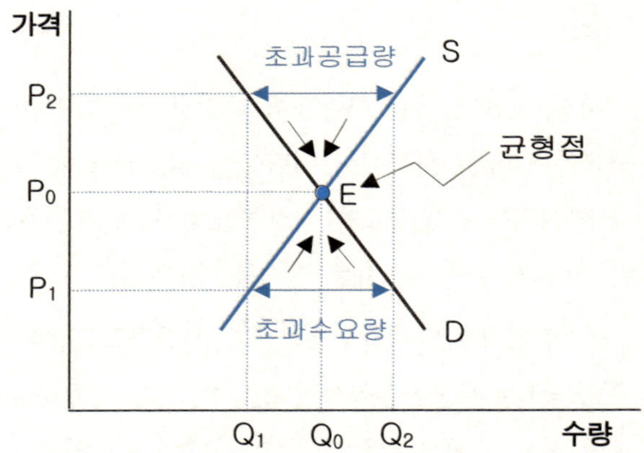

생산자들에게 초과공급량은 불필요한 재고로 쌓이게 되고 그러면 생산자들은 값을 낮추어 재고를 처분하려 할 것이고, 그 결과 시장가격은 하락하게 된다. 가격이 하락하면 생산자들은 공급량을 줄이는 반면에 소비자들은 종전보다 더 많은 수량을 사고자 한다. 가격이 하락하면 공급량의 감소와 수요량의 증가가 이중으로 초과공급량을 축소시키게 된다. 이러한 조정과정은 가격이 균형가격 수준으로 내려갈 때까지 계속된다.

만약 가격이 P_1이라면 이 가격에서 소비자들은 Q_2만큼 사고자 하는데 반하여 생산자들은 Q_1만큼만 공급하게 된다. 그 결과 Q_1만큼만 시장에서 거래된다. 왜냐하면 생산자들이 Q_1만큼만 공급하기 때문이다. 결과적으로 P_1의 가격에서 소비자들은 $Q_2 - Q_1$만큼 상품을 더 사려해도 살 수가 없게 되는 초과수요가 발생하게 된다. 초과수요량(excess quantity demanded)은 어떤 가격수준에서 소비자들의 수요량이 생산자들의 공급량보다 많아서 상품의 부족현상이 발생할 때 이 부족분을 말한다. 초과수요량이 생기면 소비자끼리 경쟁이 일어나 조금 더 높은 가격을 주고서라도 상품을 사고자 하기 때문에 시장가격은 오르기 시작한다. 가격이 오름에 따라 소비자들의 수요량은 줄어들고 생산자들의 공급량은 늘어나 초과수요량은 축소된다. 이러한 조정과정 역시 가격이 균형가격 수준으로 올라갈 때까지 계속된다.

이와 같이 초과공급량이 존재하면 가격이 하락하고 초과수요량이 존재하면 가격이 상승하게 마련이다. 이렇게 다수의 소비자들과 판매자들의 행동은 자동적으로 시장가격이 균형가격을 향해 움직이도록 만든다. 초과공급량도 없고 초과수요량도 없는 상태, 즉 시장공급량과 시장수요량이 일치하는 상태에서만 가격은 상승하거나 하락할 유인이 없게 된다.

<그림 7-1>에서 상품의 가격이 P_o에서 소비자들이 사고자 하는 수량과 공급자들이 팔고자 하는 수량이 똑같기 때문에 초과수요량도 없고 초과공급량도 없다. 따라서 다른 추가적인 요인이 발생하지 않는다면 상품의 시장가격은 P_o에서 움직이지 않게 된다. 이를 시장이 균형상태에 있다고 말한다. 균형가격하에서의 수요량과 공급량을 균형거래량이라고 한다.

<그림 7-1>에서 균형가격 또는 시장가격은 P_o이고 균형거래량은 Q_o이다. 이와 같이 어느 재화의 가격이 그 재화에 대한 수요와 공급이 일치하도록 조정되는 현상을 수요 · 공급의 법칙(law of demand and supply)이라고 한다. 수요 · 공급이론은 현실시장에서 관측되는 시장가격과 거래량을 균형가격과 균형거래량으로 파악하는 이론이다. 수요 · 공급의 이론이 적용되는 시장에서는 시장가격이 균형가격과 같게 되어 두 가지 단어가 실제로

는 혼용되어 사용된다.

2. 시장균형의 변동

수요와 공급의 관계는 영원히 고정되어 있는 것은 아니다. 현실시장에서는 가격과 거래량이 수시로 변하게 마련이다. 수요 · 공급이론은 시장수요곡선이나 시장공급곡선이 이동하여 균형가격과 균형거래량이 변하는 것으로 설명한다.

가격은 시장경제에서 주요한 기능을 담당하고 있다. Adam Smith의 「보이지 않는 손」이 바로 시장경제에서 가격기능을 의미한다. 가격은 소비자에게 상품선택을 결정짓는 가장 중요한 요소이며, 생산자에게는 생산량을 증가시키거나 감소시키도록 하는 메시지 역할을 하기도 한다. 따라서 시장에서 가격의 변화는 해당 상품의 수요량과 공급량에 영향을 미치게 되고 수요량과 공급량의 변화는 다시 가격에 영향을 미치는 이러한 과정이 반복되는 것이다.

1) 수요변화와 시장균형의 변동

<그림 7-2>는 공급은 일정한데 수요가 변하는 경우 시장균형이 어떻게 변하는가를 보여주고 있다. 최초의 균형점은 시장수요곡선 D_o와 시장공급곡선 S_o가 교차하는 E_o이고 이때의 균형가격과 균형거래량은 각각 P_o와 Q_o이다.

만약 해당 상품의 가격 이외의 한 요인인 소득이 증가하였다고 가정하면 수요곡선은 D_o에서 오른쪽, 예컨대 D_1로 이동한다. 그러면 원래의 가격수준 P_o에서 수요량은 Q_2가 되어 공급량 Q_o를 초과한다. 이에 따라 $Q_2 - Q_o$만큼의 초과수요량이 발생하게 되어 원래의 균형은 깨지고 가격은 상승하

게 된다. 가격은 상승함에 따라 공급량은 증가하고 수요량은 감소하여 초과수요량이 감소한다. 결국 새로운 균형가격과 거래량은 공급곡선 So와 새로운 수요곡선 D_1이 교차하는 점 E_1에서 P_1과 Q_1로 각각 결정될 것이다. 이와 같이 공급이 일정한 상태에서 수요가 증가하면 균형가격이 상승하고 거래량은 감소한다.

한편, 공급이 일정한 상태에서 수요가 감소하면 <그림 7-2(b)>에서처럼 공급자는 종전의 균형점에서 초과공급량$(Q_2 - Q_o)$이 발생하여 균형가격은 하락하고 거래량은 감소한다.

〈그림 7-2〉 수요의 변화와 균형의 이동

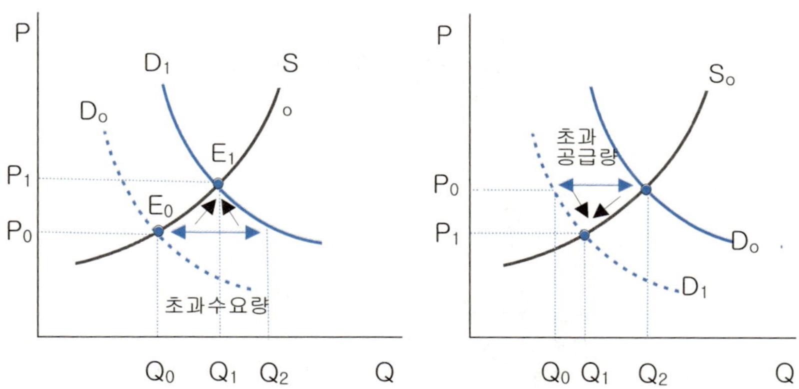

a) 수요 증가와 균형의 이동 b) 수요 감소와 균형의 이동

2) 공급 변화와 시장균형의 변동

<그림 7-3>은 수요가 일정한데 공급이 변하는 경우 시장균형이 어떻게 변하는가를 보여주고 있다. 최초의 균형점은 시장수요곡선 D_o와 시장공급곡선 S_o가 교차하는 E_o이고 이때의 균형가격과 균형거래량은 각각 P_o와 Q_o이다.

만약 생산기술이 진보하여 공급이 증가하면 <그림 7-3(a)>에서처럼 공급곡선 S_0는 S_1으로 이동할 것이다. 그러면 원래의 가격수준 P_0에서 공급량은 Q_2가 되어 $Q_2 - Q_0$만큼의 초과공급량이 발생하게 된다. 이에 따라 원래의 균형은 깨지고 가격은 하락하게 된다. 가격 하락은 Q_2수준에서 다시 공급량을 감소시켜 초과공급량이 줄어들게 된다. 결국 새로운 균형점 E_1에서 새로운 균형가격 P_1과 새로운 균형거래량 Q_1이 형성된다. 이와 같이 수요가 일정한데 공급이 증가하면 가격은 하락하는 반면에 거래량은 증가하는 것이다.

한편, 수요가 일정할 때 공급이 감소하면 <그림 7-3(b)>에서처럼 종전의 균형점에서 초과수요량($Q_2 - Q_0$)이 발생하여 가격은 상승하고 거래량은 감소한다.

〈그림 7-3〉 공급의 변화와 균형의 이동

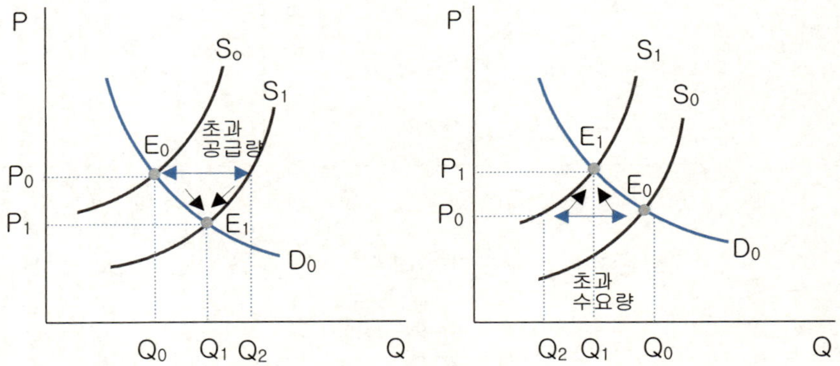

a) 공급 증가와 균형의 이동　　b) 공급 감소와 균형의 이동

이상의 논의를 요약하면 공급의 변화가 없이 수요만 변하는 경우 균형가격과 거래량은 같은 방향으로 변화하고, 수요의 변화 없이 공급만 변할 때는 균형가격과 거래량이 서로 반대 방향으로 변화한다.

3. 관광수요와 관광공급의 결합

1) 관광수요와 관광공급의 변동성

관광상품은 서비스상품이기 때문에 유형재의 경우와는 다른 방법으로 수요와 공급의 결합이 이루어져야 한다. 유형재의 경우는 재고가 가능하기 때문에 수요변동에 따라 생산량을 조절함으로써 공급량을 조절할 수 있다. 예를 들면, 에어컨의 수요는 여름에만 발생하지만 에어컨공장에서 에어컨의 생산은 일년 4계절을 통해 이루어질 수 있는 이유는 생산된 에어컨을 저장해 두었다가 수요가 발생할 때 판매하면 되기 때문이다. 그러나 호텔객실상품은 저장이 불가능한 서비스상품이다. 400개 객실을 가지고 있는 호텔이 오늘 350실만 판매되었을 경우 나머지 50실에 대한 상품 역시 판매된 객실과 마찬가지로 영원히 사라지게 되는 것이다. 어느 경우이든 호텔의 객실은 400실 이상은 판매할 수 없는 것이다. 물론 유형재의 상품이 재고가 발생하게 되면 창고료나 이자 등 상품의 경제적 가치가 감소하는 것은 사실이다. 그러나 앞의 팔리지 않은 50개의 호텔 객실처럼 어느 날 팔리지 않은 관광상품의 경제적 가치는 영(0)에 불과하다.

유형재를 생산 판매하는 기업은 수요변화를 재고관리를 통해 쉽게 대응할 수 있지만, 서비스상품으로 구성되어 있는 여행상품은 이것이 불가능하다. 특히 계절변동이 심한 여행수요에 관광기업들이 어떻게 공급량을 조절하는가는 기업경영에 있어서 매우 중요한 사항 가운데 하나이다. 관광상품은 비수기와 성수기에 따라 가격차이가 크게 나타나는 이유가 바로 여기에 있다. 관광기업의 입장에서는 가능하다면 수요와 공급이 일치하도록 상품을 생산하려는 노력이 필요하다. 왜냐하면, 모든 조건이 동일한 상황에서 완전히 사용되지 않은 자원은 이윤의 감소를 가져오기 때문이다.

수요와 공급의 균형을 고려할 때 고정비용과 가변비용 두 가지 비용을 동시에 고려해야 한다. 고정비용(fixed cost)은 생산수준과는 상관없이 발생하는 비용을 말한다. 만약에 호텔을 짓는데 필요한 돈의 일부를 은행에서 빌렸다면 이자를 내야 하며, 남의 땅에 호텔을 지었다면 땅에 대한 임대료를 지급해야 할 것이다. 또한 호텔에 투숙객이 있든 없든 건물 유지비, 보험료, 최소한의 인건비나 냉·난방비는 항상 고정적으로 들어가게 마련이다. 따라서 총고정비용(total fixed cost: TFC)이란 기업의 매기당 모든 고정요소에 대해 치르는 비용을 말한다. 총가변비용(total variable cost: TVC)은 생산수준이 변함에 따라 변동하는 비용을 말한다. 고정비용은 단기간에 변화를 줄 수 없지만 가변비용(variable cost)은 단기간에 변화를 줄 수 있다. 비수기에 호텔은 홍보비나 인건비를 줄임으로써 총비용을 절감하려는 노력을 기울이게 된다.

관광산업은 타 산업에 비해 고정비율이 비교적 높은 특징을 가지고 있다. 항공사는 좌석점유율이 낮은 경우에도 비행기가 운행을 해야 하고 호텔의 경우도 객실점유율과는 상관없이 고정적으로 지출되는 비용에는 큰 차이가 없다. 항공사나 호텔업의 상품 판매율이 낮은 경우에는 막대한 손실을 가져오게 된다.

<그림 7-4>는 50개의 객실을 가지고 있는 어느 호텔의 가상 시나리오를 설명한 것이다. 고정비용이 1,750,000원으로 고정되어 있지만 가변비용은 호텔객실의 점유율에 따라 달라지는 것을 알 수 있다. 객실점유율이 100%인 경우 총수입은 5,000,000원이고 총비용은 2,750,000원으로 이에 따라 총이윤은 2,250,000원이 발생한다. 그러나 객실의 점유율이 70%로 낮아지게 되면 총수입은 3,500,000이 된다. 이때 총비용은 2,250,000원이 발생하여 총이윤은 1,050,000원에 불과하다.

〈그림 7-4〉 고정 및 가변비용과 호텔의 월 수익

시나리오 A 100% 객실 점유율	총수입 = ₩5,000,000 50객실, 실당 = ₩100.000	
	총비용 = 고정비용 + 가변비용 ₩1,750,000 + ₩1,000,000	총이윤=$2,250,000
시나리오 B 70% 객실 점유율	총수입 = ₩3,500,000 50객실 실당 = ₩100,000	
	총비용 = 고정비용 + 가변비용 ₩1,750,000 + ₩700,000	총이윤= ₩1,050,000

시나리오 A와 B를 비교하면 객실점유율은 30% 감소에 불과하지만, 총이윤은 2,250,000원에서 1,050,000원으로 47%나 급감하는 것으로 나타났다. 이 경우 객실점유율이 30%가 감소함에 따라 총가변비용은 30% 감소하였으나 고정비용은 전혀 변동이 없기 때문이다. 따라서 높은 객실점유율을 유지하는 것이 호텔경영에 있어서 매우 중요하다는 것을 알 수 있다.

이처럼 유형재의 수요변동은 재고관리를 통해 대응이 가능하지만, 서비스상품을 판매하는 관광기업은 이러한 방식이 적용될 수 없다는데 문제가 발생한다. 일반적으로 관광기업은 전체비용 가운데 고정비용이 차지하는 비중이 크기 때문에 가능한 수요변동을 줄임으로써 기업경영의 목표를 달성할 수가 있게 된다. 따라서 관광기업의 경영자 입장에서는 일별, 주별, 월별 그리고 계절별 수요와 공급을 일치하려는 노력이 필요하다.

(1) 일별 수요 변동

대부분 관광상품의 일일 수요는 일정하지 않다. 예를 들면, 호텔 투숙객의 체크아웃은 주로 아침 7시에서 10시 사이에 이루어지기 때문에 이 시간대가 프런트로서는 가장 바쁜 시간이다. 마찬가지로 늦은 오후나 이른 저녁 주로 체크인이 이루어지는 시간대가 또한 바쁘게 마련이다. 호텔의 하우스

키핑은 호텔 프런트가 바쁘지 않은 시간대에 청소를 하고 다음 투숙객을 맞을 준비를 하게 된다.

호텔의 형태에 따라서도 수요 또한 달라지게 마련이다. 공항호텔의 경우 비행기가 연착 또는 취소됨에 따라 예상치 못한 수요가 발생하는 경우도 있다. 대규모 주제공원 근처의 호텔 수요는 한낮 또는 오후 늦게 수요가 발생하는 경우도 있다. 크루즈 관광객은 항구의 사정에 따라 수요발생 시간이 결정될 수 있다. 이처럼 일별 수요변동은 어느 특정 시간대에 집중되어 있다는 것을 알 수 있다.

(2) 주별 수요 변동

대부분 항공운임이나 호텔의 객실요금은 주말요금과 주중요금에 차별화를 두고 있다. 일반적으로 방문객이 많은 주말은 3일이고 비교적 방문객이 적은 주중은 4일로 구성되어 있다. 주중 4일은 월요일부터 목요일까지 비즈니스 요일로서 대도시에 위치한 비즈니스호텔은 주중이 일주일 가운데 바쁜 요일에 해당된다. 반대로 휴가여행객들은 주말을 휴가여행지에서 보내기 때문에 관광호텔이나 리조트호텔은 손님들이 많이 찾는 주말에 비싼 요금을 책정하고 있다.

(3) 계절 수요 변동

일년을 하나의 주기로 볼 때 이에 따른 수요변동은 주로 계절적 요인에 의해 나타나며 수요의 편차에 따라 성수기와 비수기로 구분되어진다. 관광지에서 가끔 성수기에 100%의 점유율이 발생하기도 하는데 여름철의 비치호텔이나 겨울철의 스키리조트 지역에서 계절적 요인에 의해 수요가 집중되기 때문이다. 성수기의 높은 점유율은 비수기의 낮은 점유율에 의해 크게 상쇄되는 경우가 많다. 반대로 도시호텔의 비수기는 리조트지역의 호텔이 성수기일 때 비수기를 맞이하게 된다.

(4) 장기수요 변동

수요예측이 가장 힘든 경우가 수년 사이에 발생하는 수요변동이다. 경기변동에 의해 연간 평균 방문객보다 수요가 크게 발생하거나 작게 발생하는 경우이다. 즉 경기침체로 인해 연간 평균 방문객보다 수요가 감소하든가 호경기로 인해 수요가 증가하는 경우에 해당된다. 장기수요변동은 경제적인 요인이 아닌 다른 요인에 의해서도 발생된다. 또한 관광지 생명주기에 의해서도 장기적으로 해당 관광지의 수요는 변화를 보이게 마련이다.

2) 공급 / (기대)수요의 매칭 전략

대부분의 관광기업들은 단기적으로는 공급량이 고정되어 있는 상황에서 기업활동이 이루어진다. 유형재를 생산하는 제조업은 시장수요에 따라 생산량이 결정되지만, 관광산업은 단기적으로 공급량이 고정되어 있기 때문에 수요량의 변화에 영향을 줄 수 있는 전략을 취하게 된다.

(1) 초과공급이 발생하는 경우

관광기업경영에서 초과공급은 어느 특정 시점에서 수요가 수용능력 즉 공급량보다 낮은 경우를 말한다. 초과공급이 발생하게 되면 기업경영의 최적화가 이루어지지 않게 된다. 이를 극복하는 방법을 살펴보면 첫째, 수요증대를 통해 초과공급을 줄이는 방법이다. 예를 들면, 관광상품의 구성을 부분적으로 변경하거나 또는 다양한 상품을 만들어 소비자에게 상품의 선택폭을 넓혀줌으로써 새로운 수요가 창출될 수 있게 하는 방법이다. 또한 판매 또는 유통채널을 다양화하거나 일시적으로 가격을 인하하는 방법 역시 수요를 증대시키는 방안 가운데 하나가 된다.

두 번째 방안으로는 초과공급 자체를 감소시키는 전략이 있다. 수요를 증대시키는 것이 어렵거나 또는 수요증대가 바람직한 방향이 아니라면 공급을 감소시켜야 한다. 즉 공급을 감소시켜 기업의 운영비용을 절감시키는 방법이다. 호텔의 경우 일부 객실을 일시적으로 폐쇄하거나 극단적인 경우에는 비수기에 전체 호텔을 폐쇄하여 가변비용을 감소시키는 방안이 있을 수 있다. 항공사의 경우는 특정 비행기의 운항을 취소하든가 가능하다면 항공기를 다른 회사에 대여해주는 방안은 일시적으로 공급 감소를 통해 비용을 줄이는 방안에 해당된다.

세 번째 방법으로는 공급을 분산시키는 것이다. 공급을 분산시키는 일은 기존상품을 재구성함으로써 이루어지게 되는데, 기존 상품의 구성이 적합하지 않기 때문에 더 이상 유지할 필요가 없다고 생각될 때 이루어지게 된다. 예를 들면, 호텔 객실을 새로운 수요에 적합하게 리모델링하는 경우이다. 두 개의 객실을 통합하여 스위트룸으로 개조하거나 흡연자들을 위한 흡연실을 새로 도입하는 방안 등이 이에 해당된다. 주제공원의 경우 새로운 아이템을 추가함으로써 기존의 공급을 분산시키거나, 항공사의 경우는 정기 항공노선을 부정기노선으로 바꾸는 경우도 공급을 분산시키는 방안 가운데 하나일 수 있다.

(2) 초과수요가 발생하는 경우

관광상품에 대한 수요가 공급능력을 초과할 때 적용되는 가장 보편적인 방법은 해당 상품의 가격인상을 통해 수요를 감소시키고 상품의 단위당 추가수익을 추구하는 것이다. 관광호텔의 객실요금이 주중보다 주말에 더 높은 가격이 형성되는 것은 주중보다 주말에 수요가 높게 나타나기 때문이다. 공원의 경우 방문객이 지나치게 많이 발생하게 되면 입장료를 인상하여 방문객의 수를 감소시키면 된다. 일반적으로 자연보호구역이나 문화재 보호구역 등에 입장요금을 부과하는 것은 가격정책을 통해 일별, 주별, 월별 또는 연간 입장객 수를 통제하기 위한 수단으로 이용된다.

초과수요에 대한 또 다른 방안 가운데 하나는 공급을 확대함으로써 높은 수요에 대처하는 것이다. 수요가 공급보다 높은 상태가 오래 지속될 것으로 예측된다면 장기적으로 공급을 증대시켜 초과수요를 감소시키게 된다. 공급의 확대는 단기적으로도 가능하다. 예를 들면, 가족방문객에 대한 수요가 많으면 기존 객실에 침대를 추가시키는 방법도 생각해 볼 수 있다.

공급을 분산시키는 방법처럼 수요 역시 분산시킬 수가 있다. 이 전략은 성수기의 수요를 비수기의 수요로 전환시키는 방안이다. 계절별 또는 주말과 주중 가격차별화 구조는 수요를 분산시키기 위한 것으로서 궁극적으로는 수입을 극대화하는 방안이 될 수 있다.

어느 관광지의 계절별 수요변화가 <그림 7-5(a)>와 같은 모습을 보이고 있는 상태에서 수요변화를 가져올 수 있는 조치를 취하지 않을 경우 세 가지의 서로 다른 공급수준을 예상할 수 있다. <그림 7-5(b)>는 성수기에도 수요를 모두 충족할 수 있는 수준의 공급이 이루어지고 있는 경우이다. 이 경우는 성수기에도 혼잡을 피할 수가 있기 때문에 관광객들의 관광경험 만족수준은 극대화가 이루어질 수 있다. 관광객은 관광지에서 어려움 없이 숙박시설을 이용하거나 오래 기다리지 않아도 원하는 관광시설물을 이용할 수 있게 된다. 그러나 비수기에는 지나친 초과공급으로 인해 관광객의 관광지 점유율이 낮아지면서 기업이윤이 낮아지거나 손실을 가져오게 된다.

반대로 <그림 7-5(c)>에서처럼 공급수준이 수요에 비해 지나치게 낮은 경우는 비수기에 관광객이나 관광의 공급업자 모두에게 만족한 상태를 유지하게 될 것이다. 그러나 성수기에는 수용능력보다 많은 수의 방문객으로 인해 관광지의 혼잡을 초래하게 되고 결과적으로 관광객의 만족수준이 낮아지게 된다. 관광객의 관광만족수준이 낮게 되면 해당 관광지의 발전은 기대하기가 어렵게 된다.

만약 <그림 7-5(d)>에서처럼 관광의 공급수준이 성수기와 비수기의 중간 수준에 머물게 되면 이러한 문제들은 어느 정도 완화시킬 수가 있게 된다. 그러나 비수기의 낮은 점유율이나 성수기에 발생하는 혼잡으로 인한 방문객의 불만족 등은 해결될 수 없게 된다. 장기적이 관점에서 관광객의 만족 수준을 극대화하고 관광객의 수용시설이 계절에 상관없이 효율적으로 이용하기 위해서는 다음의 두 가지 방안을 생각해 볼 수 있다.

〈그림 7-5〉 수요수준에 따른 공급의 변동

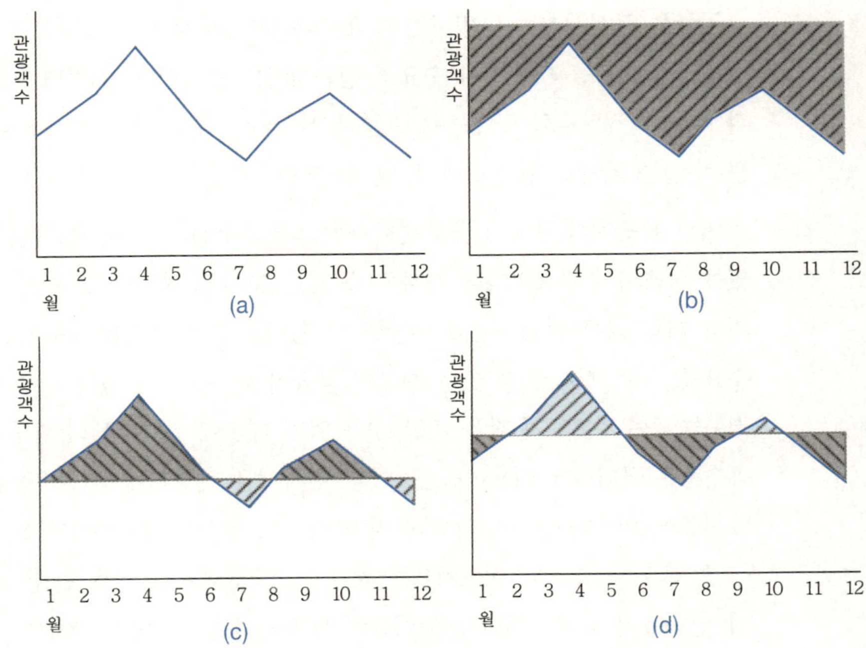

자료: McIntosh, R.W. and Goeldner, C.R.(1990), Tourism ; Principles, Practices, Philosophies, John Wiley & Sons, Inc.

① 다목적 이용

새로운 관광자원을 개발하여 성수기의 시즌을 연장시키는 방법이다. 예컨대 겨울철에만 관광객이 찾는 스키장에 여름에도 찾을 수 있도록 여름 스키리조트를 개발하게 되면 더 많은 관광객이 찾게 될 것이다. 관광지에 회의시설이나 스포츠시설을 추가하여 회의산업인 스포츠관광산업을 전략적으로 육성하게 되면 비수기에 관광객을 더 많이 방문하게 될 것이다. 이처럼 성수기의 수요에 영향을 주지 않으면서 비수기에 관광객이 방문할 수 있도록 하는 방안이 기존의 자원을 다목적으로 이용하도록 하는 전략이다(그림 7-6(b)).

② 가격차별화

가격차별화 전략은 성수기에 찾아올 방문객을 비수기에 방문하도록 방문객을 분산시키는 방안이다. 비수기 동안 관광상품의 특별할인정책을 도입하여 홍보를 하게 되면 성수기에 방문하려던 일부 관광객은 비수기에 방문하게 될 것이다(그림 7-6(a)).

〈그림 7-6〉 가격차별화와 다목적 이용

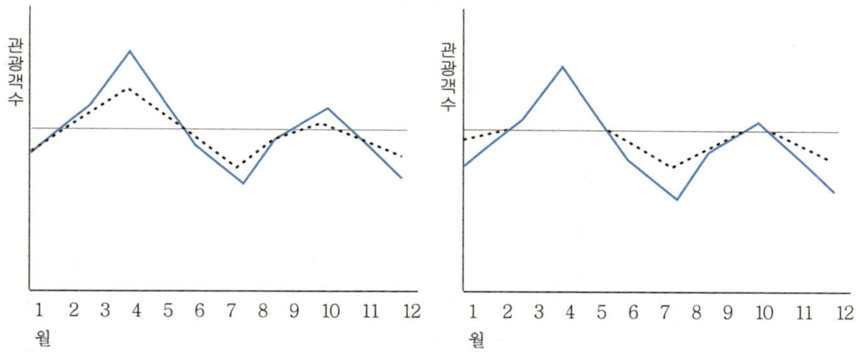

(a) 가격차별화 (b) 다목적 이용

자료: McIntosh, R.W. and Goeldner, C.R.(1990), Tourism; Principles, Practices, Philosophies, John Wiley & Sons, Inc.

information 위락관광을 하는 이유

관광지가 가지고 있는 자원의 특성은 관광객을 유인하는 요인으로 작용하게 된다. 미국의 그랜드캐넌(Grand Canyon)처럼 자연자원이 주요 관광자원일 수 있고 라스베이거스(Las Vegas)처럼 엔터테인먼트가 주요 관광자원일 수도 있다. 여가활동이 다양한 것처럼 관광수요 역시 어떤 성격의 관광자원을 가지고 있는가에 따라 그 크기가 결정된다. 휴가여행 또는 위락여행을 하고자 하는 수많은 여행객들은 아마도 다음과 같은 이유에서 여행을 하고자 할 것이다.

① 일상생활을 탈피하기 위하여

② 유명한 관광명소를 보거나 경험하기 위해(자연경관의 감상이나 이질적 문화의 체험)

③ 자신이 좋아하는 사람과 좋은 시간을 같이 보내기 위해(친구나 친지 또는 교류확대)

④ 휴식이나 레크리에이션을 위해

⑤ 날씨가 좋은 지역을 찾아서

⑥ 교육목적으로

⑦ 좋아하는 음식을 경험하기 위해

⑧ 즐거움(모험)을 추구하기 위해

⑨ 기타 종교, 의료 등의 목적을 겸해서

어떠한 이유에서든 관광객이 여행을 하려고 마음을 먹었다면 어느 지역이 자신의 욕구를 충족시켜줄 수 있는지를 파악하게 된다. 물론 자신이 현재 여행을 할 수 있는 여건을 갖추고 있는지는 먼저 고려되었을 것이다. 즉 경제적, 시간적 여유가 있다고 생각했기 때문에 대상지를 물색하게 된다. 중요한 것은 사람들이 여행을 할 것이냐 하지 않을 것이냐를 결정하는 것이다. 미국의 경우 가족휴가여행을 하는데 가장 어려운 요인 가운데 세 가지는 교통비, 숙박비 그리고 식사비용으로 나타났다. 결국 경제적 요인이 가장 큰 변수라는 것이다.

제8장

관광수요 예측

관광수요는 관광지의 입장에서 매우 중요한 자료이다. ① 해당 지역을 방문하는 관광객수는 얼마나 되는가? ② 관광객은 주로 어떠한 교통수단을 이용하는가? ③ 관광객은 어느 형태의 숙박시설을 이용하고 있으며, 얼마 동안 머무르고 있는가? ④ 관광객은 관광지에서 얼마만큼 소비를 하고 있는가? 등의 수요특성은 관광지를 관리하는 입장에서 중요한 자료에 해당된다. 이와 같은 수요특성 이외에도 관광의 수요가 장래에 어떤 변화를 보일 것인가를 알아본다는 것은 새로운 수요창출을 위한 마케팅이나 장기적으로는 관광지 관리 차원에서도 매우 중요한 부분이다.

관광광수요의 예측은 공공부문 뿐만 아니라 민간부문인 기업경영에 있어서 정책과 계획을 수립하는데 있어 매우 중요한 의미를 갖고 있다. 공공부문에서는 수요예측을 통해 관광지의 개발 및 관광진흥을 위한 중 · 장기 계획을 수립하게 된다. 또한 기업입장에서도 단기 및 중 · 장기 경영전략을 수립하기 위해서는 여러 가지 정보를 바탕으로 미래 수요예측이 이루어져야 한다.

미래에 어떤 일이 일어날 것인가를 추측한다는 것은 간단한 일이 아니다. 예측은 내용에 따라 그 형태가 여러 가지가 있고 이에 따라 예측기법 또한 매우 다양하다. 일반적으로 시계열자료에 적용되는 여러 가지 예측기법들은 어떤 현상이 과거에서부터 현재까지 보여주고 있는 패턴이 미래에도 계속 이어질 것이라는 전제하에 이루어지는 것이다. 따라서 수요예측에 따른 모든 상황변수가 단기간에는 최근의 상황이 계속 이어질 가능성이 높기 때문에 예측의 정확성이 높지만 장기예측은 그만큼 예측의 정확성이 감소하게 마련이다.

중요한 것은 여러 가지 예측기법 가운데 어느 것을 사용할 때 실제수치와 예상수치와의 차이, 즉 예측오차를 최대로 줄일 수 있는가 하는 점이다. 이러한 노력으로 여러 가지 통계기법들이 적용되고 있지만, 어떤 예측기법들이 실제로 적용되는가는 연구자가 현상을 어떻게 이해하고 있는가에 달려 있다고 보아야 한다.

관광에 대한 수요예측기법으로는 크게 정성적 방법(qualitative method)과 정량적 방법(quantitative method)으로 분류할 수 있다. 자료를 측정하는 데는 척도(scale)를 만들어 사용하는데 실제 관찰값을 어떻게 수치와 대응시키느냐에 따라 구분된다. 먼저 정성적 방법은 자료의 척도가 명목척도(nominal scale)인 경우에 적용되는데 명목척도는 순서, 거리 및 원점의 개념이 없는 척도를 말한다. 즉 명목척도는 자료를 상호배타적(mutually exclusive)이고 포괄적(exhaustive)인 몇 개의 범주(category) 또는 계급으로 분류하는 것을 말한다. 예를 들어, 설문조사에 성별(sex)을 분류할 때 남자는 1로 표시하고 여자를 2로 표시하는 경우이다. 정성적 방법은 예측시점에서 과거의 정보가 불충분하고, 과거의 패턴이 미래의 예측시점까지 지속될지 불확실하고 또는 예측하는 내용이 미래의 돌발적 사건에 관한 것일 때 사용되는 예측기법이다.

정량적 방법은 자료의 척도가 순서, 거리 및 원점의 개념 가운데 최소한 하나의 특성을 갖고 있는 경우에 적용된다. 명목척도에 순서의 개념을 갖고 있는 자료를 서열척도(ordinal scale)라고 한다. 관광객의 관광만족도를 측정할 때 매우 만족한다, 만족한다, 보통이다, 불만족스럽다, 매우 불만족스럽다 등으로 조사하면 서열척도가 된다. 명목척도와 서열척도의 성격을 갖고 있으면서 거리의 개념을 갖고 있으면 구간척도(interval scale)가 된다. 관광객의 소비내역을 조사할 때 10만원과 20만원의 차이와 20만원과 30만원의 차이는 정확히 같은 의미를 갖고 있다. 비율척도(ratio scale)는 앞의 세 가지 척도가 갖고 있는 개념에다 원점(origin) 또는 영(zero)의 개념이 부가된 것을 말한다. 거리, 면적, 키, 몸무게 등이 이에 해당된다. 정량적 예측은 과거에 대한 정보가 서열척도, 구간척도 그리고 비율척도처럼 구체적인 값으로 획득 가능하고, 예측하는 내용이 미래에 돌발적이지 않아 과거의 패턴이 미래의 예측시점까지 유지된다는 가정에서 사용되는 예측방법이다.

1. 정성적 방법

정량적 예측방법은 기존자료(historical data)에 근거하여 미래를 예측하는 것이지만, 정성적 예측방법에는 이런 경우가 별로 없다. 정성적 방법으로 미래 수요를 예측하는 일은 전문가 그룹의 의견이나 단순히 소비자들의 의견을 바탕으로 이루어지는 것이다. 따라서 예측결과는 정확한 숫자로 나타나는 것이 아니고 가능한 범위만을 표시하게 된다. 예컨대, 제주도의 관광객수가 2012년 현재 1,000만 명에서 앞으로 3년 후인 2015년에 1,180만 명에서 1,200만 명 수준에 이를 것으로 예측하는 것이다. 이러한 예측결과만으로도 관광투자나 관광마케팅 그리고 관광지관리에 있어서 필요한 여러 가지 의사결정을 하는데 충분히 도움을 주게 된다.

정성적 방법으로 구해진 결과 값은 정량적 방법을 이용하여 얻어진 예측결과를 보완해 줄 수 있어 매우 유용하게 이용될 수 있다. 이러한 접근을 결합기법이라고 하는데, 결합기법은 두 개 이상의 정량적 예측모델을 결합하거나 또는 정량적 예측모델과 정성적 모델을 결합 적용하여 미래 수요에 대한 예측 값을 구하는 경우이다.

정성적 방법으로는 델파이 기법과 시나리오 기법 등이 있다.

1) 델파이 기법(Delphi Method)

델파이 기법(delphi method)은 구체적인 사안이나 현상이 미래에 발생할 가능성에 대해 전문가들의 일치된 의견을 얻기 위한 것으로 여러 분야에 있는 전문가의 경험이나 지식을 결합하는 시스템적 방법이다. 어떠한 사안이 앞으로 몇 년 이내에 발생할 가능성의 정도를 나타낼 때 주로 사용된다(Archer, 1976). 기본적으로 델파이 기법은 특정 기간(단기 또는 장기)에 어떤 사안이나 현상의 발생을 예측하기 위한 특별한 형태의 서베이(survey)라고 할 수 있다.

델파이 기법은 일반적으로 여러 단계를 거치도록 되어 있다. 각 단계마다 설문지는 재구성되는데 1차 이후의 단계는 전단계의 회답분석 결과에 근거를 두고 다시 작성되어진다. 응답자들은 다음 단계의 설문에 응답하기 전에 전 단계의 응답결과(코멘트나 고려사항 등도 포함)에 대한 피드백이 이루어지기 때문에 자신의 견해를 바꿀 수 있는 기회가 주어진다. 최종적인 단계에서도 의견의 불일치가 발생한 부분에 대해서는 설문의 참여자가 각각의 입장에서 사안에 대한 논의에 참여할 수 있다. 최종적으로도 전문가들의 일치된 결론을 얻지 못하는 경우는 다양한 의견이 있다는 것을 보여주면 된다. 전문가 그룹은 해당 사안에 대해 전문능력을 갖고 있거나 이해관계자를 대변하는 사람들로 구성된다. 만약 서로 상충되는 이해관계자 그룹이 설문에 참여하였다면 일치된 결론을 도출하기는 쉽지 않을 것이다. 어느 경우에나 최종적인 결론은 전문가들의 지식이 결합된 바람직한 결과라고 할 수 있다.

델파이 기법은 자료가 불충분하거나, 또는 지금까지의 추세가 변화가 있을 것으로 기대되는 경우이거나 또는 새로운 변수가 발생하여 계량적 모형을 적용하기가 적합하지 않은 경우 매우 도움을 줄 수 있는 기법으로 알려져 있다. 델파이 기법은 다음과 같은 여러 단계를 거친다(Vanhove, 2005).

① 문제의 인식 - 무엇을 예측할 것인가, 관련변수는 무엇인가를 결정한다.

② 전문가집단 선정 - 전문가 그룹을 어떻게 구성하느냐에 따라 결과가 달라질 수 있기 때문에 여러 단계 가운데 가장 중요한 단계라고 할 수 있다. 전문가 그룹의 숫자를 몇 명으로 정하는가에 대해서는 일반적인 규칙은 없지만, 동일 집단인 경우는 1~15명, 그렇지 않은 경우에는 20~30정도가 적합하다(Taylor and Judd, 1989).

③ 1단계 설문조사 - 설문조사의 내용은 결과에 영향을 줄 수 있는 내용이 포함되지 말아야 하지만, 설문의 응답자에게 충분한 자료를 제공하는 것이 바람직하다.

④ 2단계 설문조사 - 기술적 통계를 이용하여 1단계 설문조사를 통해 구해진 결과에 대해 분석과 내용을 요약한다. 2단계 설문은 응답자에게 1단계 응답에 대한 종합적인 결과를 보내주고 다시 한번 응답자의 의견을 구하게 된다. 전체적으로 의견의 일치를 본 항목은 제외하고, 그렇지 않은 항목에 대해서는 응답결과에 대한 분포(distribution)를 함께 보내줌으로써 1차 응답에 대한 자신의 의견을 수정할 기회를 준다. 만약 응답자의 결과가 다른 응답자의 견해와 크게 다르다면 이에 대한 이유를 요구한다. 이러한 과정은 응답자들의 견해 차이를 줄이는데 매우 중요하다.

⑤ 1단계에서처럼 2단계 회답의 결과를 종합하여 3단계 이후의 과정을 거치게 된다. 일반적으로 전문가들의 견해가 2단계에서 변화가 없다면 3단계 이후에도 마찬가지일 가능성이 높다. 여러 단계를 거치게 되면 응답자들의 중앙값이 실제 값에 가까워질 가능성이 높아진다.

⑥ 최종보고서를 작성한다.

〈그림 8-1〉 델파이 기법의 분석체계

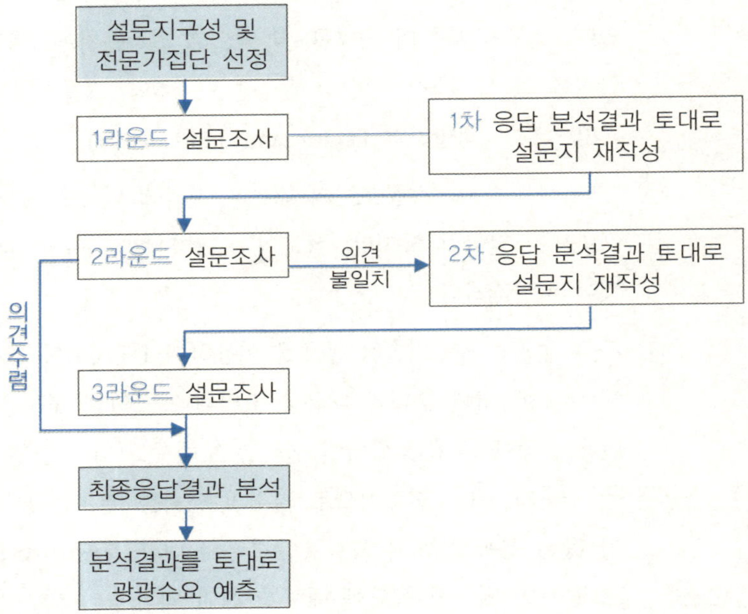

자료: 이강욱(2006), 관광수요예측 가이드라인 설정 연구, 한국문화관광정책연구원.

2) 판단모형(Judgement Aided Model : JAM)

정성적 방법 가운데 가장 많이 이용하는 방법은 어떤 사안에 대해 전문가들이 모여서 집중적인 토론과 많은 의견교환을 통해 일치된 결론을 도출하는 전문가 패널(expert panel)이 있다. 세미나가 이러한 방법 가운데 하나이다. 이 방법은 토론의 분위기에 따라 견해가 편승될 가능성이 높다는 단점을 가지고 있다.

판단모형 가운데 두 번째 기법은 시나리오 설정법(scenario writing)으로서 이는 알려진 사실이나 사안이 앞으로 어떻게 전개될 것인지를 설명하기 위한 방법이다. 예를 들면, 수요예측에 있어서 수요가 어떤 이유에 의해서 어떤 방향으로 전개될 것인지를 기술하는 것으로, 사건이 전개되는 과정에서 어느 조치를 취할 수 있는가, 그러한 조치로 인해 어떤 결과를 얻게 되는가를 기술하기 위한 것이다.

따라서 엄격히 말해서 시나리오 설정법은 예측기법이 아니라 관련된 이슈를 보다 분명하게 하고자 하는데 있다. 즉 미래의 불확실성을 어느 정도 제거하고자 하는 목적으로 이용되고 있다. 시나리오 기법 적용의 체계는 다음과 같다.

① 현재 상황에 대한 기술
② 미래의 잠재적 상황에 대한 기술
③ 각각의 상황에 대해 현재의 상황이 어떠한 과정을 거쳐 미래 상황으로 전개되어 가는가를 기술

관광의 미래에 영향을 미치는 변수들은 매우 다양하다. 정치, 경제, 생태, 사회 · 문화 그리고 기술적인 측면들이 상호 작용하여 관광에 영향을 미치기 때문이다. 관광분야에 적용될 수 있는 시나리오 설정법은 이러한 요인 가운데 미래에 변화가 예상되는 변수들에 대한 시나리오를 설정하여 그러한 변화가 어떤 과정을 거쳐 어떤 결과를 가져오게 될 것인가를 기술하는 것이다. 예측기간이 장기일 경우 위의 변수 모두가 변하게 마련이다. 그러나 다른 변수가 동일한 상황이라 가정하고 하나의 변수만이 변화를 보일 경우에도 적용될 수 있다. 예컨대 앞으로 우리나라가 통일이 되었을 경우 제주관광수요에는 어떤 변화가 올 것인가에 대한 결론을 도출하는 과정에서 많은 시나리오가 생겨날 수 있을 것이다.

2. 정량적 방법

정량적 예측방법은 매우 다양하기 때문에 분석대상에 따라 어떤 기법을 적용하는가에 따라 결과가 크게 달라질 수 있다. 수요예측기법의 선택기준은 일반적으로 예측치의 정확성, 예측기간, 예측모델의 단순성, 그리고 비용 등을 고려하여 결정하게 된다. 예측의 정확도는 예측오차에 의해 결정되며 오차가 작으면 작을수록 정확도는 높아지게 된다. 수요예측 기간은 이용목적에 따라 단기, 중기 그리고 장기로 구분된다. 또한 예측모형이 단순한 것도 있지만 매우 복잡하여 적용할 때 전문적인 지식이 요구되는 경우도 있다. 경우에 따라서는 복잡하고 정교한 모형보다 단순하고 적용하기 쉬운 모형이 비용적인 측면에서도 실용적이고 정확도가 높을 수도 있다.

정량적 예측방법은 시계열분석과 인과모형으로 구분할 수 있고 그 밖에 중력모형 등이 있다.

1) 시계열모델(Time Series Model)

시간의 순서에 따라 관측된 자료를 시계열(time series)이라 한다. 시계열분석을 이용한 예측방법의 전제조건은 첫째, 과거의 관측된 변화패턴은 장래에도 지속되고, 이러한 변화는 장래에도 동일하게 규칙적으로 발생한다는 점이다. 둘째, 추세분석에 이용된 측정자료는 정확성에 있어서 신뢰할 수 있으며 측정대상을 적절하게 다루고 있다는 점에서 유효한 것이다.

(1) 나이브 모델(Naive Forecasting Method)

나이브 모델은 시계열분석에서 가장 단순한 것으로 예측값이 직전기간의 실제값과 같다고 가정함으로 다음 기간의 예측값은 현재기간의 실제값과 같다. 예를 들어, 금년 12월의 관광객수의 예측은 전년 12월의 실제 관광객수와 같다고 보는 것이다. 수식으로 표현하면 다음과 같다.

$$(8\text{-}1) \qquad F_{t+1} = A_t$$

A_t는 t년도 특정 월의 실제 관광객수이고 F_{t+1}은 t+1년도 같은 월의 예측된 관광객수이다. 금년도와 전년도 사이에 예상되는 변화가 없다고 가정할 때 금년도의 예측치는 전년도의 실제값이 바로 예측의 기준이 되는 유용한 자료가 된다(Lundberg 외, 1995).

(2) 이동평균법(Moving Average)

이동평균법은 과거자료의 평균을 미래의 예측치로 쓰는 방법이다. 그런데 시간이 지남에 따라 평균계산에 포함되는 대상이 바뀌기 때문에 이동평균법이라는 이름이 붙게 되었다. 현재의 시점이 t기 초이고, t-1기까지의 실제자료 중 최근 n개 기간의 자료를 이용해서 이동평균을 구하는 경우, 이동평균에 의한 t기의 예측치 F_t는 다음과 같다.

$$(8\text{-}2) \qquad F_t = \frac{A_{t-1} + A_{t-2} + \cdot \cdot \cdot + A_{t-n}}{n}$$

〈표 8-1〉 극장의 입장객수

월	1	2	3	4	5	6
실제수요(A_t)	40천 명	50천 명	30천 명	37천 명		

만약 어떤 극장의 입장객수가 <표 8-1>과 같고 계절적 수요편차가 없다고 가정하자. 이동평균기간 n이 3개월이라면 4월의 입장객수의 예측치 F_4는 1, 2, 3월 실제수요의 평균이 되며, 다음과 같이 계산된다.

$$F_4 = \frac{40 + 50 + 30}{3} = \frac{120}{3} = 40$$

4월 입장객의 예상치는 40천 명이 된다. 그런데 실제 입장객수는 37천 명이기 때문에 3천 명의 예측에러가 발생한 셈이다. 즉 3천 명이 과대 예측된 것이다. 같은 방법으로 5월의 입장객수의 예측치는 2, 3, 4월의 실제 입장객수의 평균인 39천 명이 된다.

(3) 지수평활법(Exponential Smoothing)

자료를 평활(smoothing)시킨다는 것은 과거의 자료에 내재한 불규칙한 변동을 제거시켜 부드러운 형태로 바꾼다는 의미이다. 임의변동을 제거함으로써 시계열자료의 움직임을 쉽게 파악하고자 하는 것이 평활법이다. 평활법은 평활시키는 방법에 따라 이동평균법과 지수평활법이 있다. 지수평활법은 최근의 자료가 과거의 자료보다 미래를 더 잘 반영한다는 전제하에서 지수적으로 감소하는 가중치를 이용하여 최근의 자료일수록 더 큰 비중을, 오래된 자료일수록 더 작은 비중을 두어 미래 예측치를 구하는 방법이다.

(8-3)

$$F_t = \alpha A_{t-1} + (1 - \alpha)F_{t-1}$$

또는

$$F_t = F_{t-1} + \alpha(A_{t-1} - F_{t-1})$$

여기서 α는 평활상수를 나타내며, 그 값의 조건은 $0 \leq \alpha \leq 1$이다.

<식 8-3>에서 $_{t-1}$기의 예측치 F_{t-1}은

(8-4) $$F_{t-1} = \alpha A_{t-2} + (1 - \alpha)F_{t-2}$$

이 되고, <식 8-4>를 <식 8-3>에 대입하면

(8-5) $$\begin{aligned} F_t &= \alpha A_{t-1} + (1 - \alpha)[\alpha A_{t-2} + (1 - \alpha)F_{t-2}] \\ &= \alpha A_{t-1} + \alpha(1 - \alpha)A_{t-2} + (1 - \alpha)2F_{t-2} \end{aligned}$$

이 된다. 따라서 F_t를 일반식으로 나타내면 다음과 같다.

(8-6) $$F_t = \alpha A_{t-1} + \alpha(1-\alpha)A_{t-2} + \alpha(1-\alpha)^2 A_{t-3} + \cdot\cdot\cdot + (1 - \alpha)^{t-1}F_1$$

이 된다. 평활상수가 $0 \leq \alpha \leq 1$ 조건하에서 지수평활법은 최근의 자료에 더 큰 비중을 두는 것이며, 예측치는 과거의 모든 실제치의 지수적 가중평균임을 알 수 있다.

지수평활법을 실제문제에 적용할 경우, 가장 중요한 것은 평활상수 α를 결정하는 것이다. α는 평활의 정도를 결정하며, 또한 (실제치 - 예측치), 즉 예측오차에 대해 반응하는 정도를 결정한다. α가 클수록 예측치는 최근의 자료를 더 많이 반영하게 되는 것이고, α가 작으면 작을수록 평활의 효과가 커지는 즉 최근보다 과거의 자료가 예측치에 더 많이 반영되게 된다. 지수평활법은 비교적 단순한 예측기법이기 때문에 실제 상황에서 많이 사용되는 기법이다.

(4) 추세분석(Trend Analysis)

시간의 순서에 따라 관측된 자료가 시계열자료이다. 시계열자료를 기록하여 분석하는 주된 이유는 과거의 자료로부터 추세변화를 보기 위한 것이다. 예컨대, 장기적으로 관광지의 수요에 영향을 미치는 요인들은 인구수의 증가, 경제발전에 따른 가처분소득의 증가나 기술발전에 따른 비용의 감소 등을 들 수가 있다. 이러한 요인이 관광수요에 긍정적으로 작용하게 되면 해당 관광지의 수요는 장기적으로 우상향하는 모습을 보이게 된다. 시간을 X축으로 하고 Y축을 관광지의 관광수요로 하여 그래프로 표시하면 보는 사람이 과거 자료의 변화형태를 쉽게 파악할 수 있다. 이렇게 표시한 그래프가 해당 자료의 추세(trend)라고 한다.

추세는 인구의 증가, 기술혁신, 관습이나 문화의 변화와 같이 장기간에 걸쳐 일정한 방향으로 지속적으로 상승 또는 하강하는 경향을 말한다. 가장 보편적으로 사용하는 추세분석의 수식은 다음과 같은 회귀함수로 구해진다.

(8-7) $$Y = a + bT$$

Y : 종속변수(관광객수)
T : 기간(t= 1 .... n)
a : 회귀함수를 이용하여 추정된 절편
b : 회귀계수(추세선의 기울기)

장기적 추세는 항상 직선이 아닐 수가 있다. 직선형태가 아닌 다양한 형태의 추세함수가 있다(그림 8-2).

〈그림 8-2〉 여러 가지 모양의 추세선

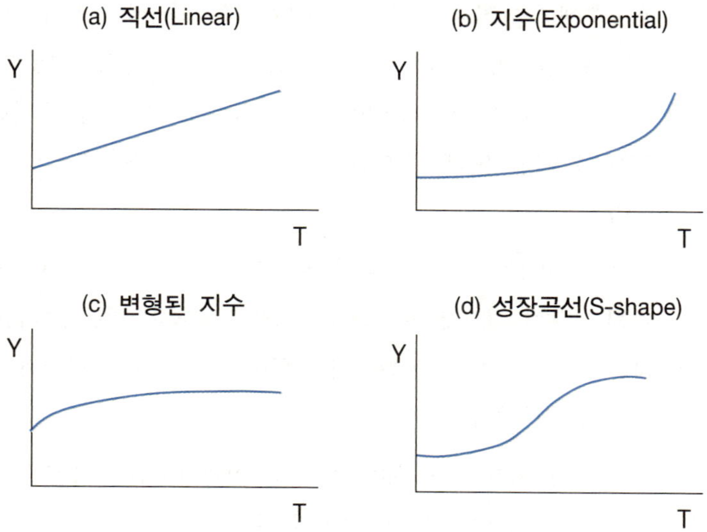

지수함수(exponential function)에 자연로그를 취하게 되면 직선식으로 바뀌게 된다. $Y=ae^{bt} \rightarrow \text{Log } Y = \log a + bT$. 성장함수(S-shaped curve) 또는 로지스틱곡선(logistic curve)은 Y값이 처음에는 서서히 증가하다가 다음에는 급속도로 증가하고 어느 점에 도달하면 증가속도가 떨어진다. 관광수요를 도입기, 성장기 그리고 성숙기로 이어지는 휴양지수명주기에 적용될 때 이용된다.

(8-8)	Exponential(지수)	$Y = ae^{bt}$
(8-9)	Semi-log	$Y = a + b \log T$
(8-10)	Log-log or log linear	$Y = aT^{b}$
(8-11)	Hyperbola	$Y = a + b/T$
(8-12)	Modified exponential	$Y = ae^{b/T}$
(8-13)	Quadratic	$Y = a + bT + cT^{2}$
(8-14)	S-shaped Curve	$Y = 1/(a + be^{-t})$

제주도 전체관광객 및 여행형태별 관광객 자료를 선형회귀함수와 비선형 회귀함수를 각각 적용하여 모형의 적합도를 회귀함수의 결정계수(R^2), 최소예측에러 그리고 추세선을 이용한 경우 등 세 가지 판단기준으로 확인한 연구에 의하면, 회귀함수는 선형보다 비선형 특히 2차함수가 자료의 적합도에 충실한 것으로 나타났다. 회귀함수의 결정계수로 판단한 최적함수가 2차함수라는 사실은 수요함수가 성장함수를 나타내고 있음을 의미하는 것이다.

최소에러를 보여주는 회귀함수 역시 예측에러를 줄이는데 크게 영향을 주지는 못한 것으로 나타났다. 그러나 결정계수만을 가지고 판단하는 것보다는 최소에러를 갖는 함수의 조합이 보다 위험을 회피하는데 도움을 주는 것으로 나타났다.

앞의 두 가지 선택기준과는 달리 여행형태별 추세선을 그림으로 판단하여 선택한 조합이 예측에러를 최소화하는 것으로 나타났다. 결과적으로 보다 적합한 제주관광의 장기수요를 예측하는데 적합한 모형의 선택은 전문가의 판단에 의한 것이 더 바람직한 결과를 얻을 수 있다는 것을 말해주고 있다(최병길, 2006).

(5) 전통적 분해분석법(Classical Decomposition Analysis)

전통적인 시계열분석 모형의 기본가정은 시계열상에 나타나는 총변동이 몇 가지 성질을 달리하는 변동의 합성으로 보고, 이들 각종의 변동을 분해하여 파악하는 것이다. 이 경우 시계열의 합성요소로는 추세변동(T), 계절변동(S), 순환변동(C) 그리고 불규칙변동(I) 등이다. 이들 네 가지 요소는 상호간에 독립적이고 다른 요소들에 의해서 영향을 받지 않기 때문에 분리가 가능하다고 보는 것이다.

종속변수 Y는 관광수요처럼 시간이 지남에 따라 다른 값을 취하는 변수이고 독립변수는 다음과 같은 요소로 구성된다.

① **추세변동**(trend: T)

인구이동, 기술의 진보 등의 요인에 의해 시계열자료가 장기적으로 증가하거나 감소하는 경향을 보이도록 하는 부분이다.

② **계절변동**(seasonal variation: S)

계절이나 기후적인 특성과 연관된 것으로 시계열자료가 계절적으로 주기적인 패턴을 보이게 하는 요소이다.

③ **순환변동**(cyclical variation: C)

경기동향, 실업률, 재고수준과 같은 경제적 변동으로 인하여 자료가 추세선을 중심으로 상하로 변동하게 하는 요소이다.

④ **불규칙변동**(irregular variation: I)

추세, 계절변동, 순환변동에 의해서 설명되지 않는 부분으로서 예측이 불가능한 부분으로 어떠한 패턴도 보이지 않는다.

이와 같이 시계열자료의 각 요소를 분해해서 미래의 예측치를 구하는 방법을 분해법(decomposition method)이라 한다. 분해법은 각 요소를 합(plus)의 형태로 보느냐 곱(multiplication)의 형태로 보느냐에 따라 가법모형(additive model)과 승법모형(multiplicative method)로 나누어진다.

(8-15) **가법모형** $Y = T + C + S + I$

(8-16) **승법모형** $Y = T \times C \times S \times I$

(6) Arima(Box-Jenkins Method)

박스-젠킨스법은 적용하기에 매우 복잡하지만 예측결과의 신뢰성이 높고 모든 시계열자료에 적용될 수 있다는 점에서 자주 사용되는 기법이다. 이 기법은 보통 12~16개월의 예측에 적합한 것으로 알려져 있다. 이를 위해서는 최소 50개의 자료가 있어야 하며, 보통 60에서 100개의 월별 자료를 이용하는 것이 바람직한 것으로 보고 있다(Frechtling, 1996).

Arima는 자귀회귀(AR)와 이동평균(MA)이 합쳐진 모델로서 정차(differencing)를 실시하여 자료의 비고정(nonstationary)성을 고정(stationary)으로 바꾸어 추세를 제거한 후에 패턴을 찾아내는 것이다. 자기회귀는 어느 기간(월)의 자료와 전년도 같은 기간(월)의 자료 사이에는 강한 관계를 가지고 있다는 근거를 바탕으로 예측하는 모형이다. 이동평균에 의한 예측치는 직전 자료의 예측에러에 달려 있다는 것을 전제하고 있다. Arima는 평균과 분산이 고정되어 있는 시계열자료를 다루고 있기 때문에, 고정되어 있지 않은 시계열자료는 정차(differencing)를 통해서 고정을 시키게 된다. 1차 정차로도 시계열자료가 고정되지 않으면 2차 정차를 하게 된다.

제주관광객의 월별자료를 Naive 모델, 지수평활법 그리고 Arima에 적용하여 수요예측에러를 평가한 연구에 의하면, 추세선의 방향 전환이 이루어지지 않으면서 연도별 같은 월의 편차가 크지 않은 경우에 Arima 모형이 수요예측에러를 최소화하는 것으로 나타났다. 그러나 연도별 같은 월의 편차가 크게 발생한 신혼여행객이나 단체관광객의 경우에는 Naive 모델이나 지수평활법을 적용하여 수요예측을 하는 것이 더 바람직한 것으로 나타났다.

그러나 추세의 변화방향(direction of change)이 잘못 예측된 경우에는 예측에러가 크게 나타나기 때문에 실제관광수요 예측을 위해서는 추세변화의 예측이 먼저 이루어진 후 적합한 모델을 찾는 것이 바람직한 것으로 나타났다. 또한 자료기간이 월별보다는 2개월의 자료를 통합하여 이용하는 것이 모든 경우에 있어서 수요예측에러를 줄이는데 바람직한 것으로 나타났다. 그 이유는 구정이나 추석 같은 연휴일이 음력기준으로 이루어진 반면에 월별 통계자료는 양력기준으로 이루어졌기 때문이다(최병길, 2000).

2) 인과모형(Casual Model)

시계열분석은 미래의 행태를 오로지 시간이라고 하는 자료만을 바탕으로 예측하려고 하는데 비해 인과모형은 시간이 흐름에 따라 종속변수가 왜 변하는지를 설명하고자 하는데 있다. 종속변수의 변화는 하나 또는 그 이상의 변수에 의해 영향을 받을 수 있다. 관광수요와 같은 변수는 여러 가지 변수들이 동시에 복합적으로 작용하면서 영향을 미치게 된다.

예측모델로서 시계열분석 대신에 인과모형을 이용하는 이유는 첫째, 시계열분석은 시계열자료의 변환점을 설명하지 못하기 때문에 보다 정확한 예측치가 필요한 시점에서는 예측모델로서 부적합하다. 그러나 인과모형은 하나 이상의 영향변수로서 설명되기 때문에 시계열자료의 변환점을 찾아낼 수 있다. 둘째, 현실적으로 예측변수가 추세를 찾아내기에 불가능한 경우가 많이 존재하기 때문에 이런 경우에는 시계열분석을 적용하기가 어렵다. 셋째, 인과모형으로 적용되는 회귀분석은 예측을 위해 이용되기도 하지만 종속변수에 대한 설명변수를 확인하기 위한 목적으로도 이용된다.

선형회귀함수는 종속변수를 설명하는 변수가 하나인 경우는 단순선형회귀(simple linear regression)라 하고, 하나 이상인 경우에는 다중선형회귀(multiple linear regression)라고 한다. 이를 수식으로 표시하면 다음과 같다.

(8-17) $$Y = f(X_1, X_2, X_3, ... X_n)$$

이러한 관계는 다음과 같은 수식으로 표현된다.

$$Y=a+b_1X_1+b_2X_2+b_3X_3+... b_nX_n + e$$

Y = 종속변수 또는 예측변수

$X_1 ... X_n$ = 독립변수 또는 설명변수

a = 상수, b = 회귀계수

n = 독립변수의 숫자, e = 오차

관광수요에 영향을 미치는 독립변수로는 매우 다양하다. 관광수요는 관광객이 가지고 있는 추진요인과 관광지가 가지고 있는 유인요인의 상호작용에 의해 영향을 받게 되는데, 국민소득 또는 가처분소득, 인구수 및 증가율, 여가시간, 교통비, 관광목적지까지의 소요시간, 관광지의 홍보 정도, 그리고 관광지가 가지고 있는 자원의 성격 등 수많은 변수들을 열거할 수 있다. 또한 국제관광수요에는 상대국가의 물가수준이나 환율 등이 영향요인에 해당된다. 회귀함수의 설명변수는 항상 정량변수(quantitative variable)일 필요는 없다. 경우에 따라서는 정성변수(qualitative variable)도 설명변수가 될 수 있다.

3) 중력모형(Gravity Model)

중력모형(gravity model)은 관광수요에서 거리 또는 여행시간의 제약을 고려한 것으로, Newton의 법칙(두 물체의 인력은 이들의 질량(mass)의 곱에 비례하며 이들 상호간 거리의 제곱에 반비례한다)에 근거를 두고 있다. 즉 중력모형의 기본적인 가정은 공간단위인 지역은 물리학에서 물체의 질량과 같다고 본다. 그래서 지역과 지역간에는 그 지역의 크기(인구수)나 성격(자원의 매력도)에 따라 물질과 같이 서로 끌고 끌리는 상호작용관계가 존재한다고 보는 것이다. 관광에 적용된 중력모형은 다음과 같은 수식으로 표시된다.

(8-18) $$I_{ij}=G\frac{P_iP_j}{D^b_{ij}}$$

I_{ij} = i국가(지역)에서 j국가(지역)로 여행하는 관광객수

P_i, P_j = i국가(지역) 와 j국가(지역)의 인구

D_{ij} = i와 j 국가(지역)간 거리

b와 G는 parameter

그런데 중력모형 <식 8-18>을 관광이동현상에 적용하기 위해서는 다르게 해석되어야 한다. 즉 <식 8-18>의 우측 분자항목 중 P_j는 목적지의 인구를 지칭하나, 관광지의 경우에는 인구라기보다는 관광목적지의 관광자원(attrac-tion)이 거주지의 인구 P_i를 유인하는 것이지, 관광지의 인구 P_j 그 자체가 관광객을 유인하는 것은 아니기 때문이다. 이런 이유로 두 지역간 인구의 이동이 인구수에 비례하면서 거리의 제곱에 반비례한다는 중력모형을 관광객의 이동량에 적용하는 데는 다소 논리적 근거가 부족하다고 할 수 있다.

<식 8-18>은 다음과 같은 식으로 바꿀 수가 있다.

(8-19) $$I_{ij} = GP_iP_jD_{ij}^{-b}$$

<식 8-19>는 인과모델과 같다는 것을 알 수 있다. 따라서 중력모형의 예측절차는 다중회귀분석의 경우와 같다. 중력모형이 포함하고 있는 변수들은 관광객을 배출하는 지역 즉 관광시장의 특성, 관광지가 가지고 있는 특성 그리고 거주지와 관광지 간의 제약요인 등이다. 중력모형이 가지고 있는 단점으로는 이론적 배경이 부족하고, 두 지역간 거리변수만을 가지고 여행제약을 설명하기에 부족하다는 점이다(Crouch, et al., 1992).

Tourism & Economics

제3부
관광시장 이론

The Theory of Tourism Market

제9장

시장의 실패와 자원의 이용

1. 시장의 실패원인

모든 시장이 완전경쟁시장이면 자원배분이 효율적으로 이루어진다고 한다. 그러나 이는 현실세계를 분석하기 위한 하나의 가정에 불과하다. 실제로는 완전경쟁시장의 조건을 충족하는 경우도 쉽게 찾아보기 어려울 뿐더러 또 다른 조건 즉 규모의 경제, 외부효과, 공공재 등이 존재하지 않아야 완전경쟁시장이 가장 효율적으로 자원을 배분하게 된다.

시장 스스로 자원배분을 효율적으로 이루지 못한 경우를 시장의 실패라고 한다. 즉 시장의 실패(market failure)란 경제활동을 시장에 맡길 경우에 효율적인 자원배분이나 공평한 소득분배를 실현하지 못하는 상황을 말한다. 시장의 실패를 초래하는 원인은 크게 세 가지로 구분할 수 있다. 첫째는 시장의 불완전성(market imperfection)이다. 시장의 불완전성은 시장이 독점, 과점, 독점적 경쟁 등으로 인해 완전경쟁이 아닌 상태를 말한다. 둘째는 시장의 불완비성(market incompleteness)이다. 시장의 불완비성이란 사람들이 필요로 하는 상품을 거래할 수 있는 시장이 제대로 갖추어져 있지 않은 상태를 말한다. 예컨대 사회가 어떤 재화를 원하는데도 그 재화가 원하는 만큼 생산되지 않거나 그 재화가 거래되는 시장이 없다면 시장이 불완비되어 있다고 말한다. 시장의 불완비성을 초래하는 요인들은 외부효과, 공공재, 불확실성과 비대칭정보 등 세 가지를 들 수 있다. 셋째로 시장이 완전경쟁인데도 불구하고 불가피하게 생기는 문제이다. 불균등한 소득분배가 그 예이다.

전통적으로 시장의 불완전성과 불완비성에 의해 효율적인 자원배분이 이루어지지 못하는 상황을 시장의 실패로 정의하였다. 근래에는 공평한 소득분배를 이루지 못하는 상황도 광의의 시장의 실패에 포함시킨다. 정부의 개입을 정당화시키는 시장의 문제점을 시장의 실패로 총칭하기 때문이다. 이로 인해 정부가 시장에 개입해야 한다는 논리가 성립되는 것이며 정부가 경제에 개입하게 되면 이를 혼합경제라고 한다.

1) 시장의 불안정성과 규모의 경제

시장의 불안정성과 규모의 경제는 궁극적으로 시장지배력을 의미한다. 시장지배력이란 한 사람 또는 소수의 사람들이 시장가격에 대해 임의로 영향을 미칠 수 있는 힘을 의미한다. 시장이 완전경쟁이면 자원배분이 최적이라고 말할 수 있으나, 독과점시장과 같은 불완전경쟁이면 일반적으로 자원배분이 최적일 수 없다. 또한 규모에 대한 경제가 지속적으로 발생하는 경우에는 자연독점이 나타난다. 규모의 경제로 독점이 발생하고 시장의 가격이 독점자에 의해 임의대로 설정된다면 자원배분은 효율적으로 이루어질 수 없게 된다. 불완전경쟁은 시장의 기능이 명백하게 실패하는 이유가 된다.

이런 시장의 실패에 대해선 정부의 간섭이 정당화된다. 첫째로 수도, 전기, 통신, 철도 등과 같이 규모의 경제가 지속적으로 나타남으로써 자연독점이 발생하는 경우에는 정부가 직접적으로 공기업을 통해 독점력을 행사하는 방법이 있다. 정부독점 하에서의 가격은 이윤극대화보다는 효율적 자원배분의 관점에서 대략 평균비용에 상응하는 낮은 가격이 채택된다. 반면에 정부가 개인의 독점을 허용하는 경우에도 정부는 독점기업의 경영에 간섭하며, 특히 가격결정에 간섭하거나 높은 가격을 책정하려는데 대해 규제를 하기도 한다. 우리나라의 통신요금이나 국내항공요금을 정부가 간섭하는 이유가 여기에 있다.

둘째로 시장규모에 비해 규모의 경제가 상대적으로 크게 나타나는 경우에는 독점이나 과점이 형성된다. 이 경우 시장의 규모가 점진적으로 확대되면 보다 경쟁적인 시장으로 변모할 것이다. 그러나 실제로는 독과점이 그대로 유지되는 경향이 있기 때문에 정부는 독점금지정책을 운용한다. 우리나라의 경우에는 공정거래법에 의해서 경쟁을 제한하는 행위를 규제하고 있다. 「독점규제 및 공정거래에 관한 법률」("공정거래법"이라 칭한다)은 시장구조를 되도록 경쟁적인 시장으로 만들거나 혹은 현재의 시장구조에서 기업 간 담합을 억제함으로써 기업들 간의 경쟁을 촉진시키는데 그 목적을 두고 있다.

2) 외부효과(externality) 또는 외부성

외부효과(external effect) 또는 외부성이란 어떤 경제활동의 결과가 시장을 통하지 않고, 즉 가격기구를 거치지 않고 다른 경제주체의 후생을 증가시키거나 혹은 감소시키는 현상을 말한다. 즉 제3자에게 끼친 혜택이나 손해가 성격상 시장에서 사고팔 수 없는 특징을 가졌기 때문에 시장의 외부(external to the market)에 존재한다는 의미에서 비롯된 것이다. 시장의 밖에 존재하니까 가격이 형성되지도 않고 시장가격에 반영되지도 않는다. 외부효과는 외부경제와 외부불경제로 구분된다. 외부경제(external economy)는 다른 사람에게 의도하지 않은 혜택을 입히면서 이에 대한 보상을 받지 못하는 것을 말한다. 예컨대 농부가 사과 과수원을 경작할 때 양봉업자는 꿀벌을 이용하여 사과의 꽃에서 꿀을 얻으면서도 이에 대한 대가를 농부에게 지불하지 않는다. 이에 반해서 외부불경제(external diseconomy)는 다른 사람에게 의도하지 않은 손해를 입히고도 이에 대한 대가를 지급하지 않는 것을 의미한다. 공장이 매연과 폐수를 방출할 때 기업은 공장 주변의 주민들에게 더러운 공기와 오염된 물을 마시게 하면서도 공기와 물을 오염시킨 것에 대한 대가를 주민들에게 보상하지 않고 있다.

외부효과가 존재할 때 시장이 자원배분을 효율적으로 배분하지 못하는 이유는 사회적 관점에서 계산된 사회적 비용(편익)과 개인적 관점에서 계산된 사적비용(편익)이 서로 다르기 때문이다. 예컨대 자동차 운행으로 배출되는 매연은 공기를 오염시킴으로써 자동차를 타지 않는 제3자에게도 손해를 끼치게 된다. 그러나 자동차생산기업이 한계비용을 계산할 때 공기오염으로 사회에 해를 끼치는 비용은 감안하지 않는다. 즉 외부불경제와 관련된 비용은 무시하고 있는 것이다. 이 때 자동차생산의 사회적 비용(social cost)은 기업이 자동차를 생산하는 데에 들어가는 사적비용(private cost)에다가 자동차운행으로 야기되는 오염을 제거하는데 소요될 비용을 합한 것이다. 즉 사회적 비용은 사적비용에 제3자가 부담해야 하는 비용을 합계한 비용이다. 기업은 사회적 비용이 아니라 이보다 적은 사적비용을 기준으로 생산을 하기 때문에 필요 이상으로 많은 제품을 생산하게 된다.

반대로 외부경제를 낳는 상품의 경우에는 사적비용이 사회적 비용보다 크다. 따라서 사회적으로 볼 때 더 많이 생산되어야 함에도 불구하고 높은 사적비용에 입각하여 생산량을 결정하는 기업은 상품을 필요 이하로 적게 생산하고 그 결과 가격은 불필요하게 높은 수준이 된다. 이 경우 정부가 보조금을 지급하여 당해 생산활동을 촉진시키면 사회적으로 적정한 수준을 생산할 수 있게 된다.

3) 공공재

사과나 귤처럼 소비자가 소비하기 위해서는 시장에서 화폐를 지급하고 구입해야 한다. 이러한 재화는 한 사람이 소비한 만큼 다른 사람의 소비에 영향을 미치게 마련이다. 이처럼 시장에서 거래가 되는 대부분의 재화는 사적재(private goods)이다. 그런데 이와는 달리 여러 사람이 동시에 사용할 수 있고 어떤 사람도 소비에서 배제시킬 수 없는 재화가 있다. 이러한 재화를 공공재(public goods)라고 한다. 공공재의 예로는 국방, 치안, 등대, 수질오염방지, 일기예보, 무료공원 등이 있다. 공공재는 정부나 지방자치단체 같은 공공기관에서 생산 · 공급하는 재화와 서비스라고 생각할 수 있지만 이는 공공재에 대한 정확한 정의가 아니다.

일반적으로 공공재는 다음과 같은 두 가지의 특성을 갖는 재화나 서비스를 말한다.

첫째, 소비의 비배제성(non-excludability in consumption)이다.

이는 대가를 지급하지 않고 재화와 서비스를 소비하려고 하는 사람에 대해 소비를 못하게 할 수 없다는 속성을 뜻한다. 사과나 감귤은 값을 치르지 않은 사람은 먹을 수 없다는 점에서 배제성을 갖는다. 그러나 파출소의 치안활동을 위한 세금을 납부하지 않았다고 해서 이 사람에 대해 치안서비스를 배제할 수는 없는 것이다.

둘째, 소비의 비경합성(non-rivalry in consumption)이다.

이는 한 사람의 소비가 다른 사람의 소비에 영향을 주지 않는다는 속성을 의미한다. 사과나 감귤 같은 사적재는 한 사람의 소비가 다른 사람의 소비에 영향을 주게 된다. 그러나 만약 외국인 관광객이 우리나라를 방문하는 동안 치안이라는 서비스를 소비하게 되는데 이들 관광객의 추가 소비로 인해 내국인이 치안서비스의 소비량을 감소시켜야 되는 것은 아니다.

결론적으로 말해서 사적재는 경합적이며 배제적인 성질을 지니고 있는 반면에 공공재는 비경합적이며 비배제적인 성질을 지니고 있다. 공공재가 존재하는 경우 시장의 실패가 발생하게 된다. 시장이 실패한다는 의미는 공공재 생산을 민간기업에게 맡기면 민간기업은 사회가 필요로 하는 만큼 공공재를 생산하지 못하거나 혹은 전혀 생산하지 못하게 된다는 뜻이다. 그 이유는 바로 공공재가 가지고 있는 비경합성과 비배제성 때문이다. 소비의 비경합성 때문에 한 사람을 더 소비에 참여시키는데 따르는 비용은 0이다. 따라서 한계비용가격설정에 따르면 가격이 0이어야 한다. 이 경우 이윤극대화를 추구하는 경쟁기업이 공공재를 생산할 유인이 없다. 설사 공공재에 양(+)의 가격을 매기더라도 소비의 비배제성 때문에 가격을 지급하지 않는 사람을 제외시킬 수가 없다. 공공재에 대하여 대가를 지급하건 지급하지 않건 간에 소비혜택에서 배제되지 않는다면 사람들이 가격을 지급하려고 하지 않을 것이다. 즉 사람들은 다른 사람들의 부담에 의해 생산된 공공재를 공짜로 소비하는 무임승차자가 되려고 한다.

무임승차자(free rider)는 어떤 사람이 어떤 재화의 소비로부터 이득을 보았음에도 불구하고 이에 대한 대가지급을 회피하는 행위를 말한다. 어느 대규모 관광지에 인접한 조그만 시골마을이 관광객이 지나치기만 할 뿐 체류하지 않기 때문에 관광의 경제적 혜택을 보지 않는 지역이 있다고 가정하자. 이 마을에 5천만원을 투자하여 관광자원을 개발한다면 관광객의 방문을 통해 연간 2억원의 경제적 혜택뿐만 아니라 지가상승이 기대된다고 가정하자. 자원개발에 소요되는 비용은 마을의 모든 가구가 동등하게 부담한다고 가정할 때 이 사업의 성공가능성은 어느 정도가 될 것인가? 만약 모든 가구주가 동의하여 관광자원의 개발이 이루어진다면 문제는 없지만, 반대자를 제외하고 이 사업을 추진하였을 경우 자원개발에 소요되는 비용을 부담한 사람이나 부담하지 않은 사람이나 그 결과에 대한 혜택은 동등하게 보게 되는 것이다. 무임승차자나 유임승차자나 대우가 똑 같다면 어느 누구도 재화 소비의 대가로서 가격을 지급하려 하지 않을 것이다. 이는 바로 시장실패의 원인이 되는 것이다.

만약 공공재에 배제의 법칙을 적용한다면 이는 곧 자원의 비효율적 배분을 가져온다. 예컨대 소비자 A가 공공재 X를 이용함으로써 가져오는 이익발생이 소비자 B의 이익발생을 가져오는데 침해되지 않는 한 A로 하여금 재화 X를 이용치 못하게 배제시키는 것은 자원의 효율적 배분이라고 할 수 없다. 한라산 국립공원의 경우 입장료를 부과할 수는 있으나 그리 심하게 붐비지 않는 한 입장료 부과는 비효율적이라고 할 수 있다. 왜냐하면 그것은 소비자에 대한 한계비용이 영(0)이기 때문에 공원의 이용률이 저하된다면 그만큼 국민들의 욕구를 충족시키지 못하기 때문이다.

4) 빈곤

정부가 시장에 개입해야 하는 이유는 크게 두 가지로서 자원배분의 효율성과 공평성의 관점이다. 자원배분의 기준을 공평의 관점에서 본다면 소득분배를 시장기구에 위임하게 되면 불공평이 심화될 수 있다. 이런 불공평은 경제적 후생의 불균등한 분배를 의미하며, 특히 빈곤한 사람들의 생활수준이 매우 낮아질 수 있다. 정부는 소득 재분배와 관련하여 정책의 방향을 결정해야 한다. 예컨대 결과로서 나타난 소득 자체만을 재분배할 것인가, 아니면 그것과 더불어 장기적으로 기회의 균등(직업이나 직업재훈련 등)에 초점을 맞출 것인가 등을 결정해야 한다. 소득의 재분배에 초점을 맞춘다면 소득세와 재산세 등의 조세제도를 통해서 또는 실업수당, 의료보험 등과 같은 정부지출을 통해서도 소득분배가 이루어질 수 있기 때문이다.

2. 공공재와 공유자원

1) 공공재의 공급

무임승차자 문제가 발생하는 재화나 서비스를 민간기업에게 생산하도록 한다면 어떻게 되는가? 사람들은 그 재화를 소비하지만 대가는 지급하려 하지 않을 것이다. 결국 민간기업은 그 재화의 생산비를 조달하지 못하게 된다. 이는 민간기업은 근본적으로 비배제적인 특성을 지니는 재화를 생산하기 어렵다는 의미이다. 따라서 정부가 공공재 생산에 개입할 수밖에 없다. 정부는 비배제적인 성질을 지니는 공공재를 직접 생산해서 공급한다. 정부가 생산해서 공공재가 아니라 공공재이기 때문에 정부가 생산하는 것이다. 정부 역시 공공재 생산에 필요한 비용을 직접 국민으로부터 조달할 수 없음은 민간기업과 마찬가지다. 그렇지만 정부는 국민으로부터 세금을 거두어 이를 가지고 공공재를 생산할 수 있다.

이와는 달리 공공재이지만 민간기업이 생산하는 경우도 있다. 방송서비스는 비경합적이고 비배제적이므로 공공재이다. 시청료를 납부하지 않았다고 해서 방송을 볼 수 있는 권리가 없는 것은 아니다. 그렇지만 방송을 생산하고 있는 민간기업들이 많이 있는 이유는 광고 수입이 있기 때문이다. 이처럼 공공재는 정부가 세금을 가지고 생산하는 것이 일반적이지만, 생산비용을 조달할 수 있는 수입원이 있다면 민간기업이 생산할 수도 있다.

대부분의 재화는 구입자가 가격을 지급하고 공급자가 대가를 받는 것을 기본원리로 시장에서 배분된다. 재화의 거래에서 가격은 구입자와 공급자의 의사결정을 좌우하는 신호를 제공하는 역할을 한다. 그러나 어떤 재화에 가격이 존재하지 않을 때 시장의 이런 배분기능은 존재할 수 없게 된다. 따라서 정부가 시장에 개입할 수밖에 없는데, 문제는 정부가 공공재를 얼마나 생산해서 어떻게 공급해야 하는가에 있다.

공공재의 공급은 우선 얼마만큼의 공공재가 공급되는 것이 사회적으로 바람직한가를 판단해야 한다. 사회의 후생(welfare)을 극대화하기 위해서는 공공재의 한계편익이 한계비용과 같아지는 수준(MR=MC)에서 공급량을 선택하게 된다. 공공재가 공급되면 국민 한 사람 한 사람이 공공재 소비를 통해 개인의 한계편익을 얻게 된다. 따라서 공공재로 인해 전체 국민이 얻는 한계편익은 이들 개인의 한계편익을 모두 더하여 얻게 된다.

2) 자원의 유형

공공재의 두 가지 특성, 즉 비배제성과 비경합성을 모두 유지하고 있는 재화를 순수공공재(pure public goods)라고 한다. 가장 대표적인 순수공공재는 국방이다. 재화 가운데는 사적재와 공공재 사이의 중간 형태를 갖추고 있는 재화도 있다. 소비자가 적은 경우는 별문제가 없다가 소비자가 너무 많아지면 나의 소비가 줄어들어 경합성이 생길 수도 있다. 예를 들면, 도로를 이용하는 차가 많지 않다면 소비가 경합적이지 않은데 이용차량이 많아지게 되면 다른 사람의 차량으로 인해 나의 도로 이용이 만족스럽지 못하게 된다. 공원의 경우에도 사람이 너무 많으면 그만큼 공원으로부터 얻는 효용이 줄어들게 된다.

이러한 경우는 소비자가 많아져 소비의 경합성이 발생하기 때문이다. 소비자의 수를 제한할 수 있다면, 즉 소비의 배제가 가능하다면 이런 문제가 발생하지 않을 것이다. 도로이용을 유료화하거나 공원의 입장료를 부과하게 되면 소비자수를 제한할 수 있다. 이처럼 소비로부터의 배제는 가능하나 소비의 비경합성이 완벽하지 않은 재화를 비순수공공재(impure public goods)라고 한다.

이와는 반대로, 소비로부터의 배제는 힘들지만 소비 자체는 경합적인 경우도 있다. 바다 속의 물고기나 산 속에 있는 산토끼나 꿩 등을 잡는 것을 금지하기는 어렵지만 서로 잡으려고 하면 경합이 발생한다. 이러한 자원을 누구나 원하는 대로 이용하게 되면 나중에는 자원의 고갈현상이 발생할 수도 있다.

이런 관점에서 소비에 있어서 배제성과 경합성 두 가지 기준으로 재화를 네 가지로 분류할 수 있다(그림 9-1).

① 사적재(private goods)는 배제성과 경합성을 모두 가지고 있는 재화를 말한다.

② 순수공공재(pure public goods)는 배제성과 경합성을 모두 가지고 있지 않은 재화를 말한다. 공공재는 대가를 지급하지 않고 소비하고자 하는데 대해 이를 막을 수도 없을 뿐 아니라, 한 사람의 소비가 다른 사람의 소비에 영향을 주지도 않는다. 국방, 치안, 등대는 공공재로서 대가를 지급한 사람이나 그렇지 않은 사람 모두에게 혜택을 주고 있으며 한 사람의 소비로 인해 다른 사람의 소비가 줄어들지도 않는다.

③ 공유자원(common resources)은 경합성은 있지만 배제성이 없는 재화를 말한다. 예를 들어 바다 속의 물고기는 공유자원이다. 누구나 물고기를 잡으면 이에 대한 권리를 갖게 되지만 그만큼 다른 사람이 잡을 수 있는 물고기 수는 줄게 된다.

④ 비순수공공재는 경합성은 없지만 배제성을 가지고 있는 재화를 말하는데 이러한 재화는 자연독점(natural monopoly)의 속성을 지니고 있다. 예를 들면, 케이블 TV의 서비스는 무한대로 공급이 가능하기 때문에 수요가 많다고 해서 서비스의 질이 낮아지는 것은 아니다. 그러나 수신료를 지급해야 이에 대한 서비스를 제공받을 수 있기 때문에 배제성이 존재한다.

〈그림 9-1〉 재화의 네 가지 종류

경합성?

배제성?		있음	없음
	있음	**사적재** 사과 자동차 막히는 유료도로	**비순수공공재** **(자연독점)** 소방서비스 케이블 TV 안 막히는 유료도로
	없음	**공유자원** 바다 속의 물고기 환경 막히는 무료도로	**순수공공재** 국방 기술지식 안 막히는 무료도로

소비에 있어서 비배제성원리가 부분적으로만 작용하는 재화 또는 서비스를 준공공재(semi-public goods)라고 하는데 대표적으로 교육이나 의료서비스를 들 수 있다. 교육은 개인적으로 얻는 이익을 개별적으로 분할이 가능하고 이로 인해 교육비를 부과할 수 있다. 교육은 교육을 받은 사람에게도 이익이 돌아갈 뿐만 아니라 사회적으로 보면 사회구성원인 다른 사람에게도 이익이 돌아가기 때문에 준공공재라고 한다.

3) 공유자원(공용자원)

현대인의 대부분은 도시에서 살고 있으며 이들은 항상 자연을 그리워한다. 거주지에서는 보거나 즐길 수 없는 것을 경험하기 위해 사람들은 강이나 산, 해변, 호수, 바다와 같은 자연이나 아름다운 공원 같은 공공시설 등을 방문함으로써 관광이라는 것이 생겨나는 것이다. 그런데 사람들은 이러한 자연자원을 즐기면서 경우에 따라서는 사용료를 전혀 지급하지 않고도 즐길 수 있는 경우가 많다. 이와 같은 환경자원은 공유자원에 속한다.

공유자원(common resources)은 경합성은 있지만 배제성이 없는 재화를 말한다. 예를 들어 바다 속의 물고기는 공유자원 또는 공용자원이다. 누군가가 물고기를 잡으면 그만큼 다른 사람이 잡을 수 있는 물고기 수는 줄어든다. 물고기는 잡는 사람이 주인이 되지만 바다 속 물고기는 주인이 없다. 이처럼 공유자원은 소유권이 명시되어 있지 않기 때문에 원하는 사람이면 누구나 공짜로 얻을 수 있다. 그러나 한 사람의 소비가 다른 사람의 소비에 영향을 미칠 수 있기 때문에 새로운 형태의 문제를 야기한다.

마을에 소를 방목할 수 있는 목초지가 있는데 이에 대한 소유권을 가지고 있는 사람은 없다고 가정하자. 이 마을의 가장 중요한 경제활동은 소를 키우는 일이다. 마을 주민이라면 누구나 자신의 가축을 목초지에 방목할 수 있는 권리를 갖고 있지만, 누구도 목초지를 팔 권리를 갖고 있지 않다면 해당 목초지는 마을 사람들의 공유재산이 된다. 마을의 모든 사람들이 원하는 만큼 목초지의 풀이 풍부하다면 초지 이용에 따른 경합성은 존재하지 않는다. 그러나 공유지에 방목되는 가축의 숫자가 증가하게 되면 초지이용은 경합으로 바뀌게 된다. 초지이용은 무료이기 때문에 개개인은 목초지를 과도하게 이용하게 된다. 이런 상태가 계속되어 초지는 풀이 성장할 시간이 없게 되면서 목초지로서의 가치를 상실할 정도로 황무지가 된다면 마을주민 모두에게 손해가 된다. 이를 '공유지의 비극(tragedy of the commons)'이라 한다. 결과적으로 마을 주민들의 행동은 토지의 생산력을 급격하게 저하시키는 결과를 가져와 목초지로서 재산의 가치는 급격하게 줄어들은 경우이다.

왜 마을사람들은 소들의 숫자가 그렇게 많이 증가하여 마을의 공유지인 목초지가 망가지도록 내버려두었는가? 그 이유는 사적유인과 사회적 유인이 괴리되었기 때문이다. 초원이 황폐화되지 않도록 하려면 마을 사람들의 공동노력이 필요하다. 마을 사람들이 공동보조를 취할 수 있었다면 그들은 소의 숫자를 초지가 유지될 수 있는 수준으로 조절할 수 있었을 것이다. 그러나 마을주민 누구도 자신이 소유한 소의 숫자를 스스로 줄일 유인이 없다.

한 사람이 공유자원을 사용하면 다른 사람의 공유자원 사용은 제한을 받게 된다. 이런 부정적인 외부효과 때문에 공유자원이 과도하게 사용되는 것이다. 정부는 이 문제를 규제나 세금 등을 통해 해결하거나 또는 공유자원을 사유재산으로 만들어 해결할 수도 있다. 마을 사람들이 공유지를 분할하여 각자에게 소유권을 부여하거나 토지에 담장을 쳐 구획을 설정하고 과잉방목을 막으면 목초지는 공유자원이 아니라 사유재산이 된다. 철학자 아리스토텔레스는 말하기를 "사람들은 여러 사람과 공유하고 있는 재산은 잘 간수하지 않는다. 왜냐하면 누구든지 다른 사람과 공유하고 있는 물건보다 자기가 가진 물건에 더 관심을 가지고 있기 때문이다"라고 하였다.

information **공유자원의 예**

공유자원에는 여러 가지가 있으며 거의 대부분의 경우 공유재산의 비극 현상이 발생한다. 공유자원의 과도 이용에 의한 고갈현상이 광범위하게 발생하고 있는 것이다.

깨끗한 공기와 물: 시장의 자율기능으로는 환경을 효율적으로 보호하지 못한다. 환경훼손은 일종의 공유자원 문제로 발생한다. 깨끗한 물과 공기도 초원과 같은 공유자원이기 때문에 과다한 오염물질의 배출은 초원에서의 과다한 방목과 같은 현상이 발생한다. 공해는 세금이나 정부규제와 같은 수단으로 해결할 수 있는 부정적 외부효과이다.

혼잡한 도로: 도로는 공공재일 수도 있고 공유자원일 수도 있다. 도로가 혼잡하지 않다면 한 사람의 도로사용이 다른 사람의 사용을 방해하지 않는다. 그러나 도로가 혼잡하다면 도로사용에 부정적 외부효과가 발생한다. 한 사람의 추가적인 도로사용은 그만큼 교통 혼잡을 유발하여 다른 사람의 도로사용을 방해하기 때문이다. 이 경우 도로는 공유자원의 속성을 갖는다. 교통 혼잡을 해결할 수 있는 방법으로는 도로 사용료를 부과하거나 휘발유에 세금을 부과하는 것이다. 이는 자동차의 운행비용을 직·간접적으로 증가시켜 자동차의 운행을 제한시키고자 하는 것이다.

> 야생동물: 야생동물은 공유자원이다. 물고기나 산토끼, 꿩 등은 누구나 바다나 산에서 잡을 수 있는 야생동물이다. 마을공유지 초원을 과잉방목으로 황폐화시킨 것처럼 물고기나 조류의 남획은 이들 자원을 고갈시킬 수 있다. 따라서 야생동물을 보호하기 위해 여러 가지 법률이 존재한다. 국제적으로 고래를 포획하는 일은 불법이며 수렵을 하기 위해서는 면허가 있어야 하고 수렵기간에만 사냥을 할 수 있다. 이러한 규제들은 모두 공유자원의 남용을 막아 동물의 멸종을 방지하기 위한 것이다.

3. 재산권과 외부효과

교환(trade)이란 재화나 서비스를 서로 사고파는 것을 말하는데 반드시 돈이 개재해야 할 필요는 없다. 물물교환도 훌륭한 교환이다. 그 대신 교환을 가능하게 하기 위해서는 재화나 서비스에 대한 완전한 재산권(property rights)이 전제되어야 한다. 재산권이란 자원의 소유와 이용에 관한 권리와 의무를 규정하는 사회제도이다.

법률적으로 교환이란 재산권의 상호간 이전을 뜻한다. 또한 해당 재화를 배타적으로 사용할 수 있는 권리와 여기에 부수된 의무를 말한다. 재산권은 사용권, 배제권, 이전권, 행사권으로 구성된다. 사용권은 어떤 재화를 사용하거나 사용하지 않을 권리이고, 배제권은 다른 사람에게 사용하도록 하거나 사용하지 못하도록 하는 권리이다. 이전권은 사용권과 배제권을 다른 사람에게 허용할 것이냐 허용하지 않을 것이냐에 대한 권리이고, 행사권은 재화의 소유자가 재화의 사용과 배제와 권리이전을 어떻게 행사하느냐 하는 것과 관련된 권리이다.

1) 소유권의 문제

재산권이 없거나 불완전한 재화나 서비스는 시장에서 거래가 될 수 없어 외부효과가 발생한다. 완전한 재산권이 존재하기 위해서는 재산권은 소유가 배타적이어야 한다. 사유재산제도 아래서 재산권의 원천은 소유권이고, 경쟁시장모델의 근저에는 소유권에 대한 개념이 있다. 소유권이란 자원 또는 재화를 배타적으로 사용할 권리를 인정하는 법적 장치이다.

재산권의 소유주체가 누구인가를 기준으로 할 때 자원은 사유재산자원(private property resources), 국유재산자원(government property resources) 및 공유재산자원(common property resources)의 세 가지로 분류할 수 있다. 사유재산자원과 국유재산자원은 소유권의 주체가 분명하고 권리의 대상이 명확하므로 배타적인 소유권의 행사가 가능하다. 공유재산자원은 소유권이 불분명하여 모든 사람이 이용할 수 있는 자원을 말한다. 바다의 물고기, 들짐승, 철새, 지하수, 강물 등은 공유재산자원의 중요한 예이다.

공유재산자원은 개인적으로는 소유권이 없거나 불확실한 경우와 마찬가지 의미를 갖고 있다. 강이나 하천, 해수욕장 등은 소유주가 없다. 해수욕장이 지저분하거나 치안상태가 안 이루어지면 자원의 가치가 하락하게 되고 해수욕장을 찾는 사람들이 줄어들게 될 것이다. 만약 해수욕장의 탈의실이나 편의점에서 발생하는 수익을 지역주민들에게 돌아가게 한다면 지역주민들은 자체적으로 더 많은 사람들이 해수욕장을 방문하도록 노력하게 될 것이다. 만약에 해수욕장 주변의 여러 가지 편의시설 등의 관리권을 지역 주민들에게 준다면 여름철에 해수욕장의 관리는 잘 이루어질 수 있을 것이다. 이처럼 공유자원에 대해서는 다른 방법으로 재산권을 명시해 줌으로써 자원의 관리가 잘 이루어질 수 있다.

시장이 일반적으로 경제활동을 조직하는 좋은 수단이지만, 시장은 자원이 사적으로 소유되어 있을 때에만 잘 작동한다. 자원이 집단적으로 소유되어 있는 경우에는 잘 작동하지 못한다. 따라서 "시장이 경제활동을 조직하는 좋은 수단이다"라는 말은 사유재산권의 확립과 밀접한 관계가 있다.

2) 외부효과에 대한 정부의 역할

외부효과가 발생하는 경우에는 정부가 시장에 개입하게 된다. 예컨대 자동차의 경우 아무런 제약이 없다면 자동차로 인해 대기오염이 지나치게 많이 발생할 수 있다. 정부는 이 문제를 해결하기 위해 자동차의 배기가스 기준을 정해 이를 시행하거나 또한 휘발유에 세금을 부과하여 간접적으로 자동차의 운행을 감소시킬 수 있다. 또 다른 예로서 역사적 건물들은 아름답기도 하지만 사람들로 하여금 역사적 의미를 기억하게 하기 때문에 긍정적 외부효과를 가져다준다. 그러나 그 건물들의 소유자는 이런 건물을 유지·관리하는 것으로부터 별 이득이 없기 때문에, 그대로 방치해버릴 유인이 존재한다. 많은 지방정부들이 역사적 건물의 파괴를 금지하거나, 건물의 유지·관리 비용에 대해 세금혜택을 줌으로써 이 문제를 해결하고 있다.

이와 같은 경제기능을 수행하는데 있어서 물론 중앙정부와 지방정부의 역할이 같을 수는 없다. 중앙정부가 수행하는 일은 경제를 안정시키고 경제성장을 촉진하고 소득과 자원이 가장 잘 분배되도록 하는 데 있다. 지방정부의 주요 기능은 지역주민들이 원하는 정부의 공공서비스의 적절한 양을 가능한 저렴한 가격으로 제공하는 데 있다. 만약 민간부문에서 원하는 만큼의 공공서비스가 충분히 제공되지 않으면 지방정부는 시장에 개입함으로써 부족한 양이 적절히 제공될 수 있도록 노력을 하게 된다.

경우에 따라서는 사람들이 스스로 외부효과 문제를 해결하기도 한다. 이를테면 한 사업이 다른 사업에 외부효과를 줄 때 두 사업의 합병을 통해 외부효과를 내부화하거나 이해당사자들이 계약을 맺음으로써 문제를 해결할 수도 있다. 코즈(Coase)의 정리에 따르면 만약 거래비용(transaction cost)이 무시할 정도로 적다고 가정할 경우, 외부효과를 유발하는 대상물에 대해서는 이해당사자자들 간에 자발적으로 시장의 결과와 같은 효율적인 해결을 얻을 수 있게 된다는 것이다. 그러나 이해당사자의 숫자가 많은 경우에는, 이해집단들이 합의에 도달하기 어렵고 따라서 Coase의 정리가 적용되지 않는다.

공공재와 공유자원은 아무런 대가를 지급하지 않는 사람들에게도 효용가치를 주기 때문에 외부효과를 발생한다. 대부분의 재화는 구입자가 대가를 지급하고 공급자가 대가를 받는 것을 기본원리로 시장에서 배분된다. 가격이 존재하지 않은 재화의 거래는 시장에서 이루어질 수 없기 때문에 자원의 배분기능은 존재할 수 없게 된다. 어느 기업이 국가안보와 같은 공공재를 제공한다면 여러 사람들이 동시에 혜택을 입게 된다. 그러나 그 혜택을 입은 사람들로부터 대가를 받아낼 수는 없다. 마찬가지로 어떤 사람이 바다 속의 물고기와 같은 공유자원을 사용한다면 다른 사람들은 손해를 보지만 이들은 그 보상을 받지 못한다. 이와 같은 외부효과 때문에 사적 의사결정은 비효율적인 결과를 초래한다. 그리고 정부의 개입이 경제적 효율을 향상시킬 수 있다.

재산권의 불분명에서 오는 외부효과는 개인의 소비활동 또는 기업의 생산활동의 결과로 나타나는 비의도적 부산물이다. 중요한 것은 소비행위나 생산행위를 함으로써 얻는 개인적인 편익이 해당 경제행위를 함으로써 얻는 개인적인 외부비용보다 크기 때문에 그 기업은 계속적으로 해당 재화를 공급하고 소비자도 계속 소비할 경제적 유인이 있다.

재산권이 확립되지 않아 시장의 실패가 발생하였다면, 정부는 여러 가지 방법으로 이 문제를 해결할 수 있다. 오염 또는 탄소배출권 거래를 허용하는 것과 같이 정부가 재산권을 정의해주고 그 다음에는 시장기능에 의해 문제가 저절로 해결되도록 할 수 있다. 예를 들면, 기업이 공해물질을 강물에 흘려보내 강이 오염되었다면 강에서 낚시나 수영도 할 수 없고 수돗물을 오염시키게 된다. 강물은 국유재산자원과는 다른 공유재산자원으로 재산권 행사의 주체가 없는 소유가 불분명한 자원이다. 재산권은 없지만 국가가 관리의 책임을 가지고 있고 법적으로 공해를 배출하지 못하게 되어 있으니 강의 오염에 대해서는 정부의 관리 잘못으로 귀착되게 마련이다.

관광자원으로서 해수욕장이 관리가 잘못 이루어져 쓰레기가 쌓여 있고 치안상태가 없다면 해수욕장으로서의 가치를 잃게 될 것이다. 이러한 상태는 희소한 자원이 효율적으로 사용되어진다고 볼 수 없다. 공유자원의 성격을 가지고 있는 대부분의 관광재도 분명한 재산권을 명시할 때 자원의 가치를 유지할 수 있을 것이다. 재산권을 인정한다면 이로 인한 외부비용은 더 이상 외부비용이 아니다. 꿩이나 노루와 같은 야생동물에 대해서는 수렵기간을 정하여 포획할 수 있도록 하여 남획하는 것을 제한함으로써 정부가 민간의 행위를 직접 규제하여 해결하는 방법도 있다.

반면에 공공재는 개인 소비자에게 귀속되는 편익보다 그 공급비용이 훨씬 크므로 아무도 그 공공재를 공급하지 않으려 한다. 그 결과 공공재의 공급은 공공부문을 통하지 않을 수 없다. 국가안보는 시장이 공급하지 못하는 서비스를 정부가 직접 공급하여 해결하는 경우이다.

외부효과를 발생하는 자원의 배분에 정부가 시장에 개입하는 일은 자원의 배분을 보다 효율적으로 이루어지도록 하여 모든 사람의 경제적 후생을 향상시키기 위하는데 그 목적이 있다. 개인효용의 단기적인 극대화와 사회적 효용의 장기적 극대화 사이에는 항상 갈등이 존재하기 마련이다. 사적이익을 추구하여 효용극대화를 기도하는 개인의 행동을 규제하지 않으면 공유자원의 질이 악화되는 결과를 가져오게 된다. 따라서 개인의 행동을 규제하여 공유지의 비극을 방지하는 것이 정부의 역할이다. 각국 정부는 과다사용을 억제하기 위해 자원의 종류에 따라 규제를 하거나 사용료를 부과하고 있다.

제10장

소비자선택 이론

1. 한계효용이론과 소비자선택

관광자는 소비자이다. 관광객이 관광상품을 구매하고 관광을 통해 자신의 욕망을 충족하게 된다. 마치 우리가 배가 고플 때 자신이 원하는 음식을 골라 먹듯이 관광 역시 자신의 욕구를 최대한 충족시켜 줄 것으로 예상되는 관광지를 선택하여 방문하게 되는 것이다. 시간이나 돈의 제약 때문에 가족끼리 외식을 자주 하지 못하는 경우, 즉 오랜만에 외식을 하려고 마음을 먹은 경우 음식의 종류를 결정하는 일이나 해당 음식을 사 먹을 수 있는 음식점을 선택하는 일은 간단하지가 않다. 마찬가지로 시간 또는 금전적인 이유로 오랜만에 여행을 하는 경우 언제, 어디로, 누구와 함께 어떤 여행을 할 것인가에 대한 관광자의 의사결정 역시 간단한 문제가 아니다. 관광을 할 것인가, 그리고 경비와 시간은 어떻게 배분할 것인가 하는 문제처럼 관광객의 의사결정에 관한 것은 미시경제학적 접근에 해당된다.

경제학의 분석의 틀은 인간은 합리적으로 행동하고 자신이 추구하는 목적을 최소의 비용으로 최대의 효과를 올리기 위한 인간행동에 기초를 두고 있다. 본 장에서는 소비자로서의 관광자가 여러 가지 제약조건하에서 어떤 의사결정을 내리게 되는가에 관한 내용을 다루고 있다.

1) 총효용과 한계효용

관경이는 현재 신혼부부인데 주말이 되면 외식을 하거나 여행을 하는 것으로 신혼생활을 즐기고 있다. 관경이의 경제상황은 자신이 원하는 만큼의 외식이나 여행을 하기에는 충분하지 않기 때문에 외식을 하거나 여행을 갈 때는 항상 마음의 갈등을 느끼게 된다. 즉 외식을 하게 되면 여행을 가고 싶은 욕구를 어느 정도는 참아야 하고 여행을 갈 때 역시 외식하고 싶은 욕구를 일정 부분 감수해야 한다.

경제학에서는 소비자가 재화나 서비스의 소비를 통해 일정한 만족을 느끼게 되는데 그 만족의 총량을 총효용(total utility)이라고 한다. 즉 총효용 또는 단순히 효용이란 일정기간 동안 일정량의 상품을 소비함으로써 얻을 수 있는 주관적인 만족의 총량을 말한다. 만약 한달에 한번 외식을 하는 것이 충분하지 않다면 그 횟수를 늘리게 될 것이고 이 경우 총효용은 증가하게 된다.

일정기간에 상품의 소비량과 그로부터 얻어지는 총효용의 관계를 보여주는 것을 효용함수(utility function)라고 한다. 관경이의 효용함수는 외식(X)과 여행(Y) 두 가지만을 선택할 수 있다고 가정하고, 이들 두 상품을 각각 얼마만큼 구매할 때 자신의 효용을 극대화시킬 수 있는가를 말해주는 것이다. 이 경우 효용함수는 다음과 같이 표시할 수 있다.

$$(10\text{-}1) \qquad u = u(X, Y)$$

소비자가 소비할 수 있는 상품이 외식과 여행만 있다고 가정할 때 효용함수 u는 외식(X)이나 여행상품(Y)의 소비량에 의해 결정된다. 사람들은 외식이나 여행 두 가지를 더 많이 소비하기를 원하기 때문에 이들 상품 가운데 어느 한 재화의 소비가 증가하면 총효용은 증가하게 된다.

일반적으로 사람들은 한정된 자원을 가지고 이를 어떻게 사용할 것인지에 대해 끊임없이 노력하게 된다. 왜냐하면 두 가지 모두를 얻을 수 없는 경우 하나를 더 많이 선택하게 되면 이는 다른 것을 희생한 결과이기 때문이다. 사람들은 자신이 가지고 있는 돈과 시간 그리고 에너지를 소비하여 자신의 욕망을 만족시키려 한다. 즉 자신이 원하는 만큼 모든 것을 가질 수 없고 모든 것에 참여할 수 없기 때문에 한정된 자원을 어디에 어떻게 사용할 것인지를 선택해야 한다. 일반적으로 사람들은 합리적인 선택을 통해 자신의 효용을 극대화하려는 방향으로 행동을 하게 된다. 경제학에서 사람들이 제한된 자원을 어떻게 배분할 것인가는 다음 3가지의 원칙에 따라 행동하는 것을 가정하고 있다.

- 사람들은 자신이 원하는 모든 것을 소유할 수 없다.
- 사람들은 자신의 효용을 극대화하기를 원한다.
- 사람들은 자신의 효용극대화를 위해 비교적 합리적인 행동을 선택한다.

한 재화의 소비량이 변하면 소비자의 총효용도 변하게 마련이다. 소비량을 한 단위 증가시킬 때 총효용의 증가분을 한계효용(marginal utility)이라고 한다. <표 10-1>은 한 소비자가 일정 기간 동안 컵라면을 계속적으로 먹었을 경우에 총효용이 어떻게 변하는가를 숫자로 표시하고 있다. 여기서의 효용은 기수적으로 측정할 수 있다는 가정에서 계산된 수치이다. 처음 1개의 컵라면을 먹은 경우 소비자의 총효용은 7이 되고 두 번째 컵라면은 총효용을 2만큼 증가시켜준다. 이때 한계효용은 2가 된다. 컵라면을 4개째 먹는 경우에는 총효용을 증가시켜주지 못하고 5개를 먹게 되면 오히려 총효용이 감소 또는 한계효용이 마이너스(−) 상태의 결과를 가져다주고 있다. 일반적으로 다른 상품의 소비량이 고정된 상태에서 한 상품의 소비량이 증가할수록 그 상품의 한계효용은 감소하게 된다. 이를 한계효용체감의 법칙

(law of diminishing marginal utility)이라고 한다.

〈표 10-1〉 총효용과 한계효용

컵라면	총효용(TU)	한계효용(MU)
1	7	7
2	9	2
3	10	1
4	10	0
5	7	−1

<그림 10-1>은 총효용곡선과 한계효용곡선을 통해 다음과 같은 관계가 성립됨을 알 수 있다. 첫째, 상품 n단위의 총효용은 n단위 째까지 각 단위의 한계효용을 모두 합한 것과 같다. 위의 예에서 컵라면 3개를 먹으면 총효용은 10이 되며 이는 컵라면이 3개 될 때까지 한계효용을 모두 합친 것과 같다. 둘째, 상품의 소비량을 증가시켜 갈 때 한계효용이 양의 값을 갖는 한 총효용은 증가하고, 한계효용이 음의 값을 가지면 총효용은 감소한다. 따라서 한계효용이 0일 때 총효용은 극대가 된다.

〈그림 10-1〉 총효용곡선과 한계효용곡선

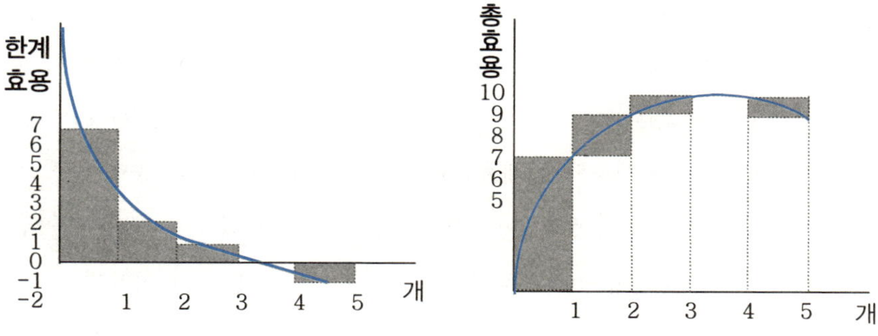

2) 효용극대화 조건

소비자들이 자신의 총효용을 극대화하기 위해서는 각 재화의 소비로부터 얻게 되는 한계효용이 0이 될 때까지 재화를 소비하는 것이다. 그러나 일반 소비자들의 소득은 한정되어 있다. 한정된 소득을 가지고 어떻게 하면 자신의 욕망을 최대로 만족시킬 수 있는가 하는데 문제가 있다. 즉 소비자들은 주어진 소득으로 자신이 원하는 효용을 극대화하기 위하여 각각의 재화를 얼마만큼씩 구입하여 소비해야 하는가. 이것이 효용극대화(utility maximization)를 위한 소비자 선택의 문제이다.

한정된 소득을 가지고 두 개의 재화 X재와 Y재만을 구입한다고 가정할 때 각 상품 1원어치의 한계효용이 같도록 X재와 Y재의 소비조합을 택할 때 소비자의 효용은 극대화를 이룰 수가 있다. 이를 한계효용균등의 법칙(law of equi-marginal utility)이라고 하며 다음과 같은 식으로 표시된다.

$$\frac{MU_x}{P_x} = \frac{MU_y}{P_y} \tag{10-2}$$

위 식에서 MU_x/P_x는 X재의 한계효용을 X재의 가격으로 나눈 것이기 때문에 X재 1원어치의 한계효용이다. 마찬가지로 MU_y/P_y는 Y재 1원어치의 한계효용이다. 위 식에 의하면 주어진 소득으로 X재와 Y재를 구입할 때 X재 1원어치의 한계효용과 Y재 1원어치의 한계효용이 균등하도록 X재와 Y재의 구입량을 결정해야 효용이 극대화된다는 것을 보여주고 있다.

만약 현재의 소비수준에서 $(MU_x/P_x) > (MU_y/P_y)$ 이라면 추가적인 소비지출이 없이 Y재를 덜 사고 X재를 더 구입하게 되면 소비자의 효용은 증가될 수 있다. 예를 들면 X재 1원어치의 한계효용이 5이고 Y재 1원어치의 한계효용이 3이라면, Y재를 1원어치 덜 사고 X재를 1원어치 더 구입함으로써 총 효용은 2만큼 증가하게 된다. 왜냐하면 Y재를 1원어치 덜 구입함으로써 잃게 되는 효용은 3인데 비해 그 돈으로 X재를 구입하여 얻게 되는 효용은 5가 되기 때문이다.

소비자가 주어진 소득 I로 n종류의 재화를 구입한다고 가정하고, 각 상품의 가격을 P_1, P_2, …, P_n으로, 한계효용을 MU_1, MU_2, …, MU_n으로, 구입량을 Q_1, Q_2, …, Q_n으로 표시할 때 효용극대화조건 식은 다음과 같이 표시할 수 있다.

(10-3) $$\frac{MU_x}{P_x} = \frac{MU_y}{P_y} = \cdot\ \cdot\ \cdot, = \frac{MU_n}{P_n}$$

(10-4) $$P_1Q_1 + P_2Q_2 + \cdots + PnQn = I$$

각 재화의 구입에 필요한 총지출액이 소득과 같아야 한다는 조건(식 10-4)하에서 각 상품 1원어치의 한계효용이 균등하도록 각 상품을 소비할 때(식 10-3) 소비자는 최대의 효용을 얻게 된다는 것이다.

2. 무차별곡선과 소비자선택

효용이란 소비자의 주관적인 만족이기 때문에 그 크기를 객관적으로 측정한다는 것은 쉬운 일이 아니다. 만약 사과 1개의 효용이 4이고 감귤 1개의 효용이 2라면 사과의 효용이 감귤의 효용보다 정확하게 2배 크다고 말할 수 있다. 이렇게 측정된 효용을 기수적 효용(cardinal utility)이라고 한다. 한계효용이론은 개인이 재화의 소비를 통해 얻게 되는 효용의 크기를 기수적 효용으로 측정할 수 있다는 가정 하에 소비자선택이론이 전개된 것이다.

만약 사과의 효용이 감귤의 효용보다 크다고 말할 수는 있으나 얼마만큼 큰지는 말할 수 없는 경우에서처럼 효용의 크기를 순서로만 측정할 수 있다면 이를 서수적 효용(ordinal utility)이라고 한다. 무차별곡선이론은 효용은 주관적인 것이기 때문에 기수적으로 측정할 수 없고, 다만 서수적으로 측정할 수 있다는 전제하에서 전개된 소비자선택이론이다.

1) 무차별곡선의 개념

만약 소비자가 두 가지 재화만을 구입한다고 가정할 때 소비자에게 똑같은 효용을 주는 상품의 조합들에 대하여 소비자는 무차별(indifference)하다고 말한다. 외식과 주말여행을 즐기는 관경이의 경우 1년에 외식을 10번 그리고 여행을 4번 정도 한다고 가정하자(그림 10-2(a)에서 점 A). 만약 여행비용이 올라서 여행횟수를 4번에서 3번으로 줄이게 되면 관경이의 총효용은 전보다 낮아지게 되고(그림 10-2(a)에서 점 A로부터 점 A'로의 이동) 결과적으로 옛날보다 덜 행복하게 될 것이다.

만약 여행비용이 증가한 반면 외식비용은 감소하여 결과적으로는 여행횟수가 1회 줄어들은 대신에 외식하는 횟수가 3회 증가하였다면 관경이의 만족도는 어떻게 변할 것인가? 즉 1번의 여행기회를 잃었지만 대신 3번 더 외식할 수 있는 기회가 생겨나서 관경이의 만족도가 전과 같아진다면 이들 두 재화간의 교환은 무차별하다고 표현할 수 있다. <그림 10-2(a)>에서 점 A와 점 B는 관경이가 어느 점을 선택하든 만족도에서는 차별을 느낄 수 없는 경우이다. 이런 경우를 나타낼 수 있는 조합은 무수히 많이 있을 것이다. 무수하게 많이 존재하는 이러한 조합의 연결이 <그림 10-2(b)>와 같은 무차별 곡선을 만들어 낸다. 무차별곡선(indifference curve)상의 모든 점들은 소비자에게 동일한 만족을 주는 두 상품의 여러 가지 조합을 표시한 것이다.

〈그림 10-2〉 소비자선호와 무차별곡선

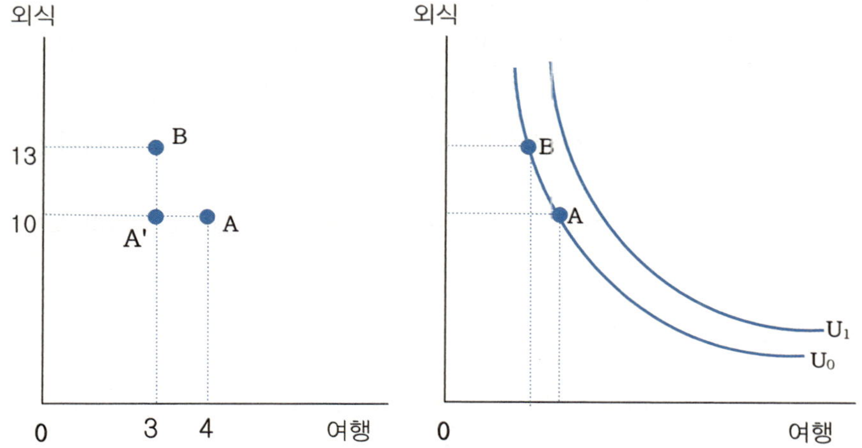

(a) 소비자 선호 (b) 무차별 곡선

하나의 무차별곡선으로 표시되는 만족수준보다 더 큰 만족수준을 보여주는 무차별곡선은 오른쪽에 위치하게 된다. <그림 10-2(b)>에서 무차별곡선 U_1의 만족수준은 무차별곡선 U_0로 표시되는 만족수준보다 더 큰 만족수준을 나타내고 있으며 U_0의 오른쪽에 위치하고 있다. 따라서 이론상으로는 만족수준을 달리하는 수많은 무차별곡선을 그릴 수 있는데 이러한 무차별곡선의 집합을 무차별지도(indifference map)라고 부른다.

2) 무차별곡선의 특성

무차별곡선은 다음 네 가지의 기본적인 속성을 갖고 있다.

① 원점에서 멀리 떨어진 무차별곡선일수록 높은 만족수준을 나타낸다.

이는 상품을 많이 소비할수록 만족수준이 높아진다는 것을 의미하는 것이다. <그림 10-3>에서 A점과 A'점을 비교하면 A'점은 A점에 비해 외식의 횟수는 같은데 여행의 횟수는 많다. 한 상품 또는 두 상품을 모두 더 갖게 되면 그로부터 얻는 만족도 더 크다. 따라서 무차별곡선 U_0보다 더 큰 만족을 주는 무차별곡선은 U_0보다 오른쪽에 위치해 있게 되며, 원점에서 멀리 떨어진 무차별곡선일수록 더 높은 만족수준을 나타낸다.

〈그림 10-3〉 무차별곡선 형태, 위치 그리고 만족의 크기

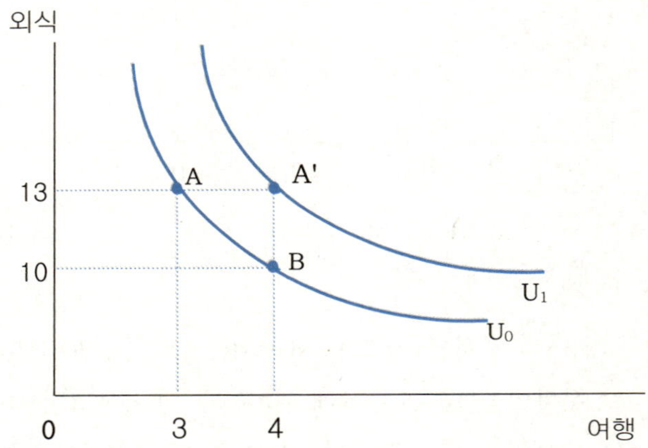

② **무차별곡선은 우하향한다.**

상품을 많이 소비할수록 소비자의 효용은 높아지게 되나 자원은 한정되어 있기 때문에 하나를 얻게 되면 다른 하나를 잃을 수밖에 없게 된다. 즉 우하향하는 무차별곡선은 두 상품 사이에 대체관계가 존재함을 의미하는 것으로, <그림 10-3>에서 점 A에서 점 B로의 이동은 외식하는 기회를 3번 포기하는 대신 여행을 1회 더 증가하는 경우 소비자는 동일한 효용수준을 유지할 수 있다는 의미이다. 한 재화의 포기 없이 다른 재화를 더 가질 수 있는 것은 앞의 예에서처럼 효용함수가 오른쪽으로 이동하게 된다(U_0에서 U_1으로).

③ 무차별곡선은 서로 교차할 수 없다.

만약 무차별곡선이 서로 교차한다면 사람들의 행동이 이상한 결과를 가져온다는 것을 알게 된다. <그림 10-4>에서는 두 개의 무차별곡선 U_0와 U_1이 서로 A점에서 교차한다면 어떻게 되는지를 보여주고 있다. 무차별곡선 U_0에서는 A와 B에서 같은 효용수준을 나타내고 있으며, 무차별곡선 U_1에서는 B와 C에서 같은 효용수준을 나타내고 있다. A와 B가 같은 효용수준이고 B와 C가 같은 효용수준이라면 A와 C 역시 같은 효용수준이어야 할 것이다.

〈그림 10-4〉 서로 겹칠 수 없는 무차별곡선

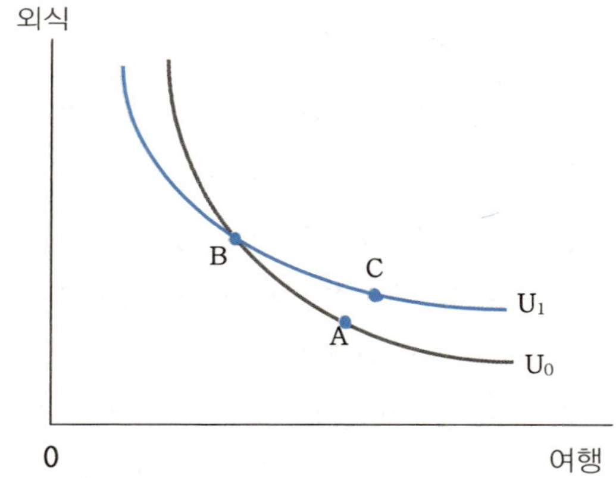

그런데 C는 A보다 분명히 오른쪽에 위치해 있기 때문에 A보다는 더 많은 상품의 소비를 의미하고 있기 때문에 효용수준이 A보다는 높은 수준이어야 한다. 이와 같은 모순된 결론을 얻은 것은 두 무차별곡선이 교차한다고 가정했기 때문이다. 따라서 무차별곡선은 서로 교차할 수 없다.

④ 무차별곡선은 원점에 대하여 볼록한 형태를 취한다.

원점에 대해 볼록한 형태를 갖고 있는 무차별곡선은 처음에는 매우 경사가 급하게 내려오다가 오른쪽으로 갈수록 완만한 형태를 갖고 있다. <그림 10-5>에서 여행을 하면 할수록 외식할 수 있는 기회가 줄어든다. 그림에서 점 A에서 점 B로의 이동은 여행을 한번 하는 대가로서 외식을 6번 포기할 수 있다는 것이다. 또한 B에서 C로의 이동은 여행의 기회가 1회에서 2회로 즉 1단위 증가하는 대가로 3번 외식하는 것을 포기할 수 있다는 것이다. 이처럼 X재(여행) 1단위를 증가시킬 때 종전과 같은 효용을 유지하기 위하여 감소시켜야 하는 Y재(외식)의 수량을 Y재로 표시한 X재의 한계대체율(marginal rate of substitution of X in terms of Y)이라고 하며 MRS_{xy} 또는 단순히 MRS라고 표시한다.

한계대체율은 소비자의 X재 1단위에 대한 Y재의 주관적인 교환비율을 의미한다. X재를 Y재로 교환하는 데는 <그림 10-5>의 A, B, C점에 따라 다르게 나타난다. 점 B에서 소비자는 점 A에서보다 X재의 중요성은 낮아지고 상대적으로 Y재의 중요성은 높아진다. 그래서 점 A에서는 여행을 1번 가기 위해 외식을 6회 줄였기 때문에 MRS는 6이 되지만, 점 B에서는 여행을 1번 더 가기 위해 3번의 외식을 포기하였기 때문에 MRS는 3이 된다. 이와 같이 동일한 만족수준을 유지하면서 Y재를 X재로 계속해서 대체할 경우 Y재의 수량으로 평가한 X재 1단위의 가치는 점점 작아지는 것이 일반적인 현상이다. 이러한 현상을 한계대체율체감의 법칙(diminishing mar- ginal rate of substitution)이라 한다. 결국 한계대체율은 무차별곡선의 기울기를 의미한다.

〈그림 10-5〉 한계대체율체감의 법칙

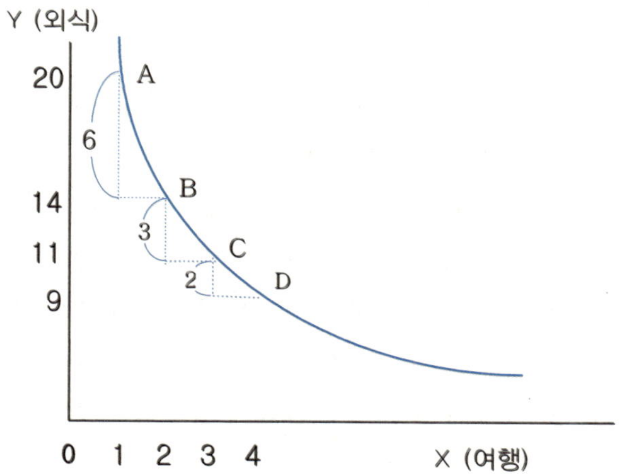

3. 예산선

1) 예산선의 개념

관경이가 효용을 극대화시키기 위해서는 가능한 가장 오른쪽의 무차별곡선을 갖고 있어야 하는데, 그가 가지고 있는 시간이나 돈은 한정되어 있게 마련이다. 만약 관경이가 1년 동안 외식이나 여행에 사용할 수 있는 예산은 100만원으로 한정되어 있고, 외식비용은 1회에 5만원 그리고 여행비용은 1회에 20만원이라고 가정한다. <그림 10-6>은 관경이가 자신의 소득을 전부 여행하는데 사용한다면 1년에 5번 여행을 할 수 있고, 외식하는데 전부 지출한다면 20회 정도의 외식을 즐길 수가 있을 것이다. 이를 수식으로 표시하면 다음과 같다.

(10-5)	20만원 × X + 5만원 × Y = 100만원

여행비용은 외식비용의 4배에 해당되기 때문에 여행을 한번 더 가기 위해서는 외식을 4번 포기해야 한다. 이식을 <그림 10-6>과 같이 두 상품의 구입량을 양축으로 그래프를 그리면 예산선이 된다. 예산선(budget line) 또는 가격선(price line)이란 주어진 소득 또는 예산을 전부 사용하여 구입할 수 있는 상품의 조합들을 나타내는 직선이다. 일반화된 예산선의 공식은 <식 10-6>과 같으며 이때 I는 소득, P_X와 P_Y는 각각 X재와 Y재의 가격, 그리고 X와 Y는 각각 X재와 Y재의 구입량을 표시한다.

(10-6)	$P_XX + P_YY = I$

〈그림 10-6〉 예산선

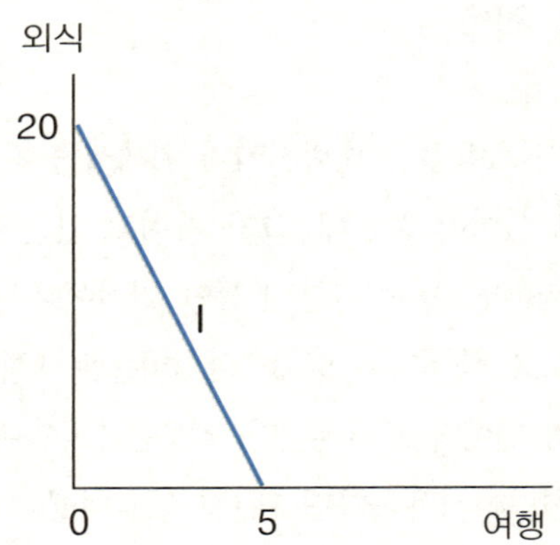

2) 예산선의 변동

예산선은 소득이 변함에 따라 이동한다. 모든 조건은 동일한 상황에서 만약 관경이가 여행이나 외식을 할 수 있는 소득이 120만원으로 증대되었다면 24번의 외식을 하거나 또는 5번의 여행을 즐길 수가 있을 것이다. <그림 10-7(a)>에서 예산선은 기울기의 변함이 없이 오른쪽으로 평행이동하게 된다. 반대로 예산이 줄어들게 되면 예산선은 왼쪽으로 평행이동하게 된다.

두 개의 재화 가운데 하나의 재화가격이 변하거나 두 개의 재화가격이 동시에 변화를 보이지만 그 변화율이 동일하지 않다면 예산선의 기울기는 변하게 된다. <그림 10-7(b)>에서 여행비용은 변동이 없지만 외식비용이 50% 낮아졌다면 외식횟수는 전보다 2배 증가하여 20번에서 40번을 할 수가 있게 된다. 예산선은 I"으로 회전하게 된다. 마찬가지로 외식비용이 100% 인상되었다면 외식횟수가 반으로 줄어들게 되어 20번에서 10번으로 줄어들게 되며 예산선은 I에서 I'으로 회전하게 된다.

〈그림 10-7〉 예산선의 변동

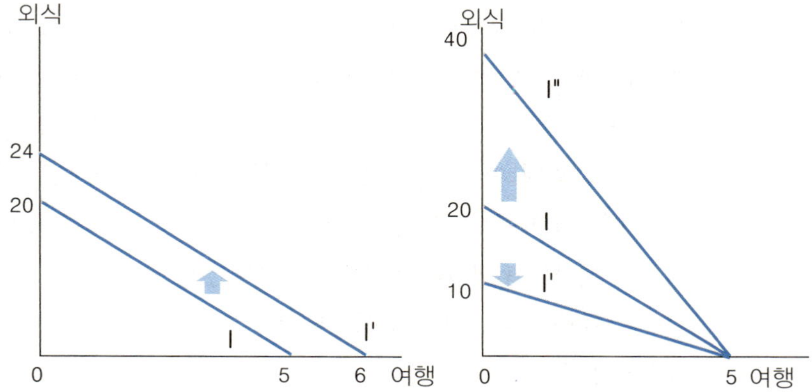

a) 소득증가 효과

b) 가격변화 효과

3) 무차별곡선 소비자균형

소비자가 균형에 도달한다는 것은 주어진 소득과 가격조건하에서 가장 큰 만족을 얻을 수 있는 조합을 선택한다는 것이다. 앞에서 살펴본 바와 같이 무차별곡선을 소비자에게 동일한 만족을 주는 두 상품의 여러 가지 조합을 표시하고, 예산선은 소비자가 주어진 소득으로 구입할 수 있는 두 상품의 여러 가지 조합을 표시한다. 무차별곡선과 예산선을 결합하면 소비자의 균형조건을 살펴볼 수 있다.

<그림 10-8>은 소비자의 예산선과 무차별지도를 동일 좌표 상에 그린 것이다. 소비자는 100만원의 예산으로 무수히 많은 예산선 상의 어떤 점을 선택해야 효용을 극대화할 수 있는가? 소비자가 취할 수 있는 두 상품에 대한 최선의 조합은 예산의 범위 내에서 가장 오른쪽에 위치한 무차별곡선에 해당된다. 이 경우는 예산선과 무차별곡선이 서로 만나는 <그림 10-8>의 점 E에 해당된다.

E점이 최선의 점이라는 것을 증명하기 위해 예산선의 다른 점을 살펴보자. <그림 10-8>에서 점 F에서 무차별곡선과 만나는 점 G를 서로 연결하여 보자. 점 F와 점 G를 서로 비교하면 외식상품을 전혀 희생하지 않고서도 더 많은 여행상품을 구매할 수 있다는 의미가 된다. 즉 아무런 희생 없이 점 F에서 점 G로 이동할 수 있다는 것이다. 이 경우 점 G는 점 F보다 더 높은 효용을 가져다주기 때문에 소비자는 점 F보다 점 G를 더 선호할 것이다. 그런데 예산선의 오른쪽에 위치하고 있는 무차별곡선은 예산밖에 있기 때문에 제한된 예산을 가지고는 얻을 수 없는 점이다. 따라서 무차별곡선과 예산선이 만나는 점 E가 두 개의 상품 즉 외식과 여행이라는 상품 구매를 통해 소비자가 자신의 만족을 극대화시킬 수 있는 최선의 조합에 해당된다.

〈그림 10-8〉 소비자균형 조건

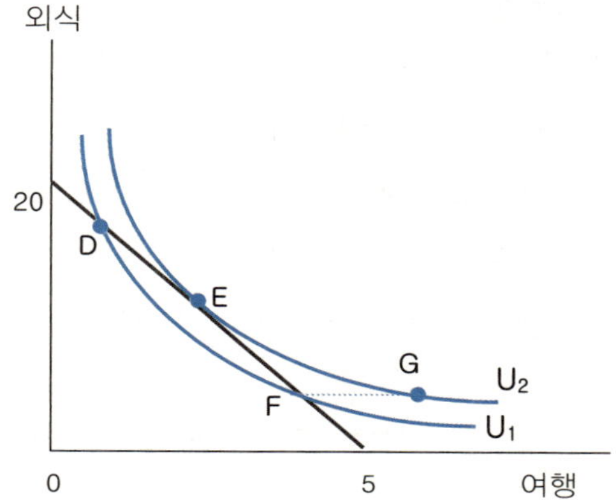

4. 소비자균형의 응용

1) 소득효과와 소득소비곡선

상품의 가격이나 소비자의 선호 등 다른 모든 조건이 일정불변인데 소득만 변하면 소비자의 균형은 어떻게 변할 것인가? <그림 10-9>에서 소비자가 균형인 E점에 있었다고 가정할 때, 소비자는 소득 I_1로 OX_1단위의 X재와 OY_1단위의 Y재를 소비하여 최대의 만족 U_1을 얻고 있다.

이제 X재와 Y재의 가격이 일정불변이고 소득만 I_1에서 I_2로 증가한다고 하자. 그러면 예산선은 AB에서 A'B'으로 평행이동하게 된다. 이에 따라 새로운 균형점은 A'B'과 무차별곡선이 접하는 E_2로서 이 점에서 소비자는 전보다 X재를 X_1X_2만큼 Y재를 Y_1Y_2만큼 더 소비한다. 소득이 감소하면 예산선이 안쪽으로 평행 이동하여 X재와 Y재의 소비량은 일반적으로 감소한다. 이와 같이 소득이 변하면 각 상품의 소비량이 변하는데 이것을 소득효과(income effect)라고 한다.

만약 소득이 I_2에서 I_3으로 증가하면 예산선은 A"B"으로 되고 균형점은 E_3으로 이동하게 된다. 이와 같이 재화의 가격들은 불변인 채 소득수준이 변함에 따라 변하는 균형점 E_1, E_2, E_3 등을 연결한 곡선을 소득소비곡선(income consumption curve : ICC) 또는 소득확장경로(income expansion path)라고 한다. 소득소비곡선 혹은 소득확장경로는 소득의 변화에 따라 소비자의 균형소비조합을 표시하는 곡선이다.

〈그림 10-9〉 소득효과와 소득소비곡선

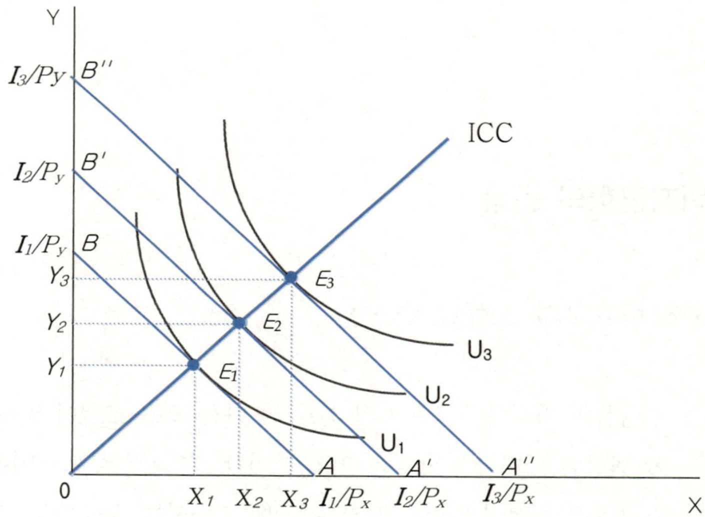

2) 열등재의 소득소비곡선

소득이 증가함에 따라 소비량이 증가하는 상품을 정상재라고 한다. 그러나 소득이 증가할 때 소비량이 오히려 감소하는 열등재도 있다. <그림

10-10>에서 X재가 열등재라면 소득소비곡선은 우상향하다가 나중에는 좌상향하는 형태를 취한다. 이것은 소비자의 소득이 일정수준 이상으로 증가하면 X재를 오히려 적게 소비한다는 것을 의미한다.

소득이 낮을 때는 돼지고기를 먹다가 소득이 높아지면 돼지고기의 소비량을 줄이는 대신 쇠고기를 더 많이 먹는 소비자라면 이 경우 돼지고기는 열등재에 해당된다. <그림 10-10>에서 예산선 AB에 대응하는 소득수준에서 소비자는 돼지고기 OX_1만큼을 소비하고 있는데, 이제 소득이 예산선 A'B'에 대응하는 수준으로 증가하면 소비자는 열등재인 돼지고기의 소비를 OX_2로 줄이게 된다. 즉 소득증가로 인해 돼지고기의 수요가 X_1X_2만큼 감소하게 된 것이다.

〈그림 10-10〉 열등재의 소득소비곡선

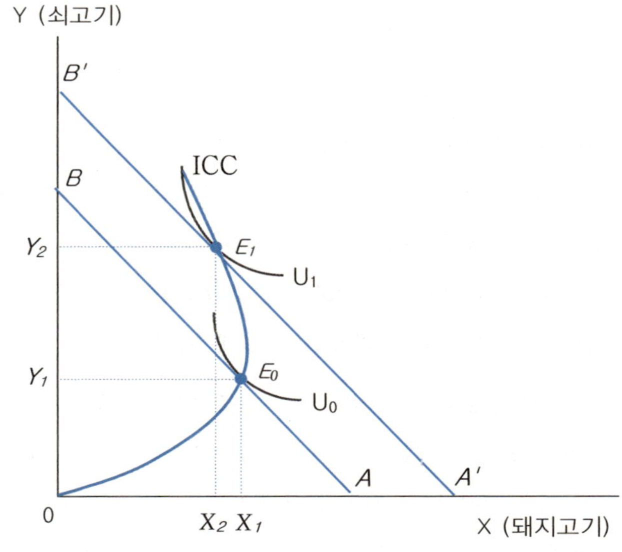

위의 예에서 돼지고기가 열등재라는 것은 쇠고기에 비교할 때만 적용될 수 있는 논리이다. 이처럼 열등재는 두 개의 재화를 서로 비교하는 상대적

인 개념이다. 열등재의 논리는 두 개의 관광지를 서로 비교할 때에도 성립될 수 있다. 우리나라는 그동안 빠른 경제성장을 이룩한 덕분에 국민소득이 짧은 기간 동안 급격하게 증가하였다.

우리나라 사람들이 선호하는 신혼여행지는 소득수준의 변화에 따라 바뀌어져왔다. 소득수준이 매우 낮았던 1960년대의 신혼여행지는 온양온천이었는데 이후 속리산, 경주 등지로 관광목적지가 확대되었다. 1980년대 들어서면서 제주도 하면 신혼여행지라는 이미지가 고착될 정도로 많은 신혼여행객이 제주를 방문하였다. 신혼여행지로서의 제주관광은 1994년 정점을 보일 때까지 매우 높은 성장률을 보여주었다. 이후 제주의 신혼여행객수는 IMF외환위기 기간 동안 잠시 증가하였을 뿐 지속적으로 감소하였다. 2003년에는 신혼여행객이 제주관광통계 대상에서 제외되었고 현재는 신혼여행객을 거의 찾아볼 수 없을 정도가 되었다. 이와 같은 현상은 1989년 해외여행자유화와 더불어 국민소득증대로 인해 신혼여행목적지가 제주에서 해외로 바뀐 결과이다.

우리나라 사람들의 신혼여행 목적지가 국내에서 제주도로 그리고 해외로 시대변화에 따라 변한 이유는 그동안 국민소득 수준의 변화에 따른 것으로 설명될 수 있다. <그림 10-11(a)>에서처럼 제주도와 국내여행지(경주) 간의 관계를 보면, 국내신혼여행상품(경주)은 제주신혼여행상품과 비교할 때 열등재에 해당된다. 그러나 <그림 10-11(b)>에서처럼 제주신혼여행상품은 해외신혼여행상품에 비해 열등재에 해당된다.

일반적으로 관광목적지의 장기수요 변화는 해당 관광시장의 소득수준 변화에 따라 크게 영향을 받는다. <그림 10-11>의 (a)나 (b)에서처럼 개인의 소득수준이 아니라 국민 전체의 가처분소득이 증가하게 되면 관광수요에 대한 예산선은 AB에서 A'B'로 이동하게 된다. 일반적으로 가처분소득이 증가하면 관광의 수요는 증가하게 마련이다. <그림 10-11(a)>는 전체 관광수요는 증가한 반면 국내신혼여행상품(경주)의 수요는 소득수준의 증가에 따라 X_1X_2만큼 감소한 반면 제주신혼여행상품에 대한 수요는 Y_1Y_2만 증가한 경우이다.

〈그림 10-11〉 열등재로서 관광상품의 소득에 따른 수요변화

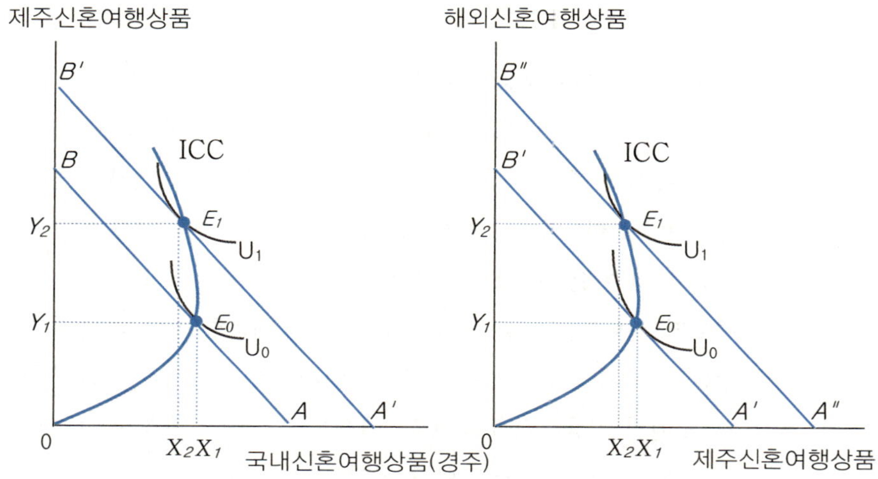

a) 국내여행과 제주여행　　b) 제주여행과 해외여행

국민소득이 <그림 10-11(a)>의 A'B'수준의 예산선보다 더욱 더 증대하게 되면(그림 10-11(b)의 A"B"수준의 예산선), 제주의 신혼여행수요는 감소하는 반면에 해외신혼여행상품에 대한 수요는 증가하게 된다. 따라서 <그림 10-11(b)>의 A"B"수준의 국민소득은 <그림 10-11(a)>의 A'B'수준보다 더 높은 국민소득을 나타낸다. 물론 그동안 제주도가 신혼여행상품의 수요는 감소하였지만 전체 관광수요는 꾸준히 증가하였다. 이는 휴양형태의 가족관광이나 개별관광객 그리고 수학여행객과 같은 형태의 관광수요가 증가하였기 때문이다.

3) 소득과 여가시간에 대한 선택

여행을 하거나 운동과 같은 여가활동을 하기 위해서는 여가시간이 있어야 한다. 우리가 시간당 임금을 받고 일을 하는 노동자라고 가정할 때 주어진 가용시간 중 얼마만큼을 일을 하고 얼마만큼을 여가로 즐길 것인가를 결정해야 한다. 이는 소비자이론에서 주어진 소득을 가지고 두 가지 상품을 구입할 때 어떤 상품조합을 선택하는가 하는 문제와 같은 논리에 해당된다. 주어진 가용시간을 일을 하는데 더 많이 배분하면 그 대신 여가시간이 줄어들고, 여가를 즐기는데 더 많이 배분하면 노동시간이 줄어든다. 노동자가 주어진 가용시간을 노동과 여가에 얼마만큼 배분하느냐 하는 문제는 노동자가 가지고 노동과 여가 사이의 예산선과 무차별곡선에 의하여 결정될 것이다.

<그림 10-12>는 관경이의 소득과 여가시간의 선호도를 나타내고 있다. 모든 사람은 똑같은 하루 24시간을 가지고 있다. 더 많은 소득을 얻기 위해서는 여가시간을 줄여 일을 해야 한다. 즉 여가시간을 줄인다는 이야기는 노동시간을 늘려서 더 많은 소득을 올린다는 이야기이다.

예를 들면, 관경이가 시간당 1만원의 노동자라면 1시간의 여가시간은 1만원의 소득을 포기한 대가이다. 관경이가 로봇처럼 여가시간이 전혀 없이 하루 24시간 일만 한다면 24시간×1만원 = 240만원의 소득을 올리게 된다. 지금 현재 관경이의 소득과 여가시간은 U_1과 예산선이 만나는 선에서 균형을 이루고 있다. 이 경우 L시간의 노동과 24−L시간의 여가로 Y만큼의 소득을 얻게 된다. 앞에서와 마찬가지로 예산선과 무차별곡선이 서로 만나는 점에서 여가시간과 소득수준에 대한 최선의 조합을 찾게 된다.

〈그림 10-12〉 소득과 여가의 예산선과 무차별곡선

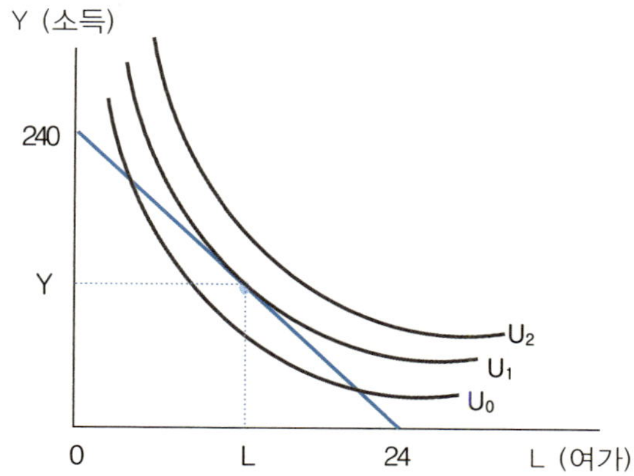

여가시간이 전혀 없는 경우, 즉 수면과 식사와 같이 생존에 필요한 시간을 빼고 남는 시간을 모두 일만 해야 하는 사람이 있다고 하자. 특수한 경우에 해당되지만 그 사람의 예산선은 <그림 10-13>에서 Y_0를 만나게 된다. 즉 최소한 살아가기 위해서는 Y_0만큼의 소득이 발생해야 한다는 의미이다. 이 경우의 무차별곡선은 U_0에 해당되며 무차별곡선과 예산선이 만나는 유일한 점은 Y축의 Y_0에 해당된다. 무차별곡선이 수평인 경우는 두 상품(소득과 여가) 사이에 대체가 전혀 이루어지지 않는 것을 뜻한다. 여가시간을 생각할 만큼 여유가 없이 무조건 시간이 나는 대로 일을 해야 한다는 것을 의미하는 것이다.

만약 노동자의 생산성이 향상되어 시간당 임금이 인상되었다고 가정하자. 보다 향상된 임금수준으로 소득이 증가하게 되면 노동자는 과거보다는 일을 줄이는 대신 여가에 대한 요구가 증가할 것이다. 그 결과 예산선은 오른쪽 방향으로 회전하게 되면서 새로운 무차별곡선과 만나게 된다. 이 경우 최대 가능한 소득은 Y'수준으로 오르게 되면서 여러 개의 소득 및 여가시간의 조합을 갖게 된다. 결과적으로 임금인상으로 인해 L*만큼의 노동을 통해 Y'수준의 소득을 얻게 되고 24−L만큼의 여가시간을 갖게 된다.

〈그림 10-13〉 소득과 여가시간의 효용극대화 조합

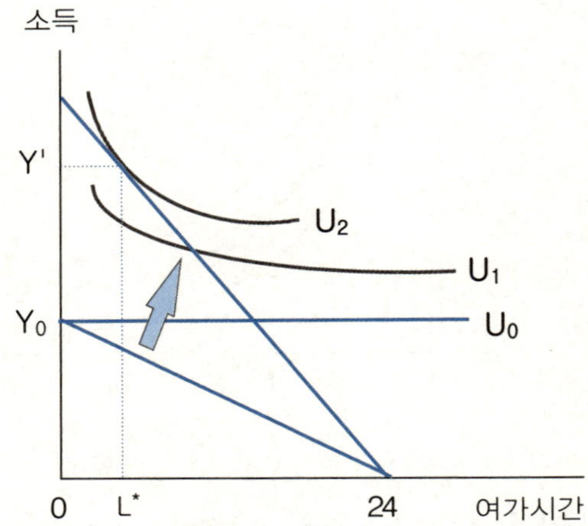

제11장

생산자선택 이론

1. 기업과 생산함수

1) 기업과 생산

관광객이 유용한 재화와 서비스를 만들어 소비할 수 있게 하는 모든 인간의 활동을 관광기업의 생산이라 하고, 이러한 생산을 담당하는 조직체(organization)를 관광기업이라 한다. 개인이 생산자일 수 있지만 현대사회에서 대부분의 생산자는 단독으로 생산활동을 하지 않고 일정한 조직체를 만들어 생산활동을 하는데 이 조직체가 기업이다. 기업이 조직체를 만드는 이유는 개인이 단독으로 생산하여 판매하는 것보다 시장에서의 거래비용이 싸게 들고 한정된 자원으로 더 높은 효과를 얻을 수가 있기 때문이다.

기업이 어떤 상품을 얼마나 그리고 누구를 위하여 생산할 것인가는 기업의 목표에서 그 해답을 찾을 수가 있다. 경제학에서는 기업의 목표가 이윤추구라는 것에 그치지 않고 더 나아가 최대이윤추구, 즉 이윤극대화에 있다고 한다. 누구를 위하여 어떤 상품을 얼마나 생산할 것인가에 대한 해답은 생산자의 입장에서 가능한 더 많은 이윤을 가져다 줄 상품을 생산하려 할 것이며, 그 상품 생산으로 이윤이 생기는 한 생산은 지속될 것이다. 어떻게 생산할 것인가 하는 문제 역시 사용가능한 생산요소가 기업이윤을 극대화하는데 최적의 조합이 될 수 있는 조건을 선택하게 될 것이다.

생산요소란 기업이 생산과정에서 생산물을 생산하기 위하여 사용하는 모든 것을 말하는데, 전통적으로 토지 · 노동 · 자본을 생산의 3대 요소라고 한다. 생산자는 이들 생산요소를 결합하여 소비자가 원하는 상품을 만들어 판매함으로써 이윤을 얻게 된다. 상품생산량은 기업이 얼마나 많은 요소를 어떻게 결합하느냐에 따라 달라진다. 이들의 관계를 보여주는 것이 생산기술과 생산함수이다.

생산함수는 일정기간 동안에 생산과정에 투입되는 생산요소들의 수량과 최대생산량의 기술적 관계를 나타내며 다음과 같은 식으로 나타낸다.

(11-1) $$Q = f(L, K)$$

여기서 Q는 매기당 생산물의 수량을 그리고 L과 K는 매기당 노동과 자본의 투입량을 나타낸다.

생산함수의 특성을 살펴보면 첫째, 생산함수는 유량(flow)의 개념이다. 생산함수의 정의에서 매기당이라는 말을 사용한 것처럼 기간을 명기하여 투입요소와 생산물의 관계를 나타낸다. 둘째, 생산함수는 주어진 생산요소를 가지고 지금까지 알려진 생산기술 가운데 가장 우수한 기술을 이용하여 생산할 수 있는 최대생산량을 보여 준다. 즉 주어진 생산량을 생산하는 데 있어서 요소투입량을 가장 적게 사용한다는 것을 의미한다.

생산함수는 기간을 단기와 장기로 구분한다. 단기(short-term)란 여러 가지 생산요소들 중 적어도 한 가지 이상의 요소 투입량이 고정되어 있는 기간을 말한다. 호텔의 수요가 증가했다고 해서 객실수를 단기간에 증가시킬 수는 없을 것이다. 이처럼 단기에 시설과 같이 투입량이 고정되어 있는 생산요소를 고정요소(fixed input)라 하고, 호텔종업원의 숫자와 같은 노동의 투입량을 변경시킬 수 있는 생산요소를 가변요소(variable input)라 한다.

단기에 생산물에 대한 수요가 증가할 때 고정요소는 증가시킬 수 없지만 가변요소를 증가시켜 생산을 늘릴 수 있다. 생산함수에서 장기(long-term)란 모든 생산요소가 가변적으로 될 수 있는 충분히 긴 기간을 말한다. 어떠한 생산요소도 고정요소가 될 수 없는 기간이 장기인 것이다. 만일 관광지의 호텔업주가 해당 관광지의 관광수요가 증가할 것으로 예상되어 기존 호텔을 증축 또는 개보수를 통해 객실수를 증가시키게 되면 이는 장기생산함수의 변동을 의미한다.

2) 생산함수

생산함수는 단기와 장기생산함수가 있지만 여기서는 단기생산함수만을 언급하기로 하고, 본서에서 생산함수라 함은 단기생산함수를 의미한다. 단기생산함수는 적어도 한 생산요소의 투입량이 고정된 상태에서 가변요소의 투입량과 산출량의 기술적 관계를 나타낸다.

분석을 단순화하기 위해 단기에 자본은 고정요소이고 노동은 가변요소를 가정하였다. 예를 들면, 감귤 수확을 위해 일정한 감귤밭의 노동자를 투입하는 경우 일일 수확량의 변동이 <표 11-1>과 같다고 하자.

<표 11-1>에서 노동자수는 노동의 고용량(L)을 의미하고 매기당 주어진 자본량과 각각의 노동량의 결합에 의해 생산되는 총생산물(Q)은 총생산 혹은 총생산량이라고도 부른다. 한계생산물(MP)은 노동자를 한명 추가함으로써 증가되는 생산물을 뜻한다. 노동자를 2명에서 한 명 더 추가하면 총생산물은 1,200단위에서 1,800단위로 증가함으로 3번째로 추가되는 노동자의 한계생산물은 600이 된다. 한계생산물은 처음에는 증가하다가 어떤 단계를 지나면 감소하게 된다. 이와 같은 현상을 한계생산물체감의 법칙이라고 한다. 즉 한계생산물체감의 법칙(law of diminishing marginal product)이란 다른 생산요소들은 고정시켜 놓고 한 가변요소를 증가시킬

때 어떤 단계를 지나고 나서는 그 가변요소의 한계생산물이 점점 감소하는 현상을 말한다.

〈표 11-1〉 단기생산함수와 수확체감의 법칙

노동자수	총생산물	한계생산물	평균생산물
1	500	500	500
2	1,200	700	600
3	1,800	600	600
4	2,100	300	525
5	2,300	200	460
6	2,400	100	400
7	2,400	0	343
8	2,200	−200	275

일정한 규모의 감귤 과수원에 농부 혼자서 일을 하는 것보다는 여러 사람이 협력해서 일을 하게 되면 일의 능률이 높아져서 한계생산물은 증가하게 된다. 그러나 규모에 비해 너무 많은 사람이 함께 일을 하게 되면 오히려 일의 능률이 떨어져서 한계생산물은 작아지게 된다. 위의 예에서 밭주인은 노동의 한계생산물이 0이 되는 수준 즉 6명 이상의 노동자를 고용하지는 않을 것이다. 노동의 평균생산물(average product of labor: AP)은 단순히 총생산물을 노동자수로 나눈 값을 말한다. 평균생산물도 한계생산물과 마찬가지로 노동량을 일정수준 이상으로 증가시키면 감소하는 현상을 보인다.

<표 11-1>을 그림으로 나타내면 <그림 11-1(a)>와 같은 모습을 보인다. 총생산물(TP)곡선은 가변요소인 노동량을 증가시키면 L_o까지는 총생산물이 체증적(increasing rate)으로 증가하다가 L_o를 지나서는 체감적(decreasing rate)으로 증가한다. 즉 L_o에 대응하는 E점까지는 노동량이 증

가함에 따라 총생산물이 증가하되, 그 증가분이 점점 커지고 있으며 E점 이후부터는 총생산물은 증가하고 있지만 증가분이 점점 작아지고 있다.

<그림 11-1(b)>는 한계생산물과 평균생산물의 관계를 보여준다. 총생산물이 체증적으로 증가하는 L_0까지는 한계생산물이 증가하고 총생산물이 체감적으로 증가하는 L_0이후부터는 한계생산물이 감소한다. 총생산물곡선이 최대점에 도달하면 기울기가 0이 되어 한계생산물은 0이 된다. 이 단계 이후부터는 추가적인 노동량의 고용은 오히려 총생산물을 감소시킨다. 이것은 한계생산물이 음(−)이 된다는 것을 뜻한다.

〈그림 11-1〉 총생산물, 한계생산물과 평균생산물곡선

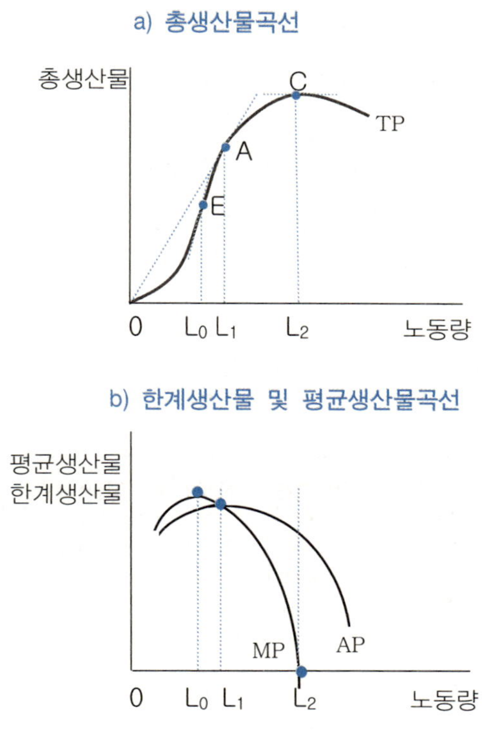

<그림 11-1>에 나타난 평균생산물곡선과 한계생산물곡선은 다음과 같은 특징을 가지고 있다. 첫째, 한계생산물이나 평균생산물은 처음에는 증가하다가 최대점에 도달하고 그 이후에 감소한다. 둘째, 평균생산물이 증가할 때 한계생산물은 평균생산물보다 많고, 평균생산물이 최대일 때 한계생산물과 평균생산물은 같아지며, 평균생산물이 감소할 때 한계생산물은 평균생산물보다 적어진다.

2. 생산함수와 비용함수

비용함수는 생산함수와 밀접한 관련을 가진다. 기업이 생산물을 생산하기 위해서는 생산요소를 구입해야 하고, 생산요소를 구입하는 데는 비용이 들기 때문이다. 고정요소가 존재하는 경우를 단기라 하고, 모든 생산요소가 가변적인 경우를 장기라 한다. 단기의 경우 각 생산량에 대응하는 최소비용을 보여 주는 것이 단기비용함수이다. <표 11-2>는 어떤 호텔의 단기비용체계를 가정한 것이다.

〈표 11-2〉 생산비용

(단위: 백만원)

생산량 Q (1)	총고정비용 TFC (2)	총가변비용 TVC (3)	총비용생 TC (4)=(2)+(3)	한계비용 MC (5)	평균비용 AC (6)=(4)/(1)	평균 가변비용 AVC (7)=(3)/(1)	평균 고정비용 AFC (8)=(2)/(1)
0	35	0	35				
1	35	24	59	24	59	24	35
2	35	40	75	16	38	20	17.5
3	35	60	95	20	32	20	12
4	35	85	120	25	30	21	9
5	35	115	150	30	30	23	7
6	35	155	190	40	32	26	6
7	35	210	245	55	35	30	5
8	35	295	330	85	41	37	4

1) 총비용

단기에 자본시설은 고정되어 있다. 호텔에 손님이 있든 없든 관계없이 감가상각비와 유지비, 보험료 등이 들어간다. 건물을 짓고 내부시설을 갖추는데 필요한 돈의 일부를 은행에서 빌렸다면 이자를 내야 하며, 남의 땅에 호텔을 지었다면 땅에 대한 지대도 지급해야 할 것이다. 이와 같이 생산수준과 관계없이 발생하는 비용을 총고정비용(total fixed cost: TFC) 혹은 경상비(overhead cost)라고 한다. <표 11-2>에서 총고정비용은 35백만원이다. 생산량이 전혀 없거나 혹은 어느 수준이든 관계없이 이 비용은 일정하게 들어간다.

반면에 단기에 생산량이 증가함에 따라 증가하는 비용이 있다. 생산을 증가시킴에 따라 노동 · 원재료 · 연료 등의 사용이 늘어나면 임금 · 원재료비 · 연료비 등도 늘어난다. 이처럼 생산량이 변함에 따라 변동하는 비용을 총가변비용(total variable cost: TVC)이라고 한다. 총고정비용과 총가변비용을 합하여 총비용(total cost: TC)이라고 한다.

〈그림 11-2〉 비용곡선

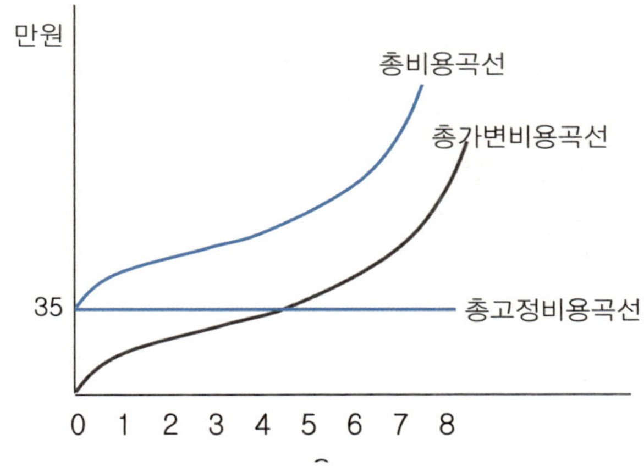

총비용곡선은 각 생산량에 대응하여 총비용이 얼마인가를 보여주는 곡선이다. <그림 11-2>에서 보듯이 총고정비용은 생산량에 관계없이 일정하기 때문에 총고정비용곡선은 수평선으로 그려진다. 총가변비용곡선은 처음에는 체감적(decreasing)으로 증가하다가 어느 단계를 지나서는 체증적(increa-sing)으로 증가하는 특징을 가진다. 이는 총생산물곡선이 처음에는 체증적으로 증가하다가 나중에는 체감적으로 증가하기 때문이다. 따라서 총고정비용에 총가변비용을 합한 것이 총비용이기 때문에 총비용곡선의 특징은 총가변비용의 특징과 마찬가지이다.

2) 평균비용과 한계비용

평균비용(average cost: AC)은 총비용을 생산량으로 나눈 것으로 생산물 1단위당 생산비를 나타낸다. 평균가변비용은 <표 11-2>에서 처음에는 감소하다가 나중에는 증가하고 있다. 이것을 그림으로 표시하면 <그림 11-3>에서와 같은 U자형의 평균가변비용곡선이 된다. 평균가변비용은 평균고정비용(average fixed cost : AFC)과 평균가변비용(average variable cost : AVC)를 합한 값이다.

한계비용(marginal cost: MC)이란 생산량이 한 단위 증가(감소)할 때 추가적으로 증가(감소)하는 총비용을 말한다. 한계비용을 생산량의 함수로 표시한 것을 한계비용함수라 하고 이를 그림으로 나타낸 것을 한계비용곡선이라고 한다. 한계비용곡선은 평균비용곡선과 마찬가지로 U자형의 형태를 갖고 있다. 한계비용곡선의 최저점은 평균비용곡선의 최저점보다 더 낮은 수준에 있게 마련이다.

〈그림 11-3〉 평균비용곡선과 한계비용곡선

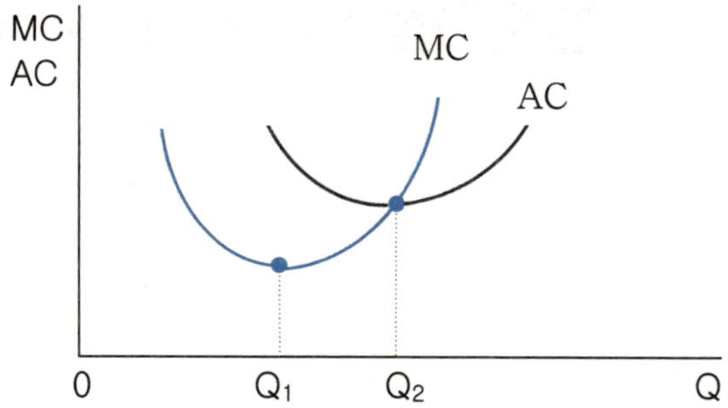

<그림 11-3>에서 보듯이 한계비용이 평균비용보다 낮은 구간에서는 평균비용은 감소하고, 반대로 한계비용이 평균비용보다 높은 구간에서는 평균비용은 증가한다. 따라서 한계비용과 평균비용이 같아질 때 평균비용곡선은 최저점이 된다.

결론적으로 U자형의 단기평균비용곡선은 역U자형의 평균생산물곡선에서, U자형의 한계비용곡선은 역U자형의 한계생산물곡선에서 도출된다. 역U자형의 평균생산물곡선이나 한계생산물곡선은 궁극적으로 수확체감의 법칙을 반영한다. 따라서 단기비용곡선은 단기생산함수에서 성립하는 수확체감의 법칙을 반영하고 있다는 것을 알 수 있다. 경제학에서 비용이론은 생산이론과 표리의 관계를 이룬다고 말하는 것은 이러한 관점에서이다.

제12장

생산물시장의 이론

1. 시장의 형태

경제학에서 시장은 생산물과 생산요소가 교환되고 거래되는 것을 의미한다. 시장의 형태는 <표 12-1>에서 보는 바와 같이 크게 완전경쟁시장과 불완전경쟁시장으로 나누어진다. 불완전경쟁시장은 다시 독점시장 · 과점시장 · 독점적 경쟁시장으로 나누어진다. 시장의 형태 중 한쪽 측면인 공급자들 간의 상호경쟁 상태를 산업형태라고 한다. 그러므로 산업조직은 한 시장에 참여하는 기업의 수, 생산물의 차이, 기업의 규모 등에 따라 그 특성이 달라진다.

시장의 형태는 주로 공급자인 기업의 수와 기업규모에 따라 결정되며, 공급자의 수와 규모는 시장의 경쟁상태를 말해주는 것이다. 따라서 시장의 형태 또는 시장구조는 시장의 경쟁정도가 어느 상태에 있는가를 말해주는 것이다. 시장의 경쟁정도는 극단적으로 경쟁정도가 전혀 없는 경우에서부터 경쟁정도가 매우 심한 경우까지 각 산업별로 매우 다양한 형태가 존재할 수 있다.

완전경쟁시장(perfectly competitive market)이란 수많은 소비자와 기업이 주어진 시장가격하에서 동질의 상품을 자유스럽게 사고파는 시장을 말한다. 완전경쟁시장을 줄여서 경쟁시장이라고도 부른다. 경쟁시장에서 각 소비자와 기업이 사고파는 상품수량은 전체 시장거래량에 비추어 볼 때 매우 미미하다. 따라서 개별 소비자나 기업은 시장가격을 스스로의 힘으로 변경시킬 수 없다. 주어진 시장가격수준에서 자기가 사고자 하거나 팔고자 하는 수량을 결정할 수 있을 뿐이다. 시장가격을 주어진 그대로 받아들이는 경제주체를 가격수용자(price taker)라고 한다. 완전경쟁시장에서는 모든 기업과 모든 소비자가 가격수용자이다.

경제학에서 소비자는 항상 가격수용자이다. 공급자가 가격수용자인가 아닌가에 따라서 시장의 형태가 완전경쟁시장인가 불완전경쟁시장인가가 결정된다. 불완전경쟁시장에서는 공급자가 시장가격을 결정할 수 있는 힘, 즉 시장지배력(market power)을 갖는다. 기업이 가격수용자가 아니라 가격결정자(price maker)인 것이다. 또한 불완전경쟁시장은 공급자수가 하나이냐, 소수이냐, 다수이냐에 따라 독점시장 · 과점시장 · 독점적경쟁시장으로 구분한다.

〈표 12-1〉 생산물시장의 형태와 특징

시장의 형태	기업의 수	상품의 동질성	기업에 의한 가격통제의 정도	진입장벽	예
완전경쟁시장	다수	동질적	없음	없음	채소, 곡물
불완전경쟁시장					
1) 독점	하나	동질적	매우 큼	매우 높음	담배, 전기, 수도, 철도
2) 과점	소수	① 동질적	상당히 큼	상당히 높음	설탕, 시멘트
		② 이질적			항공사
3) 독점적 경쟁시장	다수	이질적	어느 정도 있음	없음	호텔, 식당 여행사 골프장

1) 완전경쟁시장의 특징

① 대다수의 소비자와 공급자

완전경쟁시장은 동질의 상품을 판매하는 수많은 판매자가 존재하기 때문에 어떤 판매자도 가격에 영향을 줄 수 없는 시장을 말한다. 즉 개별소비자나 판매자의 수요나 공급이 시장 전체의 수요량이나 공급량에 비추어 볼 때 그 비중이 무시할 정도로 작아서 시장가격에 영향을 줄 수 없다. 소비자와 판매자는 모두 시장에서 형성된 시장가격을 받아들여야 하는 가격수용자(price takers)가 된다.

② 상품의 동질성

상품의 동질성은 거래되는 상품이 질적인 측면에서 전혀 차이가 없기 때문에 소비자는 어떤 판매자로부터 상품을 구입해도 마찬가지이어야 한다는 의미이다. 만약 어떤 상품이 동종의 다른 기업의 제품보다 기술적 특성이나 또는 판매후 서비스와 관련된 조건에서 조금이라도 더 좋은 조건이라면 그 기업은 상품의 가격결정에 어느 정도 영향을 미칠 수 있게 된다.

③ 완전한 정보

시장에 참여하는 모든 소비자와 공급자는 시장현황에 관하여 완전한 정보(perfect information)를 갖고 있어야 한다. 그리고 새로운 정보는 아무런 비용 없이 얻을 수 있어야 한다. 동일 상품에 대해서는 오로지 하나의 균형가격이 성립하고 판매자에 따라 판매가격이 다를 수 없다. 즉 일물일가(law of one price)의 법칙에 따라 일부 판매자가 다른 판매자보다 높은 가격을 호가하면 그것을 아는 구매자들은 보다 싸게 가격을 부르는 판매자에게 갈 것이므로 판매자들이 자신의 상품을 팔려면 부득이 가격을 내려야 할 것이다. 그러므로 시장에서 같은 상품에 대하여 성립하는 가격은 하나의 수준으로 수렴되기 마련이다.

④ 공급자의 자유로운 진입과 퇴거

경쟁시장에서 공급자는 해당 산업에 진입(entry)하거나 해당 산업으로부터 퇴거(exit)하는데 자유롭다. 새로운 기업의 시장진입이 기존 공급자로부터 또는 법적으로 제약을 받지 않아야 하며 또한 자원의 완전이동이 성립되어야 한다. 따라서 이윤의 기회를 발견한 기업은 노동과 자본 등의 생산요소를 동원하여 이 산업에 진입할 수 있으며, 손실을 보게 되면 언제라도 이 산업에서 떠날 수 있다.

단기적으로는 경쟁시장에서 수요의 변화에 의해 가격의 변화가 발생하는 경우 공급자는 일시적으로 정상이윤 이상의 이윤이 발생할 수도 있다. 그러나 이런 경우는 오래 지속되지 않는다. 새로운 수요가 발생하게 되면 시장진입이 자유롭기 때문에 새로운 공급자가 시장에 진입하게 되고 이로 인해 공급량이 증가하면서 가격하락을 가져오게 된다. 같은 의미에서 손실 역시 오래 가지는 않을 것이다. 만약 소비자의 수요 감소로 가격하락이 발생하면 시장을 떠나는 공급자가 발생하기 때문이다. 공급자가 시장을 떠나게 되면 공급이 줄고 이로 인해 가격은 다시 상승하게 될 것이다. 단기적으로는 이처럼 높은 이윤이나 손실이 종종 발생할 수도 있지만, 이것은 일시적인 현상일 뿐이다. 경쟁시장에서 하나의 중요한 결과는 장기적으로는 가능한 최적가격이 형성되게 마련이다.

현실적으로 이상의 네 가지 조건들을 모두 갖춘 시장은 거의 존재하지 않는다. 그러나 이러한 경우를 상정하는 이유는 이로 인해 도출된 결론들이 현실에 대한 설명이나 미래에 대한 예측을 하는 데 매우 유용하기 때문이다. 또한 경쟁시장은 자원을 효율적으로 배분시켜주는 모든 시장형태의 표준이 되기 때문에 완전경쟁시장에 대한 분석은 보다 현실적인 불완전경쟁시장을 비교 분석하는데 도움을 주게 된다.

2) 완전경쟁시장에서의 가격

완전경쟁시장에서의 시장수요곡선은 우하향하는 형태를 갖고 있지만, 개별 기업이 직면하고 있는 수요곡선은 L자 형태이다. 개별기업이 직면하는 수요곡선의 수평부분은 시장의 공급과 수요에 의해 결정된 가격을 보여주는 것이다. 만약 완전경쟁시장에서 어떤 공급자가 자신의 상품가격을 경쟁사의 제품보다 높은 가격을 받으려고 한다면 그러한 제품은 하나도 팔리지 않을 것이다. 수요곡선의 수직부분은 가격축(price axis)과 일치한다. 이는 시장가격보다 높은 수준의 가격에서는 상품거래가 발생하지 않는다는 것을 의미한다.

〈그림 12-1〉 시장수요 · 공급곡선과 개별기업의 평균 및 한계수입곡선

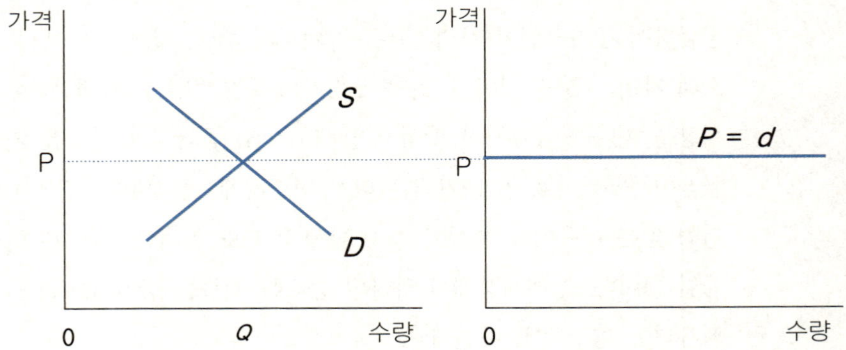

(a) 시장수요 · 공급곡선 (b) 개별기업의 수요곡선

<그림 12-1(a)>에서 시장공급과 시장수요에 의해 해당 상품의 가격은 P에서 균형을 이루고 있다. 그러나 <그림 12-1(b)>에서의 개별 공급자의 공급곡선이나 개별수요자의 수요곡선은 수량에 상관없이 항상 일정한 P(가격)와 직면하게 된다. 만약 판매자가 P보다 높은 가격으로 상품을 팔려고

한다면 하나의 상품도 팔지 못할 것이다. 왜냐하면 경쟁시장에서 모든 구매자와 판매자는 가격수용자(price taker)이기 때문이다.

3) 경쟁기업의 단기 균형

경제학에서는 소비자가 효용극대화를 위해 소비활동을 하듯이 생산자는 이윤극대화를 위해 생산활동을 한다고 가정한다. 경쟁시장에서 기업이 이윤극대화를 위해서는 어느 정도의 상품을 생산해야 하는가?

기업의 이윤(π)은 총수입(total revenue: TR)과 총비용(total cost: TC)의 차이로 정의된다(식 12-1). 기업의 총수입은 은행예금에서 발생하는 이자수입이나 부동산 및 설비대여 등으로 발생하는 임대수입 등을 포함해서 여러 가지가 있지만 상품판매수입이 가장 큰 비중을 차지한다.

(12-1) **이윤(π) = 총수입(TR) - 총비용(TC)**

상품판매수입은 상품의 시장가격과 생산량의 곱으로 표시된다.

(12-2) **총수입(TR) = 상품의 시장가격(P) x 생산량(Q)**

<식 12-2>에서처럼 상품의 시장가격이나 생산량이 변하면 총수입이 변한다. 그러나 완전경쟁시장에서는 상품의 공급자는 가격수용자(price taker)이기 때문에 상품의 시장가격이 불변인 상황에서 총수입은 생산량이 증가함에 따라 비례적으로 증가하게 된다. <그림 12-2>에서와 같이 생산량과 총수입의 관계를 보여주는 총수입곡선은 원점을 지나는 곡선으로 표시된다. 왜냐하면 생산량이 0이면 총수입도 0이기 때문이다.

소비자가 효용극대화를 위해 소비활동을 하듯이 기업은 이윤극대화를 위해 생산활동을 한다. <그림 12-2>에서 이윤을 극대로 하는 생산량은 Q_o이다. 이 수준에서 총수입과 총비용의 차이가 가장 크기 때문이다. 그리고 손실이 극대로 발생하는 생산량은 Q_m이다. 이윤극대화가 이루어지지 않은 상황에서는 기업의 균형이 달성되지 않는다. 기업은 이윤을 극대로 하는 생산량을 생산할 때 균형에 있게 된다. 기업의 균형은 위의 그림에서처럼 직접 총수입과 총비용을 사용하여 설명할 수도 있고 한계수입과 한계비용을 사용하여 설명할 수도 있다.

〈그림 12-2〉 총수입곡선과 총비용곡선

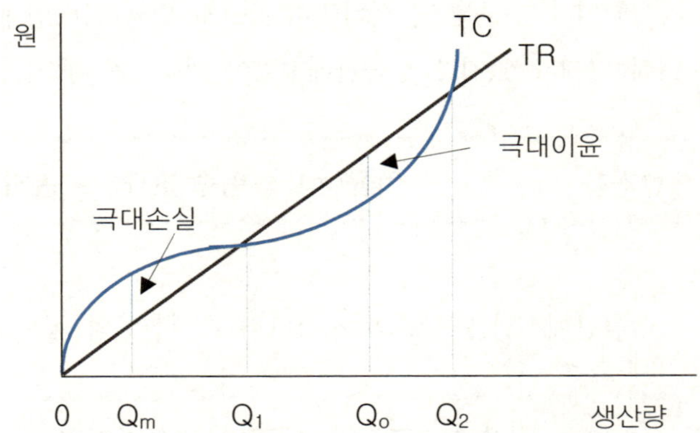

평균수입(average revenue : AR)은 생산물 한 단위당 수입으로서 총수입을 총생산량으로 나누어 얻는다.

(12-3) **평균수입(AR)** $= \dfrac{\text{총수입}(TR)}{\text{총생산량}(Q)}$

만약 기업이 한 가지 상품만 생산하고 매기에 생산한 것이 재고 없이 모두 시장에 넘긴다고 가정하면 총수입은 시장가격(P)과 생산량(Q)의 곱으로 표시되었다. <식 (12-3)>를 이용하면

(12-4) $$AR = \frac{TR}{Q} = \frac{P \cdot Q}{Q} = P$$

로서 평균수입은 시장가격과 같게 된다.

한계수입(marginal revenue : MR)은 생산물 한 단위를 추가로 판매할 때 얻어지는 총수입의 증가분을 말한다.

(12-5) $$\text{한계수입}(MR) = \frac{\text{총수입의 증가분}(\Delta TR)}{\text{총생산량의 증가분}(\Delta Q)}$$

경쟁시장에서는 시장가격이 기업의 공급량과 관계없이 일정하므로 총수입의 증가분은 $\Delta TR = P \cdot \Delta Q$로 표시된다. 따라서 경쟁기업의 한계수입은

(12-6) $$MR = \frac{\Delta TR}{\Delta Q} = \frac{P \cdot \Delta Q}{\Delta Q} = P$$

로서 시장가격과 같게 된다.

따라서 경쟁기업의 평균수입과 한계수입은 바로 시장가격이다. 즉 $P = AR = MR$이다.

<그림 12-3>은 경쟁기업의 총수입곡선, 평균수입 그리고 한계수입의 관계를 보여주고 있다. 생산자가 상품을 얼마나 생산할 것인지를 결정하기 위해서는 한계수입(MR)과 한계비용(MC)을 비교하게 된다. 만약 추가된 생

산물의 한계수입이 한계비용보다 크면 생산량을 한 단위 더 생산하여 그 차액만큼 이윤을 늘릴 수 있다. 이 경우 이윤을 극대화하고자 하는 기업은 한계수입이 한계비용과 같게 될 때까지 계속해서 생산을 증가시킨다.

〈그림 12-3〉 경쟁기업의 수입곡선

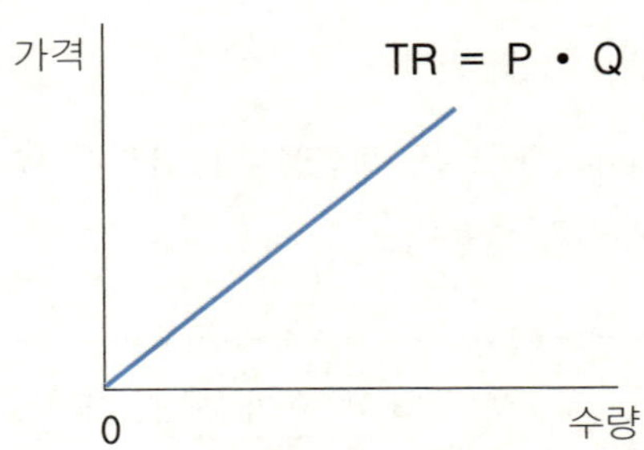

(a) 경쟁기업의 총수입곡선

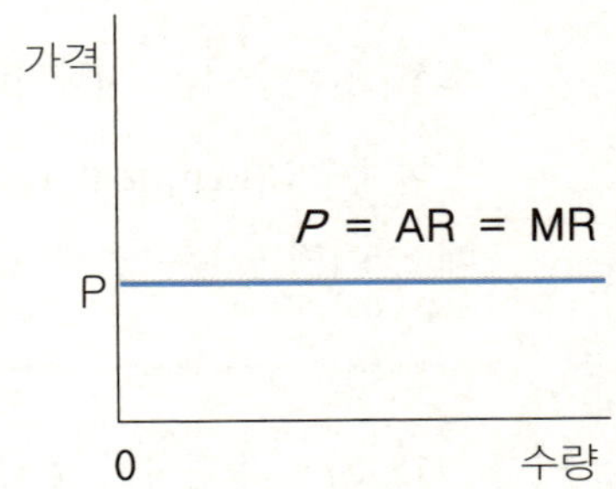

(b) 경쟁기업의 평균수입곡선 및 한계수입곡선

반면에 한계수입이 한계비용보다 작다면 제품을 한 단위 더 생산할 때 이윤이 한계비용과 한계수입의 차액만큼 줄어들기 때문에 생산량을 감소시켜야 한다. 그러므로 이윤을 극대화하고자 하는 기업은 생산물의 한계수입이 한계비용과 같게 될 때까지 생산을 감소시킨다.

〈그림 12-4〉 한계수입과 한계비용

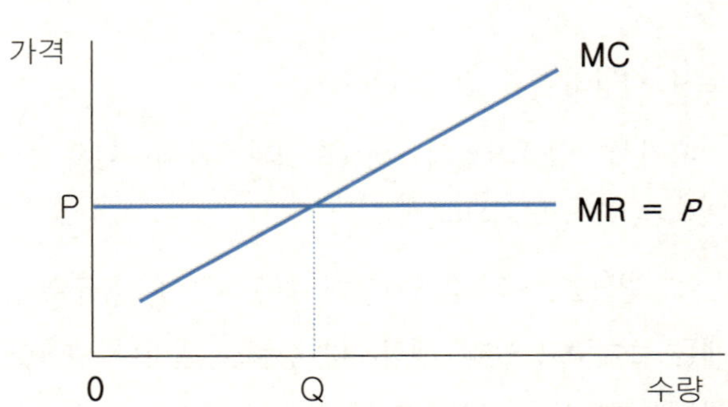

결국 이윤을 극대화시키기 위해서는 한계수입(MR)과 한계비용(MC)이 같게 되는 생산량을 선택해야 한다. 즉 이윤극대화 조건은

(12-7) 한계수입$(MR)=$ 한계비용(MC)

이고 이 조건을 만족시키는 생산량을 선택하여 생산하면 이윤이 극대화되는 것이다. 그런데 가격수용자인 완전경쟁기업의 경우 한계수입이 상품가격과 같다. 따라서 <식 (12-7)>의 이윤극대화 조건은

(12-8) 상품가격$(P)=$ 한계수입$(MR)=$ 한계비용(MC)

가 된다.

<그림 12-5>는 총수입곡선과 총비용곡선 그리고 한계수입과 평균수입 그리고 한계비용과 평균비용과의 관계를 보여주고 있다. <그림 12-5(a)>에서 총수입과 총비용의 차이가 극대가 되는 생산량은 Q_0이다. Q_0의 생산량에서 총수입곡선의 기울기인 한계수입과 총비용곡선의 기울기인 한계비용이 같게 된다. 즉 Q_0는 MR=MC인 이윤극대화생산량이다.

<그림 12-5>에서는 Q_1의 수준에서도 MR=MC가 된다. 그러나 Q_1은 손실이 극대화되는 생산량으로서 MC곡선이 우하향하는 점에서 MR과 만나는 점이다. 따라서 이윤극대화가 되는 생산량은 MC곡선이 우상향하는 부분에서 MR과 만나는 점이어야 한다. 결론적으로 말하면 MR=MC는 이윤극대화의 필요조건이며, 이 필요조건에 덧붙여 MC가 상승하면서 MR과 만나야 하는 것이 이윤극대화의 충분조건이 되는 것이다.

완전경쟁시장에서는 경쟁기업들이 시장 진입과 퇴출이 자유롭다는 것을 가정하고 있다. 따라서 만약 생산자들이 많은 이윤을 얻게 되면 더 많은 생산자가 생겨나게 된다. 공급자의 증가는 시장의 공급곡선을 오른쪽으로 이

동시키게 된다. 공급곡선이 오른쪽으로 이동한다는 의미는 가격하락을 가져오게 되며 개별공급자 또는 생산자의 이윤감소를 가져오게 된다. 결과적으로 완전경쟁시장에서 기업이 이윤을 발생하게 되면 다른 기업들이 시장에 진출하게 되고 이는 가격하락과 기업이윤 하락을 가져오게 된다.

〈그림 12-5〉 경쟁기업의 이윤극대화 결정

(a) 총수입곡선과 총비용곡선

(b) 한계수입곡선과 한계비용곡선

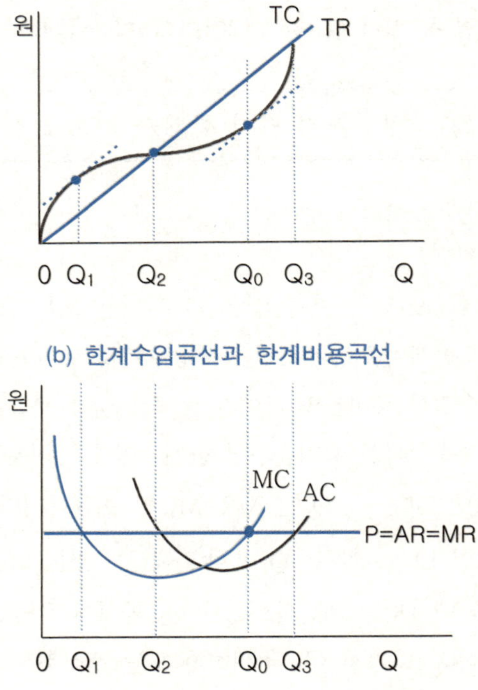

생산자가 자유스럽게 시장에 진입할 수 있다는 점은 소비자들에게 두 가지 관점에서 혜택을 주게 된다. 첫째 기업이 추가이윤을 얻기 위해 생산을 제한시킬 수가 없게 된다. 이 점은 완전경쟁시장이 경제적으로 효율적(economically efficient)이라는 의미를 갖게 된다. 경제적으로 효율적이라는 점은 재화나 서비스의 교환(exchange)을 통해서 사회가 얻게 되는 혜택이 극대화되는 결과를 가져오게 된다. 시장에서 이윤(profit)이 발생한다는 것은 새로운 진입자를 발생시키거나 기존 공급자들이 생산량을 증가시키는 유인이 되며 이로 인해 해당 생산물에 대한 사회의 바람을 만족시키는 결과를 가져다준다.

즉 경제학에서는 독점보다는 경쟁체제가 사회적으로 바람직한 것으로 알려져 있다. 경쟁체제에서의 공급자는 재화와 서비스를 소비자들이 가장 높게 가치를 부여하는, 즉 양질의 상품을 가능하면 가장 낮은 가격으로 공급하게 된다. 반대로 독점업체는 생산을 제한한다. 경쟁체제에서 생산될 수 있는 생산량보다 적은 양을 생산함으로써 초과이윤을 발생시킨다. 경쟁시장에서의 가격보다 더 높은 가격을 부과할 수 있는 기업을 독점적 지배력 또는 시장지배력을 갖고 있다고 한다. 물론 시장지배력은 이로 인해 가격을 통제할 할 수 있기 때문에 가격지배력을 의미하기도 한다.

2. 불완전 경쟁시장

관광산업은 종류도 다양할 뿐만 아니라 업종에 따라 그 규모 역시 매우 다양하다. 여행업이나 호텔업과 같은 산업은 큰 기업에서부터 가족경영이 가능할 정도의 소규모 기업까지 기업의 규모가 매우 다양하다는 특징을 갖고 있다. 주제공원과 같은 관광시설업 역시 디즈니월드나 롯데월드 같이 규모가 매우 큰 경우도 있지만 작은 규모의 주제공원의 수 역시 매우 많다는 것을 알 수 있다.

이처럼 같은 시장 내에서 다수의 공급자가 존재한다는 것은 해당 업종의 시장진입과 퇴거가 비교적 용이하다는 의미이며, 시장이 보다 경쟁적이라고 할 수 있다. 일반적으로 관광시장은 독점적 경쟁시장이라고 알려져 있다. 관광상품은 주로 서비스상품으로 구성되어 있기 때문에 같은 상품이라 해도 서로 이질적일 수밖에 없다.

관광기업 가운데 일반적으로 규모가 큰 기업으로는 항공사를 들 수 있다. 최근 한국에서는 저가 항공사가 4개나 생겨났지만 그동안 항공시장은 대한항공과 아시아나항공이 복점체제를 이루고 있었으며, 이들 두 기업에 시장이 집중되어 있다 해도 이들 기업간에 가시적으로는 매우 격렬한 경쟁관계가 성립되어 있다. 미국에서는 수많은 기업들이 기업합병이나 파산을 통해 시장에서 퇴출된 예가 많다. Braniff, Eastern Air lines, Western Airlines, TWA가 시장에서 퇴출되었고, 그리고 최근에는 Northwest Airline과 Delta항공사가 합병이 될 정도로 항공시장은 매우 경쟁적이다.

그러나 모든 관광업체들이 치열한 시장경쟁상태에 놓여 있는 것은 아니다. 관광업체가 가지고 있는 특징 가운데 하나는 소비자가 상품을 소비하기 위해서 해당 관광지로 이동해야 한다는 것이다. 즉 관광업체는 지리적으로 시장이 분할되어 있기 때문에 지역별 시장의 형태가 다르다는 점이다. 따라서 경쟁의 정도는 나라와 지역에 따라 달라질 수 있다.

1) 독점시장

경쟁이 전혀 없는 시장형태를 독점이라고 한다. 이는 시장에서 다른 상품으로 대체할 수 없는 유일한 상품을 하나의 공급자가 판매하는 경우이다. 소비자 입장에서는 공급자를 선택할 수 없기 때문에 독점상황에서는 경쟁이 존재하지 않는다.

이처럼 독점(monopoly) 또는 독점시장(monopoly market)이란 한 재화나 서비스의 공급이 단일 기업에 의하여 이루어지는 시장조직형태를 말한다. 이런 상황에서의 단일 기업을 독점기업이라 하고 독점기업이 공급하는 재화나 서비스를 독점상품이라 한다. 전기나 수도, 철도우편서비스 그리고 담배 등의 시장은 우리나라에서 전형적인 독점형태이다.

(1) 독점의 생성원인

어떤 시장에서 독점기업만 존재한다는 것은 그 시장에 다른 기업들이 진입하지 못하게 하는 여러 가지 제약이 있다는 것을 뜻한다. 이런 장벽을 진입장벽(barriers to entry)이라고 하는데 그 이유는 보통 다음의 네 가지를 든다.

첫째, 규모의 경제는 생산량을 증가시키면 평균비용이 감소하는 경우이다. 어떤 산업에 시장수요량을 충족시키고도 남을 만큼의 대규모 생산이 가능하고 규모의 경제가 있으면 대규모기업일수록 더 낮은 비용으로 상품을 생산할 수 있기 때문에 그 산업은 독점화될 가능성이 크다. 규모의 경제로 인해 생성되는 독점을 자연독점(natural monopoly)이라고 하며, 전력 · 전신 · 전화 · 수도와 같이 주로 설비투자와 시장규모가 매우 큰 산업에서 주로 생긴다. 같은 이유로 정부에서 어느 특정 기업에게 독점권을 부여하는 경우도 있다. 즉 여러 개의 작은 기업이 존립하는 것보다는 하나의 큰 업체가 생산하게 되면 평균비용이 낮아지게 됨으로 정부가 해당 산업을 전략적으로 육성할 필요성이 있을 때 적용된다. 우리나라의 초기 통신시장에서 한국통신에게 독점적 권리를 정부에서 보호해 준 적이 있다.

둘째, 어떤 상품을 만드는 데 쓰이는 주요 원재료를 독점적으로 소유하는 경우이다. 석유와 같은 지하자원을 원재료로 사용하는 기업에서 찾아볼 수 있다.

셋째, 정부가 특허권, 판권, 인 · 허가 등을 통해 법적으로 독점의 지위를 누리게 되는 경우이다. 특허소유자는 특허 제품에 대해 17년에서 20년 동안 독점적으로 생산권을 갖게 된다. 이러한 권리를 부여하는 것은 발명을 진작시키거나 이로 인해 경제에 기여할 수 있게 하기 위한 것이다. 특허권을 갖고 있는 상품이 수요가 많이 발생하게 되면 해당 기업은 높은 이윤이 발생하게 되고, 다른 사람들은 특허를 침범하지 않는 선에서 비슷한 대체재를 만들어내려고 노력하게 된다.

넷째, 정부가 특수한 목적을 위하여 독점적으로 기업을 경영하는 경우이다. 우리나라의 경우 정부가 재정수입을 목적으로 담배와 홍삼을 독점적으로 생산 · 판매하는 경우가 이에 해당된다.

(2) 독점시장에서의 가격결정

어느 유명한 가수의 콘서트가 있다고 가정하자. 콘서트 주최의 목적이 상업성에 있다고 할 때 주관회사는 입장권의 가격을 얼마로 책정해야 최대 이윤을 얻게 될 것인지를 판단해야 할 것이다. 만약 콘서트를 개최하는 가수가 열렬한 팬을 가지고 있다면 다른 가수의 콘서트와 완전대체가 이루어지지 않기 때문에 가격을 인상시킬 수 있는 시장지배력(market power)을 갖게 된다. 결과적으로 콘서트에 대한 수요곡선은 완전경쟁시장의 L자형과는 달리 우하향하는 형태를 취하게 된다.

〈표 12-2〉 독점기업의 총수입, 평균수입 및 한계수입

수요량 명(Q)	가격=평균수입 P=AR=TR/Q	총수입 TR=P×Q	한계수입 MR=⊿TR/⊿Q
0		0	
1	10,000	10,000	10,000
2	9,000	18,000	8,000
3	8,000	24,000	6,000
4	7,000	28,000	4,000
5	6,000	30,000	2,000
6	5,000	30,000	0
7	4,000	28,000	−2,000
8	3,000	24,000	−4,000

만약 콘서트의 입장권 가격에 대한 수요를 <표 12-2>와 같이 정확히 알고 있다고 가정하면, 이에 따른 총수입(TR), 평균수입(AR) 그리고 한계수입(MR)을 도출할 수 있다.

〈그림 12-6〉 수요와 한계수입

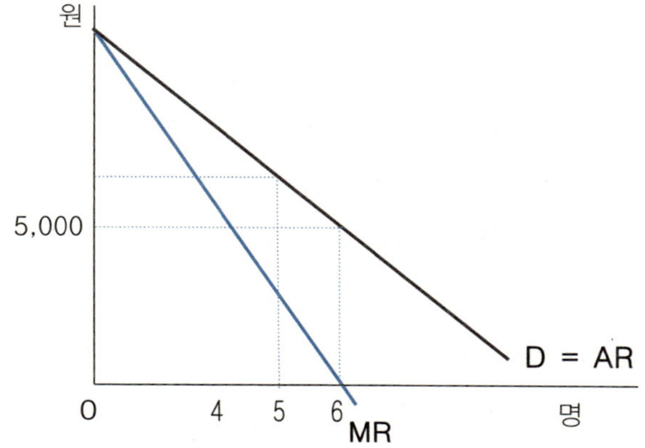

<그림 12-6>을 보면 시장가격은 시장수요곡선에 의해 결정되고 평균수입이 시장가격과 같기 때문에 평균수입곡선은 시장수요곡선과 같다. 수요량이 6명일 때 가격은 5,000원에서 결정된다. 한계수입은 표에서처럼 추가 판매에 따른 총수입의 증가분을 의미한다.

독점기업은 우하향의 수요곡선을 가지므로 MR곡선과 AR곡선이 같지 않을 뿐더러 첫 단위 제품을 제외하고는 항상 P=AR>MR의 관계가 성립한다. 따라서 독점기업이 제품을 추가로 더 팔기 위해서는 제품가격을 낮추어야 한다. 이 가격인하는 비단 추가로 팔고자 하는 제품뿐만 아니라 모든 제품에도 적용되어야 한다. 따라서 총수입의 증가분을 나타내는 한계수입은 제품의 추가공급으로 형성되는 새로운 시장가격보다 작다. 독점에서는 추가공급에 따른 가격차가 항상 존재하기 때문에 한계수입이 시장가격보다 작게 된다. 이를 식으로 표시하면

한계수입 = 시장가격 −
(직전 판매량 × 추가공급으로 덜 받게 되는 가격)

이 된다. 이를 표의 세 번째 줄의 공식에 대입하면, 한계수입 6,000 = 8,000원 - (2×1,000)원이 되기 때문에 한계수입은 시장가격보다 항상 작게 마련이다.

독점기업이 직면하는 수요곡선이 우하향하기 때문에 독점기업 스스로 제품의 판매량과 가격을 동시에 결정할 수 없게 된다. 독점기업이 제품판매량을 변경시키면 가격이 달라지고, 가격을 변경시키면 판매량이 달라진다. 따라서 독점기업이 독자적으로 결정할 수 있는 것은 판매량이나 시장가격 둘 중 어느 하나뿐이다.

독점시장에서의 시장수요곡선이 독점공급자의 수입을 제한하는 기능을 갖게 된다. 만약 독점자가 가격을 너무 많이 올리게 되면 판매량은 감소하게 될 것이고, 더 많은 물건을 팔기 위해 생산량을 증가시키게 되면 가격은 낮아져야 될 것이다. 만약 삼다수가 제주시장에서 독점시장을 형성한다고 가정하자. 즉 다른 생수는 제주에 반입이 허용되지 않거나 물류비가 너무 높아 생수시장에서는 제주에서 생산되는 삼다수가 독점시장을 형성한다고 가정할 때 <그림 12-7>은 독점시장을 갖고 있는 삼다수의 선택에 관한 것을 보여준다.

〈그림 12-7〉 삼다수의 시장수요곡선(독점시장)

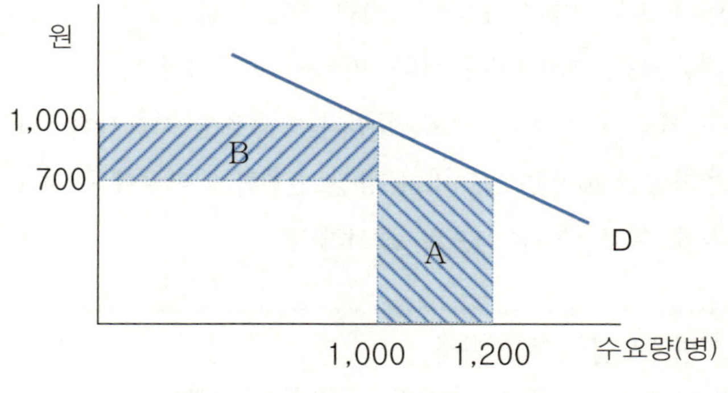

주어진 시장수요곡선에서 가격을 1,000원으로 정하게 되면 판매량은 1,000병이 됨으로 총수입은 1백만원이 된다. 만약 가격을 700원으로 하게 되면 판매량은 1,200병이 됨으로 총수입은 940,000원으로 60,000원의 수입이 감소하게 된다. 판매량은 200병이 증가하였지만 가격이 1,000원에서 700원으로 내렸기 때문에 총수입이 감소하였다. 이 경우 그림의 B부분을 잃는 대신 A부분을 얻게 되는데 결과적으로 A가 B보다 넓이가 작다는 의미이다.

독점공급자의 가격이나 수입에 대한 통제의 한계는 바로 수요곡선의 탄력성에 달려 있다. 그런데 수요의 탄력은 결국 상품의 대체가능성과 공급량에 달려 있기 때문에 독점기업들은 다른 상품이 시장에 진입하는 것을 막아 독점을 유지하려는 노력을 하게 된다.

(3) 독점시장에서의 이윤극대화

경쟁기업과 마찬가지로 독점기업 역시 한계수입이 한계비용과 같아질 때까지 이윤을 극대화하려는 노력을 하게 된다. 경쟁기업과는 달리 독점기업들은 수요와 공급곡선이 만나면서 만들어지는 가격이나 수량을 수동적으로 받아들이지 않고 기업이윤을 극대화하는 점에서 가격이나 수량을 결정하게 된다.

위의 예에서 만약 콘서트홀의 규모가 1만 명밖에 수용할 수 없다고 가정하자. 콘서트를 개최하는 데는 그 대상이 1명이나 1만 명이나 비용에서는 차이가 없다. 즉 고정비용은 일정하고 가변비용은 0이 된다. 이 경우 경제학적으로는 입장객 수가 1만 명 미만이면 입장권의 추가판매에 따른 한계비용을 0이라고 할 수 있다. 만약 입장권의 판매가 매진되었다면 추가판매에 따른 한계비용은 무한대로 바뀌게 될 것이다. 왜냐하면 어떠한 가격에서도 추가로 좌석을 판매할 수 없기 때문이다. <그림 12-8>은 콘서트의 수용능력이 8,000석을 가지고 있을 때 8,000석까지는 한계비용이 X축과 수평이 된다. 그러나 8,000석을 초과한 시점에서는 한계비용이 무한대로서 한계비용곡선은 수직이 된다.

<그림 12-8>은 독점권이 독점기업으로 하여금 완전경쟁시장에서보다 더 높은 가격을 부과하게 만든다는 것을 알 수 있다. 완전경쟁시장에서는 시장수요곡선과 한계수입곡선이 같기 때문에 시장수요곡선이 한계비용(MC)곡선을 통과하는 Q^c만큼의 공급량을 결정하고 이 점에서 수요곡선과 만나는 p^c(4,000원)에서 가격이 결정된다. 그러나 독점기업의 한계수입곡선은 X(수평)축을 통과하고 있는데 이 점과 한계비용(X축 선상)이 만나는 Q^m(6,000명)에서 공급량을 결정하고 이 점에서 수요곡선이 만나는 P^m(6,000원)에서 가격이 결정된다. 독점기업에서의 가격은 완전경쟁시장에서의 가격보다 높고 반대로 공급량은 적은 수준에서 형성된다는 것을 알 수 있다($P^m > P^c$, $Q^m < Q^c$).

〈그림 12-8〉 콘서트 참관자와 가격

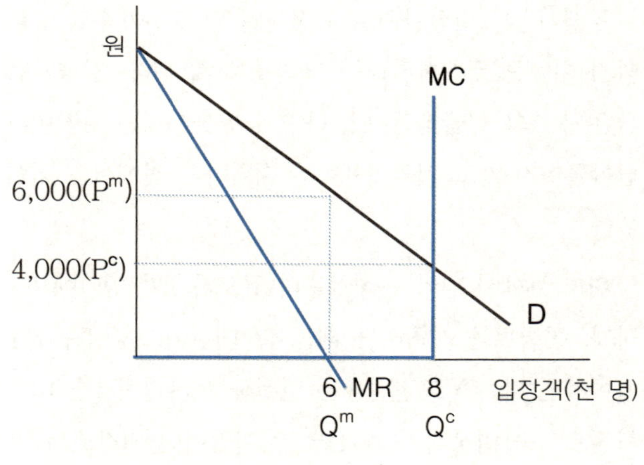

이와 같이 단순한 독점모형을 가지고 두 가지 경우를 생각해보자. 만약 위의 예에서 유명한 가수의 콘서트가 서울과 지방에서 개최된다고 가정하자. 콘서트홀의 규모는 서울과 지방이 각각 30,000명과 5,000명이라고 가정하자. 콘서트의 수요에 해당하는 팬의 숫자는 한정되어 있다. 서울에서

개최되는 콘서트는 한계수입과 한계비용이 만나는 15,000명의 입장객에게 8,000원의 입장권을 판매한 경우이다. 지방의 콘서트는 5,000명만 수용가능하기 때문에 8,000원에 입장권이 매진된 상태이다(그림 12-9).

두 가지 경우를 비교해보면 지방공연은 공연입장권이 모두 팔린 경우이고 대신 서울의 공연은 50%만 좌석을 채운 경우이다. 겉으로는 지방공연이 너무 낮게 가격을 책정한 것처럼 보이고, 서울의 경우는 반대로 가격을 너무 높게 책정한 것처럼 보인다. 그러나 서울이나 지방공연 모두 독점시장의 형태에서 가장 적절한 가격을 책정한 경우에 해당된다.

어느 정도의 시장지배력을 갖고 있는 상태에서 서울공연과 지방공연은 모두 우하향 형태의 수요곡선과 한계수입곡선을 갖고 있다. 지방공연의 MC선은 MR선이 X축에 도착하기 전에 만난 경우이고 서울공연은 MC선이 MR선의 훨씬 오른쪽에 위치하고 있다. 서로 다른 MC선은 서로 다른 가격정책을 갖게 된다. 비록 똑같은 수요곡선을 갖고 있다 해도. MC선이 다르면 서로 다른 가격정책이 적용된다. 이윤극대화를 위해서는 서울공연은 수용능력의 반 정도 선에서 가격을 책정하였고, 지방공연은 매진상태에서 가격을 책정할 수도 있다는 것을 보여주고 있다.

〈그림 12-9〉 서로 다른 독점형태에서의 가격책정

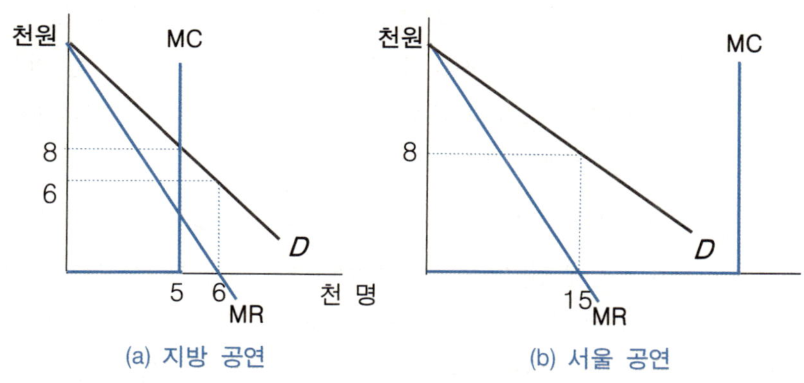

2) 과점시장

과점시장(oligopoly market)이란 소수의 대기업에 의하여 지배되는 시장을 말한다. 우리나라의 항공노선, 무선통신서비스, 냉장고, TV, 승용차, 껌, 맥주 등에 이르기까지 매우 다양하다. 과점의 특수한 경우로 두 기업이 전체시장을 석권하는 산업을 복점(duopoly)이라고 하는데, 우리나라의 항공노선은 대한항공과 아시아나가 국내항공노선을 지배하는 복점체제이었으나 최근 몇 개의 저가 항공사가 등장하면서 과점체제로 바뀌었다.

과점은 다음과 같은 몇 가지 특징을 가진다.

첫째, 기업 간 상호 의존관계를 들 수 있다. 기업의 수가 소수이기 때문에 어느 한 기업이 가격이나 생산량을 변경시킬 경우 다른 기업들이 팔 수 있는 상품수량에 현저한 영향을 미친다. 각 기업들은 이러한 사실 때문에 가격이나 생산량을 결정할 때 다른 경쟁기업들이 어떠한 반응을 보일 것인가를 고려하지 않을 수 없다.

둘째, 치열한 비가격경쟁과 가격의 경직성을 들 수 있다. 과점시장에서 어느 한 업체가 시장점유율을 높이기 위해 가격을 인하하게 되면 경쟁업체도 따라서 가격을 인하할 수 있다. 이 경우 서로 가격을 인하시킨 결과를 갖게 됨으로 두 업체 모두 수입 감소결과만을 가져오게 된다. 따라서 기업들은 가급적 가격경쟁을 회피하고 광고나 상품차별화 등 비가격경쟁에 의존하게 된다. 그 결과 과점시장의 제품가격은 다른 시장에서처럼 자주 바뀌지 않고 경직된 현상을 보인다.

이처럼 과점시장에서는 경쟁자간 서로 경쟁하는 경우보다는 새로운 경쟁자가 시장에 진입하는 것을 방해하면서 현재 시장상황을 즐기는 경우가 많다. 이러한 경우는 독점시장 상황처럼 가격을 책정할 수 있기 때문에 상대적으로 많은 이윤을 얻을 수 있다. 즉 경쟁업체들이 협정가격을 유지하는 경우이다. 협정가격은 독점금지법(antitrust law)에 의해 정부에서 금지하고 있다. 그러나 실제로는 겉으로 나타나는 협정보다는 가격선도제가 이루어지는 경우가 많다. 이는 선도기업이 가격을 결정하거나 변경하면 다른 기업들은 그 결과에 수동적으로 따라가도록 되어 있는 가격체계이다.

가격선도제 이외에도 시장분할 또는 경쟁행위를 유발하는 행위를 서로 금지하면서 독점시장형태를 갖고 초과이윤을 누리고 있는 경우가 과점시장에서 쉽게 나타날 수 있기 때문에 독점금지법이 필요한 것이다. '독점금지법'은 시장 또는 상품의 독점을 방지하기 위하여 제정한 법률이다. 이는 국민경제의 발전을 위하여 기업 간의 자유경쟁을 조성하며 기업의 사적독점(私的獨占)이나 부당거래 · 불공정한 경쟁방법 따위를 규제하기 위하여 마련한 것으로서 정식 명칭은 「독점규제 및 공정거래에 관한 법률」이다.

셋째, 기업들은 담합(collusion) 또는 기타 공동행위와 같이 비경쟁행위를 하려는 경향이 강하다. 가격경쟁을 하지 않는 것이 공동의 이익을 추구하는데 바람직하다는 인식에서 공동행위를 하는 경우가 흔하다. 2008년도에는 원유(crude oil) 가격이 전년도에 비해 100% 인상된 150US$에 거래되었다. 국제적인 규모의 카르텔(cartel)인 석유수출국기구(OPEC)는 회원국수가 11개국으로 구성되어 있으나 세계 전체 원유생산량의 3/4을 차지하고 있어 원유의 생산량 조절을 통해 원유가격에 영향을 미치고 있다.

넷째, 새로운 기업의 진입에 상당한 장벽이 존재한다. 진입장벽이 독점과 같이 강하지는 않지만 원재료를 몇몇 기업이 소유하고 있거나 정부가 인 · 허가를 몇몇 기업에게만 주는 경우가 있다. 우리나라에서 이동통신사업은 규모의 경제가 필요한 산업이면서 정부의 사업허가를 요하는 분야이다.

3) 독점적 경쟁시장

독점적 경쟁(monopolistic competition)은 완전경쟁과 독점의 성격을 나누어 가지고 있는 시장조직이다. 독점적 경쟁은 수많은 기업의 자유로운 진입과 퇴거가 보장되는 점은 완전경쟁과 같다. 그러나 각각의 판매자가 판매하는 상품은 서로 완전대체재가 아니기 때문에 독점기업처럼 완벽한 시장지배력은 아니지만 공급량을 조절하여 시장가격을 약간씩 변경시킬 수 있는 힘을 가지고 있다. 이 약간의 시장지배력은 차별화된 상품을 생산하기 때문에 가능하다. 독점적 경쟁시장의 특징을 살펴보면 다음과 같다.

① 기업의 수

공급자는 다수이면서 시장지배력을 갖고 있는 예는 쉽게 찾아볼 수 있다. 각각 특색 있는 골프 코스, 극장, 스포츠관련 시설, 음식점, 술집 그리고 호텔과 같은 숙박업소 등 관광산업에서 쉽게 찾아볼 수 있다. 미국의 야구나 미식축구 경기장은 입장객들에게 외부에서 음료수를 갖고 들어오는 것을 허락하지 않으면서 경기장 내에서 매우 비싸게 파는 것을 볼 수 있다. 경기장 내의 식음료 운영자는 자신이 시장지배력 또는 가격지배력을 갖고 있다는 것을 알고 있는 것이다. 독점적 경쟁은 소비자는 물론 기업의 수가 많다는 점에서 완전경쟁과 비슷하나, 독점적 경쟁기업의 수는 완전경쟁기업의 수보다 현저히 적다.

② 차별화된 상품

소비자가 두 개의 상품을 어떠한 방법으로든 차이점을 인지할 수 있다면 두 상품 간에는 차별화가 이루어진 것이다. 두 곳의 중국음식점은 메뉴나 요리방법, 음식의 질, 또는 음식점의 위치에 의해서 서로 차별화를 이룰 수 있다. 또한 상품의 브랜드에 의해서 차별화가 이루어진다. 상품의 차별화는 판매자 간에 경쟁을 완화시킨다. 브랜드를 갖는 이유는 다른 상품과의 차별화를 위한 것이고 브랜드의 인지도에 따라 소비자들은 가격변화에 민감하지 않을 수 있다.

Business Week Magazine은 매년 세계 100대 기업의 브랜드가치를 발표하고 있다. 2011년도에 Disney 브랜드의 가치는 173억불로 추정되었고 세계 38위 수준이다. 신용카드업체인 American Express는 171억불로 40

위로 나타났으며, 우리나라의 삼성은 121억 달러로 67위를 차지하였다. 브랜드 가치에서 나타나듯 상품의 차별화는 가격을 책정하는데 매우 중요한 역할을 한다. 특히 상품의 속성이 독특한 경우, 예를 들면, Disney World는 Walt Disney Co. 이외의 다른 기업들이 복제한다는 것은 불가능한 것이기 때문에 환대산업분야, 특히 주제공원으로서 Disney는 독점적 지위를 갖고 있다.

〈그림 12-10〉 주제공원의 입장요금

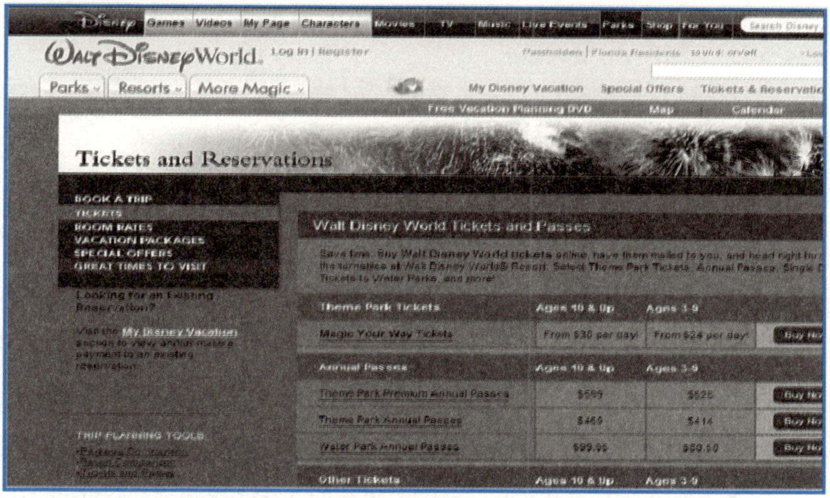

* Homepage http://disneyworld.disney.go.com/

③ 시장진입 장벽의 정도

독점적 경쟁에서는 독점에서와 같은 진입장벽이 존재하지 않는다. 기존의 상품과 차별화를 통해서 이윤추구가 가능하다고 생각하는 생산자는 언제라도 시장진입이 가능하다. 반면에 한 산업 내의 기업들이 평균적으로 손실을 실현되면 장기적으로는 일부 기업이 이 산업으로부터 빠져나가게 된다. 따라서 독점적 경쟁시장에서 장기적으로는 초과이윤을 향유하지 못하고 완전경쟁시장에서처럼 정상이윤만을 얻게 된다.

④ 비가격경쟁

독점적 경쟁시장에서의 각 기업들은 상품의 차별화를 강조하여 매출을 올리려는 경쟁이 일어난다. 이러한 경쟁이 제품가격보다는 판매서비스나 품질, 혹은 광고 등의 형태로 일어날 때 이를 비가격경쟁이라 한다. 완전경쟁에서는 모든 기업들이 원하는 만큼의 시장가격으로 상품을 팔 수 있고, 독점에서는 대체재가 존재하지 않으므로 특별히 상품의 차별화를 강조할 필요가 없기 때문에 비가격경쟁이 존재하지 않는다.

3. 시장경쟁에 대한 기업의 대응

새로운 기업이 시장에 진입하게 되면 시장경쟁관계에 영향을 주기 때문에 기존 기업도 이에 대응을 해야 한다는 것은 자명한 사실이다. 세 식구가 오랜만에 맛있는 피자를 시켜서 먹고 있는데 자신의 친구가 방문했다고 하자, 친구한테 피자 한 조각 정도는 권해야 하는 것은 당연한 일로 받아들인다. 이 경우 주어진 피자를 3사람이 아닌 네 사람이 나누어 먹게 되는 것이다.

현재 3개의 기업이 과점형태로 시장을 분할하면서 초과이윤을 발생하고 있다고 가정하자. 이 경우는 다른 기업들이 시장에 들어오고 싶어 하는 욕망이 매우 강하게 만드는 요인이다. 만약 외부기업이 쉽게 시장에 들어 올 수만 있다면 경쟁은 지금보다 더욱 심해지게 되고 결과적으로 가격하락으로 이어질 것이다. 그러나 만약 어떤 이유에서 새로운 기업들이 시장진입이 허락되지 않는다면 기존 기업들은 기존의 높은 가격을 유지하면서 초과이윤을 발생할 것이다. 독점기업 역시 새로운 기업이 시장에 들어오게 되면 시장의 형태가 독점에서 복점(duopoly)으로 바뀌게 됨으로 독점의 형태에서처럼 초과이윤을 발생하지는 않을 것이다. 따라서 모든 기업은 보다 좋은 시장환경에서 기업활동을 원하기 때문에 스스로 시장환경에 대응하려는 노력을 하게 된다.

1) 경쟁정도의 평가

세상에는 수많은 재화와 서비스가 생산되고 있다. 상품이 가지고 있는 특성 및 시장의 범위에 따라 시장경쟁의 정도가 달라질 수 있다. 특히 서비스 상품으로 구성되어 있는 관광산업은 소비자가 소비를 위해 이동해야 한다는 특성 때문에 시장의 경쟁정도를 말할 때 지리적 범위가 중요한 요소이다.

(1) 지리적 범위에 따른 경쟁의 정도

시장에서의 경쟁정도를 평가하는 첫 번째 일은 경쟁이 발생하고 있는 관련시장을 확인하는 일이다. 같은 상품이라 해도 어느 지역에서는 경쟁이 심한 반면에 그렇지 않은 지역이 있을 수가 있다. 어떤 기업은 그들의 생산물을 세계를 대상으로 하는가 하면, 국내시장만을 대상으로 상품을 생산하는 기업도 있다. 항공사의 경우 국제선은 노선에 따라 세계 각국의 항공사와 경쟁을 해야 하지만, 국내선은 몇 개의 저가항공사와 과점시장의 형태가 유지되고 있다.

국립공원이나 고속도로 휴게소는 지리적으로 일정한 범위 안에서 독점적으로 운영되고 있는 것을 볼 수 있다. 한라산 윗새오름 휴게소의 매점은 한라산 등산객들에게는 다른 선택을 할 수 없는 독점시장의 형태이다. 전망이 좋은 관광지에 위치한 식당이나 휴게소 등은 경쟁적 독점시장 환경을 갖고 있는 곳이 많다. 그러한 이유로 차별화된 서비스상품이 만들어질 수 있기 때문에 가격차별화가 가능한 것이다.

(2) 생산물의 범위에 따른 경쟁의 정도

우리나라의 지하철업체는 각 지역에서 유일하게 존재하는 독점회사이다. 그러나 서울의 지하철업체가 독점적 지위로 인해 초과이윤을 발생하고 이로 인해 시민들이 손해를 보고 있다고 생각하지는 않는다. 실제로 지하철업체는 매년 많은 손실을 보고 있지만 정부의 지원에 의해 사업을 지속하고 있다. 지하철이 독점적으로 교통서비스를 하고 있지만 지하철이 생산하고 있는 생산물시장은 유일한 것이 아니라 버스, 택시업체와 동일한 생산물시장에 놓여 있는 것이다. 즉 지하철, 버스, 택시업체가 같은 교통산업으로서 이들 업체가 생산하는 서비스상품은 서로 대체가 가능하다. 따라서 생산물(product market)의 범위를 어떻게 한정하느냐에 따라 경쟁의 평가가 달라질 수 있다.

우리나라의 항공산업도 같은 의미로 해석될 수 있다. 국내 항공산업만을 놓고 볼 때에는 분명히 과점의 시장형태를 갖고 있지만 기차, 버스, 택시 또는 자가용 등이 모두 대체가 가능한 교통수단이다. 물론 제주도는 섬이기 때문에 교통수단이 항공과 해상 두 종류로 제한되어 있기 때문에 제주노선의 시장경쟁은 국내의 다른 노선에 비해서 경쟁이 덜한 시장환경을 가지고 있다. 제주와 육지와의 교통수단은 항공교통이 90% 그리고 해상교통이 10%를 차지하고 있다. 따라서 산업과 시장은 반드시 동일한 것은 아니다. 경쟁정도를 알아보는 것은 산업이 아니고 시장이다.

(3) 공급자의 집중도

일반적으로 시장에서 기업의 수가 시장의 형태를 결정짓는 것으로 알고 있으나, 기업의 수와는 상관없이 기업의 규모에 의해서도 시장의 형태가 결정되는 경우도 있다. 예를 들면, 10개의 기업이 존재하는 시장에서 2개의 기업이 전체 시장의 80%를 점유하는 경우는 시장의 집중도가 두 개 기업에 몰려 있는 경우이며, 반대로 10개의 기업이 서로 비슷하게 시장을 분할

하고 있다면 이 경우는 시장의 집중도가 낮은 경우에 해당된다.

예를 들면 국내 항공산업은 대한항공과 아시아나항공 두 개의 대규모 기업과 4~5개의 저가항공사로 구성되어 있다. 아직 저가항공사의 시장진입이 오래 되지 않은 이유도 있지만, 국내항공시장은 두 개 기업의 집중도가 매우 높은 상태이다. 독과점의 경우처럼 시장의 집중도(seller concentration)가 높으면 높을수록 시장지배력을 갖고 있기 때문에 높은 수익을 올릴 수 있게 된다. 또는 반대로 시장지배력이 높으면 높을수록 시장의 집중도가 높아질 수 있게 된다.

시장집중력을 측정하는 방법은 어느 특정 시장에서 경쟁의 정도를 측정하는데 사용되어지는 방법이다. 시장집중을 측정하는데 가장 보편적으로 사용되는 방법은 4개 기업의 집중비율이다. 이것은 4대기업의 판매비율이 전체시장에서 판매되는 총비율에서 얼마를 차지하고 있는가를 말해주는 것이다. 집중비율(concentration ratio)은 제조업체에서 주로 적용되고 있으며 서비스산업에서는 일반적인 것은 아니다. 그러나 미국의 여행업이나 렌터카업체의 경우를 살펴보면, 1999년에 미국의 4대 여행사는 미국 내에서 전체매출액 1,430억불 가운데 332억불로서 이들 4대 기업의 시장집중률은 23.2%이었다. 그러나 렌터카업체의 경우 전체매출액 176억불 가운데 4대기업의 매출액이 131억불로서 전체시장의 74.4%에 해당된다(Traver Industry World 2001 Yearbook, 2002).

2) 기업의 대응

현대산업사회의 경제주체는 기업이다. 기업이란 생산요소를 결합하여 생산물을 만들어내고 이를 판매함으로써 극대이윤을 창출하려는 조직이다. 기업의 입장에서는 완전경쟁시장에서 경쟁하는 것보다는 불완전경쟁시장하에서의 기업활동이 더 많은 이윤을 가져다준다. 그러므로 기업은 시장의 독점화나 기업의 대규모화를 통해서 독점이윤을 얻으려는 노력을 하는 것은 자본주의 경제에서 쉽게 찾아볼 수 있다.

기업이 성장하기 위해서는 지속적으로 품질을 개선하여 고객만족을 높이거나 신상품의 개발을 통해서 새로운 수요를 창출하려는 노력을 하게 된다. 또한 규모의 경제를 통해 생산비용을 절감함으로써 다른 경쟁기업보다 유리한 위치에 있기를 원하게 된다. 장기적인 관점에서 기업이 경쟁우위를 확보하기 위한 노력을 살펴보면 기업합병이나 새로운 시장을 개척하기 위해 외국으로 진출하기도 한다.

(1) 기업합병

기업합병은 수평적, 수직적 그리고 대각선 통합 등으로 구분된다. 수평적 통합은 같은 상품을 생산하는 기업 간 통합을 의미하고, 수직적 통합은 가치사슬 내의 업종 간 통합을 의미한다. 여행사와 호텔이 통합을 했다면 수직적 통합이고 항공사 간의 통합은 수평적 통합에 해당된다. 2001년에 American Airlines과 TWA의 합병, 2008년의 Delta 항공사와 Northwest Airlines 항공사의 통합은 수평적 합병에 해당된다. 대각선 통합은 서로 다른 업종이 통합하는 것을 말한다. 관광산업과 미디어산업이 통합을 했다면 대각선 통합에 해당된다.

① 수평적 통합(horizontal integration)

수평적 통합이 일어날 수 있는 경우는 같은 상품을 판매하는 2개 이상의 업체가 하나로 결합되거나 그들의 사업활동 범위를 조정하는 경우에 발생한다. 기업합병이 이루어지는 경우는 합병 이전에 두 기업이 서로 경쟁관계에 있는 경우이다. 즉 두 업체가 지리적으로 같은 영역에서 같은 상품을 팔고 있는 경우에 발생하는데 합병으로 하나의 기업은 사라지게 된다. 기업합병이 소비자들에게 미치는 영향은 합병으로 인한 시장환경의 변화에 따라 크게 다를 수 있다. 합병으로 인해 시장의 집중도에 크게 영향을 미치는 경우에는 정부의 독과점금지법에 의한 공정거래위원회의 심사를 받을 수도 있다.

같은 업종의 업체들이 합병을 하는 중요한 이유는 합병으로 인해 경쟁을 줄일 수 있기 때문이다. 또 다른 동기는 규모의 경제를 통해 영업비용을 줄임으로써 수익을 증가시키기 위한 것이다. 우리나라에서는 1998년 IMF 외환위기시 은행의 수익이 크게 떨어지면서 은행간 합병이 많이 이루어졌다. 미국 호텔의 경우 3/4이 체인호텔이다. 어느 지역에 체인호텔과 독립호텔이 상존하는 경우 경기침체로 인해 호텔영업수익이 어려워지면 체인호텔이 독립호텔보다 살아남을 가능성이 높다. 그 이유는 체인호텔은 독립호텔보다 규모의 경제를 통해 객실당 영업비용을 줄일 수 있는 환경을 갖고 있기 때문이다. 이처럼 규모의 경제로 인해 영업비용을 감소시킬 수 있다면 경우에 따라서는 절감된 비용이 소비자에게 전가될 수도 있다. 즉 합병으로 인해 기업의 효율성이 증대된다면 결과적으로 소비자 또는 사회가 이로 인한 혜택을 보게 된다.

수평적 통합은 반드시 합병만을 의미하지는 않는다. 항공사의 제휴(alliance)는 몇 개의 항공사가 공동마케팅이나 공동스케줄, 기타 사업활동에서 서로 협력은 하지만 독립된 기업으로 존재하는 경우를 의미하는데 1996년 이후 크게 확대되었다. 대한항공과 미국의 Northwest Airlines항공사를 비롯한 몇 개의 항공사는 'Sky Team'으로 제휴가 이루어졌고, 아시아나항공의 'Star Alliance'은 미국의 United Airlines와 유럽 및 아시아의 항공사들로 구성되었다. 항공사의 제휴는 전형적으로 마케팅이나, 노선 그리고 코드공유에 있어서 서로 협력하고 있다. 항공사의 제휴는 그 대상이 지리적으로 서로 다른 시장이기 때문에 항공사 간의 경쟁관계에 영향을 미치지는 않는다. 다만, 제휴의 목적이 기업의 경제적 효율성을 증대시키는데 있기 때문에 이로 인해 소비자들은 혜택을 받을 수가 있게 된다. 항공사의 제휴로 인해 여행객이 여행일정을 수립하는데 많은 편리함을 얻을 수도 있지만, 반대로 공동마케팅이나 스케줄협력으로 인해 새로운 기업이 시장에 진입하는 것을 방해하는 결과를 가져올 수도 있다.

② 수직적 통합

수직적 통합은 가치사슬 내의 어느 부분이 다른 하나와 통합되는 것을 의미한다. 호텔이 외부에 세탁업을 의존하던 것을 자체적으로 호텔 내부에 세탁업을 갖추는 경우는 후방통합에 해당된다. 호텔의 회계업무, 풀장청소 업무, 조경 등의 영업을 외주(outsourcing)에서 내부적으로 그 업무를 전환한다면 이는 후방통합에 해당되는 수직통합이다. 이 경우는 기존의 시장영역을 확장하여 사업영역이 확대된 경우이다. 마찬가지로 여행사가 관광지에 있는 호텔을 소유하게 되면 객실을 수배하는데 따르는 위험을 줄일 수 있게 된다. 이처럼 기업통합으로 인해 가치사슬 내의 원재료 확보가 용이해진다면 이를 후방통합이라고 부른다. 가끔은 수직통합 가운데 후방통합은 기업이 공급사슬(supply chain)상의 원자재 확보의 어려움을 극복하기 위해 통합하는 경우도 있다.

반대로 호텔이 여행사를 인수하게 되면 호텔의 객실을 통합된 여행사를 통해 판매가 용이해질 수 있다. 이 경우는 통합의 주체가 생산물을 판매하는데 용이한 결과를 가져오게 되며, 이를 전방에서 통합이 이루어졌다고 해서 전방통합이라고 부른다. 항공사가 여행사를 인수하여 항공권을 판매한다면 이는 전방통합에 해당하는 수직통합이다.

기업의 수직통합은 시장경쟁에 어떤 영향을 가져다주는가? 관광산업에서 기업통합은 마케팅비용과 유통비용을 줄여주는 효과가 있다. 또한 운영비의 관점에서 기업통합은 생산의 각 단계에서 발생하는 거래비용이나 세금을 감소시키는 효과를 가져다준다. 또한 앞의 여행사가 호텔을 합병하는 경우처럼 원자재의 확보가 어려운 경우 이를 극복하기 위해 후방통합 형태의 수직통합이 이루어진다. 통합이 충분히 경제적 효과를 가져다 줄 수 있다면 다른 기업에 비해 통합에 따른 시장경쟁을 유지할 수 있게 된다.

수직통합이 갖게 되는 단점 가운데 하나는 기업경영에 있어서 융통성(flexibility)이 줄어든다는 점이다. 만약에 매출액이 기대보다 적은 경우 호텔의 입장에서는 외부의 세탁서비스 주문을 줄이면 되지만, 이것이 통합되어 내부재산이 되었다면 이에 따른 고정비용은 그대로 지출될 수밖에 없다. 또한 수직적으로 통합된 기업은 시장이 불안할 때 더 큰 어려움을 겪을 수 있다는 점도 염두에 두어야 한다.

③ 그룹통합, 이업종간 통합 또는 그룹 통합

세 번째로 또 다른 형태의 통합은 그룹통합인데 경우에 따라서는 이업종간의 통합 또는 대각선통합도 이에 해당된다. 그룹통합은 공급사슬 내에 있는 기업 간의 통합이 아니라 서로 보완적인 경우로서 서로 다른 업종이 하나의 기업으로 통합되는 형태를 말하는데, 특히 관광산업에서 쉽게 찾아볼 수 있다. 예를 들면, 항공사가 주요 호텔과 합병이 되는 경우를 생각할 수 있다. 이 경우 항공사는 하나 이상의 서비스상품을 제공하게 되는데 이로 인해 항공사는 항공서비스상품과 보완관계에 있는 상품을 생산하는 업체를 얻게 됨으로써 새로운 생산라인을 추가한 경우가 된다. 항공사와 호텔은 공급사슬의 관계, 즉 투입과 산출과의 관계가 아니기 때문에 수직통합에 해당되지는 않는다. 항공사와 호텔은 넓은 의미에서 같은 산업군으로 분류될 수 있기 때문에 이 경우 보완적 통합(complementary integration)이라고 한다. 우리나라의 한진그룹은 항공사, 호텔, 여행사 등을 소유하고 있는 관광산업에서 대표적인 그룹통합에 해당된다.

그룹통합은 지리적으로 시장을 확대할 필요성이 있을 때 이루어진다. 같은 상품이 서로 다른 지역에서 판매되는 경우 시장이 서로 중복되지 않기 때문에 사업영역을 확대하기 위해 그룹으로 통합되는 것이다. 시장을 확대하기 위한 통합은 같은 시장 내에서 이전에 경쟁관계에 있었던 것은 아니기 때문에 이러한 통합은 시장경쟁의 위협을 피하기 위해 이루어지는 것은 아니다.

그룹통합의 또 다른 형태로서 전혀 다른 업종의 기업끼리 통합되는 경우도 있다. 이 경우를 대각선 통합 또는 이업종 간의 통합(diagonal integration)이라고 한다. 통합에 따른 시너지효과를 얻기 위한 것이 주요 목표라고 할 수 있는데, 미디어업체가 관광산업과 통합이 이루어지게 되면 마케팅 비용을 크게 절감할 수 있는 효과를 얻을 수 있게 된다.

(2) 사업영역의 확대 : 다국적기업

하나 이상의 국가에서 영업을 하는 기업을 다국적기업이라고 한다. 국제관광은 하나 이상의 국가가 관련된 것이다. 따라서 관광산업에서 다국적기업이 많은 것은 전혀 이상한 것이 아니다. 국제적인 체인호텔은 관광산업에서 대표적인 다국적기업이다. 미국에 본사를 두고 있는 Hilton Hotel은 2001년 현재 세계적으로 분포되어 있는 1,986개의 호텔의 객실수가 327,478개에 이른다.

다국적기업처럼 기업들이 외국에 직접 투자하는 가장 근본적인 이유는 사업영역을 국내시장에서 해외시장으로 확대하여 기업의 성장을 도모하기 위한 것이다. 호텔산업의 경우 자국민의 해외여행이 크게 확대되면 자국민의 고객을 확보하기 위해서 해외에 있는 호텔을 구입하여 사업을 확대하는 경우도 있다. 일본인의 주요 해외관광지인 괌, 사이판은 전체 관광객 가운데 90%가 일본인 관광객이며 이 지역의 고급호텔의 대부분이 일본인이 소유한 것으로 알려져 있다. Hilton 호텔처럼 세계적인 체인호텔은 호텔의 브랜드네임, 서비스 질에 대한 평판, 예약시스템과 같은 자산가치를 높이기 위한 전략으로 보다 많은 국가에서 호텔을 갖고 있다. 이로 인해 국내는 물론 외국에서도 시장지배력을 확대할 수 있고 영업비용을 절감할 수가 있게 된다. 만약 관광기업이 소수의 기업에 집중되어 있지만 않다면 외국기업의 시장진입은 소비자들에게 선택의 폭을 확대시켜주는 결과를 가져다 주게 된다(Mak, 2003).

information 관광산업은 관광객만을 위한 산업인가?

일반적으로 관광산업은 해당 상품의 소비자가 주로 관광객인가? 그렇지 않은가? 하는 기준으로 분류된다. 관광산업이 생산자중심이 아니고 소비자중심으로 분류된 산업이기 때문에 관광산업에서 판매되는 상품은 관광객은 물론 지역주민에 의해서도 소비된다. 관광객 위주의 레스토랑이나 슈퍼마켓, 나이트클럽, 글프장 및 관광객이 선호하는 관광시설 역시 지역주민들도 이용자이다.

관광객은 지역주민들보다 소득수준이 높은 집단일 수 있다. 그들은 또한 가격변화에 대해서도 지역주민보다 덜 민감할 수 있다. 소비자가 가격변화에 서로 다른 반응을 보일 때, 경우에 따라서는 판매자는 서로 다른 소비자에게 다른 가격정책을 취함으로써 이윤을 극대화할 수 있다. 즉 가격변화에 덜 민감한 구매층을 대상으로 보다 높은 가격을 부과함으로써 가격차별화를 가져오는 것이다.

가격차별화는 다음의 경우에 가장 효과적이다. ① 고객을 정확하게 구분할 수 있는 경우, 예를 들면 구매시점에서 주민등록증을 요구할 수 있는 경우, ② 상품이 쉽게 재판매되기 어려운 경우에 해당된다. 즉 낮은 가격으로 상품을 구매할 수 있는 그룹이 높은 가격으로 살 수밖에 없는 그룹에 상품을 다시 판매하지 못하는 경우에 해당된다. 따라서 유형상품보다는 재판매가 불가능한 서비스상품과 같은 경우에 적용될 수 있다.

항공요금은 위락여행객보다는 가격변화에 덜 민감한 비즈니스여행객에게 높은 요금을 부과하는 경향이 있다. 호텔은 일반적으로 예약 없이 방문하는 고객에게 높은 요금을 부과하거나 회원권을 가지고 있는 고객에게는 낮은 요금을 부과한다. 관광객이용시설업은 지역주민이나, 경로우대, 재향군인회원, 연소자에게 낮은 요금을 부과하기도 한다.

하와이에서는 관광객과 지역주민에게 서로 다른 가격정책을 공개적으로 광고하기도 하는데 항공사, 호텔, 렌터카, 관광객이용시설업, 골프코스 등에서 서로 다른 가격체계를 갖고 있다. 중국에서는 3개의 다른 가격체계를 갖고 있는데 외국인방문자는 가장 비싼 가격을 지급해야 하고 중국계 외국인은 그 다음의 높은 가격을 지급하고 내국인은 가장 낮은 가격으로 상품을 구매할 수 있다.

또한 관광지에서는 관광객이 주로 이용하는 가게는 지역주민이 주로 이용하는 주변의 가게보다 높은 가격표를 갖고 있는 경우도 많다. 서로 다른 위치에 있는 가게가 서로 다른 가격표를 갖고 있으면 불법이 아니다. 일반적으로 바가지라고 불리는 상행위는 불공정거래에 해당되는 것으로서 똑같은 상품을 사람에 따라 서로 다른 가격을 요구했을 때 일컫는 말이다.

Tourism & Economics

제4부
관광과 관광지
Tourism & Tourist Destination

제13장

관광의 경제적 영향

1. 경제의 순환모형

1) 국민소득의 측정방법

관광산업이 국가 및 지역경제에 미치는 영향은 어느 정도인가? 특히 국민총생산, 국민소득, 고용 등에 미치는 관광산업의 기여도를 파악하는 일은 국가경제 차원에서 매우 중요한 일이다. <그림 13-1>은 가장 단순한 거시경제모델로서 경제는 가계(household)와 기업(firm) 두 부분으로 구성되어 있다. 가계는 기업의 생산활동에 필요한 생산요소를 제공한다. 기업은 가계에서 필요로 하는 재화와 서비스를 생산 제공한다.

<그림 13-1>의 모형은 기업에서 생산하는 재화와 서비스가 모두 판매되고 가계소득의 전부가 소비되어진다는 것을 전제로 하고 있다. 물론 정부부문에서의 경제활동이나 저축 및 투자, 그리고 해외부문은 생략되어 있다.

가계와 기업 간 거시경제에는 두 개의 흐름이 있는데 실선은 실물의 흐름을 나타내고 점선은 화폐의 흐름을 나타낸다. 실물의 흐름은 가계부문에서 기업부문으로 생산요소(토지, 노동, 자본)가, 기업부문에서 가계부문으

로는 재화와 서비스가 각각 제공된다는 것을 의미한다. 마찬가지로 화폐의 흐름은 가계부문이 기업부문에 생산요소를 제공한 대가를, 그리고 기업부문이 가계부문에 재화와 서비스를 제공한 대가를 각각 받게 되는 것을 의미한다.

〈그림 13-1〉 소득과 지출의 순환모형

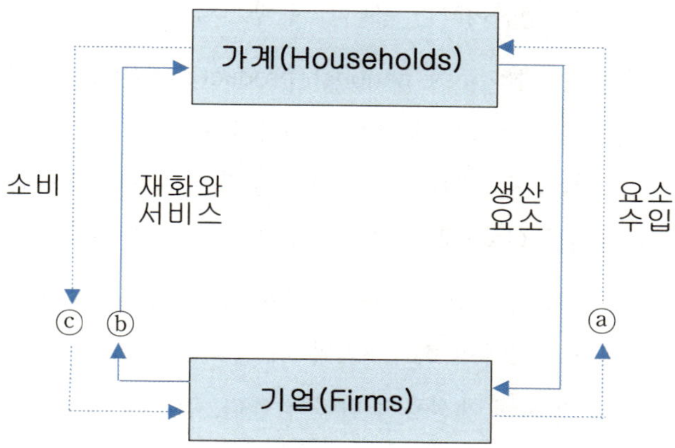

단순경제모델에서 기업은 재화와 서비스를 생산하기 위해 기업부문으로부터 생산요소를 구입하고, 가계는 재화와 서비스를 구입하기 위해 기업에 생산요소를 판매하는 것이다. 이 모델은 국민소득개념을 설명하는데 사용되어진다. 국민소득은 1년 동안의 전체 경제활동을 측정한 것으로, <그림 13-1>의 ⓐ점에서 1년 동안의 화폐의 흐름이 측정되었다면 이것이 바로 국민소득이 되는 것이다. 또한 ⓑ점을 지나는 모든 재화와 서비스에 대한 가치의 합계는 국민총생산액이 된다. 마찬가지로 ⓒ점을 지나는 모든 지출의 합계는 총국민지출액에 해당된다.

따라서 폐쇄경제에서는 국민소득과 국민총생산 그리고 국민총지출은 모두 동일한 것이다.

국민소득(national income)
= **국민총생산**(national product)
= **국민총지출**(national expenditure)

국민총생산은 국민총생산액 혹은 국민총생산물가치가 더 적합한 용어이나 국민총생산이라는 용어가 관행처럼 굳어져 이를 사용하고 있다.

국민총생산(gross national product : GNP)은 일정기간 동안에 국민에 의하여 생산된 최종생산물의 시장가치이다. 여기서 최종생산물이라는 것은 다른 생산물을 생산하는 데에 사용되는 원재료 · 반제품과 같은 중간생산물의 가치를 GNP에 포함시키지 않는다는 뜻이다.

예를 들면, 감귤을 가지고 감귤주스를 만들었다고 하자. 이 경우 농장에서 생산된 감귤의 화폐가치와 이 감귤을 가지고 만들어진 감귤주스의 화폐가치를 동시에 계산하지 말아야 한다. 감귤주스의 가치는 이미 감귤의 가치가 포함되어 있기 때문이다. 감귤주스에 포함된 감귤은 중간상품이지 최종상품은 아니기 때문에 동시에 계산한다면 두 번 계산되는 셈이다.

GNP를 계산하는 또 다른 방법은 생산과정의 모든 단계에서 부가가치를 모두 합산하는 방법이다. 부가가치는 최종생산물의 시장화폐가치에서 생산과정에서 사용된 중간생산물의 화폐가치를 제외하여 얻게 된다.

최종생산물의 화폐가치
농업: 감귤의 가치: 10,000원
제조업: 감귤주스 가치: 15,000원
최종생산물의 화폐가치: 15,000원

생산물의 총부가가치
농장의 부가가치: 10,000원
제조업의 부가가치: 5,000원
총부가가치: 15,000원

만약 농부가 생산한 감귤의 화폐가치가 10,000원이고, 감귤주스의 화폐가치가 15,000원이라면 농업부문에서의 부가가치는 10,000원이 되고 감귤

주스를 만든 제조업에서 부가된 가치는 5,000원이 된다. 따라서 총부가가치는 15,000원이고 이는 감귤주스의 최종화폐가치와 동일하다. 따라서 모든 산업부문에서 생산된 최종 생산물의 화폐가치로 계산된 GNP와 모든 산업에서 총부가가치로 계산된 GNP는 같게 된다. 이 두 가지 방법은 공급자에 의해 제공된 상품과 서비스의 총생산에 초점을 둔 것이기 때문에 공급부문(그림 13-1ⓑ)에서 계산된 방법이다.

같은 관점에서 소비자, 즉 구입자의 관점에서도 측정될 수 있다(그림 13-1ⓐ). 경제에서 생산된 모든 것은 누군가에 의해서 구매되거나 소비된 것이다. 즉 가계부문에서 재화와 서비스를 구매하기 위해 지출된 총지출액은 기업부문에서 판매된 재화와 서비스의 총판매액과 같아져야 되기 때문이다.

개방경제에서 모든 생산물의 화폐가치는 국내 가계, 기업, 정부, 그리고 국내비거주자(수출)가 구매한 것에서 이들 부문이 외국에서 수입된 것을 제외한 것과 같아야 한다. 따라서 이를 간단히 표시하면 다음과 같다.

GNP = 가계 지출(C)
+ 투자(I)
+ 정부 지출(G)
+ 수출(X)
− 수입(M)

수출(X)은 국내에서 생산된 재화와 서비스가 국내비거주자에 의해 구매된 것이다. 반대로 수입(M)은 외국에서 생산된 재화와 서비스가 국내거주자에 의해 구매된 것이다.

관광에서 수출이란 상품이 외국으로 보내져 소비된다는 수출의 일반적인 해석과는 다르다. 그리고 수입 역시 상품이 국내로 반입되어 소비되는 것과도 다르다. 관광은 관광객이 직접 관광지로 이동을 함으로써 소비행위가 발생하는 것이다. 따라서 관광부문에서 수출이란 외국거주의 관광객이 국내에 들어와 관광활동 중에 지출된 화폐액에 해당되는 것이고, 반대로 내국인이 외국관광활동 중에 지출한 화폐액은 수입에 해당되는 것이다.

2) 개방경제에서의 유입 및 누출요인

<그림 13-2>는 경제시스템이 시간의 변동을 고려하지 않은 특정시점에서의 정태분석에 해당된다. 그러나 실제 경제시스템에서는 소득과 지출의 흐름이 끊임없이 이루어지기 때문에 시간적 변동을 고려한 동태분석이 필요하다.

〈그림 13-2〉 투자와 소득의 순환모형

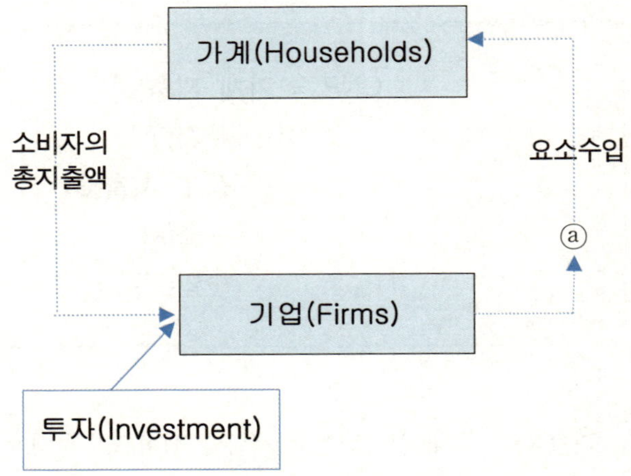

만약 <그림 13-2>의 경제시스템에서 1억원의 투자가 관광부문에서 새롭게 발생하였다면 기업부문에서는 이에 상당하는 금액의 생산요소를 추가로 구입해야 할 것이다. 이는 결과적으로 ⓐ점에서 측정된 국민소득이 1억원

이 증가하게 되는 것이다.

그러나 1억원의 투자는 그것으로 그치지 않는다. 이로 인해 발생하는 노동자의 임금소득은 해당 금액만큼 지출을 발생시킨다. 지출이 발생하면 기업부문에서 다시 수입이 발생하게 된다. 이런 과정이 몇 번 되풀이하다 보면 결과적으로 ⓐ점을 지나는 추가된 소득은 최초의 투자된 금액 1억원을 초과하게 되는 것이다.

<그림 13-2>에서와 같은 폐쇄경제시스템에서 이 승수효과는 무한히 지속될 수 있다. 그러나 실제로는 개방경제시스템이며 자금이 유입되는 요인이 있다면 누출되는 요인도 있게 마련이다. <그림 13-3>은 경제시스템의 유입(injections)부문과 누출(leakages)부문을 각각 설명하고 있다. 대표적인 누출부문은 저축(savings), 수입(imports) 그리고 세금(taxes)이다. 저축은 가계 및 기업부문이 가지고 있는 자금이다. 수입은 해외로 유출되는 부문이고 세금은 수입세, 부가가치세, 소비세 등과 같은 형태로 정부부문에 의해 경제시스템에서 빠져나가는 부분이다.

〈그림 13-3〉 경제순환모형의 유입과 누출

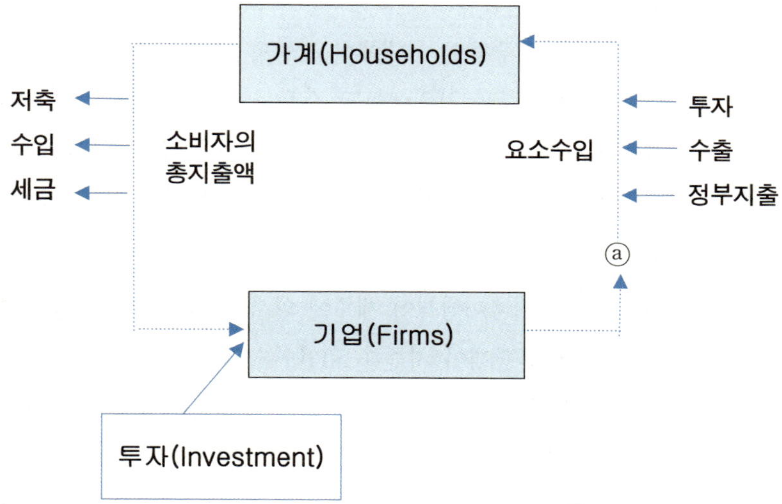

대신에 투자, 수출 및 정부지출은 위의 경제모델에서처럼 새로운 유입부문에 해당된다. 연금이나 실업수당과 같은 정부지출, 수출로 인해 해외로부터 유입된 자금, 저축으로 축적된 자금으로 인한 투자 등은 대표적 유입부문이다.

2. 관광의 경제영향 측정방법

1) 케인즈(Keynes) 승수

정부의 지출이나 민간부문에서의 투자 또는 관광객에 의한 관광소비와 같이 새로운 자금이 국내 및 지역경제에 새롭게 투입되면 이는 최초 투입된 부분만큼의 증가효과만 있는 것이 아니라 그 이상 몇 배수로 증가하게 되는데 이를 승수효과(multiplier effect)라고 한다. 승수모형은 관광과 지역 · 국가경제 간의 거시적 측면에서의 영향을 분석하는데 있어서 유용하게 쓰이는 분석도구 중의 하나이다.

유입부문에 해당하는 수출은 외국으로부터 국내경제에 외화를 유입시킨다. 또한 외국관광객이 국내에서 관광활동으로 지출되는 소비 역시 수출에 해당된다. 지역경제 차원에서도 같은 논리를 적용시킬 수가 있을 것이다. 지역경제효과를 설명하기 위해 제주경제를 국내경제와 독립된 것으로 가정한다면 국내관광객이 제주관광활동 중에 소비한 금액은 제주도의 지역경제 차원에서는 수출로 인해 벌어들인 외화와 동일하게 볼 수 있는 것이다.

예를 들면, 신혼여행객이 제주에 와서 호텔비로 50만원을 지출했다고 가정하자. 최초 관광객이 지출한 50만원은 호텔수입이 된다. 모든 호텔수입의 20%는 호텔주인의 몫이고 나머지는 호텔운영비로 지출된다고 가정하자. 호텔운영비의 지출은 호텔종사원의 임금 및 식료품의 재료, 전기료, 세탁요금 등으로 지출될 것이다. 호텔종사원의 임금은 생활비로 지출될 것이고,

호텔에 필요한 상품을 공급하고 받은 금액은 다시 이들 상품을 공급해준 공급자에게 지출될 것이다.

〈그림 13-4〉 제주경제의 유입과 누출

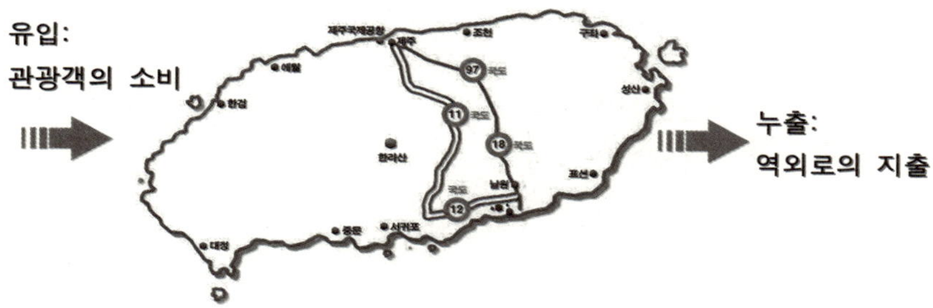

호텔종사원은 임금 가운데 20%를 저축하고, 호텔에 필요한 상품을 공급한 대가로 받은 공급자 역시 20%의 이윤을 얻고 있다면 나머지는 생활비로 사용되거나 공급자에게 상품의 대금으로 지출된다는 의미이다. 즉 호텔종사원의 한계저축성향은 0.8이고 호텔에 소비재를 판매한 생산자의 영업이익률도 0.8로 가정하고 있다. 이후 2차적으로 발생한 수입 역시 같은 가정을 하고 이와 같은 과정이 끝없이 계속된다고 가정할 때 제주지역경제에 미치는 경제효과는 최초 관광객이 지출한 50만원보다 훨씬 많은 금액이 지역경제에서 발생하게 된다.

그렇다면 최종적으로 얼마만큼 지역경제에 영향을 미치게 되는가? 최초 관광객이 관광지에 지출된 금액은 50만원이지만 이 돈이 지역경제에 파급되면서 최종적으로는 250만원의 소득효과를 가져다주게 된다.

〈표 13-1〉에서 전체소득증가분 ⊿Y는 독립투자증가분 Y에 1/1-C를 곱한 값과 같다. 여기서 C는 한계소비성향(MPC)이므로 1-C는 한계저축성향(MPS)에 해당된다. 그러므로 1/1－C은 균형소득증가분의 투자증가분에 대한 비율이며 이를 투자승수라고 하는데 관광객의 지출로 인한 해당 관광

지의 경제영향분석에서는 관광승수라고 한다.

〈표 13-1〉 승수효과

소득증가분		소득증가 계산식
1단계	50만원	50만원
2단계	40만원	50만원 x 0.8
3단계	32만원	40만원 x 0.8 = 50만원 x 0.8^2
.	.	. .
.	.	. .
n단계		50만원 x 0.8^{n-1}
.	.	. .
.	.	. .
총계	250만원	ΔY= 50만원 x $\frac{1}{1-0.8}$ = 50만원 x 5 = 250만원

한계소비성향(C)이나 한계저축성향(S)은 0보다 크고 1보다 작은 수이기 때문에 승수의 값은 항상 1보다 크다. 한계소비성향이 클수록 또는 한계저축성향이 작을수록 승수는 크게 되고, 반대로 한계소비성향이 작을수록 또는 한계저축성향이 클수록 승수는 작게 된다.

$$\frac{1}{1\text{-}MPC} = \frac{1}{MPS} \quad (13\text{-}1)$$

위의 식에서 한계소비성향이 0.8이기 때문에 늘어난 소득은 250만원이 된다. 만약 한계소비성향이 0.9라고 가정하자. 즉 저축을 적게 하고 소비를 증가시키는 경우이다. 이 경우 한계저축성향은 0.1이 됨으로 승수는 10이 되며 같은 조건이라면 지역경제에 미치는 효과는 500만원이 된다.

이처럼 승수(multiplier)란 외부자원이 어느 특정 경제에 유입되면 그것이 1차 또는 2차, …. n차적으로 전체 경제에 미치는 영향을 설명하는 데 사용된다. 케인즈의 승수는 폐쇄경제모델에 적용된 경우이다.

information 절약의 역설

앞의 예는 한계소비성향이 높을수록 또는 한계저축성향이 낮을수록 독립투자가 균형국민소득을 더 많이 증가시킨다는 것을 보여주고 있다. 이는 주어진 소득수준에서 국민경제를 전체적으로 볼 때 소비를 많이 하고 저축을 적게 할수록 더 좋은 결과를 가져다준다. 케인즈 모형에서는 "소비가 미덕"이라는 말을 뒷받침 해주는데 케인즈 모형이 총수요에 의한 국민소득결정이론이기 때문이며, 소비가 늘어날수록 총수요가 증가하여 국민소득도 증가하기 때문이다.

반면에 저축은 소득의 흐름으로부터 누출에 해당된다. 따라서 저축이 바로 투자로 연결되지 않는다면 저축의 증대는 곧 총수요와 국민소득의 감소를 의미한다. 즉 개인이 절약을 하여 저축을 늘리고자 하면 총수요가 감소하여 국민소득이 감소하게 되고 그 결과 국민경제 전체적으로 총저축이 늘어나지 않거나 오히려 감소한다. 케인즈 모형에서는 이러한 현상을 "절약의 역설(paradox of thrift)"이라고 한다.

절약의 역설은 투자수요가 독립투자인가 유발투자인가에 따라 결과가 다르게 나타난다. 즉 투자수요가 국민소득과 관계없이 일정하게 결정되는 것을 독립투자라고 한다. 개별적인 저축증대의 노력이 국민저축 증대로 연결되지 않는 것을 절약의 역설이라 하는 것이다. 반대로 소득이 증가함에 따라 투자가 증가하는 것을 유발투자라고 한다. 절약의 역설은 투자기회가 부족하여 저축이 바로 투자로 연결되지 않는 경우에만 성립된다. 개발도상국에서와 같이 투자할 곳이 많은데 재원이 모자라 투자하지 못하는 경우에는 저축은 개인이나 국민경제 전체적으로 모두 미덕이 된다.

2) Keynes 승수를 이용한 관광승수

관광의 경제영향 파급경로는 먼저 관광객의 지출이 경제순환구조에 투입(input)되었을 때 생산, 소득, 고용 및 정부 세수입의 증대효과로 나타난다. 즉 최초 관광객이 관광지에서 소비한 금액은 해당 산업에서 생산물의 증대효과를 가져온다. 생산물이 증대되기 위해서는 노동 및 자본의 투입이 필요하다. 따라서 고용증대 및 타 산업에서 투입요소가 증대됨으로 인해 전체 경제에 변화가 발생한다. 고용이 증대되면 가계소득이 증대되고, 이는 소비증대와 정부의 세수증대로 이어진다.

Brian Archer(1982)는 관광객의 지출로 인한 경제적 효과를 직접효과, 간접효과, 유발효과로 나누어 분석하였다. 관광지에서 발생하는 경제효과는 관광객이 관광을 위해 지출된 전체 금액 가운데 순수하게 관광지에 귀속되는 금액만이 해당 관광지역의 수입이 된다. 예를 들면, 항공권을 여행객이 구입할 때에는 대체로 출발지에서 항공요금을 지불하게 되는데 이 금액은 해당 지역의 관광수입에 포함되지 않는다. 관광객이 관광활동 중에 지출하는 교통비, 숙박비, 식음료비용 및 여행사와 같은 관광업체에 지출되는 비용은 해당 지역에 직접적으로 영향을 미치게 된다. 이는 관광의 경제적 효과 가운데 직접효과(direct effect)라고 한다. 직접효과란 관광객이 최초 그 지역에서 지출한 경비가 만들어내는 경제적 효과를 말하는 것으로, 이는 1차효과(primary effect)라고도 한다.

관광객이 관광지에서 1차적인 지출이 발생하면 관광객과 간접적인 관계를 형성하는 산업부문에 소득 및 고용이 창출되는데 이를 간접효과(indirect effect)라고 한다. 예를 들면, 관광객이 숙박시설을 이용하면 숙박업소는 호텔 종사원이나 교통서비스를 제공해 준 운전사 그리고 식료품을 납품하는 상인에게 이에 상응하는 대가를 지급해야 한다. 이때 호텔종사원, 운전사 그리고 상인은 관광객과 간접적인 관계를 형성하게 된다.

이러한 관계는 결과적으로 호텔업, 식당업, 상인 그리고 이들 산업에 종사하는 사람들에게 소득수준을 향상시키는 결과가 된다. 이를 유발효과라 하는데, 이는 관광소비로 지역 내 산업에 대한 산출물의 증대를 의미한다. 간접효과와 유발효과를 합쳐 2차효과(secondary effect)라고 한다.

WTTC(2013)는 관광의 간접 및 유발효과의 규모가 매우 크다는 것을 인정하고 <그림 13-5>와 같이 직접효과, 간접효과 그리고 유발효과를 구분하고, 이를 바탕으로 세계 각국의 관련통계를 매년 수집하여 여행 및 관광부문이 국민총생산에서 얼마나 영향을 미치는지를 매년 발표하고 있다.

- 직접효과(direct effect) : 관광객이 최초로 해당 지역에서 지출한 경비가 가져다주는 경제적 효과로써 이는 관광산업에 직접적으로 경제적 영향을 발생시킨다. 여행 및 관광이 국내총생산액에 미치는 직접효과는 거주자와 방문자에 의한 국내소비액을 말한다.
- 간접효과(indirect effect) : 직접지출의 결과로 인해 관광과 간접적으로 관련이 있는 산업에서 소득 및 고용이 창출되는 것을 말한다. 예를 들면 관광호텔은 관광객에 의한 지출로 수익이 발생하게 되지만 호텔서비스를 위해서는 호텔에 식품을 공급하는 상인으로부터 관련 상품을 공급받아야 한다. 이때 관련 공급자가 얻게 되는 효과를 간접효과라고 한다. 은행이나 건축업 그리고 수공예업 등에서 간접효과가 발생하게 된다. 국내총생산액이 미치는 간접효과의 영향은 여행 및 관광관련 투자액, 관광지에 대한 홍보나 관광산업에 지원되는 정부의 지출액 등 정부부문에서 발생하는 지출액도 포함된다.
- 유발효과(induced effect) : 직 · 간접적인 효과가 가계소득의 증가를 가져오게 되는데 소득이 발생하면 소비가 이루어지게 마련이다. 즉, 유발효과는 직접 및 간접부문에 종사하는 종사원의 소비를 통해 발생하는 부분이다.
- 총효과(total effect): 직접효과 + 간접효과 + 유발효과를 말한다.

〈그림 13-5〉 관광의 직접효과, 간접효과 및 유발효과 구분

직접효과		간접효과		유발효과 (직 · 간접 부문 종사원의 지출액)		총효과
상품 • 숙박 • 교통 • 엔터테인먼트 • 관광대상 **산업** • 숙박 서비스 • 식음료 서비스 • 소매 • 교통서비스 • 문화, 스포츠 & 레크리에이션 관련 서비스 **소비출처** • 거주자의 국내여행 및 관광 지출 • 사업관련 국내여행 지출 • 해외방문객의 관광수출액 • 공무상의 국내여행 지출	➔	•투자금액 •정부지출액 •공급자에게 지출된 금액	➔	•식음료 •레크리에이션 •의류 •주택 •생활용품	➔	•GDP •고용

자료: WTTC(World Travel and Tourism Council), 2013, The Economic Impacts of Travel and Tourism.

이를 종합하면 관광객의 소비는 다음과 같은 과정을 거치면서 전체 지역경제에 영향을 미치게 된다. 즉 관광객의 소비 → 관광산업의 생산증대 → 관광산업 종사원의 소득향상 → 가계소득 증대 →소비수준 증가 → 타산업 매출액 증대 → 고용기회 창출이라는 일련의 과정을 통해 지역경제가 활성화되는 것이다. 관광산업의 생산증대는 직접효과에 해당되고 관광산업 종사원의 소득향상으로 지출이 발생하면 간접효과 그리고 이후 발생하는 모든 경제효과를 유발효과라고 한다.

관광의 경제적 효과를 측정하는 승수효과는 1차효과 또는 직접효과에 대

한 전체효과의 비율을 의미한다.

$$\text{관광승수} = \frac{\text{직접효과} + \text{간접효과} + \text{유발효과}}{\text{직접효과}}$$

$$\text{또는} = \frac{\text{1차효과} + \text{2차효과}}{\text{1차효과}}$$

관광의 경제적 영향분석은 관광지에 대한 경제의 영향만을 그 대상으로 하는 것이 아니다. 수많은 경제적 영향분석이 승수를 이용하여 파악될 수 있다. 즉 컨벤션센터나 박물관의 건립 또는 리조트개발이 가져오는 효과나 관광활동으로 스포츠행사나 문화행사의 개최에 따른 효과 등을 측정하기 위해서도 관광승수가 적용된다.

3) 관광승수의 종류

경제용어에서 output(생산물 또는 산출물)과 income(소득)의 개념이 서로 혼돈되는 경우가 있다. 생산물은 생산 또는 판매된 재화나 서비스를 의미한다. 소득은 임금이나 금융이자, 대여금(rent), 그리고 영업이윤에 의해 발생되는 것이다. 따라서 판매액(sales amount)과 소득(income)은 서로 다른 개념이다.

만약 관광객이 10,000원을 주고 관광기념품을 구입하였다면 그 가게의 매출액 또는 생산액은 10,000원이 되는 것이다. 그러나 10,000원은 그 가게의 소득이 되지는 않는다. 관광기념품 소매상이 도매상에서 5,000원을 주고 구입한 것이라면 구매대금을 지급해야 한다. 또한 전기나 전화 및 차량유지와 같이 영업활동으로 지출된 비용으로 1,000원이 지출되었고, 종사원의 임금, 이자지급, 가게임대비용으로 3,000원을 지급하였다면 1,000원의 이익(profit)이 발생한 것이다. 이와 같은 경제거래로 인해 발생한 총 소득액은 4,000원이 된다(임금, 이자 및 임대비용 3000원과 이자 1000원) 따라서 판매액은 10,000원이 발생하였지만 소득은 4,000원이 발생한 것이다.

- 매출액 또는 생산액 : 10,000원
- 비용 : 도매상으로부터 물품 구매대금(5,000)
  영업비용 : 1,000원(중간재 구매에 따른 비용)
  임금, 금융이자 및 건물임대비용: 3,000원
- 이윤 : 1,000원

관광객 10,000원의 지출로 인해 소매상에서 10,000원의 매출액이 증대되었고 이로 인한 소득은 임금, 이자, 지대 및 이윤과 같은 생산요소 부문에서의 증가액 4,000원이 발생된 것이다. 만약 도매상 역시 해당 지역에 있는 사업체라면, 관광객에 의한 최초 10,000원은 소매상에서의 직접 판매액만큼의 가치 창출과 추가적으로 5,000원의 간접판매액(도매상)이 발생한 것이 된다. 따라서 총생산액 또는 총매출액은 15,000원이 되고 이때 관광의 판매량승수는 1.5가 된다.

만약 도매상에서 2,500원의 소득이 발생하였다면 소매상의 소득 4,000원을 포함하여 직 · 간접소득은 6,500원이 발생하게 된다. 이 경우 관광의 소득승수는 0.65가 된다(직 · 간접소득 6,500원 ÷ 관광객의 최초지출액 10,000원). 이는 관광객의 매 1원 지출로 인해 그 경제에서 소득은 0.65×1원 즉 .65원어치의 소득이 발생된다는 의미이다.

또한 관광객의 지출은 추가적으로 가계소득을 증가시킨다. 추가소득의 일부분이 재화와 서비스구매에 사용되기 때문이다. 따라서 전체 경제에서는 추가적으로 판매액과 소득이 더 많이 발생하게 된다. 경제학자들은 이러한 추가적인 판매와 소득을 방문자 지출에 따른 유발효과라고 한다. 따라서 관광객의 지출이 전체경제에 미치는 영향을 말하는 전체효과는 직접+간접

+유발효과이다.

이처럼 승수는 어느 부문의 최종수요 변화가 지역경제 전체에 직접 그리고 간접으로 미치는 산출 · 고용 · 소득에서 수량적 효과를 의미하는 것으로 산출량승수(output multiplier), 판매량승수, 소득승수(income multiplier) 및 고용승수(employment multiplier)로 분석된다.

- 판매량승수(거래량승수) : 최초 소비지출 한 단위 증가에 따른 해당 지역 내 전체산업의 추가매출액 또는 거래량을 나타내는 지표이다.
- 산출량승수(생산량승수) : 최초 소비지출 한 단위 증가에 따른 해당 지역 내 전체산업의 추가산출량(생산량)을 나타내는 지표이다.
- 소득승수 : 최초 소비지출 한 단위 증가가 해당 지역 주민의 소득수준을 얼마나 증대시켰는가를 나타내는 지표이다.
- 고용승수 : 최초 소비지출 한 단위 증가가 해당 지역내 고용기회를 얼마나 증대시켰는가를 나타내는 지표이다.

※ 산출량승수는 재고수준까지 고려한 저량(stock)의 개념이고, 판매량승수는 판매량 또는 거래량만을 고려한 유량(flow)의 개념이라는 점에서 차이가 있다.

4) 승수의 한계성

승수의 정확성은 자료의 정확성과 분석방법상의 합리성에 달려 있지만, 자료나 분석방법이 올바르다 해도 이론적으로도 현실과는 거리가 있는 가정을 전제로 하고 있다.

① 지역경제는 유휴자원상태를 갖고 있다.

유휴자원상태란 동원되지 않은 채 수요를 기다리는 생산요소가 충분히 존재하고 있어 공급부문은 수요부문의 새로운 요구에 응할 수 있는 탄력적인 자세를 취하고 있다는 것이다. 해당 분야에 취업을 하고자 하는 실업자가 존재하고 유휴자본이나 토지가 항상 존재하고 있다는 가정이다. 따라서 모든 자원이 완전고용상태에 있다면 이 승수모형은 그 이론적 바탕을 잃어버리게 된다.

② 승수모형은 사회적 기회비용을 고려하지 않는다.

기회비용이란 생산요소가 특정재화의 생산에 투입됨으로써 상대적으로 희생된 타재화의 생산가능성, 또는 특정 재화를 생산하기 위해 포기한 타재화 생산기회의 상실분을 말한다. 완전고용이나 불완전고용의 상태에서도 사회적비용이 항상 수반되게 마련이다. 새로운 관광호텔에 취업하고자 농업부문에 종사하던 농부가 농사를 안 짓고 호텔에 취직을 하였다면 관광의 고용효과는 발생하지만 농업부문에서의 고용은 감소된 경우에 해당된다.

승수효과는 모든 지역에서 동일한 것이 아니라 지역 및 국가경제의 자급자족 정도에 따라 다르게 나타난다. 관광객의 지출이 현지에서 생산, 조달할 수 없을 때는 원자재, 자본, 노동력과 같은 자원을 외부에서 조달할 수밖에 없게 된다. 이 경우 그만큼 관광승수가 낮아지게 되는 것이다.

5) 국내 및 제주도의 관광승수

승수효과는 산업에 따라 서로 다르게 나타난다. 예를 들면, 식음료 부문에서 1만원의 지출이 발생하면 추가적으로 농업, 농산물가공업체, 농산물유통업체 및 기타 산업에서도 연쇄적으로 매출이 발생하게 된다. 또한 숙박업에서의 1만원의 소비는 이와 관련된 다른 산업에서 추가적으로 판매가 발생하게 된다. 농업부문과 숙박업 부문은 관련된 산업이 서로 다르기 때문에 승수효과는 산업별로 서로 다르게 나타날 수밖에 없다.

<표 13-2>는 2002년도 우리나라 국민경제의 전국 산업별 생산 · 소득 · 고용유발승수이다. 생산유발승수는 소비 · 투자 · 수출 등의 부문에서 최종수요가 1단위 증가할 때 이를 충족시키기 위하여 각 부문에서 유발되는 직 · 간접 생산파급효과를 나타내는 것이다. 전국 산업연관분석 결과 우리나라 전산업의 평균 생산유발승수는 1.850으로 나타났다. 이는 최종 수요부문에서 1천만원이 추가적으로 발생하였을 경우 약 1,850만원의 직 · 간접 생산유발효과가 국민경제에서 발생한다는 것을 의미한다. 산업별 생산유발승수를 보면 기타부문(2.431), 수송장비업(2.364), 인쇄 · 출판 및 복제(2.229), 제1차 금속(2.194) 등의 산업이 비교적 생산유발승수가 높은 것으로 나타났다. 관광산업의 생산유발승수는 1.693으로 전체 28개 산업 가운데 순위가 18위로 나타났으며, 이는 해외관광객이 우리나라를 방문하여 1천만원을 관광여행비로 지출하면 우리나라 국민경제에 1,693만원의 직 · 간접 생산유발효과가 발생된다는 것을 의미한다.

소득승수는 한 산업부문에 대한 최종수요가 1단위 발생할 경우 국민경제 혹은 지역경제 전반에 걸쳐 직 · 간접적으로 유발되는 소득효과를 의미한다. 소득승수는 산업연관표의 소득계수와 생산유발계수를 곱하여 구하게 된다. 우리나라 전 산업의 평균 소득승수는 0.325로서 만약 최종수요 1,000만원이 새롭게 발생하게 되면 국내경제의 소득부문이 325만원이 증가하게 된다.

산업별 소득승수를 보면 교육 및 보건이 0.650으로 가장 높게 나타났으며 공공행정 및 국방(0.565), 금융 및 보험(0.506), 운수 및 보관(0.463) 등의 순으로 높게 나타났다. 관광산업의 소득승수는 0.334로서 전산업 평균 소득승수보다 약간 높은 것으로 나타났다. 관광부문에서 소득승수 0,334는 해외관광객이 우리나라를 방문하여 1천만 원을 관광여행비로 지출했을 때 334만원의 소득이 직 · 간접적으로 발생한다는 것을 의미한다(표 13-2).

고용승수는 한 산업부문에 대한 최종수요가 1단위 발생할 경우 국가 또는 지역경제 전반에 걸쳐 직 · 간접적으로 유발되는 고용효과를 의미한다.

〈표 13-2〉 전국 산업별 생산 · 소득 · 고용유발승수

구분	생산유발 승수		소득유발 승수		고용유발 승수	
		순위		순위		순위
1. 농림수산품	1.643	20	0.171	26	0.067	1
2. 광산품	1.594	21	0.317	18	0.014	21
3. 음식료품	2.107	7	0.215	23	0.036	5
4. 섬유 및 가죽제품	2.069	8	0.335	10	0.021	11
5. 목재 및 종이제품	1.947	15	0.255	20	0.015	18
6. 인쇄, 출판 및 복제	2.229	3	0.403	7	0.026	8
7. 석유 및 석탄제품	1.136	28	0.045	28	0.001	28
8. 화학제품	2.024	10	0.241	22	0.011	22
9. 비금속광물제품	2.026	9	0.329	13	0.015	17
10. 제1차 금속	2.194	4	0.203	24	0.008	26
11. 금속제품	0.151	5	0.345	9	0.019	14
12. 일반기계	2.141	6	0.323	16	0.016	16
13. 전기 및 전자기기	1.712	17	0.200	25	0.010	24
14. 정밀기기	2.013	11	0.324	15	0.019	13
15. 수송장비	2.364	2	0.320	17	0.014	19
16. 가구 및 기타 제조업제품	1.991	13	0.333	12	0.022	9
17. 전력, 가스 및 수도	1.499	24	0.154	27	0.005	27
18. 건설	1.995	12	0.427	5	0.021	10
19. 도소매	1.477	26	0.372	8	0.037	4
20. 운수 및 보관	1.729	16	0.463	4	0.026	7
21. 통신 및 방송	1.656	19	0.326	14	0.009	25
22. 금융 및 보험	1.484	25	0.506	3	0.016	15
23. 부동산 및 사업서비스	1.472	27	0.264	19	0.011	23
24. 공공행정 및 국방	1.518	23	0.565	2	0.021	12
25. 교육 및 보건	1.560	22	0.650	1	0.027	6
26. 사회 및 기타서비스	1.953	14	0.415	6	0.047	2
27. 기타	2.431	1	0.253	21	0.014	20
28. 관광산업	1.693	18	0.334	11	0.042	3
전 산업 평균	1.850		0.325		0.021	

자료: 이강욱 · 최승묵(2003), 관광산업의 지역경제 기여효과 분석, 한국문화관광정책연구원.

고용승수는 산업연관표의 고용계수와 생산유발계수를 곱하여 구할 수 있다. 고용계수는 일정기간 동안 생산활동에 투입된 노동량을 총산출액으로 나눈 계수로서 한 단위의 생산에 직접 소요된 노동량을 의미한다. 우리나라 전산업의 평균 고용승수는 0.021인데 반해 관광산업의 고용승수는 0.042로 전 산업 평균보다 두 배나 높게 나타났다(표 13-2).

<표 13-3>은 제주지역 산업연관분석을 통해 구해진 산업별 생산 · 소득 · 고용유발승수이다. 제주도 전산업의 평균 생산유발승수는 1.322로서 전국 평균 1.850보다 작은 것으로 나타났다. 관광산업의 생산유발승수는 1.406인데 전국 평균 1.693보다 작다. 제주도 전산업의 평균 소득승수는 0.359로서 국내 전산업의 평균 0.325보다 높게 나타났으며, 제주도 관광산업의 소득승수 0.361은 제주도 전산업평균 소득승수보다 약간 높게 나타났다.

제주도 전산업의 평균 고용승수는 0.039로서 국내 전산업의 평균 0.021보다도 높을 뿐더러 제주도 관광산업의 고용승수 0.034보다 높은 것으로 나타났다. 비교적 관광산업은 고용창출 효과가 높은 산업이라고 알려져 있지만, 이와 같은 결과는 제주도의 경제가 농 · 어업의 비중이 높은 산업구조를 갖고 있기 때문이다. 제주도 농림수산품의 고용승수는 0.066으로서 매우 높게 나타났다.

산업별 승수가 서로 다르듯이 관광산업 내에서 업종 간 승수 역시 서로 다르게 나타난다. <표 13-4>는 제주도의 관광산업 내의 여러 업종별 생산 · 소득 · 고용유발승수이다. 이를 통해 관광산업의 업종별 지역경제 파급효과를 서로 비교해 볼 수 있다. 생산유발승수는 식음료(1.706), 차량임대(1.427), 문화공연(1.478), 오락 · 유흥(1.444) 등이 전산업 및 관광산업 평균보다 높은 것으로 나타났다. 소득승수는 여행업(0.518), 문화공연(0.506), 숙박(0.473) 등이 비교적 높은 업종으로 나타났다. 고용승수는 운수보조(0.198), 오락 · 유흥(0.111), 소매(0.075) 등의 업종이 관광산업 가운데서도 고용을 많이 창출하고 있는 업종이라는 것을 알 수 있다.

〈표 13-3〉 제주도 산업별 생산 · 소득 · 고용유발승수

구분	생산유발 승수		소득유발 승수		고용유발 승수	
		순위		순위		순위
1. 농립수산품	1.341	9	0.161	26	0.066	4
2. 광산품	1.307	11	0.344	17	0.009	26
3. 음식료품	1.776	2	0.210	23	0.036	12
4. 섬유 및 가죽제품	1.194	22	0.368	13	0.119	2
5. 목재 및 종이제품	1.296	12	0.255	20	0.019	20
6. 인쇄, 출판 및 복제	1.428	5	0.520	6	0.037	11
7. 석유 및 석탄제품	1.0481	28	0.038	28	0.008	28
8. 화학제품	1.227	21	0.245	21	0.015	23
9. 비금속광물제품	1.610	3	0.378	11	0.014	24
10. 제1차 금속	1.155	26	0.192	24	0.088	3
11. 금속제품	1.182	23	0.442	8	0.041	10
12. 일반기계	1.178	24	0.372	12	0.026	15
13. 전기 및 전자기기	1.168	25	0.186	25	0.054	6
14. 정밀기기	1.280	16	0.362	14	0.025	17
15. 수송장비	1.153	27	0.356	16	0.051	7
16. 가구 및 기타 제조업제품	1.256	17	0.381	10	0.150	1
17. 전력, 가스 및 수도	1.241	19	0.154	27	0.009	27
18. 건설	1.350	8	0.524	5	0.018	21
19. 도소매	1.294	13	0.390	9	0.051	8
20. 운수 및 보관	1.281	15	0.613	2	0.045	9
21. 통신 및 방송	1.438	4	0.335	18	0.010	25
22. 금융 및 보험	1.339	10	0.527	4	0.026	16
23. 부동산 및 사업서비스	1.293	14	0.269	19	0.016	22
24. 공공행정 및 국방	1.252	18	0.612	3	0.023	18
25. 교육 및 보건	1.229	20	0.737	1	0.030	14
26. 사회 및 기타서비스	1.351	7	0.502	7	0.055	5
27. 기타	1.927	1	0.225	22	0.022	19
28. 관광산업	1.406	6	0.361	15	0.034	13
전 산업 평균	1.322	–	0.359	–	0.039	–

자료: 이강욱 · 최승묵(2003), 관광산업의 지역경제 기여효과 분석, 한국문화관광정책연구원.

〈표 13-4〉 제주도 세부 관광산업 생산 · 소득 · 고용유발승수

구분	생산유발 승수		소득유발 승수		고용유발 승수	
		순위		순위		순위
28-1. 숙박	1.266	22	0.473	10	0.029	21
28-2. 식음료	1.706	3	0.393	13	0.047	14
28-3. 여객운송	1.143	36	0.302	26	0.050	13
28-4. 운수보조	1.155	34	0.320	25	0.198	1
28-5. 차량임대	1.427	9	0.231	31	0.011	33
28-6. 여행업	1.309	16	0.518	7	0.025	25
28-7. 문화공연	1.478	5	0.506	8	0.016	30
28-8. 운동 · 경기	1.319	15	0.383	15	0.009	36
28-9. 오락 · 유흥	1.444	7	0.465	11	0.111	3
28-10. 소매	1.345	12	0.373	18	0.075	5
관광산업 평균	1.359	–	0.396	–	0.057	–
전 산업 평균	1.331	–	0.370	–	0.045	–

자료: 이강욱 · 최승묵(2003), 관광산업의 지역경제 기여효과 분석, 한국문화관광정책연구원.

3. 관광수입의 측정방법

관광의 경제적 효과를 분석하기 위해서는 관광객이 지출하는 경비가 보다 정확하게 집계가 되어야 관광의 규모를 측정할 수 있는데 이는 현실적으로 어려운 점이 많다. 그 이유는 관광이 가지고 있는 한계 때문이다. 즉 관광 및 관광객의 범위가 불분명하기 때문에 표본을 통해 구해진 관광통계의 신뢰성은 낮을 수밖에 없다. 관광통계의 신뢰성이 높다 해도 관광산업의 특성 때문에 관광의 간접효과와 유발효과의 산출 역시 단순하지가 않기 때문에 관광의 경제효과를 측정한다는 것은 매우 어려운 일이다. 일반적으로 모든 산업은 생산물의 공급자 중심으로 분류된 것이다. 그러나 관광산업은

누가 생산물을 소비하느냐? 하는 수요자 중심으로 분류된 산업이다.

그동안 관광통계는 주로 관광객수, 체재일수, 관광수지 등 관광활동과 관련된 부문만 발표되어 왔고 관광객들이 관광활동 과정에서 소비하는 관광상품의 수급부분은 명확하게 규명이 이루어지지 않았다. 이로 인해 국민경제와 지역경제를 구성하는 관광산업의 실체가 구체적으로 확인되지 못하는 결과를 가져다주었고, 공공부문과 민간부문에서 관광과 관련된 의사결정에 필요한 기본적인 정보가 충실하게 제공되지 못하였음을 의미한다. 그럼에도 불구하고 관광산업의 부가가치(value added)나 고용의 창출, 소득증대, 정부의 세수입 등 국민경제와 지역경제의 다양한 부문들에 직·간접적인 효과를 미친다는 점에서 관광의 경제적 효과를 규명하는 일은 매우 중요한 의미를 가진다.

관광산업은 성장산업이고 국민경제에 크게 기여를 하고 있다는 것은 모두가 긍정하고 있다. 그러나 일반적으로 관광산업의 규모는 다른 산업처럼 가시적(visible)이지 않고 실체도 존재하지 않기 때문에 실제보다 과소평가 되어지고 있으며, 관광기업 역시 정부나 지역주민으로부터의 지원 역시 그 중요성에 비해 부족한 편이다.

1) 관광산업의 개념

관광은 산업이 아니다. 실제로 관광시장도 존재하지 않는다. 산업이란 단일품목 단일생산 공정을 가리키는 말로서 공급측면에서 일컫는 말이다. 산업에 대한 정의를 컴퓨터, 자동차, 의류 등에 적용시킬 때는 매우 분명하지만 관광산업의 정의를 말할 때는 그 개념이 매우 모호해진다. 왜냐하면 산업이란 어느 특정 상품의 판매자들로 구성되어 있기 때문이다.

여행 및 관광은 산업으로 접근하기보다는 부문(sector)으로 보는 것이 바람직하다. 그런데 실제로 관광산업이라는 용어는 널리 사용되고 있다. 항공교통업, 철도교통업, 숙박업, 여행업, 호텔업 등은 여행 및 관광산업으로 알려져 있다. 물론 수요자 입장에서 관광업은 어디에도 존재하지 않는다. 그 이유는 관광상품은 단일상품이 아니고 여러 개의 이질적인 상품으로 구성되어 하나의 관광상품을 생산하기 때문이다. 그러나 관광상품을 공급자 입장에서 보았을 때에는 위에 열거한 모든 업종을 관광업이라고 한다. 수요자 입장에서는 여러 개의 단일상품이 합쳐져야 하나의 완전한 관광상품으로 보지만, 공급자 입장에서는 관광상품을 구성하는 단일상품 역시 관광객에게 판매되었다면 관광상품이라고 볼 수 있다.

산업을 1차, 2차, 3차 산업으로 분류한 것은 누가 상품을 생산하는가 하는 생산중심으로 산업을 분류한 것이다. 관광산업은 누가 상품을 생산하는가 하는 산업의 일반적 분류방법 대신에 누가 상품을 소비하는가 하는 목적형으로 분류기준을 적용한 경우이다. 컴퓨터 및 통신기술의 하드웨어나 소프트웨어를 모두 정보산업이라고 할 때와 같은 의미이다. 그런데 공급자 입장에서는 관광객이 소비하든 지역주민이 소비하든 구분할 필요가 없다. 관광산업의 실체가 존재하지 않는 이유가 여기에 있다.

관광산업이 관광객이 관광을 위해 필요로 하는 상품의 구매와 관련이 있다면 관광산업의 적용범위는 매우 광범위하다. 실제로 국제표준산업분류표(International Standard Industry Classification)에 의하면 대략 35개의 산업에서 만들어진 상품이 관광객을 위해 생산 판매되는 것으로 조사되었다(Gee, et al., 1997).

2) 관광위성계정(Tourism Satellite Accounts)

(1) 관광위성계정의 필요성

관광산업은 수요측면에서만 고려되어지는 경제행위이지만 공급측면과 수요와 공급 사이의 관계가 종합적으로 고려되어져야 관광산업의 규모나 경제적 영향 등을 살펴볼 수 있고 타 산업과의 비교도 가능해진다. 이러한 관점에서 1990년대부터 국제기구를 중심으로 관광규모 측정의 필요성이 제기되기 시작하였다. 이후 경제협력개발기구(OECD; 1998, 1999)나 UN, 그리고 세계관광기구(UNWTO; 1998, 1999) 등에서는 관광의 경제적 영향을 파악하기 위한 표준화된 측정방법으로서 각국에 관광위성계정(Tourism Satellite Accounts: TSA)을 개발하여 이를 사용할 것을 권고하고 있다. UNWTO(1999)에 의하면 "관광위성계정은 관광분야 전반에 걸친 경제적 크기 및 수요와 공급 측면의 정보를 제공하기 위하여 관광산업 전반에 대해 논리적이고 일관된 방법으로 작성되는 표"라고 정의하고 있다.

관광위성계정(tourism satellite accounts)은 국민계정의 틀 속에서 관광산업을 하나의 산업으로 규정하여 수급구조를 파악하고 관광산업의 다양한 특성과 파급효과를 설명하기 위해 국민계정과는 별도의 계정으로 작성한 통계체계이다. '위성(satellite)'이라는 단어가 의미하듯이 관광위성계정은 국민계정에 부속되는 계정이다.

국민계정은 일정한 기간의 국민경제의 활동결과와 일정시점에서의 국민경제의 자산 및 부채상황을 나타낸 것으로 국민경제의 종합재무제표라고 할 수 있으며, 국민소득통계와 산업연관표, 자금순환표, 국제수지표 그리고 국민대차대조표 등 5대 국민경제통계로 구성된다. 국민계정은 재화와 서비스의 생산 → 분배 → 지출 → 생산의 순환과정(circulation process)을 여러 계정을 통하여 나타내준다. 재화와 서비스의 공급과 처분 내역은 생산계정, 소득의 분배와 처분 내역은 소득계정, 자본의 조달과 축적 내역은 자본계정 및 금융계정, 국외거래 내역은 국외거래계정에 각각 기록함으로써 실물과 자금의 흐름을 유기적로 파악할 수 있도록 한 것이다. 따라서 국민경제 전체의 실물과 자금의 흐름을 유기적으로 파악할 수 있도록 개별통계를 체계적으로 연결한 것이 국민계정이다.

〈그림 13-6〉 국민계정과 5대 국민경제통계의 관계

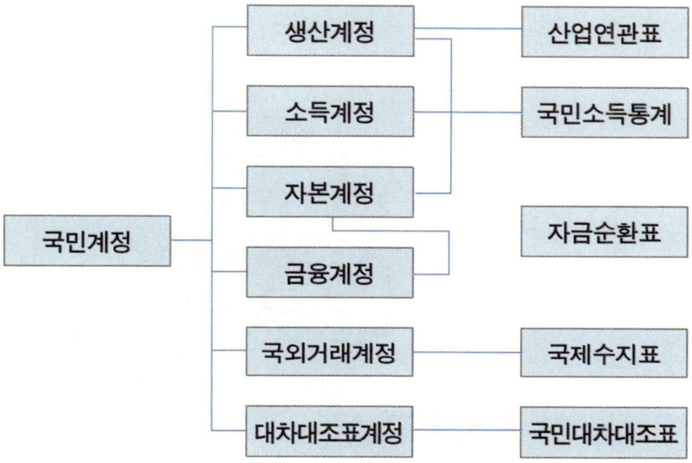

자료: 한국은행(2004), 「알기 쉬운 경제지표 해설」.

관광위성계정은 국민계정체계 내에서 충분히 설명되지 못하고 있는 관광 부문에 대해 보다 구체적인 분석이 가능하게 하는 위성계정의 하나이다. 위성계정(satellite account)은 국민계정 내에서 세부내용을 반영하기에는 내용이 너무 많거나 본계정의 체계와 구조가 맞지 않는 특정분야를 집중적으로 분석하기 위하여 작성되는 계정을 뜻하며, 새로운 국민계정체계에서는 환경과 관광, 교육, 보건복지 등의 경제 · 사회적 관심분야에 대하여 보다 심층적인 분석을 할 수 있도록 위성계정체계(satellite account system)를 도입하고 있다.

위성계정은 국민계정의 중심체계에 과도한 부담이나 혼란을 주지 않으면서 특정 분야에 대해 국민계정의 분석능력을 확대할 필요성이 있을 때 작성되는 것으로 국민계정의 중심체계를 통해 통합된 경제통계의 주요 부분과 연계될 수 있다. 또한 위성계정은 특정 분야 또는 주제에 특화되어 있기 때문에 그 분야나 주제에 특화된 정보체계와도 연계될 수 있다.

〈그림 13-7〉 국민계정과 위성계정의 관계

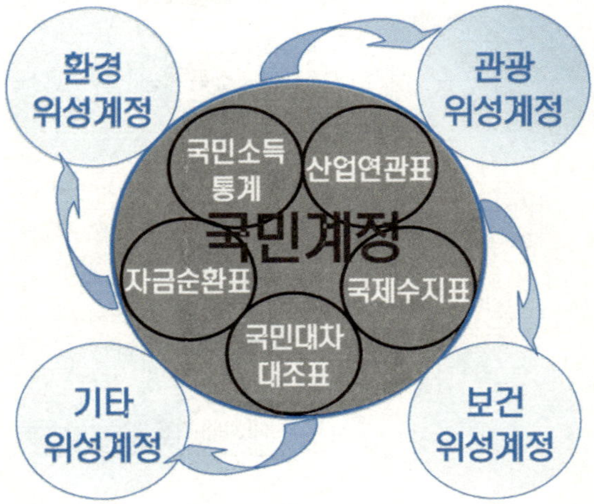

자료: 문화체육관광부 · 문화관광정책연구원(2005), 「2004년 한국관광위성계정」.

최근 들어 미국, 캐나다와 핀란드, 덴마크 등 일부 국가들에서는 지역단위에서 관광위성계정의 개발이 완성되었거나 시도되고 있다. 우리나라도 OECD 회원국으로서 국민계정의 부속계정인 관광위성계정을 개발하여 제출하고 있다.

관광위성계정의 작성목적은 다음과 같다.

- 국가 또는 지역 차원에서 관광활동을 파악하기 위해
- 관광의 규모나 관광의 부가가치, 국내총생산 기여도와 같은 관광의 경제적 중요성을 알아보기 위해 관광의 거시경제지표를 제공하기 위해
- 관광소비에 관한 상세한 자료를 제공하고 관광소비와 관광의 공급관계를 파악하기 위해
- 관광산업에서의 고용, 다른 생산활동과의 관계, 관광기업의 재무상태 등과 같은 관광기업에 관한 정보를 제공하기 위해

(2) 관광위성계정 측정방법

여행객이나 관광객을 위해 생산되는 상품과 서비스는 매우 많지만, 단일 품목이 아니기 때문에 표준산업분류표 상에서 분류되지 않고 있다. 따라서 관광산업은 다른 산업부문처럼 국민계정에서 자체적으로 계정과목을 갖고 있지 않다. 관광부문에서 상품과 서비스는 이미 다른 산업부문의 계정과목에 부분적 또는 전체적으로 포함되어 있기 때문이다.

관광위성계정(TSA)은 여행과 관광산업의 경제적 영향을 비교적 정확하게 측정할 수 있는 새로운 경제통계방법으로 알려져 있다. 이 방법이 가지고 있는 특징은 여행 및 관광객이 구매한 상품과 서비스를 이러한 상품을 생산하는 산업의 산출물과 연결시키는 것이다. 관광위성계정에서 측정되는 항목은 여행 및 관광객이 지출한 항공, 숙박, 식음료, 쇼핑, 기타 항목을 측정해서 이들 상품을 생산한 산업에 연결시키도록 되어 있다. 여행 및 관광객이 지출한 금액은 대부분 관광산업의 수입이 된다. 물론 방문객이 지출한 금액 가운데 일부는 관광산업이 아닌 자동차 주유소, 약국, 은행, 편의점 등의 타 산업부문의 수입으로 계산될 것이다. 또한 위성계정은 관광산업이 국내총생산액(GDP)의 기여도(부가가치)를 측정함으로써 관광산업과 타 산업을 서로 직접적으로 비교할 수 있는 자료를 제공하고 있다.

관광위성계정의 구성내용을 보면 〈표 13-5〉, 관광위성계정 구성표 중 Table 1부터 Table 3까지는 외국인 국내여행(inbound tourism), 국민국내여행(domestic tourism), 그리고 내국인 국외여행(outbound tourism) 등으로 구분하여 관광소비를 나타낸다. 이는 주로 수요측면에서 관광소비구조에 대한 정보를 제공하는 것이다. 특히 금전적 가치로 환산되는 관광객들의 최종소비지출(visitor final consumption expenditure)과 관계된 상품과 서비스의 소비구조를 제시하는 데 있다.

Table 4는 국내에서 이루어지는 관광소비를 종합하는 표이다. 외국인 국내여행과 자국 국민들의 국내여행을 통해 이루어지는 관광상품의 소비구조를 나타낸다. 반면 Table 5는 산업측면에서 관광산업의 생산계정을 제시하는데 관광산업(tourism industries) 외에 기타산업(other industries)의 생산구조를 함께 제공함으로써 관광산업의 생산이 경제 전체에서 차지하는 비율 등을 구체적으로 나타낼 수 있다.

〈표 13-5〉 관광위성계정의 구성

구분	CEC, OECD, UNWTO and UN	UNWTO
Table 1	관광소비구조: 외국인 국내관광	관광소비구조: 외국인 국내관광
Table 2	관광소비구조: 내국인 국내관광	관광소비구조: 내국인 국내관광
Table 3	관광소비구조: 내국인 국외관광	관광소비구조: 내국인 국외관광
Table 4	국내 관광소비 종합 (Table 1+2)	국내 관광소비 종합(Table 1+2+3)
Table 5	관광산업 및 기타산업의 생산계정	관광산업 및 기타산업의 생산계정
Table 6	국내 관광공급 및 소비 종합	관광공급 및 소비 종합
Table 7	관광산업의 고용	관광산업의 고용
Table 8	고정자본형성	고정자본형성
Table 9	관광공공소비	관광공공소비
Table 10	관광통계 일반	관광통계 일반

자료: CEC, OECD, UNWTO and UN, 2001; UNWTO, 2000, 1999, 1998.

Table 6은 국내에서 이루어지는 내국인 및 외국인들의 관광소비지출과 국내에서 공급되는 관광상품의 규모를 종합하는 표이며, Table 7과 Table 8은 관광상품의 생산과 밀접한 관련이 있는 관광산업부문의 고용과 고정자본형성의 규모를 제시한다. Table 9는 중앙 및 지방정부 등 공공부문에서의 관광소비구조를 나타낸다. 마지막으로 Table 10은 화폐가치로 나타나지 않는 관광객의 특성 설명 및 관광산업의 사업체에 대한 일반적인 내용을 포함하는 관광통계 일반을 제시하는 것으로 구성되어 있다.

(3) TSA의 한계

관광위성계정상의 자료들은 표준산업분류표에 나타난 어떤 산업보다 신뢰성이 떨어질 수밖에 없다. 국제기구에서는 이 방법이 여러 가지 대안 가운데 그래도 관광자료의 신뢰성을 높일 수 있는 방법으로 믿고 있다. 관광이 가지고 있는 특성상 관광위성계정에 필요한 상세 자료를 구하는데 상당한 어려움이 따른다. 예를 들면, 모든 형태의 여행객(국내, 외국, 사업, 공무, 그리고 개인적인 사유)을 대상으로 돈이 어디에서 얼마나, 어떠한 목적으로 지출되었는지에 대한 자료가 필요하기 때문이다. 이와 같은 자료를 구하기 위해서는 매우 많은 설문비용이 수반된다. 이런 어려움 때문에 대부분의 국가에서는 가장 기본적인 자료인 국내여행객수 및 지출금액까지도 통계가 잡혀 있지 않는 것이 보통이다.

미국에서 추정된 여행 및 관광위성계정 자료는 추정의 범위를 최대, 중간, 최소 등의 3단계로 분류하고 있어 그 자료의 정확성에도 많은 의문을 주고 있다. 따라서 관광위성계정을 통해 구해진 자료의 사용을 매우 제한된 목적으로 사용되고 있다는 것을 알고 있어야 한다. 또한 관광위성계정에 의해 구해진 여행 및 관광산업의 경제적 중요성을 다른 산업과 비교하여 보여줄 뿐 관광으로 인한 경제적 편익(benefit)이나 순가치(net value) 등을 밝히는데 도움을 주지 못하고 있다.

4. 관광수입의 경제적 기여효과

1) 관광의 경제효과 결정요인

관광이 관광지에 미치는 영향은 해당지역의 여건에 따라 달라지게 마련이다. 관광객이 관광지에서 많은 돈을 지출한다 해도 지역경제에 미치는 파급효과는 관광지의 경제규모, 산업구조 그리고 발전정도에 따라 다르게 마련이다.

■ 관광지의 경제규모

2006년도 제주도의 관광수입은 약 2조원에 이르고 있다. 서울은 관광도시라고는 하지 않지만 지방 사람이나 외국인이 서울을 방문하여 많은 돈이 소비되는 도시이다. 만약 제주도의 관광수입만큼 관광객이 서울에서 소비하였을 경우 경제적 파급효과는 제주처럼 크지는 않을 것이다.

이처럼 전체 경제에서 관광수입이 차지하는 비중이 어느 정도인가에 따라 관광이 국가 및 지역경제에 미치는 파급효과는 다르게 마련이다.

■ 관광지의 산업구조

산업구조는 1차, 2차 그리고 3차 산업이 어떻게 구성되어 있는가를 말해주는 것으로서 관광산업의 대부분은 3차산업에 포함된다. 미국의 라스베이거스처럼 관광도시인 경우 관광객이 관광지에서 지출한 돈은 직접효과만 가져다줄 뿐 간접효과나 유발효과는 기대하기 어렵다. 만약 모든 부문에서 자급자족이 이루어지는 관광지라면 관광객의 관광지출이 일단 유입된 이후 역외로 누출될 가능성이 낮다는 의미이고 이 경우 관광지출의 파급효과는 매우 높을 것이다.

관광승수의 크기는 관광객의 지출금액이 얼마나 해당 지역의 경제에 남아있는가를 말해주는 것이다. 따라서 관광승수의 크기를 결정짓는 여건은 해당 지역의 산업구조에 달려 있다. 농 · 어업에서부터 제조업 그리고 서비스업까지 관광지의 산업이 얼마나 다양하게 구성되어 있는가에 따라 관광승수의 크기가 결정된다.

■ 관광지 경제의 발전 정도

관광객의 관광지출로 인한 경제적 파급효과는 물론 관광지의 경제발전 정도에 따라서도 달라질 수 있다. 화폐의 가치는 소득수준에 따라 다르기 때문이다. 똑같은 금액이 저개발국 관광지에서 사용된 경우와 국민소득이 높은 관광지에서 사용되었을 경우 해당 관광지의 파급효과가 달라질 수 있다는 의미와 같다. 세계 여러 나라의 일인당 국민소득 수준은 매우 큰 차이가 있다는 것을 우리는 알고 있다.

또한 경제가 발전한 관광지는 그렇지 못한 관광지보다 상대적으로 금융자산(capital assets)을 많이 보유하고 있을 가능성이 높기 때문에 관광개발을 위해 외지자본을 유치할 필요성이 낮을 것이다. 관광객이 1차적으로 이용하는 관광기업의 소유주가 현지인인가 외지인인가에 따라서도 관광객의 관광지출 효과는 달라지게 마련이다. 외지인 소유의 기업이 발생한 이윤은 지역내에서 회전이 이루어지지 않고 외지로 유출되기 때문이다. 관광과 무관한 기업의 소유주에 대해서도 똑같은 논리가 적용된다. 결국 이러한 부분도 관광지의 경제발전 정도와 무관하지 않다.

2) 관광객의 관광지출과 체재일수

모든 관광지는 관광의 영향을 측정하기 위해서 관광객의 지출을 집계한다. 국제관광객은 물론 관광지마다 지역차원에서 관광객의 지출비용을 발표하고 있다. 관광객의 관광지출 규모는 관광객의 개인 사정에 따라 크게 다를 것이다. 같은 관광지를 방문한다 해도 관광객의 여행예산은 개인의 소득수준에 따라 달라질 수밖에 없다. 여러 나라를 방문하는 국제관광객의 경우에는 나라마다 또는 방문지마다 물가수준이 다르기 때문에 비교적 물가수준이 낮은 지역에서 더 많은 관광상품을 구매하려 할 것이다.

일반적으로 소득수준이 높으면 관광지에서의 체재일수가 많거나 보다 비싼 여행상품을 구매하기 때문에 전체적으로 관광지출액은 증가한다. 여행객이 지출하는 교통, 숙박, 식음료 비용은 여행객의 소득변화에 매우 민감한 품목들이다. 모든 조건이 동일한 상황에서 관광객의 수요가 가격변화에 민감하지 않다면 높은 가격이라 해도 전체 구매량에는 큰 변화를 줄 수 없기 때문에 상품가격이 증가하면 총관광지출비용은 증가하게 마련이다. 반대로 상품의 수요가 가격탄력적이라면 가격인상은 구매력을 줄이는 효과를 가져다주기 때문에 가격인상은 총관광지출금액을 감소시키는 결과를 가져다주게 된다.

경제학에서는 일반적으로 다음과 같은 경우에 상품의 가격변화에 소비자들의 반응이 높게 나타나는 것으로 알려져 있다. 첫째, 상품에 대한 총지출 비용이 높은 경우인데, 자동차 가격이 5% 인상된 경우와 치약이 10% 인상된 경우는 인상된 금액에서는 큰 차이기 나기 때문에 자동차 가격변화에 소비자의 반응이 높게 나타난다. 둘째, 대체재가 많고 적음에 따라 소비자의 반응은 달라지게 마련이다. 어느 한 상품의 가격이 오르면 가격이 오르지 않은 다른 상품으로 대체하기 때문에 대체재가 많으면 소비자의 반응은 높게 나타난다. 셋째, 가격변화가 오래 지속되는 경우에는 소비자들이 가격변화에 대응할 시간이 많아져 가격비교를 통해 다른 대체상품을 찾을 가능성이 높기 때문에 소비자의 반응이 높다.

국제관광의 경우 환율변동은 관광객의 지출에 큰 영향을 준다. 국제관광객들은 관광목적지의 상품가격에 대한 조사가 환율을 통해서 환산이 이루어진 후 자국의 상품가격과 비교과정을 거친 후 해당 상품에 대한 구매결정을 하기 마련이다. 우리나라에서는 1998년 IMF외환위기나 2008년 전세계의 금융위기시 원화가치의 하락으로 인해 내국인의 해외여행객은 크게 감소하고 대신에 외국인의 국내여행객은 크게 증가한 것은 환율의 급격한 변동에 따른 것이다.

일반적으로 관광지까지 접근하는데 드는 시간과 화폐지출 비용이 크면 클수록 여행객은 여행지에서 더 오래 머무는 경향이 있다. 반면에 호텔이나 음식값이 비싸거나 접근비용이 싼 경우에는 체재일수는 줄어들게 된다. 예를 들면, 제주도에 사는 사람과 경기도에 사는 사람이 서울에서 회의가 있어 서울을 방문했다고 하자. 서울에서 체재하는 동안의 비용은 두 사람 다 동일하다. 그러나 제주도에 사는 사람은 서울까지 오는데 시간이나 경제적 비용이 더 지출된 셈이다. 따라서 제주도에서 온 사람은 본래의 방문목적만으로는 만족하지 못할 것이다. 회의 참석 후 쇼핑도 하고 외식도 하고 친구나 친지도 방문하면서 서울에 머무는 시간이 길어질 것이다. 반대로 경기도에서 사는 사람은 회의 참석 이외에는 다른 것을 별로 생각하지 않을 것이다. 쇼핑이나 외식은 다른 날에 할 수도 있기 때문이다.

거주지와 관광지 간의 거리는 물리적 거리, 시간적 거리, 금전적 거리 그리고 심리적 거리로 구분할 수 있다. 물리적 거리는 불변이나 시간적 거리와 금전적 거리는 시간에 따라 변할 수 있다. 기술발달로 인해 동서양간의 왕래가 빈번해진 이유는 소요시간이 과거보다 많이 짧아졌다는 사실에서 찾을 수 있을 것이다. 접근비용은 이러한 거리의 비용이 복합적으로 작용하면서 사람마다 다르게 계산하고 있을 것이다. 자주 왕래한 지역 간의 거리는 그렇지 않은 사람보다 심리적으로 짧게 느껴질 수 있다. 이를 심리적 거리라고 한다. 접근비용이 크면 클수록 체재기간은 길어지지만 짧으면 짧을수록 체재기간은 줄어드는 대신 재방문율은 그만큼 많아질 수 있다.

우리가 어느 지역을 방문하고자 생각할 때에는 체재기간까지 계산하고 방문하게 된다. 대부분의 관광객들은 출발 전 며칠간 머물다 올 것인가를 생각하고 방문하는 것이지, 방문한 이후 얼마나 머물다 갈 것인지를 결정하지는 않는다.

체재기간에 영향을 미치는 또 다른 요인은 관광객이 관광지에서 무엇을 보고, 무엇을 할 수 있는가에 달려 있다고 볼 수 있다. 즉 관광지가 가지고 있는 속성에 따라 달라질 수 있는 것이다. 관광지의 입장에서는 관광객이 더 오랫동안 머물 수 있도록 더 많은 관광자원을 개발하는 일이 방문객의 체재일수를 늘이는 일이 된다. 물론 예외도 있을 수 있고, 동일한 조건이라면 시간적 여유가 많은 인구집단은 더 오래 머물다 가려고 할 것이다. 결론적으로 말하면 접근비용과 체재비용은 방문자의 체재기간을 결정하는데 서로 반대로 작용한다는 사실이다.

3) 우리나라 관광경제의 규모

관광은 단일 산업으로는 세계 최대 규모로 알려져 있다. 관광산업은 국내 경제에 미치는 효과가 매우 클 뿐만 아니라 고용효과도 타 산업에 비해 높기 때문에 세계의 모든 나라에서 관광산업의 발전을 위해 많은 노력을 기울이고 있다. 저개발국가들은 관광산업에서의 외화수입을 통해 국제수지 개선을 도모하고 있는데 특히, 타 산업에 비해 관광산업의 외화 가득률이 높기 때문에 주요 관광자원을 많이 가지고 있는 국가는 경쟁적으로 외국관광객을 유치하려고 노력한다.

WTTC(2013)에 의하면 2012년도 우리나라에서 여행 및 관광으로 발생된 직접효과는 26조 6,518억원으로 국내총생산액의 2.1%를 차지하고 있는 것으로 나타났다. 이 수치는 호텔, 여행사, 항공사 그리고 기타 여행관련 교통업, 여행자에 의한 식당 및 레저 활동 등에서 발생한 경제활동을 집계한 것이다. 앞으로 11년 후인 2023년에는 여행 및 관광산업의 규모는 4.1% 성장할 것으로 예상하고 있다. 간접 및 유발효과까지 포함했을 경우 여행 및 관광경제의 규모는 75조 2,845억원으로 확대되며 이는 국내총생

〈표 13-6〉 여행 및 관광산업의 규모 및 GDP비중

구분	2012	2012	2013	2023		
	10억원, 천명	비중, %	성장률	10억원, 천명	비중	성장률
직접효과 GDP 대비	26,661.8	2.1	1.6	40,444.5	2.1	4.1
총효과 GDP 대비	75,284.5	5.9	1.4	107,605.0	5.5	3.5
직접고용효과	617.5	2.5	−0.2	691.0	2.7	1.2
총고용효과	1,584.0	6.4	−0.7	1,614.0	6.3	0.3
인바운드소비액	23,299.4	3.2	−1.2	41,721.3	2.7	6.1
내국인소비액	46,018.2	3.6	3.9	71,532.2	3.7	4.1
레저소비액	56,231.4	1.7	2.3	90,244.0	1.6	4.6
비즈니스여행객소비액	13,086.2	0.4	1.8	23,009.4	0.4	5.6

자료: WTTC(World Travel and Tourism Council), 2013, The Economic Impacts of Travel and Tourism.

산액의 5.9%에 해당한다.

관광의 경제효과 가운데 직접효과는 관광산업에서 발생한 경제행위만을 대상으로 하나 관광경제의 규모를 말할 때는 직접효과, 간접효과 그리고 유발효과 등 전체를 포함한다. 관광위성계정의 공급측 계정에는 관광산업(Travel & Tourism Industry)과 이보다 폭넓은 개념으로서 관광경제(Travel & Tourism Economy)가 있다. 공급측면의 관광산업계정은 항공, 숙박 등과 같이 관광과 직접적으로 관련이 있는 생산부문을 의미하고, 여기에 연료, 식품공급, 세탁 서비스 등처럼 관광과 간접적인 생산부분이 포함되어 관광경제계정이 된다. 그리고 관광경제에는 관광 관련 자본투자, 정부 서비스와 연계된 제조업, 건설업 등의 생산부분이 추가된다.

2012년도 관광경제의 규모는 직접효과가 35.4%, 간접효과 47.1% 그리고 유발효과는 17.5%를 차지하는 것으로 나타났다. 여행자의 전체 소비액을 위락여행객과 비즈니스여행객으로 구분하였을 경우 위락여행객이 81.1% 그리고 비즈니스여행객이 18.9%를 차지하는 것으로 나타났으며, 이를 다시 국내여행객과 인바운드 여행객으로 구분하면 국내여행자가 66.4% 그리고 인바운드 여행객이 33.6%를 소비한 것으로 조사되었다.

한편, 이를 고용측면에서 보았을 때 2013년도 여행 및 관광산업의 종사자는 61만 7,500명으로 전체 고용인구의 2.5%를 차지하고 있는 것으로 조사되었다. 2023년에는 고용인구가 1.2% 증가하여 총 69만 1,000명 수준으로 예상하고 있다. 간접 및 유발 고용효과를 포함한다면 총고용인구는 158만 4,000명 수준이며 이는 전체 고용인구의 6.4%를 차지하게 된다.

관광산업이 전체 GDP에서 차지하는 비중은 나라마다 경제구조가 서로 다른 만큼 비중 또한 다를 수밖에 없다. 2012년도 우리나라 GDP 대비 관광산업의 비중은 2.1%로 전 세계 평균 5.2%보다 매우 낮은 143위권이다. 이를 아시아 국가와 비교했을 때 캄보디아와 태국이 각각 11.5%와 7.3%로 매우 높다. 간접 및 유발효과를 포함한 총효과 즉, 관광경제측면에서 보았을 때 우리나라가 5.9%인 데 비해 세계평균은 14.1%이며 캄보디아와 태국이 각각 25.8%와 16.7%이다. 일본과 비교하였을 경우 직접효과는 같으나 총효과는 일본이 6.7%로 우리나라보다 높다. 전체고용인구 가운데 여행 및 관광산업에서의 고용효과 역시 우리나라는 전 세계 평균 5.4%보다 훨씬 낮은 2.1%로서 세계 순위에서 129위권에 해당된다.

4) 관광의 지역경제 기여효과-제주도

관광이 관광목적지의 지역경제에 기여하는 효과는 국제관광이 국가경제에 기여하는 효과와 마찬가지이다. 제주도는 섬이기 때문에 비교적 관광객의 출 · 도착 통계가 국내의 다른 관광지와 비교할 때 신뢰성이 높다고 할 수 있다. 관광이 국내 관광지의 지역경제에 어느 정도 기여하는가를 살펴보기 위해 제주도의 경우를 예로 들었다. <표 13-7>은 2000년 제주도의 관광객 지출액(1,497,537백만원)으로 발생한 생산 · 소득 · 고용효과를 나타낸 것이다. 경제적 기여효과는 앞에서 소개한 각 산업별 생산 · 소득 · 고용승수를 경제규모에 적용함으로써 구하게 된다.

각 산업별 경제적 파급효과는 정부에서 매년 발표되는 것은 아니다. 이는 전문가의 연구를 통해서만 밝혀지는 것이기 때문에 현재 제주관광산업의 지역경제파급효과는 2000년도의 연구결과를 통해 유추할 수밖에 없다. 2012년도 제주도의 관광수입은 5조 5,293억원에 이르고 있지만 2000년도에 제주도는 약 1조 5천억원의 관광수입이 발생하였다. 이로 인해 2000년도의 총생산유발효과는 2,106,122백만원으로 나타났다. 총생산유발효과 가운데 관광산업 자체에 대한 직접유발효과는 1,610,317백만원(76.5%)이며, 관광객의 지출액으로 인해 제주도의 관광산업 이외의 산업에서 발생한 간접생산유발효과는 전체의 23.5%인 495,805백만원으로 추정되었다. 간접생산유발효과를 산업부문별로 살펴보면 음식료품 135,535백만원(6.4%), 농림수산품(74,897백만원), 부동산 및 사업서비스 64,407백만원(3.1%)의 순으로 나타났다.

소득유발효과는 제주도경제 전체에서 총 541,319백만원이 발생하였다. 이 가운데 관광산업에 전체의 83.2%인 450,327백만원의 직접소득유발효과가 발생하였으며, 관광산업을 제외한 제주도산업에 90,992백만원의 간접소득유발효과가 발생한 것으로 분석되었다. 간접소득유발효과가 큰 산업은 금융 및 보험 22,383백만원(4.1%), 음식료품 13,043백만원(2.4%), 부동산 및 사업서비스 11,568백만원(2.1%)의 순으로 나타났다.

고용유발효과는 51,331명으로 제주도 전체 고용자수 154,391명의 33.2%의 수준으로 나타났다. 총 고용창출 인원 중 관광산업에서 전체의 82.1%에 해당하는 42,163명이 직접적으로 창출된 것으로 나타났으며, 관광산업 이외의 산업에서 9,167명의 간접유발효과가 발생한 것으로 분석되었다. 간접유발효과는 농림수산품 4,359명(8.5%), 금융 및 보험 1,006명(2.1%), 음식료품 865명(1.7%) 등의 순으로 높게 나타났다.

관광객 지출액에 의한 총 부가가치유발효과는 1,225,761백만원이며, 직접유발효과는 948,734백만원(77.4%)이고 간접유발효과는 277,027백만원(22.6%)으로 분석되었다. 2000년도 제주도의 지역총생산액(GRDP)이 4,809,500백만원인 점을 고려할 때 부가가치유발효과의 제주도 지역총생산(GRDP) 기여도는 약 25.5%로 나타났다.

〈표 13-7〉 제주도 관광객 지출액의 생산 · 소득 · 고용효과

구 분	생산유발 효과		소득유발 효과		고용유발 효과	
	백만원	%	백만원	%	명	%
1. 농림수산품	74,879	3.6	7,721	1.4	4,359	8.5
2. 광산품	687	0.0	184	0.0	3	0.0
3. 음식료품	135,535	6.4	13,043	2.4	865	1.7
4. 섬유 및 가죽제품	52	0.0	17	0.0	6	0.0
5. 목재 및 종이제품	3,098	0.1	574	0.1	43	0.1
6. 인쇄, 출판 및 복제	4,271	0.2	1,773	0.3	126	0.2
7. 석유 및 석탄제품	31	0.0	1	0.0	0	0.0
8. 화학제품	1,444	0.1	266	0.0	16	0.0
9. 비금속광물제품	3,506	0.2	785	0.1	24	0.0
10. 제1차 금속	5	0.0	1	0.0	0	0.0
11. 금속제품	483	0.0	191	0.0	18	0.0
12. 일반기계	68	0.0	22	0.0	2	0.0
12. 전기 및 전자기기	30	0.0	4	0.0	1	0.0
14. 정밀기기	10	0.0	3	0.0	0	0.0
15. 수송장비	49	0.0	15	0.0	2	0.0
16. 가구 및 기타 제조업제품	264	0.0	84	0.0	38	0.1
17. 전력, 가스 및 수도	24,306	1.2	2,246	0.4	157	0.3
18. 건설	8,341	0.4	3,617	0.7	108	0.2
19. 도소매	14,780	0.7	4,725	0.9	680	1.3
20. 운수 및 보관	3,813	0.2	2,045	0.4	151	0.3
21. 통신 및 방송	42,945	2.0	10,276	1.9	222	0.4
22. 금융 및 보험	52,667	2.5	22,383	4.1	1,066	2.1
23. 부동산 및 사업 서비스	64,407	3.1	11,568	2.1	754	1.5
24. 공공행정 및 국방	0	0.0	0	0.0	0	0.0
25. 교육 및 보건	10,766	0.5	7,325	1.4	279	0.5
26. 사회 및 기타 서비스	4,928	0.2	2,124	0.4	246	0.5
27. 기타	44,439	2.1	0	0.0	0	0.0
28. 관광산업	1,610,317	76.5	450,327	83.2	42,163	82.1
총효과(1+2)	2,106,122	100.0	542,319	100.0	51,331	100.0
직접효과(1)	1,610,317	76.5	450,327	83.2	42,163	82.1
간접효과(2)	495,805	23.5	90,992	16.8	9,167	17.9

자료: 이강욱 · 최승욱(2003), 관광산업의 지역경제 기여효과 분석, 한국문화관광정책연구원.

제14장

관광의 경제적 편익과 비용

관광이 관광목적지에 미치는 영향은 크게 경제적, 환경적, 사회적 그리고 문화적 영향으로 나누어진다. 이러한 영향은 긍정적일 수도 있고 부정적일 수도 있다. 관광의 경제적 영향은 주로 긍정적인 부분이 강조되지만 부정적인 영향도 있다는 것을 알아야 한다. 관광의 경제적 영향 가운데 긍정적 영향은 편익이라 하고 부정적 영향은 비용이라고 한다.

1. 관광의 경제적 편익

WTTC(World Travel and Tourism Council, 2002)에 의하면 관광산업은 전 세계 GNP의 10%를 차지하는 것으로 추정하고 있다. 또한 전 세계 고용인구 9명 중 1명이 관광부문에서 종사하고 있으며, 총조세수입의 11% 이상을 관광산업이 부담하고 있다고 하였다. 이처럼 관광산업은 다른 산업과 비교할 때 전체 국민경제에서 차지하는 비중이 매우 높은 산업이다.

관광지가 외국이나 외지자본을 들여와서라도 관광개발을 하려는 이유는 관광지의 경제적 편익을 통해 지역경제를 활성화시키기 위한 것이다. 관광지에 대규모 관광시설을 위한 투자가 이루어지면 해당 지역에서 상품과 서비스에 대한 수요가 창출되면서 소득이 발생하고, 고용이 창출되고, 지방정부의 세액(tax revenue)이 증대된다. 외국인이나 외지인의 직접투자는 관광지의 지역경제 규모를 확대하는 결과를 가져다주고 사업에 필요한 노하우가 전수될 수도 있다.

많은 사람들은 관광의 직접적인 편익을 관광객의 지출로서 평가한다. 관광객이 관광지에서 지출한 금액 역시 관광지에 똑같은 경제적 효과를 가져다준다. 외국관광객들은 관광수용국에 외화수입을 가져다주고 이 외화는 수입대금을 결제하는데 사용될 수 있다.

관광은 또한 간접적인 경제효과를 가져다준다. 왜냐하면 관광지의 지역사회에 상품과 서비스에 대한 총수요는 관광부문이 없을 때보다 관광부문이 있을 때가 클 수밖에 없기 때문이다. 수요확대는 시장의 규모가 확대된다는 의미이며 이는 결과적으로 상품과 서비스에 대한 규모의 경제 덕분에 상품가격이 낮아질 가능성이 높아진다. 즉 시장규모의 확대는 새로운 기업이 시장에 진출하면서 상품의 공급자수가 증가함으로 인해 경쟁이 더욱 치열해질 수밖에 없으며, 이로 인해 소비자는 상품과 서비스의 선택폭이 확대된다는 것을 의미한다.

(1) 소득효과

관광수입은 해당 지역에 새로운 국민소득의 창출을 의미한다. 국민소득의 창출은 관광수입총액 만큼만 증대되는 것이 아니라 국민경제 유통과정에서 승수효과 만큼의 효과를 가져다 준다. 관광지출이 경제순환과정에 투입되면 생산물의 증대는 고용 및 소득의 증대효과를 가져온다. 산출효과는 관광객의 지출증가로 인해 경제내에 파급되는 부가적인 산출액을, 마찬가지로 소득효과는 부가적으로 창출된 소득을, 고용효과는 이와 관련되어 새롭게 창출되는 고용량을 각각 의미한다.

(2) 고용효과

관광산업은 노동집약적인 산업이기 때문에 타 산업에 비해 고용창출효과가 매우 높은 산업이다. 일자리를 창출하는 것은 중요한 경제지표 가운데 하나이다. 관광에 의해서 발생되는 고용에는 소득효과처럼 세 가지 유형이 있다.

- 관광사업체의 관광사업으로 인한 직접고용
- 관광객의 상품 구매나 사용하는 물품을 공급하는 부문에서 발생되는 간접고용
- 지역주민들이 관광부문의 소득을 소비함으로써 발생되는 추가적인 고용

관광종사원은 관광업체에 직접 종사하는 직접고용만을 말한다. 관광산업은 노동집약적인 산업이므로 고급인력으로부터 미숙련 노동자에 이르기까지 다양한 인력을 필요로 한다. 따라서 관광객 증가 → 관광소비 증대 → 관광산업 확대라는 일련의 순환과정에서 고용효과가 발생한다. 한편, 관광은 계절적 실업을 발생시키거나 낮은 수준의 기술인력에 대한 고용을 창출하는 측면이 강하다.

(3) 재정수입의 증대

관광수입과 고용 증가는 세수의 증대로 이어져 재정확보에 기여한다. 이렇게 조성된 국가재정은 다시 공항, 항구, 도로, 전기, 상하수도, 관광용지 확보 등 기반시설에 투자됨으로써 관광산업의 활성화에 기여할 수 있다.

관광상품에 부과되는 소비세나 판매세는 지역경제에 순편익을 가져온다. 같은 의미로 관광객에게 최종적으로 판매될 상품에 관세를 부과한다면 이 경우에도 순편익이 발생하게 된다. 관광객에게 부과되는 입국세나 수수료는 관광객의 부담을 증가시키지만 세금이 부과된 만큼 정부수입은 증대된다. 반대로 관광객이 구매하는 상품이 정부의 보조금에 의해 생산된 것이라면 이는 경제에서 순비용에 해당된다. 공공교통은 정부의 보조금이 지원되는 부문으로 관광객이든 지역주민이든 공공교통 이용자는 이용요금을 적게

부담한 결과가 된다.

관광객처럼 방문자들에게 세금을 부과하여 세수가 증대되면 지역주민들의 세부담은 줄어들게 되고 공공서비스의 생산을 높여 지역주민들에게 간접적인 혜택을 준다. 예를 들면, 도박이나 게임산업은 직접 그리고 간접적으로 많은 세금이 부과되는 업종이다. 라스베이거스가 있는 네바다의 거주자들은 주소득세(state income tax)를 내지 않고 관광객에 의해 조성된 세금에 의해 공공서비스의 혜택을 받고 있다.

그러나 관광의 성장으로 인해 정부에 높은 수익을 항상 보장해 주는 것은 아니다. 만약 관광이 정부에 의해 크게 보조를 받고 있는 지역이라면 그렇지는 않을 것이다. 특히 개발도상국가에서는 관광에 대한 민간투자가 실제로는 정부의 많은 재정지원에 의해 이루어지는 경우도 많다. 또한 경우에 따라서는 관광지의 성장단계에서 관광객의 지나친 증가로 인해 공공서비스의 생산비용이 관광객이 가져다주는 수익보다 오히려 큰 경우가 있을 수 있다. 예를 들면, 생필품의 물가상승률보다 공공서비스의 생산비용이 더 크게 오르거나, 관광산업이 성장 확대되면서 노동인구가 급격히 증가하여 이로 인해 유입된 인구에 대한 교육, 건강 등의 공공서비스 부담이 크게 증대되는 경우이다.

만약 지역관광업체가 독점적 시장지배력을 갖고 관광요금에 독점가격을 부과할 수 있다면 지역경제 수익은 크게 증대된다. 특정지역에 레스토랑이나 호텔, 면세점 및 기타 관광사업체에 지방정부가 독점적 지위를 부여한다면 이는 실질적으로 시장지배력을 갖게 함으로써 초과이윤을 발생할 수 있도록 가격을 부과하는 것을 허용한 경우에 해당한다. 만약 정부가 이러한 초과이윤을 공공목적으로 사용하기 위해 세금으로 거두어들인다면 지역사회로서는 수익이 증대되는 결과를 가져다준다.

(4) 국제수지 개선효과

국경을 넘어 발생하는 국제관광의 경우 관광객의 지출은 해당 국가에게는 소득발생 개념이며 이는 외화획득에 해당된다. 관광수입으로 벌어들인 외화는 궁극적으로는 그 국가의 경제발전에 기여하게 된다. 특히 저개발국가는 자국의 국제수지 개선을 위한 목적으로 국제관광객을 유치하는 경우가 많다. 국제교역은 상품수출입에 따른 무역수지와 국제관광과 같은 무역외수지로 구분된다.

반면에 내국인의 관광지출이 외래객에 의한 관광수입보다 많을 경우에는 국제수지에서 적자요인으로 작용한다. 관광객의 소비활동에서 발생하는 재화와 서비스의 공급이 수입에 의존하는 경우 관광의 순경제적 효과는 관광수입금액에서 관광으로 유발되는 수입유발액이 제외되어져야 한다. 관광상품은 인적서비스의 비중이 높은 산업이기 때문에 노동력이 풍부하지만 자본이나 기술을 외국에 의존하는 산업보다 외화가득률이 비교적 높은 산업이라고 할 수 있다. 우리나라 관광산업의 외화가득률은 91.8% 수준으로 매우 높다(WTTC, 2006).

$$\text{외화가득률} = \frac{\text{관광수입금액} - \text{직·간접수입유발액}}{\text{관광수입금액}}$$

관광산업은 국제교역에서 대두되는 비교생산우위론이나 관세장벽이 없는 순수한 인적교류에 의존하는 보이지 않는 교역으로서 무역마찰이 발생하지 않는다.

(5) 지역개발효과

관광개발은 국가차원에서 볼 때 지역의 균형적인 발전이나 지역별 소득수준의 격차를 줄이는데도 도움을 준다. 지역적인 측면에서 관광개발은 지역의 낙후된 경제를 활성화하는 주요 수단으로 자주 이용되어 왔다. 관광개발을 위해 대규모의 자본투자가 새롭게 이루어지면 관광 및 관광산업의 활성화가 이루어지고 지역주민의 취업기회도 확대된다. 따라서 농촌지역에서 인구가 감소되는 것을 방지할 수 있고, 도시와 농촌의 소득격차를 줄여주는 효과도 가져올 수 있다.

관광산업은 다양한 산업으로 구성되어 있다. 관광산업의 활성화로 호텔 객실 수요가 증대되고 호텔 건설은 철강업, 시멘트제조업, 가구제조업 등의 산업을 발전시킬 수 있다. 호텔업의 활성화는 고용이 증대되고, 사회간접시설에 대한 투자가 이루어진다. 관광산업의 발전으로 확보된 재원은 다른 산업의 발전에 필요한 투자재원으로 사용할 수 있다.

관광개발은 해당 지역의 산업간 시너지효과도 가져다준다. 예를 들면, 관광객들로 인해 지역의 농 · 수산물생산에 대한 추가적인 수요가 발생함으로써 농업 및 수산업 경제의 활성화에 도움을 줄 수 있다.

2. 관광의 경제적 비용

관광은 경제적으로 긍정적인 효과만을 가져다주지는 않는다. 관광의 경제적 영향 가운데 부정적 측면은 긍정적인 측면보다 적게 나타나기 때문에 일반적으로 무시되는 경향이 있을 뿐이다. 관광지가 관광객의 유입을 통해 직접 그리고 간접적으로 경제적 혜택을 얻을 수 있는 것은 이에 수반된 경제적 비용이 지불되었기 때문이다. 관광객에게 관광상품과 관광서비스를 제공하기 위해서는 관광지가 갖고 있는 생산요소 즉 토지, 노동, 자본이 사용되어져야 하기 때문에 관광객이 유입되는 만큼 경제적 비용을 관광지가 부담하는 것이다.

왜냐하면 어느 특정 상품생산에 사용된 자원은 다른 부문에서 그만큼 사용될 수 없기 때문이다. 예를 들면, 개발도상국가에서의 관광개발은 전통적인 농업부문에 역효과를 가져오기도 하는데 이는 농업부문의 노동력이 관광부문으로 전환되면서 관광수입이 증대되는 동안 농업부문의 생산물은 감소되는 결과를 가져오기 때문이다. 이와 같은 비용은 결국 지역주민들이 부담해야 하는 부분이다. 관광부문의 전체 수입에서 농업부문에서 감소된 생산액을 제하면 이것이 관광의 순경제효과가 되는데 이는 관광지마다 차이가 나게 마련이다.

관광의 경제적 혜택을 직접 및 간접효과로 구분할 수 있듯이 관광의 경제적 비용 역시 직접비용 및 간접비용으로 구분할 수 있다.

(1) 직·간접 금융비용

① 직접 금융비용

■ 공공투자 부문 :

관광지가 개발되기 위해서는 도로, 공항, 항만, 전기, 수도 및 통신 등 사회간접시설에 대한 투자가 필요하다. 이와 같은 사회간접시설은 관광객뿐만 아니라 지역주민에게도 혜택을 가져다주지만, 주로 관광개발로 인한 투자가 주요 목적이라면 이에 대한 지출을 관광의 직접비용이라고 볼 수 있다.

■ 기업유치비용 :

관광개발은 공공부문 및 민간부문에서의 투자가 공동으로 이루어지는 것이 일반적이다. 민간부문의 기업을 유치하기 위해서는 홍보와 같은 마케팅 비용이 수반된다. 높은 기대수익이 예상되지 않은 사업이거나 다른 지역과 경쟁관계에서 기업유치를 하는 경우에는 많은 마케팅비용이 수반되게 마련이다. 이러한 경우 지방정부는 자본 및 노동에 대한 보조금 형식의 인센티브를 제공하여 보다 유리한 조건을 제시하는 경우가 있다.

■ 관광지에 대한 홍보비용 :

관광지에 대한 홍보는 해당 관광지에 위치하고 있는 관광기업 차원에서 이루어지는 것이 아니라 주로 공공부문에서 이루어지는 것을 볼 수 있다.

이에 대한 비용은 주로 관광기업으로부터 조세수입을 통해 이루어질 수 있으나, 경우에 따라서는 지역주민이 부담해야 하는 경우도 있다.

- 관광자원의 보존 및 개발비용:

관광자원 역시 공공재 또는 공공자원의 성격을 갖고 있기 때문에 민간부문보다는 공공부문에서의 비용부담이 높은 비중을 차지하고 있다.

② 간접 금융비용

관광의 간접비용은 관광지에 유입된 관광수입의 일부가 경제활동으로 인해 관광지역 밖으로 누출이 되는데 이로 인해 발생하는 비용을 말한다.

- 공공서비스 비용:

관광객의 증가는 도로, 공항, 항만, 경찰 및 소방, 공원관리, 쓰레기수거, 상 · 하수도와 같은 공공서비스에 대한 비용이 증가하게 마련이다. 관광의 성장에 따라 지역주민이 증가하게 되면 교육, 의료 등을 포함한 공공서비스의 부담 역시 증가하게 되는데, 이와 같은 비용을 관광지역 외부에서 유입된 비용으로 충당된다면 이는 관광의 간접비용에 해당된다.

- 수입된 재화와 서비스:

관광객의 소비를 위해 관광객 또는 관광기업이 해당지역 밖에서 수입된 재화와 서비스를 말한다. 외부로부터 수입된 호텔 인테리어 제품이나 관광객을 위한 택시가 외부에서 수입된 것이라면 이와 같은 자본재도 포함된다.

- 수입된 요소비용:

이자, 임금 및 기업경영상에 필요한 비용 등이 외부로 지출된 경우이다. 이 밖에 관광기업에게 공급하는 제품생산을 위해 유발된 비용이 외부로 지출되었다면 그 부분에 대해서도 간접비용에 포함된다. 예를 들면, 관광지의 농부가 생산된 농산물이 호텔에 공급되고 있는데 이를 생산하기 위해서 비료가 외부에서 수입된 것이라면 이에 대한 비용은 간접비용에 해당된다.

(2) 물가상승 및 사회비용의 증가

관광의 부정적인 영향 가운데 대표적인 것이 관광지의 물가상승이다. 국제관광인 경우 관광수지의 흑자가 크게 나타나는 경우에는 이에 상당하는 외화가 국내화폐로 전환되어 국내에서 유통되므로 인플레의 원인이 될 수 있다. 또한 관광객들이 현지에서 생산, 조달할 수 없는 상품과 용역은 외국이나 외지에서 수입하여 제공되어질 수밖에 없는데, 이 경우 해당 지역에는 물가상승 요인으로 작용한다. 이러한 과정에서 지역 주민은 물가인상의 피해를 볼 수 있다.

관광객이 관광지에 버리고 간 쓰레기 및 오물을 수거하는데 드는 비용, 치안과 소방시설의 확충에 따르는 비용 등 사회 전체적으로 추가비용을 발생시킨다. 또한 자연훼손과 시설파괴에 따른 복구 및 유지비용은 국가 혹은 지역주민이 부담해야 하는 비용에 해당한다. 또한 관광지가 발전하게 되면 외지로부터 인력이 유입될 수밖에 없다. 즉 인구증가에 따른 교육, 행정, 의료 등 사회적 비용이 추가로 발생하게 마련이다.

관광수요가 증가하게 되면 더 많은 호텔이나 관광시설들을 건설해야 하고 이에 따른 인력자원이나 자본수요와 같은 자원에 대한 수요 역시 증가하게 된다. 지역의 토지 소유주들은 그들의 토지가치가 증대됨으로 이에 따른 혜택을 보게 된다. 만약 그 지역경제에서 실업자가 존재한다면 경제에서 고용효과와 같은 부가적인 혜택을 얻게 된다. 이에 따라 관광산업의 종사자는 더 높은 임금을 요구할 수 있게 되면서 다른 산업에 종사하던 피고용자는 관광산업으로 일자리를 옮길 수도 있다.

따라서 모든 산업에서의 임금인상 효과를 볼 수 있다. 따라서 지역의 모든 피고용자는 관광의 발전에 따른 혜택을 보게 된다. 낮은 가치를 갖고 있던 토지, 노동, 자본이 보다 높은 가치로 사용될 수 있도록 자원의 재분배가 이루어진다는 것은 관광으로 인한 지역사회에 대한 혜택이 된다.

관광의 수요증대는 지역물가 상승의 압박을 가져올 수 있다. 전반적으로 모든 상품과 서비스의 물가상승은 어떤 사람에게는 편익으로(재고량을 많이 보유하고 있는 판매자) 작용할 수 있으나 대부분의 지역주민들에게는 부정적인 영향을 미치게 된다. 따라서 관광은 어떤 사람에게는 축복이 되지만 다른 사람에게는 황폐를 가져올 수 있다. 마찬가지로, 인플레이션은 관광객 및 관광업체에 공공서비스를 제공하는 정부의 부담을 증대시킨다. 민간부문에서의 높은 물가로 인해 지방세수가 증대되기는 하지만 관광객에게 제공해야 할 공공서비스의 비용이 인플레이션이 가져오는 재정수입증대보다 오히려 더 높을 수도 있다. 이 경우 인플레이션이 가져오는 순효과는 관광의 공공부문의 편익-비용비율을 감소시킬 것이다. 따라서 관광수요의 증대는 경제효과에 복합적으로 작용하는 것이다. 비록 관광수요 증대로 인한 경기자극이 고용창출, 소득증대 등의 효과를 가져다주지만, 인플레이션이 가져다주는 비용은 전체편익을 감소시키는 결과를 줄 수 있다.

(3) 지가상승, 토지투기, 경제적 이익의 편중

관광지가 조성되면 제한된 토지에 대한 초과수요는 관광개발지역과 주변지역의 지가를 상승시키는 요인이 된다. 지가상승은 부동산 투기를 조장할 수 있고, 일부의 지역주민이나 개발업자 같은 소수에게만 개발이익이 돌아가는 경우가 발생한다. 이 경우 지역주민은 관광개발로 인해서 희생자가 될 수 있다. 토지소유자에게는 지가상승이 소득의 원천이 될 수 있으나 지역주민들은 토지가치의 상승 때문에 세금의 부담만 증가될 수 있다.

관광개발 이익이 전 주민에게 골고루 배분될 수는 없다. 관광개발에 따른 이익은 주로 개발업자, 부동산소유자, 관광산업의 종사자 등 일부에 국한되는 경우가 많다. 이에 따라 상대적으로 소외된 지역주민은 불만감이 있을 수 있으며 관광개발로 인해서 오히려 상호 이익집단간의 위화감이 조성될 수 있다.

제15장

관광지와 조세

정부는 국민의 생명과 재산을 지켜주는 국방 · 치안 · 소방과 같은 공공재를 공급해야 하고, 공해와 같은 외부효과를 시정하거나 시장의 실패를 보완하는 한편, 산과 호수와 같은 공유자원을 관리함으로써 경제발전과 국민복지 향상을 위해 폭넓은 기능을 수행한다. 이러한 다양한 기능을 수행하기 위하여 정부는 필요한 돈을 마련하고 그 돈으로 여러 가지 지출을 하게 되는데 이와 같은 모든 활동을 재정이라고 한다. 즉 정부의 세입과 세출에 관련된 모든 경제활동을 재정이라 한다.

1. 관광상품과 조세

1) 세입과 세출

정부의 세입은 크게 조세수입 · 세외수입 · 자본수입으로 나누어진다.

- 조세수입 : 국민으로부터 징수한 세금
- 세외수입 : 수수료 · 입장료 · 벌과금 등의 수입
- 자본수입 : 정부 소유의 재산을 팔았을 때 얻는 수입

조세수입은 국민으로부터 세금으로 징수한 것이다. 세외수입은 조세이외의 수입이라는 의미로 수수료 · 입장료 · 벌과금 등으로 얻는 수입으로서 이들 두 개의 수입을 합하여 경상수입이라 한다. 자본수입은 정부가 소유하는 토지 · 건물 등을 팔았을 때 얻는 수입이다. 세입 중 조세수입이 절대적으로 큰 비중을 차지하고 있다.

중앙정부나 지방정부는 이렇게 벌어들인 수입을 세출의 기능적 측면의 관점에서 일반행정비, 국방비, 교육비, 사회개발비 그리고 경제개발비용으로 쓰이게 된다. 이 가운데 사회개발비는 상하수도 시설확충, 환경오염 방지사업의 강화, 사회보장 및 복지, 주택 및 지역사회개발 등을 위하여 지출되는 경비를 말한다. 또한 도로와 항만, 공항과 같은 사회간접자본을 건설하고 자원을 개발하며 경제발전에 필요한 산업을 지원 · 육성하고 있는데 이러한 각종 투자지출을 경제개발비라 한다. 또한 정부는 나라 전체의 균형적인 발전을 꾀하기 위해 지방자치단체에 교부금을 지원하고 있다.

관광부문에서 정부의 지출정책은 관광산업 발전에 크게 영향을 미치게 된다. 관광발전을 위해서 관광자원을 개발하고 보존하는 일이나 관광객 유치를 위한 관광지의 홍보, 그리고 관광지의 사회간접시설에 대한 투자는 관광재가 가지고 있는 공공재, 공유자원 그리고 외부효과의 특성으로 인해 민간부문이 아닌 공공부문, 즉 중앙정부나 지방정부의 경제적 지원에 의해서 이루어질 수밖에 없다.

2) 조세

세상에는 세금을 내고 싶어서 내는 사람은 없을 것이다. 세금은 비자발적으로 납부하는 것으로서 납부자에게 상응하는 직접적인 혜택을 가져다주지는 않는다. 세금을 많이 냈다고 해서 적게 낸 사람보다 특별한 대우를 받지는 않는다.

우리나라의 조세는 과세대상이 무엇이냐에 따라 직접세(direct tax)와 간접세(indirect tax)로 구분된다. 직접세는 국가가 납세의무자에게 직접 징수하는 조세로서 소득세, 재산세, 법인세, 상속세 등이 있다. 납세의무자는 그 의무를 다른 사람에게 전가할 수 없다. 간접세는 세금을 납부할 의무가 있는 납세자와 세금을 최종적으로 부담하는 조세부담자가 다른 조세로서 부가가치세, 주세, 관세와 같은 소비세와 인지세, 등록세, 통행세 등의 유통세가 있다.

세금이 개인이나 기업에 부과되든 또는 소득이나 상품에 부과되든 모든 세금은 궁극적으로 사람이 부담해야 되는 것이다. 기업은 세금을 세무서에 납부한다. 그러나 기업은 단지 조직일 뿐 기업이 납부하는 세금의 부담은 궁극적으로 상품의 구매자이거나 기업의 소유자 또는 종사원일 것이다.

세율을 기준으로 조세는 정액세, 비례세, 누진세, 역진세로 분류될 수 있다. 정액세(lump-sum tax)는 소득의 크기와 관계없이 일정한 금액을 부담해야 하는 세금인데 이를 인두세(人頭稅)라고도 한다. 비례세(proportional tax)는 일정한 세율이 적용되는 세금이다. 누진세(progressive tax)는 소득이 높을수록 일정한 세율이 적용되는 세금이다. 역진세(regressive tax)는 과세대상의 가격이나 수량이 클수록 낮은 세율이 적용되는 세금이다.

3) 관광부문에서의 세금

관광은 소비활동이다. 관광은 관광객이 관광목적지에서 소비를 하기 위해서 방문하는 것이다. 방문객이 관광지에서 경제적 수입을 위한 활동을 하게 되면 관광객이라고 할 수 없다. 공무나 사업을 위해 거주지를 벗어나는 비즈니스여행객 역시 방문지에서의 소비활동에 수반되는 비용은 자신의 거주지에서 부담하게 되는 것이다.

재화나 서비스의 소비에는 세금이 부과된다. 관광상품의 소비 즉 교통, 숙박, 관람료를 위해 지출되는 비용에도 세금항목이 포함되어 있다. 예를 들면, 항공여행에 부과되는 세금에는 출국세가 있고, 2001년 9월 11일 이후 추가적으로 보안검사에 대한 별도의 비용을 승객들이 지급하도록 함으로써 보안세가 생겨났다. 2008년에 원유가격이 폭등하자 원유가격의 변동과 연계된 유류할증료를 부과하고 있다.

골프장은 스키, 테니스와 같은 체육시설로 분류되고 있지만 이에 부과되는 세금의 종류는 매우 다양하다. 2007년도 한국골프장경영협회가 조사에 의하면 종합부동산세, 재산세, 교육세, 농어촌특별소비세, 개별소비세, 체육진흥기금 등의 세금이 부과되고 있다. 이러한 세금은 골프장 이용객이 부담해야 되는 비용이다. 2007년 6월 우리나라 수도권 골프장의 그린피는 평균 20만 9,500원으로 당시 환율 기준으로 $226이다. 이는 일본 도쿄의 1.5배, 중국 베이징의 2배, 프랑스 파리의 2.8배, 미국 뉴욕의 3.8배, 태국 방콕의 6.5배나 되는 것으로 나타났다. 결국 우리나라 수도권의 골프장 그린피가 세계 주요 도시 가운데 가장 비싼 셈이다. 여기에 골프장 이용객은 1인당 2만원의 골프카트 사용료와 1인당 2만~2만5천원의 캐디피를 부담해야 한다(한국경제신문, 5월).

〈그림 15-1〉 우리나라 골프장에 부과된 세금과 세계 주요 도시의 골프 가격 비교

수도권 18홀 회원제 골프장 평균 납부세금

세목	세금
종부세	5.88
재산세	12.76
교육세	1.176
농특세	2.184
개별소비세	15.84
체육진흥기금	2.25
합계	40.09

※단위:억원, 2007년 7만5000명 내장 기준
자료:한국골프장경영협회, 부가세 법인세 등 제외

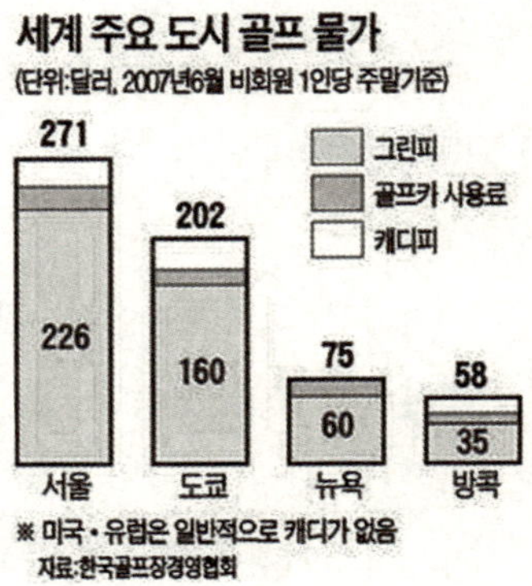

WTTC는 세계의 주요 52개 도시에서 여행객이 지급해야 하는 세금에 대한 순위를 1994년도를 기준연도로 하여 연도별 지수를 발표하고 있다. 지수에 포함되는 항목은 4박 5일 동안 숙박, 차량임대, 12번의 식사, 출·도착 공항이용 등을 해당국의 화폐로 합산한 후 전체 금액의 세금부분을 미국달러로 환산하여 발표하고 있기 때문에 국가별 비교가 가능하게 하였다(표 15-1).

① 2002년도 6월의 세계 주요 52개 도시의 종합지수 평균은 117이었다. 이는 2002년도 여행자는 1994년도에 같은 여행을 한 사람보다 평균 17% 더 많은 세금을 지급하였다는 것을 의미한다. 전 세계에서 가장 높은 지수변화를 보인 도시는 호주의 시드니로서 지수가 1,212로 나타났다. 2002년도 시드니 방문자는 1994년 방문자보다 12배 이상 세금을 더 낸 것이라고 볼 수 있다. 북경의 지수는 256으로서 2위로 나타났지만 시드니하고는 큰 차이가 있는 것으로 나타났다.

② 세계 52개 도시의 평균 세금은 약 $170.87로 나타났다. 가장 많은 세금을 부과하는 도시는 Buenos Aires로서 $345.79를 지급한 것으로 나타났다. 런던은 $335.70, Tel Aviv는 $311.32로 비교적 높은 세금을 내는 도시이다. 상대적으로 중국의 북경 방문객은 $12.32를 세금으로 지불하였다.

③ 2002년도 여행객이 구매한 상품의 청구서에 나타난 세금의 비중 즉 세율을 살펴보면 전체 52개 도시의 평균은 13.95%로서 약 14%에 이르고 있다. 세율이 가장 높은 도시는 Copenhagen으로 24.25%이며, 가장 낮게 세율을 부과하는 도시는 북경으로서 0.97%이다.

④ 서울의 경우 여행비용에 부과된 세금이 $121.23으로서 세계 52개 도시 가운데 15번째로 적고, 전체 비용에서 세금이 차지하는 비중은 10.14%로 낮은 세율기준으로 세계 10위로 기록되었다.

〈표 15-1〉 세계 52개 도시의 여행비용에 부과된 세금

도시	비중 (%)	세금 (US$)	도시	비중 (%)	세금 (US$)
Amsterdam	15.16	161.05	Miami	19.51	151.58
Athens	16.59	178.78	Montreal	17.63	182.20
Auckland	13.39	112.80	Mumbai	13.90	221.99
Bangkok	7.80	74.02	Munich	17.45	210.23
Barcelona	10.69	132.97	Nairobi	16.80	217.71
Beijing	0.97	12.32	New Delhi	13.18	199.99
Boston	17.08	201.12	New York	15.62	228.00
Brussels	20.17	237.89	Osaka	6.21	93.85
Buenos Aires	18.73	345.79	Paris	14.46	187.93
Cairo	12.50	135.64	Prague	10.20	119.75
Chicago	18.23	210.29	Rio De Janeiro	14.79	164.31
Copenhagen	24.25	300.16	Rome	13.11	223.15
Frankfurt	17.94	223.76	San Francisco	16.81	192.63
Geneva	9.45	123.12	Santiago	17.11	240.15
Helsinki	16.32	219.59	Sao Paulo	14.03	171.60
Hong Kong	2.18	38.98	Seoul	10.14	121.23
Honolulu	15.51	154.20	Singapore	4.98	63.00
Istanbul	17.71	234.17	Stockholm	17.99	243.11
Jakarta	10.72	114.50	Sydney	16.65	165.20
Johannesburg	18.76	96.25	Taipei	5.54	64.05
Kuala Lumpur	6.46	40.11	Tel Aviv	17.77	311.32
London	21.66	335.70	Tokyo	6.27	97.31
Los Angeles	17.16	139.51	Toronto	15.09	177.58
Madrid	11.17	124.43	Vancouver	16.64	182.74
Manila	10.49	111.45	Vienna	20.65	234.01
Mexico City	16.33	244.55	Zurich	9.98	117.24

자료: WTTC & Michigan State University(2002), World Travel & Tourism Tax Barometer, No. 11, June.

각국의 소비세율을 보면 세금정책이 얼마나 다르다는 것을 알 수 있다. 여행객이 지불하는 세금의 총금액은 구매상품의 가격변동이나 세율변동에 따라 달라질 수 있다. 따라서 여행객이 지급해야 하는 세금의 지수변동은 상품의 가격변동에 의한 것인지 세율의 변동에 따른 것인지는 알 수 없다.

2. 관광상품에 세금을 부과하는 이유

대부분의 중앙정부나 지방정부 차원에서는 가능하다면 관광객으로부터 보다 많은 세금을 거두어들이려 한다. 왜냐하면 관광객은 관광지에서 투표권을 가지고 있지 않기 때문에 그들에게 특별한 세금을 부과하는 것은 어려운 일이 아니기 때문이다. 관광객이 세금에 대해서 불만을 가지고 있다 해도 그것은 관심의 대상이 될 수 없다. 지나친 세금부과로 관광수요가 줄어들지 않는 한 관광상품에 세금을 부과하여 얻게 되는 재정수입은 결국 지역주민의 혜택으로 돌아가게 된다. 관광상품에 세금이 부과되면 해당 상품 가격은 인상되는 효과가 있다. 관광상품의 가격인상은 관광수요 감소를 가져오기 때문에 지역주민이라도 관광산업에 직접적으로 관여하고 있는 집단은 관광상품에 지나치게 높은 세금을 부과하는 것을 반대할 것이다.

문제는 여행 및 관광산업에 부과되는 세금이 다른 산업보다 비교적 높다는 데 있다. 2012년도 미국의 경우 여행 및 관광산업에 부과되는 세금은 14%로 전체 산업 평균보다 0.5%가 높고, 제조업 4%, 농업 6%, 건설업 7%, 보건의료업의 11%과 비교할 때 매우 높은 세율의 세금이 부과되고 있다(WTTC, 2013). 더구나 바람직하지 않은 맥주 소비에 5%, 증류주에 11%, 총기류에는 10%가 부과되는 데 비해 항공권에는 17개 항목에 해당되는 연방세가 부과되어 20%의 세금을 여행자들은 부담해야 한다. 중앙정부나 관광지의 지방정부가 관광상품의 거래가 발생할 때 세금을 부과하는 이유는 다음과 같은 4가지 이유에 근거를 들 수 있다.

① 세수확보와 조세의 수입원을 다양화하기 위해
② 방문자에게 세금을 부담시키기 위해
③ 초과이윤이나 경제지대에 세금을 부과하기 위해
④ 관광지 홍보재원을 확보하기 위해

(1) 세수확보와 조세의 수입원을 다양화하기 위해

우리가 소비하는 일상용품의 대부분에 세금이 부과되는 것처럼 관광상품 역시 상품의 거래가 발생할 때 정부는 세금을 부과하여 세수를 확보한다. 관광상품에만 세금이 부과되지 않는다면 이는 다른 상품과 비교할 때 공평하지 못한 부분이다. 관광산업의 비중이 비교적 높은 국가에서는 관광부문에서의 조세수입이 국가재정수입의 주요 수입원을 차지하게 된다.

(2) 세금을 방문자에게 부담시키기 위해(세금 수출)

관광상품에 부과된 세금은 대부분 방문객이 부담하지만 방문객은 자신이 지불한 세금의 혜택을 받지 못하고 이에 대한 혜택은 지역주민에게 돌아간다. 이를 경제학적으로 설명하면 방문객에게 부과되는 세금이 방문객들의 방문으로 인해 소요되는 비용을 초과하게 되면 지역주민들에게는 순이익이 실현되는 것이다. 결과적으로 지역주민들은 동일한 수준의 공공서비스를 낮은 가격으로 소비할 수 있게 된다. 지역주민을 대상으로 세금을 거두어들이는 것보다 해당 지역의 방문객에게 세금을 부과할 수 있다면 지역주민에게는 이보다 더 좋은 방법은 없을 것이다.

여행객이나 관광객과 같은 방문객에게 세금을 부과하는 것을 세금수출(tax exporting)이라고 한다. 상품이 거래될 때 부과되는 소비세가 세금수출의 효과를 얻기 위해서는 부과된 세금의 전부 또는 거의 대부분을 방문자에게 전가시킬 수 있어야 가능하다. 관광기념품이나 호텔객실, 렌터카 등은 주로 관광객이 구매하는 상품이기 때문에 세금을 수출하는데 좋은 상품이 될 수 있다.

관광상품에 부과된 세금 전부가 세금수출에 해당되지 않는다. 왜냐하면 호텔과 같은 관광상품은 관광객이 소비해야 관광상품이지 지역주민들이 이용하게 되면 관광상품이 아니기 때문이다. 일반적으로 호텔, 렌터카, 관광시설, 관광지 입장료, 공항의 출 · 도착세 등에 부과되는 세금은 중앙정부나 지방정부 차원에서 세금수출목적으로 이용되고 있다는 것은 사실이다.

(3) 초과이윤이나 경제지대에 대해 세금을 부과하기 위해

① 경제지대

생산요소는 대개 한 가지 용도만 있는 것이 아니라 여러 가지 용도가 있다. 합리적인 요소소유자가 여러 가지 용도 중 어느 한 용도에 요소를 공급한다면 다른 용도에 공급할 때보다 그 용도에 공급하는 것이 유리하기 때문이다. 따라서 요소소득을 다른 최선의 용도에 공급할 때 벌 수 있는 소득(기회비용)과 가외소득으로 구분할 수 있다. 경제학에서 요소의 기회비용을 이전수입, 가외소득을 경제지대라 한다. 요소소득은 이전수입과 경제지대의 합인 것이다.

따라서 한 요소의 경제지대(economic rent)란 그 요소가 받는 총보수에서 이전수입을 뺀 것이다. 이전수입을 초과하여 요소에게 지급되는 보수가 경제지대인 것이다. 한 요소가 현재의 용도에서 다른 용도로 옮겨가지 않도록 지급해야 하는 보수를 그 요소의 이전수입 또는 전용수입(transfer earnings)이라 한다.

원래 지대는 토지를 생산과정에 제공한 대가로 받는 보수, 즉 토지라는 생산요소가 제공하는 서비스에 대한 가격이다. 지대가 토지라는 생산요소에 국한해서 사용된 것인데 비하여 경제지대는 토지 이외에도 노동이나 자본 등 어떠한 생산요소에도 적용될 수 있는 일반적인 개념이다.

경제지대의 예로는 일반적으로 정상급 연예인이나 운동선수의 보수가 높은 것을 들고 있다. 연기나 운동에 뛰어난 이들이 자기 적성 이외의 분야에서 뛰어난 활동을 하기는 어렵기 때문에 이들이 다른 직업으로 옮기는 것을 막기 위하여 지불해야 하는 이전수입은 크지 않다. 이들의 보수가 높은 이유는 공급은 제한되어 있는데 이들에 대한 수요는 높은 데 기인한다. 즉 그들 수입의 대부분은 제한된 공급 내지 희소성으로 인한 경제지대인 것이다.

현실적으로 많은 경우의 경제지대는 해당 시장으로의 진입이 법적으로나 제도적으로 제한되어 있기 때문에 경제지대가 발생하는 것이다. 의사나 변호사 등이 고소득을 올릴 수 있는 것은 이들 직업의 공급이 국가에서 실시하는 시험이나 특수한 교육과정 등의 제도적인 이유로 공급이 제한되어 있기 때문이다.

② 관광지의 경제지대

산과 호수, 동굴, 폭포 등과 자연자원이 관광자원으로 개발되지 않았다면 이러한 자원의 경제적 가치는 별로 높지 않을 것이다. 또한 자연자원을 이용하여 개발된 관광자원은 특이하기 때문에 이와 관련된 사업은 독점적 지위를 가지고 있을 가능성이 높다. 만약 관광사업이 독점적 지위를 가지고 있거나, 관광자원이 희소하여 관광객들이 더 많은 비용을 지급하고서라도 방문하기를 원한다면 이와 관련된 사업은 초과이윤을 얻게 된다. 경제학자들은 정상적인 수익률의 초과분을 경제지대라고 한다.

개인 소유주의 땅에서 관광자원의 가치를 갖고 있는 자원이 발견되어 이를 개발하였다면 여기서 발생되는 경제지대는 땅의 소유주가 갖게 된다. 만약 어떤 섬이 한 사람이 소유하는 것이라면 그 섬의 경제지대는 그 사람에게 귀속된다. 만약 그 섬이 한 사람의 소유가 아니고 지역사회가 공동으로 소유하는 공유자원이라면 경제지대의 소유주는 지역주민이 될 것이다.

그런데 실제로는 관광으로 인한 경제지대는 관광사업체의 몫에 해당된다. 왜냐하면 관광지가 가지고 있는 경관이나 기후, 인심 등의 관광자원을 상품화해서 이윤을 창출하는 업체가 관광사업체이기 때문이다. 정부는 관광사업체가 얻게 되는 경제지대를 세금이라는 방법으로 거두어들여서 지역주민을 위한 공공의 복지를 위해 사용하는 것이 합리적인 방안일 것이다.

관광지가 경제지대를 갖고 있다면 관광상품의 제공에 있어서 시장지배력을 갖고 있다는 의미이다. 시장지배력은 관광상품의 공급자들에게 비용보다 높은 가격을 부과할 수 있는 힘을 갖게 됨으로 초과이윤이나 경제지대가 발생하게 된다. 그러나 초과이윤은 다른 기업의 시장진입을 유혹하게 된다. 더 많은 기업이 시장진입이 되면 시장경쟁이 강화되면서 해당지역 관광상품의 가격은 경제지대가 없어질 때까지 내려가게 된다. 만약 관광수요가 비탄력적이라면 관광상품의 가격하락은 총수입의 감소를 가져오게 된다. 방문객수는 증가하는데 관광수입이 감소한다면 관광의 환경적 그리고 사회·문화적 영향으로 장기적으로는 자원의 가치가 하락될 가능성도 있고 이는 관광의 지속가능성 측면에서 바람직하지도 않다. 이러한 시나리오를 막기 위해서는 정부가 새로운 경쟁자의 시장진입을 제한하는 것도 바람직할 수도 있다.

(4) 관광지 홍보를 위한 재정확보

중앙정부나 관광지의 지방정부는 관광촉진이나 홍보를 위해 많은 예산을 집행한다. 관광촉진은 국내·외의 여행안내소를 유지하는 일, 인터넷 웹사이트(web site)의 유지, 여행잡지나 브로슈어(brochures)의 발간, 미디어를 이용한 홍보나 직접 마케팅, 여행박람회나 전시회 등을 일컫는다.

관광촉진은 민간부문이 아닌 공공부문에서 이루어진다. 관광지의 홍보에 정부가 직접 개입한다는 것은 민간부문의 사업에 정부가 개입을 한다는 의미이다. 홍보나 촉진의 궁극적인 목적은 공급자가 직면한 수요를 변하게 하는 것이다. 왜 관광지의 홍보는 민간부문인 관광업체가 스스로 하지 못하고 공공부문에서 담당하고 있는가?

상품은 본질적으로 두 가지 속성으로 구분할 수 있다. 상품의 본질적 특성과 선택적 특성이다. 본질적 특성은 상품의 가장 기본적인 목적 또는 소비자의 구매효용과 관련이 있는 것으로서 소비자가 상품의 구매를 통해서 무엇을 얻고자 하는 것에 초점을 두고 있다. 선택적 특성은 상품의 본질적 특성을 구체화한 것으로 고객이 상품을 구매할 때 기대하고 있는 편익과 서비스이다. 따라서 상품을 광고할 때는 상품의 본질적 특성이 아니라 선택적 특성을 강조하는 것이다. 왜냐하면 상품에 대한 구체적인 설명이 선택적 특성을 통해 이루어지기 때문에 소비자들의 구매행동에 영향을 미치는 요인들이 선택적 특성을 구성하고 있기 때문이다.

상품에 대한 선택적 특성의 광고는 어느 특정 브랜드나 기업에 대한 판매에 영향을 주기 위한 판매자의 노력으로 구성되어 있다. 체인호텔이 브랜드를 갖고 홍보를 하는 것은 상품의 선택적 광고이고, 반면에 제주 감귤협동조합이 공동으로 감귤을 홍보한다면 이는 상품의 본질적 광고에 해당된다. 정부에서 특정 관광지에 대한 방문을 촉진하기 위한 광고는 상품의 본질적 광고에 해당된다.

상품의 본질적 특성을 홍보하는데 어려운 점은 홍보비용을 아무도 부담하려하지 않는데 있다. 홍보비용을 부담한 사람이나 부담하지 않은 사람이나 차별화가 이루어지지 않기 때문이다. 즉 경비를 부담하지 않고 혜택을 보는 무임승차자(free rider)가 발생하게 된다. 광고비를 내지 않은 사람들을 대상으로 상품의 본질적 광고에서 오는 혜택을 제외시킬 수 있는 방법은 없다. 이런 이유로 비록 관광수요가 감소한다 해도 관광업체가 자발적으로 비용을 부담하면서 관광지를 홍보하려고 하지는 않는다.

물론 관광지를 홍보하는데는 지역 관광업체가 그 경비를 분담하고 있다. 제주도는 제주관광협회가 업체회원에게 경비를 분담시키고 이 예산으로 제주관광의 홍보를 위해 사용하기도 한다. 민간부문에서의 단체행동이 성공하기 위해서는 참여하는 그룹에게는 경제적 혜택을, 그렇지 않은 그룹에게는 페널티를 부여하는 경우에 가능하다. 단체행동은 감귤처럼 동일한 상품을 판매하는 경우에는 성공가능성이 높을 수 있다. 예를 들면, 감귤생산자협회에서 생산농가에게 산출량에 따라 홍보비용을 부과하는 방법이다. 생산자협회에서 판매경로를 통제하게 되면 무임승차자를 쉽게 배제시킬 수가 있다. 그러나 관광산업은 매우 다양한 산업으로 구성되어 있기 때문에 홍보에 대한 혜택을 명확히 구분하여 이를 근거로 경비를 분담하는 것이 쉬운 일이 아니다. 결국 가장 쉬운 방법은 정부가 세금으로 거두어들인 재정수입으로 관광지를 홍보하는 것이라고 할 수 있다.

3. 종량세와 조세의 귀착

소비세는 과세표준을 무엇으로 삼느냐에 따라 종가세(ad valorem tax)와 종량세(specific tax)로 구분한다. 종가세는 소매가격의 일정비율을 세금으로 내게 하는 것이고, 종량세는 팔리는 상품 한 단위마다 일정액의 세금을 내게 하는 것이다. 종가세처럼 가격에 대한 비율을 세금으로 적용할 때 모든 상품에 일정한 단일세율을 적용하는 것은 바람직하지 않다. 왜냐하면 세금을 부과하는 것은 결국 가격인상효과를 가져오기 때문에 소비자들의 수요에 영향을 주기 때문이다. 바람직한 것은 세금이 가능한 가격효과에 적은 영향을 미쳐야 한다. 가격에 대한 수요탄력이 낮은 상품에 높은 세금을 부과하게 되면 상품판매는 크게 감소하지 않지만 수요탄력성이 높은 상품에 높은 세금을 부과하면 소비는 크게 감소하게 된다.

정부가 상품의 거래에 따른 세금을 종량세로 부과하는 경우 그 세금은 누군가가 부담해야 한다. 부과된 세금이 시장기구를 통해서 조정되어 최종적으로 수요자(소비자) 또는 공급자(판매자)에게 부담시키는 현상을 조세의 귀착(tax incidence)이라고 한다. 조세가 최종적으로 누구에게 귀착이 되는가는 다음과 같은 경우에 따라 달라질 수 있다.

1) 판매자 또는 구매자가 전부 부담하는 경우

만약 관광지의 지방정부가 호텔객실에 5,000원의 소비세를 부과하였다면 부과된 세금이 소비자나 공급자 어느 한 쪽에서만 부담하는 경우가 발생할 수 있다. 만약 소비자가 세금만큼 인상된 객실요금에 대해 부담을 갖고 다른 지방으로 가서 투숙한다면 호텔주인은 영업상의 손실을 보게 된다. 호텔주인의 입장에서는 원치는 않지만 호텔객실요금을 인하하는 방안을 강구하게 될 것이다. 이 경우 공급자는 세금을 가격인상으로 소비자에게 전가시키지 못하고 스스로 부담해야 한다. 이와는 반대로 해당 지역 객실에 대한 수요가 많아서 세금부과로 인해 객실요금이 인상된다 해도 객실수요가 줄어들지 않게 된다면 전체 세수는 소비자가 부담하게 된다.

〈그림 15-2〉 수요의 탄력도와 조세의 부담

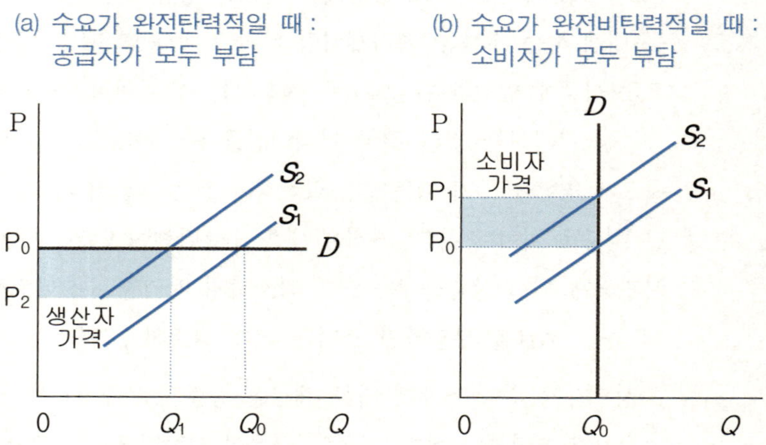

<그림 15-2(a)>에서와 같이 세금이 부과되면 일단 공급곡선에 영향을 준다. 즉 수요곡선은 이동하지 않은 상황에서 공급비용이 상승하므로 공급곡선은 부과된 세금만큼 위로 이동하게 된다. 현재 호텔객실의 요금이 P_0이라면 공급곡선은 S_1에서 S_2로 이동하게 되고 균형거래량은 Q_0에서 Q_1로 감소한다. 이 경우 수요곡선은 수평이기 때문에 가격에 대해 수요가 완전탄력적이다. 따라서 공급자는 부과된 세금을 가격인상으로 소비자에게 전가시키지 못하고 고스란히 스스로 부담해야 한다

반면에 <그림 15-2(b)>에서와 같이 수요곡선이 수직이어서 수요가 완전 비탄력적이면 시장가격은 종전보다 종량세 부과액만큼 상승하고 전체 세수는 고스란히 소비자가 부담하게 된다.

2) 판매자와 구매자가 분담하는 경우

일반적으로 세금의 일부는 소비자가 부담하고 또 다른 일부분은 가격인하를 통해 판매자가 부담하는 것이 보통이다. 즉 세금이 판매자에게 부과되지만 실질적으로는 구입자와 판매자가 공동으로 세금을 부담하게 된다. 세금이 소비자와 판매자 간에 어느 쪽이 더 많은 부담을 하는가는 어느 측이 세금인상에 대해 더 민감하게 반응하는가에 달려 있다. <그림 15-3>에서 볼 수 있듯이 공급이 상대적으로 탄력적일수록 소비자부담이 커지고 수요가 상대적으로 탄력적일수록 공급자부담이 커진다. 일반적으로 탄력도가 크다는 것은 유력한 대안이 있어서 불리한 상황에 보다 융통성 있게 대처할 수 있다는 것을 의미한다.

만약 호텔고객이 다른 곳을 쉽게 찾을 수 없어 그대로 그 곳에서 숙박할 수밖에 없다면 가격변화에 민감한 반응을 보이지 못한 경우이고 호텔주인은 인상된 세금을 쉽게 소비자에게 전가시킬 수 있게 된다. 이러한 이유로 여행목적지가 관광지가 아니고 상용여행객이 많이 이용하는 지역에서는 호텔객실에 부과되는 소비세는 높게 부과하는 경향이 높다. 왜냐하면 상용여행객은 순수관광객보다 가격변화에 민감하지 않기 때문이다.

만약 호텔주인이 호텔객실의 공급량을 조절함으로써 세금인상에 대해 고객보다 더 쉽게 대응할 수 있는 경우에도 인상된 세금은 호텔손님의 몫이 될 것이다. 예를 들어 세금의 일부를 호텔주인이 부담하는 것이 호텔의 순수입 감소를 가져오는 경우 호텔객실의 일부를 사무실과 같은 다른 용도로 일정기간 대여해주게 되면 그 기간 동안의 호텔객실수의 공급은 줄어들게 된다. 이 경우 호텔업자는 세금이 인상되었다 해도 객실요금을 인하하지 않으려는 의도를 갖고 있는 경우이다.

〈그림 15-3〉 수요 · 공급의 탄력도와 조세의 부담

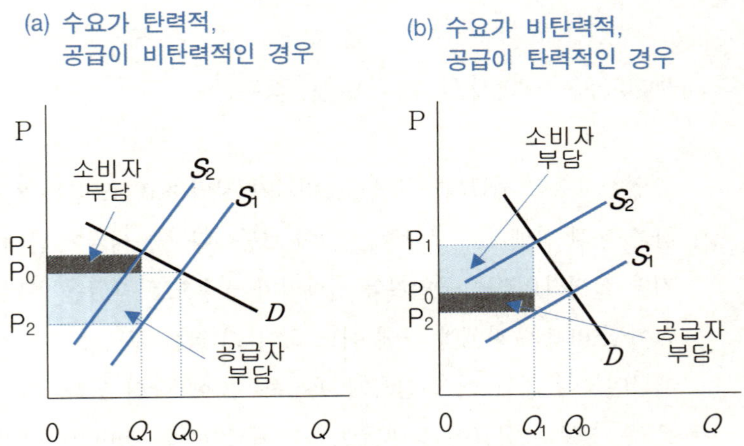

4. 조세 이외의 정부수입

(1) 부담금

정부는 관광부문에서 세금이외에 개발부과금 또는 개발징수금을 지대를 받는 방법으로 부과하기도 한다. 개발부과금은 관광개발시 개발업자에게 형질변경에 부과하는 부담금이다. 개발업자에게 부과되는 개발부과금은 도로, 항만, 학교, 상 · 하수도와 같은 사회간접시설의 비용에 대한 재정확보에 많은 도움을 줄 수 있다.

정부가 사업의 허가권을 갖고 새로운 기업의 시장진입을 통제하기도 하고, 또는 매년 허가를 경신하면서 비싼 수수료를 부과함으로써 초과이익의 일정 부분을 세금으로 거두어들이는 경우도 있다. 반대로 관광사업체에게만 보다 높은 세금을 부과하는 방법도 있다.

재정수입을 위한 또 다른 방법으로 공공서비스의 이용자에게 부담을 주는 경우도 있다. 공원의 입장요금, 공항시설이용료 등 해당 서비스의 이용자에게 해당 금액을 지급하고 이에 상응한 혜택을 누리게 하는 방안이다. 이용자부담은 공공서비스로 발생하는 편익이 대부분 이용자에게만 한정시킬 수 있을 때 이들 이용자만을 대상으로 재정수입을 확보하는 방법이다. 예를 들면, 공원을 유지하기 위해서는 많은 비용이 수반되는데 공원 이용자의 대부분이 지역 거주자가 아니고 방문객이라고 한다면 이 경우 이용자에게 공원유지비용을 부담하게 하는 방안은 편익의 수혜자가 비용을 부담하게 하는 것이다.

경우에 따라 이용자부담은 희소한 자원의 사용을 합리적으로 배분하는 데에도 이용된다. 예를 들면, 해수욕장이 붐비게 되면 이용자의 만족도가 혼잡으로 인해 감소하게 되는데 이용자부담은 이러한 희소자원의 사용을 적절하게 분배시키는 작용을 하게 된다. 이러한 목적으로 이용되는 이용자부담세는 수요가 매우 가격탄력적일 때 그 효과를 극대화할 수 있게 된다.

이처럼 정부가 관광부문에서 세금 이외의 방법으로 재정수입을 올리고 있지만 관광산업에 대한 지원도 동시에 이루어진다. 선진국이나 개발도상국 등 모든 국가에서 정부는 민간자본이 관광에 투자하도록 여러 종류의 재정적 또는 비재정적 장려정책을 취하고 있다. 정부에서 시장금리보다 낮은 금리로 자금을 대여해주기도 하고 개발에 따른 세금을 감면해주기도 한다. 또한 관광개발에 따른 도로 · 상하수도 등의 사회간접시설의 지원 및 정부와의 공동 합작 등으로 지원을 하기도 한다. 또한 관광업체의 수입품에 대한 면세혜택 및 종사원교육에 대한 보조금 지원 등이 그 예이다.

제16장

국제관광과 경제

1. 국제관광의 이론적 배경

오늘날 세계 각국은 다른 나라와 여러 가지 형태의 경제거래를 한다. 경제거래 가운데 가장 기본적인 거래는 재화의 수출과 수입이다. 재화의 수출과 수입을 국제무역(international trade) 혹은 무역(trade)이라 한다. 무역이 발생하는 이유는 무역을 통해 쌍방이 이익을 얻기 때문이다. 이는 한 나라에서 자발적으로 교환거래가 일어나는 이유가 거래를 통해 당사자 모두가 이익을 얻기 때문인 것과 마찬가지 논리이다.

수출국 또는 수입국 입장에서 어떻게 이익을 얻는지를 보면 첫째, 어떤 나라가 자유무역하에서 어떤 상품의 수출국이 되면 그 상품의 국내생산자가 이득을 보고 국내소비자가 손실을 입는다. 그런데 무역으로 인한 생산자의 이득이 소비자의 손실보다 크다면 무역을 통해 국가 전체의 총잉여는 증가하기 때문에 해당 상품을 수출하는 것이다. 둘째, 어떤 나라가 자유무역하에서 어떤 상품의 수입국이 되면 그 상품의 소비자들은 이득을 보고 국내생산자들은 손실을 본다. 그런데 무역으로 인한 소비자의 이득이 생산자의 손실보다 크다면 자유무역을 통해 국가전체의 총잉여는 증가하기 때문에 해당 상품을 수입하게 된다.

모든 국가들은 생산조건이 다르기 때문에 생산의 효율성이 서로 다르게 나타나는데 국가마다 생산효율성이 높은 상품의 생산에 특화하는 것을 국제분업이라고 한다. 국제교역으로 생산을 특화하고 자원의 생산성을 증가시킴으로써 무역을 하지 않는 경우보다 무역을 하는 경우가 더 많은 재화와 서비스를 소비할 수 있어 개인적 효용과 사회적 후생을 증대시킬 수 있게 된다.

국제교역에 관한 이론은 아담 스미스(Adam Smith), 리카도(D. Ricardo), 헥셔-오린(Heckscher-Ohlin)에 의하여 발전하였다. 아담 스미스는 어느 한 국가가 자국에 유리한 생산물을 전문적으로 특화 · 생산하여 생산물을 다른 국가에서 특화된 생산물과 교환하면, 교역당사국들은 국제분업의 이익을 얻을 수 있기 때문에 국제무역이 발생한다는 절대우위론을 주장하였다. 곧 한 국가가 다른 국가보다 생산비가 저렴한 상품만을 생산하여 상호 교환함에 따라 무역당사국 모두 이익을 보기 때문에 국제무역이 발생한다는 것이다.

이와는 달리 리카도는 생산비의 절대적 우위성보다는 상대적 우위성에 의하여 국제간의 교역이 이루어진다고 보았다. 한 나라가 다른 나라보다 어떤 상품을 상대적으로 적은 기회비용으로 생산할 수 있을 때 그 나라는 해당 상품생산에 비교우위가 있다고 말한다. 다시 말하여 교역상대국들이 어떤 상품을 생산하는데 투입되는 생산비용이 상대적으로 차이가 나면 상품가격의 상대적 차이를 발생시키고, 이에 의해 국가간의 비교우위가 성립하여 국제무역이 발생한다고 하였다. 즉 모든 상품의 생산비 간의 상대적인 격차에 따른 국가간의 비교우위가 발생하므로 무역이 이루어지고 모두 이익을 얻게 된다는 것이 비교우위론이다.

리카도의 비교우위론은 비교우위의 원인이 생산비의 차이에 있다는 것을 설명하고 있으나, 생산비의 차이가 왜 발생하는가를 설명하지 못하고 있다는 점에서, 헥셔 - 오린정리(Heckscher-Ohlin theorem)는 비교우위의 원인을 국가별 생산요소의 차이와 요소집약도의 차이에서 찾는 이론이다. 두 나라 간의 생산비에 차이가 나는 것은 생산의 자연적 · 기술적 조건(생산함수)이 서로 다르기 때문이다. 그러나 생산함수가 똑같다 하더라도 생산요소의 부존량에 차이가 나면 상품생산에 투입된 요소집약도에서 차이가 나기 때문에 생산비에서 차이가 발생한다. 이와 같이 헥셔-오린정리는 비교우위의 원인이 생산요소 부존량의 차이와 요소집약도의 차이에 있다고 보는 무역이론이다. 곧 무역당사국 각각이 상대적으로 풍부한 생산요소를 사용하여 생산되는 상품에 비교우위가 있다는 것이다. 농업이 비교우위를 가지고 있는 나라들은 농산물을 수출한 대금으로 그 나라에서 부족한 상품들을 외국에서 수입하면 그 나라의 총후생수준은 높아질 것이다. 우리나라처럼 농업보다 공업이 비교우위를 가진 나라들은 공산품을 수출하고 농산물을 수입하고 있다.

관광구성의 가장 기본적인 요소는 관광자원이다. 산이나 해수욕장과 같은 자연자원, 옛날의 건축물이나 박물관 같은 문화자원 등의 부존자원을 가지고 있는 나라들은 그렇지 못한 나라들에 비해 상대적으로 비교우위를 갖고 있는 것이다. 무역이론이 국제관광에 적용된 근거는 부존자원이론의 개념을 적용한 헥셔-오린 이론(Heckscher-Ohlin theory)과 절대비교이론(Vellas and Becherel, 1995)에서 찾고 있다. 헥셔-오린 이론은 부존자원의 차이, 즉 관광산업을 일으키는데 자연자원, 문화자원 그리고 노동력 등이 상대적으로 풍부한 국가는 관광산업을 통해 관광객을 유인하게 된다는 것이다. 그러나 Vellas와 Becherel은 관광교역의 바탕이 되는 것은 절대적 자원이지 상대적 자원이 아니라는 것이다. 만약 어떤 나라가 다른 나라에서 흉내 내지 못할 정도의 관광자원을 가지고 있다면 그 나라는 관광산업에서 절대우위(absolute advantage)를 가지고 있는 나라이다. 관광교역에서 절대적 자원으로서 필요한 부존자원은 다음과 같이 3가지로 분류하였다.

- 자연자원, 문화 및 문화유산
- 인적자원
- 자본과 기반시설 자원

어떤 국가는 세계의 여러 나라에 알려진 그랜드 캐넌(Grand canyon)처럼 독특한 자연자원이나 에펠탑처럼 예술적 자원을 가지고 있다. 이러한 자원은 관광객들을 방문하게 만드는 동기를 부여하게 되는데, 세계적으로 독점적 지위를 갖고 있을 정도의 독특성 때문에 국제관광에서는 매우 중요한 요소이다. 세계적으로 알려진 관광자원은 무수히 많다.

2. 국제관광과 국제수지

국제관광은 서로 다른 민족과 문화를 가진 사람들의 국가 간 이동을 의미한다. 일국의 국민이 외국을 방문할 경우 그 나라의 문물이나 제도 등을 관찰하고 사회 · 문화 · 지식을 접하게 된다. 이 과정에서 국제관광은 국제사회의 상호이해와 국제친선의 증대효과를 가져온다는 점이 국제관광의 효과로서 많이 강조되고 있다. 이러한 사회 · 문화적 효과는 궁극적으로 국가 간 경제교류를 증진시키는 결과를 가져다주게 된다.

국제관광의 경제적 효과는 국내관광에서 관광이 관광지에 미치는 경제적 효과와 마찬가지 효과를 가져다준다. 즉 국민소득의 증대, 고용창출, 재정수입 등과 같은 효과를 가져다준다. 그런데 국제관광은 국제간의 관계이므로 국가와 국가 사이의 경제적 효과만을 고려했을 때는 국제수지 개선에 대한 효과가 강조된다.

일반적으로 국제관광이 형성되는 성향을 보면 선진국에서 개발도상국으로 이루어지는 경우가 많은데, 이에 따라 개발도상국의 외화수지가 증대됨으로 국제관광은 국제수지개선에 기여한다는 의미이다. 국제수지의 수입(receipts) 항목은 외래객이 하나의 국가 내에서 소비한 비용을 말한다. 외래객이 방문하여 국내에서 숙식을 하고 각종 운송기관을 이용하고 관광지를 방문하고 쇼핑을 하는 과정에서 지출된 비용은 해당 국가에서는 외화수입이 된다. 이는 외국에 무역을 통해 상품을 수출하여 얻는 외화수입과 마찬가지이다.

무역을 할 때 다른 나라에 물건을 파는 것은 수출이고 다른 나라로부터 물건을 사오는 것을 수입이라 한다. 수출을 하게 되면 수출대금을 외국으로부터 받음으로 외화가 우리나라로 들어오게 되며, 반대로 수입을 하게 되면 수입대금을 외국에 지급해야 하므로 외화가 우리나라 밖으로 나가게 된다. 우리가 해외여행을 하면 외국에 가서 물건을 사게 되므로 외화가 우리나라 밖으로 나가게 되고 우리나라에 외국인이 여행을 오면 외화가 우리나라에 들어오게 된다. 이와 같이 한 나라가 일정기간 동안 다른 나라와 국제거래를 하다보면 상품의 수출 · 수입이나 해외여행 등을 통해 외국과 주고받는 금액에서 차이가 발생하게 되는데 이를 국제수지라고 한다. 이때 나라 안으로 들어온 외화가 나라 밖으로 나간 외화보다 많을 경우 국제수지가 흑자라고 하고, 반대의 경우에는 국제수지가 적자라고 한다.

국제수지(balance of payment)란 일정기간 동안에 한 국민경제의 거주자와 비거주자 사이에 발생한 모든 거래내용을 말하며, 이를 체계적으로 기록한 것이 국제수지표이다. 즉 국제수지표는 일정기간 동안 한 나라의 국제거래로 발생한 외국에 대한 화폐지급과 외국으로부터 화폐수취를 대조시킨 것이다. 이에 대하여 국제대차(balance of indebtness)는 일정시점에서 한 나라가 다른 모든 나라에 대하여 가지고 있는 채권 · 채무의 현재잔고를 말한다. 국제수지는 일정기간 동안 한 나라의 대외거래관계를 나타내므로 GNP와 같이 유량(flow)의 개념인 반면, 국제대차는 일정시점에서 국부와 같이 저량(stock)의 개념이다.

국제수지에 있어 거주자라 함은 해당 기간 경제활동을 하는 주소재지가 국민경제 영역 내에 있는 경제주체와 영역밖에 있는 여타 경제주체 간의 거래를 의미하는데 거주자와 비거주자의 구분은 경제주체가 단순히 어디에 살고 국적이 어디냐 하는 법률상의 국적이나 지리적 영역보다는 경제적 활동에 있어 이익의 중심(center of interest)이 어디에 있느냐 하는 것을 기준으로 구분하고 있다. 우리나라에 와서 1년 이상 거주하면서 경제활동에 참여하고 있는 외국인이나 외국기업은 우리나라 거주자로 분류된다. 반면에 우리나라 사람이라도 외국에서 1년 이상 살면서 경제활동을 하는 개인이나 기업은 비거주자가 된다.

국제수지는 크게 경상수지, 자본수지, 준비자산 증감 등으로 구성된다. 경상수지는 상품이나 서비스를 사고파는 대외거래의 결과 벌어들인 외화와 지급한 외화의 차이를 말하며 이는 상품수지, 서비스수지, 소득수지, 경상이전수지로 구성된다. 상품수지란 상품을 수출해서 벌어들인 외화와 상품을 수입하는 데 지출한 외화의 차이를 나타낸다. 서비스수지는 다른 나라와의 서비스거래에서 벌어들인 외화와 지급한 외화와의 차이이고, 소득수지는 우리 근로자가 해외에서 일하거나 국내자본을 해외에 투자하여 벌어들인 외화와 국내에서 일하는 외국인 근로자에게 임금으로 지급하거나 외국자본에 대해 이자나 배당금으로 지급한 외화와의 차이를 나타낸다.

〈표 16-1〉 국제수지표의 구성

국제수지	① 경상수지: 상품수지, 서비스수지, 소득수지, 경상이전수지 ② 자본수지: 투자수지, 기타자본수지 ③ 준비자산증감

① 경상수지	• 상품수지: 수출, 수입 • 서비스수지: 운수, 여행, 통신, 보험, 기타 • 소득수지: 급료 및 임금, 투자소득 • 경상이전수지: 경상이전수입, 경상이전지급

② 자본수지	• 투자수지: 직접투자, 증권투자, 기타투자 • 기타자본수지: 자본이전, 비생산·비금융자산

경상이전수지란 아무런 대가 없이 주고받는 거래인 정부간 무상원조, 송금 등 무상거래 내역을 기록한다.

경상수지가 계속 흑자를 기록하는 나라는 해외에서 벌어들인 외화가 해외에 지급한 외화보다 많으므로 보유하는 외화가 늘어나게 된다. 반대로 경상수지가 계속 적자인 나라는 벌어들인 외화보다 지급해야 할 외화가 많기 때문에 보유하는 외화가 점점 줄어들거나 외국으로부터 빚을 얻어 부족한 부분을 채워야 한다.

자본수지는 외국으로부터 돈을 빌리거나 빌려줌으로써 발생하는 외화유출입의 차를 기록하는데 자본거래의 성격에 따라 직접투자, 증권투자 등을 대상으로 하는 투자수지와 해외이주자금, 특허권 및 저작권의 매매 등을 대상으로 하는 기타자본수지로 구분한다. 자본거래에 의하여 외화가 국내로 들어오는 경우는 외국에서 빚을 얻어오거나 외국에 빌려주었던 돈을 돌려받을 때, 해외에서 증권을 발행하여 자본을 들여오는 때 등이다. 반대로 얻어온 빚을 갚거나 돈을 빌려주는 경우 등에는 외화가 해외로 나가게 된다.

준비자산 증감은 경상수지와 자본수지를 합한 개념으로서 일정 기간 동안에 외국과의 사이에 일어난 상품 수출입 등 경상거래는 물론 자본거래의 결과까지를 종합적으로 반영한 것이며, 이는 통화당국(한국은행)의 외환보유액 증감으로 나타나게 된다.

관광수지란 일정기간 동안 한 나라의 국제관광거래에서 수취하고 지급한 총량을 화폐의 흐름으로 파악한 것이다. 따라서 관광수지표는 일정기간 동안 국가 간 관광거래에서 발생한 화폐적 수취와 지급으로 구분한 표이다. 관광수지는 경상수지 중 서비스수지에 해당되는 것으로 운송·보험 등과 함께 서비스거래의 주요 항목이다. 관광수지는 국제관광자 왕래에 의해 크기가 달라지는데 우리나라 국민이 해외여행으로 소비가 지출될 때 그 소비는 관광수지의 지급항목이 되고, 해외관광객이 우리나라에 입국하여 관광소비를 지출하는 경우는 관광수지의 수입항목이 된다. 국제통화기금(IMF)에서는 국가간 관광수지를 기입하는데 일관성을 유지하고 이를 통해 관광수지의 상태를 분석하기 위해 <표 16-2>와 같이 관광수지표를 작성하고 있다.

〈표 16-2〉 관광수지표

수입항목	지출항목
- 외래관광자의 국내관광소비 - 상품수출(관광쇼핑상품 등) - 국제운송료 - 해외로부터 국내관광산업에 대한 투자 - 해외관광산업투자에 의한 수입 - 해외관광산업부문에 취업한 자국민의 노동수입 - 관광광고 등에 따른 수입	- 자국민의 국외관광소비 - 원자재 수입(설비품, 식료품 등) - 국제운송료 - 관광산업부문에 대한 해외 투자 - 국내에 투자한 해외자본에 대한 지불(이자, 배당금 등) - 관광산업부분의 외국인 고용에 대한 임금지불 - 관광광고 등에 따른 해외지출

3. 국제관광수요와 환율

관광은 환경적 그리고 사회 · 문화적 차이에 의해 발생하는 것이다. 그런데 이러한 차이는 국가 내에서보다 국가와 국가 사이에서 더 차이가 있게 마련이다. 또한 관광의 수요는 경제적 차이에 의해서도 발생하게 되는데 하나의 국가 내에서는 소득수준의 차이가 크게 발생하지 않지만 국가와 국가 사이의 소득수준은 매우 큰 차이가 있다. 국가 사이의 소득수준의 차이는 물가에서도 차이가 있다는 것을 의미하기도 한다. 따라서 국제관광수요의 영향요인들은 국내관광보다 더 많을 수밖에 없다.

국제관광의 수요에 가장 큰 영향을 미치는 요인은 환율이다. 우리나라에서는 1998년 외환위기와 2008년 세계금융위기로 인해 원화의 가치가 크게 하락되자 해외여행객이 크게 감소하고 반면에 외국인의 국내여행객은 큰 폭으로 증가하였다. 국제수지표에 기록되는 각종 대외거래는 교환의 매개 수단인 화폐를 통하여 이루어진다. 그런데 나라마다 통용되는 화폐가 다르다. 따라서 국제거래의 배후에는 서로 다른 화폐의 교환이 이루어진다. 환율(exchange rate)이란 외화 1단위를 얻기 위하여 지급해야 하는 자국통화의 수량을 말한다.

환율이 결정되는 제도에는 고정환율제도, 자유변동환율제도, 그리고 관리변동환율제도가 있다. 고정환율제도란 중앙은행이나 정부가 환율을 일정 수준에 고정시키는 제도이고, 자유변동환율제도는 환율이 외환시장에서 외화에 대한 수요 · 공급에 의해 자유롭게 결정되도록 방임하는 제도를 말한다. 환율이 일정범위를 벗어나면 정부가 개입하고 일정범위 안에서는 외환시장에 의해 자유롭게 결정되도록 허용하는 제도를 관리변동환율제도라 한다.

일반적으로 대부분의 선진국은 자유변동환율제도를 채택하고 대부분의 개발도상국은 고정환율제도나 관리변동환율제도를 채택하고 있다. 우리나라는 1997년 12월 16일 이전까지는 관리변동환율제도를 실시하였으나 이후 자유변동환율제도를 채택하고 있다.

자유변동환율제도하에서 환율이 상승하여 자국통화가치가 하락하는 것을 그 나라 통화가 절하(depreciation)되었다고 하며, 반대로 환율이 하락하여 자국통화가치가 상승하는 것을 그 나라 통화가 절상(appreciation)되었다고 한다.

변동환율제도하에 환율은 외환시장에서 외환의 수요곡선과 공급곡선에 의해 결정된다. 외환에 대한 수요는 우리나라 사람이 외국의 상품이나 자산을 사고자 할 때 일어나고, 반대로 외환의 공급은 다른 나라 사람이 우리나라 상품이나 자산을 사고자 할 때 일어난다. 외환의 수요곡선이나 공급곡선을 이동시키는 요인들은 여러 가지가 있다. 그 중 국제관광과 관련된 중요한 것만 몇 가지를 들면 우리나라 물가와 해외물가, 우리나라 경기와 해외

경기 및 이자율 등을 들 수 있다.

① 우리나라 물가

우리나라 물가가 조금 오르면 조만간 수출품가격이 비싸진다. 수출품가격이 비싸지면 환율이 변하지 않더라도 외화로 표시한 수출품가격도 비싸진다. 외국시장에서 우리나라 수출품가격이 비싸지면 외국 사람들의 우리나라 상품에 대한 수요량이 감소하고 따라서 우리나라 수출이 감소한다. 수출이 감소하면 외환의 공급량이 감소한다. 따라서 우리나라 물가가 오르면 외환공급이 감소하게 된다.

한편, 우리나라 물가가 오르면 수입품가격이 상대적으로 싸진다. 따라서 우리나라 사람들이 수입품에 대한 수요량이 늘어나고 이는 외환에 대한 수요를 증가시킨다. 결국 우리나라 물가가 오르면 환율은 상승하게 된다.

② 해외물가

다른 나라의 물가가 내리면 우리나라 수출품이 해외시장에서 상대적으로 비싸지고 수입품이 국내시장에서 상대적으로 싸진다. 따라서 우리나라 물가가 상승한 것과 똑같은 효과를 가진다. 해외물가가 하락하면 환율이 상승하는 것이다. 마찬가지로 해외물가가 상승하면 외환수요가 감소하고 외환공급이 증가하여 환율이 하락한다.

종합하면, 우리나라 물가가 해외물가에 비하여 상대적으로 오르면 우리나라의 수입이 수출에 비하여 상대적으로 증가하여 환율이 오른다. 우리나라 물가가 해외물가에 비하여 상대적으로 내리면 우리나라의 수출은 증가하고 수입은 감소하여 환율이 떨어지게 된다.

③ 국내외 경기

우리나라 경기가 호황이고 총소득이 높아지면 소비수요와 투자수요가 늘기 때문에 수입이 증가한다. 이에 따라 외환에 대한 수요가 증가하여 환율이 오른다. 해외의 경기가 좋고 외국의 총소득이 올라가면 우리나라 상품에 대한 수출수요가 증가한다. 이에 따라 외환의 공급이 증가하여 환율이 떨어진다.

④ 이자율

국내이자율이 오르면 일반적으로 환율이 하락한다. 환율이 하락하는 경로는 두 가지가 있다. 첫째, 국내이자율이 오르면 소비수요와 투자수요가 줄고 이에 따라 상품수입이 감소한다. 상품수입이 감소하면 외환수요가 감소한다. 둘째, 국내이자율이 오르면 높은 금리를 바라고 외국에서 자본이 유입되면서 자본수지가 개선된다. 결국 국내이자율이 오르면 외환공급이 증가하고 환율은 하락한다.

국내이자율이 오르면 다른 조건이 불변일 때 우리나라 돈의 가치가 다른 나라 돈의 가치보다 비싸지는 것을 뜻한다. 그런데 우리나라 돈의 가치가 다른 나라 돈의 가치보다 비싸지는 것은 환율이 떨어질 때이다. 그러므로 국내이자율이 오르면 환율이 떨어진다. 세계경제는 개방경제이고, 특히 우리나라 경제는 해외의존도가 매우 높기 때문에 정부의 재정정책은 이처럼 국내경제는 물론 국제경제를 동시에 고려해야 한다.

4. 세계의 관광동향

1) 국제관광객수와 국제관광수입

UNWTO의 세계 관광동향에 의하면, 2011년 전 세계에서 10억 명 가까운 국제관광객이 발생하였고 이로 인해 국제항공지출을 제외한 관광지에서의 지출은 US$ 1조2,000억에 달했다. 전체 200개 국가 가운데 상위 10개국이 전체 관광지출비용의 2/3를 차지하고 있으며, 전 세계 관광객 가운데 3/4이 유럽과 미국을 방문하고 있는 것으로 나타났다.

<표 16-3>의 세계 관광규모 및 추이를 보면 1970년에 국제관광객수는 불과 1억 5천9백만 명이었으나, 1980년에는 2억 8천4백만 명으로 1970년과 비교할 때 1.8배로 증가하였고, 1990년에는 4억 4천3백만 명으로 2.7배, 2000년에는 6억 8천6백만 명으로 4.3배, 2005년에는 8억 2백만 명으로 5배, 그리고 2011년에는 9억 8천3백만 명으로 41년 전인 1970년에 비해 약 6.15배 증가하였다.

같은 기간에 국제관광수입(international tourism receipts)은 국제관광객수의 증가보다 더 큰 증가율을 보이고 있다. 1970년의 국제관광수입은 179억불 규모였으나 2000년에는 4,753억불로 1970년에 비해 26.5배로 증가하였고, 2010년에는 1조 500억불로 57.5배, 2011년에는 1조 2천억불로 무려 67배가 증가하였다.

국제관광객수와 국제관광수입통계는 UNWTO에서 각국의 자료를 종합하여 US$나 유로화와 같은 단일통화로 환산하여 발표하고 있다. 세계 200여개 국가에서 자국화로 발표된 통계자료를 단일통화로 환산하는 과정에서 환율변동의 변수가 작용하게 된다. 2008년 세계적인 금융위기로 인해 각국의 환율은 매우 큰 폭으로 변동되었다. 만약 미국의 달러화가 자국통화보다 평가절하되었을 경우, 자국통화 대신 미달러화로 환산하게 되면 관광수입은 더욱 증가한 것처럼 보이게 된다. 관광수입이 실질적인 성장을 보였는가를 알아보기 위해서는 각국의 인플레이션 변수도 고려되어져야 한다. UNWTO에서는 각국의 인플레이션 영향을 고려하여 불변가격(constant price)을 적용하였을 때의 국제관광수입 통계자료를 동시에 제공하고 있다.

<표 16-3>의 국제관광수입은 관광목적지에서의 숙박비, 식음료비, 교통비, 연료비, 위락 및 쇼핑비용 등 외래관광객들의 소비와 관련된 모든 거래가 포함하고 있다. 또한 여기에는 당일관광객들이 유발한 거래도 포함되는

데, 특히 유럽지역과 같이 여러 나라와 국경을 접하고 있는 국가에서는 당일관광객의 쇼핑으로 인한 수입이 매우 큰 것으로 알려져 있다. 그러나 국제여객운송수입 가운데 외국으로 수출된 부분은 국제관광수입에 포함되어 있지 않다. 국제여객운송수입(international passenger transport receipts)이란 국제여객운송서비스를 제공하여 발생한 수입을 가리킨다. 관광객이 도착하는 국가의 관점에서 국제여객운송수단을 내국인이 이용하게 되면 국제 간의 교역에 해당되지 않지만, 외국인이 이용하게 되면 국제교역의 서비스수지에서 수입이 발생하게 된다. 이 부분은 각국이 해외에서 벌어들인 국제여객운송수입이며 수출에 해당된다. 최근 조사에 의하면, 국제여객운송의 수출은 전 세계 관광수입 및 총국제여객운송수입의 약 16%에 달하는 것으로 추정되고 있다(UNWTO, 2012).

〈표 16-3〉 세계관광의 규모 및 추이

(백만 명, 10억 달러)

연도	국제관광객수	지수 (1970=100)	국제관광수입	지수 (1970=100)
1970	159.7	100	17.9	100
1980	284.8	178	102.4	572
1990	443.5	277	254.8	1,423
2000	686.8	430	475.3	2,655
2001	688.0	431	471.6	2,634
2002	709.0	444	486.9	2,720
2003	694.0	434	525.1	2,933
2004	764.4	478	622.4	2,477
2005	802.5	502	677.5	3,785
2006	841.9	527	735.4	4,108
2010	940.0	588	1,030.0	5,754
2011	983.0	615	1,200.0	6,703

자료: 세계관광기구(UNWTO), World Tourism Barometer, 2012.

한편, 지역별 국제관광객 입국자수를 살펴보면(표 16-4), 2011년의 경우 유럽지역에 약 5억 4백만 명이 방문하여 전체관광객수의 51.3%를 차지하였으며, 다음은 아시아 · 태평양지역에 2억 1천7백만 명으로 22.1%, 미주지역 1억 5천6백만 명으로 15.9%, 중동지역 5.6%, 그리고 아프리카지역이 5.1%를 각각 차지하는 것으로 나타났다. 2005년부터 2011년까지 6년간 국제관광객의 입국자수의 연평균 증가율을 보면 중동과 아프리카지역이 각각 7.3%와 6.3%로 높은 증가율을 보였으며, 아시아 · 태평양지역도 5.9%로 높은 증가율을 보이고 있다.

〈표 16-4〉 지역별 관광객 입국자 현황

지역 region	인바운드 관광객수 / 구성비(백만 명, %) International Tourist Arrivals(millions)					연평균 증가율
	2000	2005	2009	2010	2011	05/11
전 세계 World	686.8	802.5	883	940	983	3.5%
유럽	395.8 (57.6)	438.3 (54.7)	461.7 (51.2)	474.8 (50.5)	504.0 (51.3)	2.3%
아시아/태평양	110.5 (16.1)	155.4 (19.4)	181.1 (21.0)	204.4 (21.7)	217 (22.1)	5.9%
미주	128.1 (18.7)	133.2 (16.6)	141.7 (16.4)	150.7 (16.0)	156.6 (15.9)	2.7%
중동	28.2 (4.1)	38.3 (4.8)	52.8 (6.1)	60.3 (6.4)	55.4 (5.6)	7.3%
아프리카	24.2 (3.5)	37.3 (4.7)	45.9 (5.3)	49.7 (5.3)	50.2 (5.1)	6.3%

자료: 세계관광기구(UNWTO), World Tourism Barometer, 2012.

세계관광객의 1/2 이상이 방문하고 있는 유럽지역은 영국, 프랑스, 스페인, 이탈리아, 독일 등을 중심으로 일찍부터 정치 · 경제 · 사회 · 문화를 비롯하여 각종 교통이 발달한 지역으로 세계관광의 주도적인 역할을 해왔다. 또한 유럽은 많은 국가들로 구성되어 있으며, 유럽 인구는 전 세계 인구에서 차지하는 비중 또한 높기 때문에 동일지역 내의 국가 간 이동이 많이 발생하고 있는 지역이다. 국제관광에 있어서 유럽은 85% 이상이 같은 유럽 국가를 방문하고 있는데 반해, 동아시아지역은 25% 미만이 같은 지역을 방문하는 것으로 나타났다(UNWTO, 2012).

2011년 지역별 관광외화수입을 살펴보면, 유럽이 전 세계 관광외화수입의 45.0%인 4,634억 달러, 아시아 및 태평양지역은 2,894억 달러 그리고 미주지역은 1991억 달러에 달한 것으로 나타났다. 관광수입의 지역별 구성비를 살펴보면, 유럽 및 미주지역의 비중이 감소하는 대신 아시아 및 태평양지역과 중동지역에서의 비중이 증가하는 것으로 나타났다. 아시아 · 태평양지역은 2002년 이후 해외관광객 입국자수에서 미주지역을 추월하였고, 2006년에는 관광수입에서 미주지역을 넘어서고 있다.

〈표 16-5〉 지역별 관광수입

(단위: 10억 달러)

지역 region	관광수입 / 구성비(10억, %) International Tourism Receipts(billions)					1인당 지출액
	2000	2003	2005	2010	2011	2011
전 세계 World	475.3	525.1	677.5	927.4	1030.4	
유럽	231.3 (48.7)	283.1 (53.9)	350.5 (51.7)	409.3 (44.1)	463.4 (45.0)	$920
아시아/ 태평양	85.3 (17.9)	95.5 (18.2)	134.5 (19.8)	255.3 (27.5)	289.4 (28.1)	$1,330
미주	130.8 (27.5)	114.0 (21.7)	144.7 (21.4)	180.7 (19.5)	199.1 (19.3)	$1,270
중동	17.5 (3.7)	16.7 (3.2)	26.2 (3.9)	51.7 (5.6)	45.9 (4.5)	$830
아프리카	10.4 (2.2)	15.8 (3.0)	21.6 (3.2)	30.4 (3.3)	32.6 (3.2)	$650

자료: 세계관광기구(UNWTO), World Tourism Barometer, 2012.

총관광지출액을 총관광객수로 나눈 관광객의 1인당 평균관광지출액을 살펴보면, 아시아 및 태평양지역은 1,330불이고, 미주지역은 1,270불 그리고 유럽은 920불로 나타났다. 중동지역이 830불이었으며, 아프리카지역이 가장 낮은 650불로 나타났다.

아시아 · 태평양지역과 함께 높은 관광성장률을 보이고 있는 중동지역에 관광객이 급증하고 있는 이유는 두바이(Dubai)의 관광개발에 따른 효과라고 볼 수도 있다. 두바이는 석유의존도를 줄이고 관광과 물류 및 금융과 같은 서비스산업으로의 산업개편을 위해 막대한 투자가 이루어지고 있는 지역이다. 두바이는 2002년에 국제관광객의 증가율이 전년도에 비해 34% 증가하였고, 관광객 수는 2004년 480만 명에서 2006년에는 640만 명으로 증가하였다. 2010년에는 1천5백만 명의 관광객 유치를 목표로 하고 있다. 이에 따라 관광업이 두바이 국내총생산(GDP)에서 차지하는 비율은 33%까지 높아졌을 정도로 두바이의 관광개발은 성공적인 사례로 자주 거론되고 있다.

두바이의 개발계획은 야자수와 세계지도 모양의 인공섬, 높이 800m나 되는 세계최고의 162층 건물, 2018년까지 관광객 1억 명 달성을 목표로 한 세계 최대의 테마파크를 건설하는 등 관광객 유치를 위한 많은 노력을 기울이고 있는 지역이다. 만약, 두바이의 개발프로젝트가 성공적으로 이루어진다면 세계적으로 유명한 관광목적지가 될 것이다(두바이 관광청).

2) 국가별 국제관광객수 및 관광수입

각국이 가지고 있는 관광자원의 특성이나 국제관광시장과 관광국과의 거리 등에서 차이가 있기 때문에 국가별 국제관광객의 유형이나 평균체류

기간, 여행 1회당 및 1박당 지출 규모 등에서 상당한 차이점이 있게 마련이다. 그럼에도 불구하고 UNWTO 세계 관광객 입국자수 10위권 국가들 중 7개국이 세계 관광수입 10대 국가에 해당한다는 점은 주목할 만하다.

2011년 통계에 의하면, 프랑스에 외국인 관광객이 7천9백만 명이 방문하여 1위 국가가 되었고, 그 다음으로 미국이 6천2백만 명으로 2위, 중국은 5천7백만 명으로 3위를 차지하고 있다. 4위는 5천6백만 명의 스페인 그리고 5위는 4천6백만 명의 이탈이아가 차지하고 있다. 프랑스와 스페인이 같은 유럽지역에서 비교적 단거리 관광객의 비중이 높다는 것을 고려할 때 미국은 소비규모가 큰 장거리 관광객들임에도 불구하고 세계 2위를 차지하고 있다는 것은 매우 의미 있는 일이다.

아시아 국가 가운데는 6위를 차지한 터키가 가장 많은 국제관광객이 방문하는 것으로 나타났으며, 그 다음으로는 말레이시아, 홍콩, 태국, 싱가포르, 한국, 일본 등의 순으로 나타났다. 한국은 2011년도에 9천8백만 명의 국제관광객이 방문하여 전 세계에서 21위를 차지하였다. 2006년도 한국을 방문한 국제관광객수는 6천2백만 명으로 세계 35위권이었다. 그러나 5년 전과 비교할 때 2011년 국제관광객수는 3천6백만 명이나 증가하였고, 증가율로는 무려 58%에 이르고 있다. 그동안 한류(Korean wave)로 설명되는 한국의 드라마와 K-Pop의 영향으로 한국을 찾는 국제관광객수가 크게 증가한 것으로 보인다.

〈표 16-6〉 2011년 국가별 국제관광객 입국자수

순위	국가	관광객수 (백만)	순위	국가	관광객수 (백만)
1	프랑스	79.5	11	오스트리아	23.0
2	미국	62.3	12	홍콩	22.3
3	중국	57.6	13	태국	19.2
4	스페인	56.7	18	그리스	16.4
5	이탈리아	46.1	19	싱가포르	10.4
6	터키	29.3	20	헝가리	10.3
7	영국	29.2	21	한국	9.8
8	독일	28.4	27	일본	6.2
9	말레이시아	24.7	28	대만	6.1
10	멕시코	23.4	39	호주	5.9

자료: 세계관광기구(UNWTO), World Tourism Barometer, 2012.

관광수입을 국가별로 살펴보면(표 16-7), 2011년 관광수입이 가장 많은 국가는 방문객수에서 세계 2위를 차지하고 있는 미국으로서 2011년에 6천 2백만 명이 방문하여 1,161억 달러를 소비한 것으로 나타났다. 그 다음으로 관광수입이 높은 나라는 599억 달러의 스페인이 2위, 그리고 545억 달러의 수입을 올린 프랑스가 3위를 차지하고 있다. 한국은 980만 명이 방문하여 123억 달러의 관광수입을 올렸고 순위로는 22위에 머물고 있다. 2006년도 관광수입 순위에서 전 세계 35위를 차지하였으나 지난 5년 동안 13계단 순위가 상승하였다. 입국자수로 3위인 중국은 관광수입에서 4위로 485억 달러의 관광수입을 기록하고 있다. 중국은 2005년도 6위에서 2011년에는 영국과 이탈리아를 제치고 두 계단 순위가 상승하였다. 아시아 국가 가운데는 태국, 홍콩, 말레이시아가 한국보다 더 많은 관광수입을 올리고 있다.

〈표 16-7〉 2012 세계 주요 국가별 관광지출 및 수입액

국가별 관광지출액			국가별 관광수입액		
순위	국가	지출액 (10억 달러)	순위	국가	수입액 (10억 달러)
1	독일	84.3	1	미국	116.1
2	미국	79.1	2	스페인	59.9
3	중국	72.6	3	프랑스	54.5
4	영국	50.6	4	중국	48.5
5	프랑스	41.7	5	이탈리아	43.0
6	캐나다	33.0	6	독일	38.8
7	러시아	32.5	7	영국	35.1
8	이탈리아	28.7	8	호주	31.5
9	일본	27.2	9	홍콩	27.7
10	호주	26.9	10	태국	27.2
15	한국	14.9	22	한국	12.3

자료: 세계관광기구(UNWTO), World Tourism Barometer, 2012.

국가별 관광지출액을 살펴보면(표 16-7), 독일이 843억 달러를 지출하여 세계 1위를 차지하고 있다. 미국은 791억 달러의 관광지출국으로 2위를 차지하고 있으나 관광수지에서는 370억 달러의 관광흑자를 기록하고 있다. 3위인 중국은 726억 달러의 관광지출로 241억 달러, 4위인 영국은 506억 달러의 관광지출로 155억 달러의 관광수지 적자를 각각 보이고 있다.

2011년 한국의 해외관광지출은 세계 15위를 차지하고 있다. 149억 달러의 관광지출과 123억 달러의 관광수입으로 16억 달러의 관광수지 적자를 기록하였다. 2011년 말 미국 달러에 대한 원화의 환율을 평균 1,100원으로 보았을 때 국제관광으로 인해 한국은 약 1조7천억 원의 관광수지 적자를 기록한 셈이다. 관광통계를 수집할 때 대부분의 국가들은 국경에서 입국자 수를 집계하고 있으나 독일은 모든 상업숙박시설에 투숙한 관광객수를 집계하는 등 국가마다 자료수집방법에서 차이가 있다.

5. 우리나라 국제관광의 과거와 현재

1) 외래관광객 및 해외관광객수의 변화

한국의 국제관광이 본격화되기 시작한 것은 1961년「관광사업진흥법」이 제정·공포된 시점이라 할 수 있다. 1962년에는 국책관광기구인 국제관광공사가 설치되고, 1963년에는「관광사업진흥법」에 의한 특수법인 대한관광협회중앙회가 설립되어 일본 도쿄와 뉴욕에 해외선전사무소를 개설하는 등 국제관광 진흥을 위한 제도적 기반이 이루어졌다. 1961년 외래관광객수가 1만 1천 명에 불과했던 우리나라는 1978년 100만 명을 돌파하였고, 이후 올림픽을 치른 1988년에는 200만 명, 1991년 300만 명, 1998년 400만 명, 2000년 500만 명, 2005년에는 600만 명 이상의 외국인이 한국을 방문하였고, 2012년에는 1,000만 명 이상이 한국을 방문하였다.

제1차 경제개발 5개년계획기간(1962～1966)에는 외래관광객의 연평균 증가율이 46.5%, 외화획득은 88.9%로 급격한 발전을 이룬 시기였다. 제2차 경제개발 5개년계획기간(1967～1971)에는 외래관광객 연평균 증가율은 28.1%, 외화획득은 11.2%의 증가율을 보였는데, 비교적 안정되고 건실한 성장률을 보임으로써 국제관광 발전의 기초를 마련한 시기로 평가되고 있다.

1970년대에 들어와 국제관광의 경제적 효과에 대한 인식으로 국제관광 진흥을 위한 여러 가지 정책이 수립되었다. 1972년「관광진흥개발기금법」제정과 관광사업체에 대한 금융지원, 1975년 관광산업의 전략산업 지정, 관광지 개발 및 관광시설 확충 등 관광산업 육성을 위한 적극적인 지원이 이루어졌다. 제3차 경제개발 5개년계획(1972～1976) 기간에 외래관광객 증가율이 연평균 34.5%를 기록하였다. 특히 1973년에는 679,221명이 한국을 방문하여 전년대비 83.3%의 높은 증가율을 보였다.

〈표 16-8〉 연도별 입국자 및 출국자수, 관광환경요인 변화

(단위: 천 명, %)

연도	입국자	증감률	출국자	증감률	관광산업 환경 변화
1962	15	36.7	10	−8.9	국제관광공사 설립
1965	33	34.1	20	−3.4	한·일 국교 정상화
1966	68	103.1	35	77.3	
1973	679	83.2	101	20.2	제1차 오일쇼크
1974	518	−23.8	121	20.0	
1978	1,079	13.7	260	23.8	외래객 100만 명 돌파
1980	976	−13.3	339	14.6	국내정세 불안
1988	2,340	24.9	725	42.0	서울올림픽
1989	2,728	16.6	1,213	67.3	해외여행 자유화
1990	2,959	8.5	1,561	28.7	한·러 수교
1991	3,196	8.0	1,856	18.9	걸프전쟁 발발
1992	3,231	1.1	2,043	10.1	한−중 수교, 한−대만 단교
1993	3,331	3.1	2,420	18.4	일본인 대상 무사증입국 허용
1994	3,580	7.5	3,154	30.3	한국방문의 해
1995	3,753	4.8	3,819	21.1	일본 엔화가치 상승
1997	3,908	6.1	4,542	−2.3	아시아 경제위기 발발
1998	4,250	8.8	3,067	−32.5	중국, 한국을 여행자유화국가 지정
1999	4,660	9.6	4,342	41.6	무사증입국기간 확대(15일→30일)
2000	5,322	14.2	5,508	26.9	중국 해외여행자유 확대
2001	5,147	−3.3	6,085	10.5	한국방문의 해 / 9·11 테러사태
2002	5,347	3.9	7,123	17.1	월드컵대회 / 부산아시안게임
2003	4,753	−11.1	7,086	−0.5	이라크전쟁 / SARS 발생
2004	5,818	22.4	8,825	24.5	한국−대만 복항 / 쓰나미 발생
2006	6,155	2.2	11,610	15.2	미국 달러대비 원화 강세
2007	6,448	4.8	13,324	14.8	
2008	6,890	6.9	11,996	−10.0	세계 금융위기 발생
2009	7,817	13.4	9,494	−20.9	한류, 중국의 급속한 경제성장
2010	8,797	12.5	12,488	31.5	
2011	9,794	11.3	12,693	1.6	

* 증감률은 전년도와 비교된 수치임.

자료: 2012년 우리나라 관광시장 동향, 한국관광공사.

1980년대 초반에는 1979년의 석유파동과 국내 · 외 정세혼란으로 인해 외래관광이 잠시 침체를 보이기도 하였다. 그러나 중반 이후 점차 회복되었고, 올림픽이 개최된 1988년에는 234만 명의 외래관광객이 방문하여 전년 대비 24.9%의 높은 증가율을 기록하였다. 1990년대 들어서면서 외래관광객의 증가율은 둔화되는 양상을 보이고 있다. 1990년대는 5.6%의 성장률을 그리고 2000년대는 3.2%의 성장률을 보이고 있다. 1995년부터 2006년까지 우리나라 외래관광객의 연평균 성장률은 4.6%로서 전 세계 연평균 성장률인 4.1%보다는 높지만 아시아 · 태평양 지역의 연평균 성장률인 6.6%보다는 낮은 수준이다.

내국인의 해외여행은 1980년대 초반까지 경제개발과 국제수지 적자로 인해 극히 제한되었다. 그러나 3차에 걸친 경제개발 5개년 계획으로 인해 한국경제는 비약적인 발전을 가져왔고, 이로 인한 국민소득의 증가와 함께 '86아세안게임 및 '88서울올림픽 개최에 따른 대외개방정책과 국민의 복지향상 등과 같은 정치 · 경제 · 사회 · 문화적 요인에 따라 1983년 50세 이상의 국민에 한하여 관광여권이 발급되면서 관광목적의 해외여행이 처음으로 허용되었다. 1983년 이전까지 한국인은 사업, 공무 그리고 취업 목적 이외의 해외여행을 금지해왔다. 1983년에 50세 이상의 국민들 해외여행을 하기 위해서는 200만 원 이상의 은행잔고가 1년 이상 있어야 했고 여행횟수도 1년에 1번으로 제한하였다. 이후 해외여행 허용연령은 1987년 9월에 45세로, 그리고 같은 해 12월에는 40세로 낮추어졌고, 1989년 1월 1일부터는 해외여행의 전면자유화가 실시되었다. 올림픽 이전의 해외여행은 상업여행이 주를 이루었고, 공무 및 시찰, 친지방문, 국제행사(문화, 스포츠, 학술 등) 참석 목적으로만 가능했다. 즉 순수한 관광목적의 국외여행은 허용되지 않았다.

〈그림 16-1〉 우리나라의 국제관광 추이

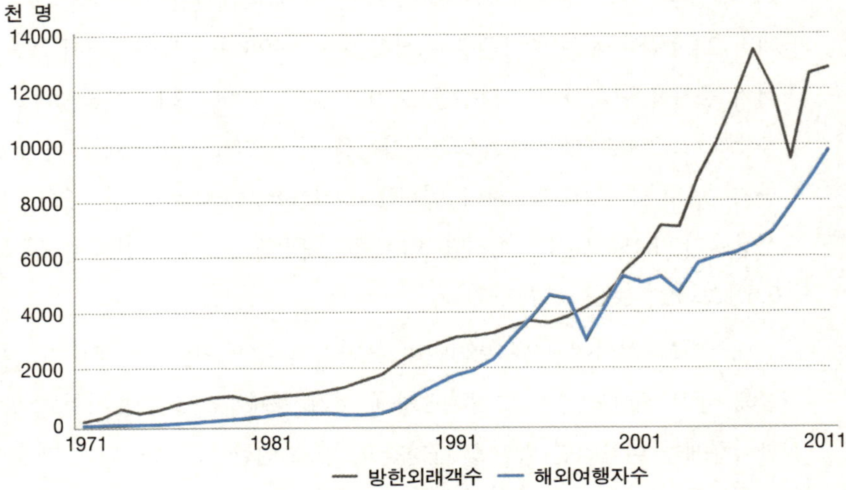

1989년 해외여행자유화 이후 해외여행자수는 폭발적으로 증가하는 추세를 보이고 있다. 여행자유화 첫해에 1백만 명을 돌파하였고, 3년 후에 2백만 명을 넘어섰으며, 2000년에 500만 명, 이후 5년이 지난 2005년에는 1,000만 명을 넘어서는 등 빠른 속도로 증가하고 있다. 특히 1995년부터는 해외여행자수가 외래관광객수를 능가하기 시작하였다. IMF외환위기 동안 잠시 입국자수가 출국자수보다 많았으나 이후 출국자수의 증가율은 입국자수 증가율보다 크게 증가하여, 2006년 출국자수는 1,161만 명으로 입국자수의 1.9배에 이르고 있다(그림 16-1).

1990년대 이후 해외여행객수가 전년도에 비해 감소한 해는 IMF외환위기를 맞이했던 1997년과 1998년 그리고 동남아시아에 SARS피해가 있었던 2003년도이다. 1997년에는 2.3%, 그리고 1998년에는 무려 32.5%나 해외여행객수가 감소하였으나 같은 기간 외래관광객수는 원화가치의 하락으로 평균 7.5%가 증가하였다. 2003년은 우리나라에서도 해외여행객수와 외래관광객수가 동시에 감소한 해로 기록되었다. 2008년에는 세계 금융위기로 인해 세계경기가 급속히 위축되었고, 원화 약세로 인해 해외여행객수는 IMF외환위기 때와 같이 급속히 감소하였으며 상대적으로 외래관광객수는 크게 증가하였다. 2009년에 외래관광객수는 전년도에 비해 13.4% 증가한 반면 해외여행객수는 20.1%나 크게 감소하였다.

〈표 16-9〉 순위별 외래관광객 국적 및 해외여행자 행선지

외래관광객 입국(2011)				해외여행자 출국(2006)			
순위	국 가	천 명	%	순위	국 가	천 명	%
1	일본	3,289	33.6	1	중국	3,924	33.8
2	중국	2,220	22.7	2	일본	2,117	18.2
3	미국	661	6.7	3	태국	1,093	9.4
4	대만	428	4.4	4	미국	758	6.5
5	필리핀	337	3.4	5	홍콩	719	6.2
6	태국	309	3.2	6	필리핀	572	4.9
7	홍콩	280	2.8	7	싱가포르	455	3.9
8	말레이시아	156	1.6	8	베트남	422	3.6
9	러시아	154	1.6	9	인도네시아	298	2.6
10	싱가포르	124	1.3	10	호주	261	2.2
11	인도네시아	124	1.2	11	캐나다	197	1.7
12	호주	122	1.2	12	대만	196	1.7
13	캐나다	122	1.2	13	말레이시아	189	1.6
14	베트남	105	1.1	14	마카오	163	1.4
15	영국	104	1.1	15	독일	152	1.3

* 입국통계는 우리나라에서, 출국자수는 각국의 NTO에서 집계한 자료임.
자료: 한국관광공사, 한국관광통계, 2012.

<표 16-9>는 2011년도 우리나라를 방문한 외래관광객의 국적별 순위와 2006년도 우리나라 해외여행자의 행선지 국가별 순위를 보여주고 있다. 우리나라를 가장 많이 방문한 외래관광객의 국적을 살펴보면, 일본이 2011년도에 329만 명으로 1위를 차지하고 있다. 우리나라의 최대 관광시장인 일본은 1976년 시장점유율이 최고 62.5%까지 이르렀다가 80년대 중반 이후

는 50% 수준을 유지하였으나 2011년에는 33.6%로 비중이 점차 감소하고 있다. 2위는 222만 명이 방문한 중국으로 일본보다 약 100만 명이 적은 숫자이다. 그러나 중국은 1997년 시장점유율 5.5%에서 꾸준히 증가하여 2011년에는 22.7%를 점하고 있다. 3위는 66만 1천 명이 방문한 미국이 차지하고 있으며, 이들 3개 국가에서 전체 외래관광객의 63.0%를 차지하고 있다.

해외여행자의 행선지 국가 순위를 보면, 1위는 중국으로써 2006년도에 393만 명을 기록하여 33.8%의 시장점유율을 기록하였다. 2위는 212만 명이 방문한 일본이고, 3위는 109만 명이 방문한 태국, 그리고 4위와 5위는 70만 명 이상이 방문한 미국과 홍콩이다. 2006년도 내국인 여행자수는 전년대비 15.2%가 증가하였다. 2006년부터는 내국인 출국신고서가 폐지됨에 따라 해외여행자의 목적지별 집계가 불가능하게 되어, 각국의 NTO에서 집계된 한국인의 입국 통계를 통해 우리나라 해외여행자의 목적지별 국가 통계로 대신하고 있다.

2) 해외 관광수입 및 지출

1970년대에 들어서면서 외래관광객 증가와 더불어 증가하기 시작한 우리나라의 여행수입은 세계적 경기 침체기였던 1974년과 1979년에 마이너스 성장을 기록한 것을 제외하고는 대체로 높은 성장률을 보였다. 특히 1986~1988년 기간에는 연평균 62.6%의 높은 증가율을 보여 괄목할만한 성장을 하였으나 1989년부터 성장세가 급격히 떨어져 1990년대에는 연평균 7.9%의 성장률을 기록하였다. 2000년대 초반에는 관광수입이 감소를 보이다가 2008년 세계 금융위기로 인한 원화의 평가절하로 같은 해 관광수입이 전년도에 비해 무려 59.5%나 증가하였다.

〈표 16-10〉 연도별 관광수입 및 관광지출, 관광수지

구 분	관광수입			관광지출			관광수지
	mill. $	%	A.E.P.C$	mill. $	%	A.E.P.C$	mill. $
1981	448	21.2	409	439	25.6	1,007	9
1986	1,547	97.3	932	613	1.2	1,347	934
1987	2,299	48.6	1,227	704	14.9	1,379	1,595
1988	3,265	42.0	1,395	1,354	92.3	1,867	1,911
1989	3,556	8.9	1,304	2,601	92.1	2,145	955
1990	3,558	0.1	1,203	3,166	21.7	2,028	392
1991	3,426	−3.7	1,072	3,784	19.5	2,239	−358
1992	3,271	−4.5	1,013	3,794	0.3	1,657	−523
1993	3,475	6.2	1,045	3,258	−14.1	1,465	217
1994	3,806	9.5	1,064	4,088	25.5	1,400	−282
1995	5,586	46.8	1,491	5,903	44.4	1,666	−317
1996	5,430	−2.8	1,477	6,962	17.9	1,612	−1,532
1997	5,116	−5.8	1,312	6,262	−10.1	1,488	−1,146
1998	6,865	34.2	1,618	2,640	−57.8	908	4,225
1999	6,802	−0.9	1,462	3,975	50.6	960	2,827
2000	6,811	0.1	1,282	6,174	55.3	1,175	637
2001	6,373	−6.4	1,241	6,547	6.0	1,127	−174
2002	5,919	−7.1	1,110	9,038	38.0	1,333	−3,119
2003	5,343	−9.7	1,129	8,248	−8.7	1,224	−2,905
2004	6,053	13.3	1,045	9,856	19.5	1,169	−3,803
2005	5,793	−4.3	968	12,025	22.0	1,247	−6,232
2006	5,760	−0.6	936	14,336	19.2	1,235	−8,576
2007	6,093	5.8	945	16,950	18.2	1,272	−10,856
2008	9,719	59.5	1,410	14,580	−14.0	1,215	−4,861
2009	9,782	0.7	1,251	11,040	−24.3	1,163	−1,258
2010	10,321	5.5	1,173	14,291	29.4	1,144	−3,970
2011	12,397	20.1	1,266	15,544	8.8	1,225	−3,147

* A.E.P.C: Annual Expenditure per Capita(1인당 평균 소비액).

** 1993년부터 유학경비는 포함되지 않았음.

*** %는 전년도와 비교된 증감률임.

자료: 한국관광공사, 한국관광통계, 2012.

그동안 관광수입이 가장 많았던 해는 124억 달러를 기록한 2011년으로 전년도에 비해 관광수입이 20.1% 증가하였다. 2011년은 2007년도와 비교할 때 무려 배 이상 관광수입이 증가하였는데, 최근 전 세계적으로 확산되고 있는 한류 및 중국의 급격한 경제성장으로 인해 앞으로 이러한 추세는 지속될 것으로 보인다. 관광객 1인당 평균 소비액은 IMF외환위기가 있었던 1998년 $1,618로 가장 높았고, 세계 금융위기가 있었던 2008년에는 $1,410로 다시 오른 후 2009년 이후 비교적 안정세를 보이고 있다. 이 같은 사실은 국제관광에서 환율이 매우 중요한 변수로 작용하고 있다는 것을 보여주는 사례이다.

한편, 우리나라의 해외여행지출 추이를 살펴보면, 해외여행객수의 증가율이 높은 만큼 여행지출 역시 매우 큰 폭으로 증가하였다. 지난 20년 동안 외래관광객은 3배, 국제관광수입은 3.6배 증가한데 비해 해외여행객수는 6.8배 증가하였고, 해외여행지출은 4.1배 증가한 것으로 나타났다. 우리나라의 관광수지는 1990년도까지는 지속적인 흑자를 보여주었기 때문에 국제관광이 국제수지를 개선하는 데 많은 기여를 해왔다. 그러나 1995년까지 관광수지는 균형을 보이다가 1996년과 1997년에 큰 폭의 적자를 나타냈다. 이후 IMF외환위기가 있었던 1997년과 1998년에는 큰 폭의 흑자를 나타내는 등 관광수지의 변동이 크게 나타나기도 하였다. 2000년대 들어서는 2002년 31억 달러의 적자를 나타낸 이후 2004년부터 적자폭이 확대되면서 2007년에는 무려 108억 달러의 관광수지 적자를 기록하였다. 2007년까지 관광수지 적자폭이 확대된 주된 이유는 우선적으로 내국인 해외여행자수가 외래관광객수를 크게 초과하였기 때문이다. 그리고 원화가치의 상승, 국내물가 인상에 따른 한국 상품의 가격경쟁력 약화, 방한외래객들의 쇼핑지출 감소로 관광수입은 감소한 반면 높아진 원화가치를 바탕으로 내국인 해외여행객들의 여행소비는 증가한데 원인을 두고 있다. 이후 관광수입이 큰 폭으로 증가하면서 관광수지가 다소 개선되면서 2011년 현재 37억 달러의 관광수지 적자를 보이고 있다.

그동안 우리나라의 해외여행객이 급속도로 증가한 원인은 경제성장에 따른 국민소득의 증가에 기인한 것이다. 우리나라의 연평균 경제성장률은 1970년대 8.3%, 1980년대 7.7%, 1990년대 6.3%, 그리고 2000년대에는 2005년까지 5.2%를 기록하여 비교적 오랜 기간동안 꾸준히 높은 경제성장률을 기록하였다. 하지만 2006년 이후에는 연평균 성장률이 3.2%대에 머물고 있으며, 최근 높은 실업률을 반영하듯 우리나라의 경제성장 동력이 크게 위축된 것으로 보인다. 1인당 국민소득을 살펴보면 1971년 290달러에서 10년 후인 1981년에는 1,800달러로 6.2배 증가하였고, 1991년에는 7,105달러로 24.5배, 2001년에는 1만 달러를 넘어선 10,159달러로 35배, 그리고 2006년에는 18,401달러로 35년 동안 무려 63배나 국민소득이 증가되었고, 2011년에는 1인당 국민소득이 2만 달러를 넘어섰다(표 16-11).

〈표 16-11〉 한국의 경제성장률과 1인당 국민소득

기간	1971~1979	1980~1989	1900~1999	2000~2005	2006~2010
연평균 경제성장률	8.3%	7.7%	6.3%	5.2%	3.2%
연도	1971	1981	1991	2001	2006
1인당 국민소득	$290	$1,800	$7,105	$10,159	$22,427

자료: 한국통계연감, 통계청, 2012.

6. 국제관광에 대한 제약

1) 이론적 근거

무역정책에 관한 이론으로는 자유무역론과 보호무역론이 있다. 자유무역론이란 국가가 수출을 통제하거나 수입을 제한하지 않고 자유롭게 방임하는 것이 국가적으로나 국제적으로 다 같이 이익이 된다는 논리이다. 무역을 자유롭게 방임하면 세계 각국이 각자 비교우위에 있는 상품을 생산하여 교역하기 때문에 자원의 효율적인 배분과 국제분업의 이익이 실현된다. 보호무역론은 한 나라의 산업을 보호 · 육성하기 위하여 국가가 적극적으로 수입을 규제해야 한다는 이론이다. 보호무역을 주장하는 이유는 주로 유치산업(infant industry)의 보호, 경제안정과 국가안보 그리고 국내고용 안정 등에서다. 실제로 세계의 모든 나라들은 관세나 비관세와 같은 여러 가지 수단을 동원하여 무역에 개입하고 있는 것이 현실이다.

국제관광은 국제교역에 있어서 물품의 이동이 아닌 소비자가 생산국으로 이동하여 발생하는 서비스교역에 해당된다. 우리나라 사람이 해외여행을 하면 외국에서의 소비가 발생하기 때문에 수입(imports)이 되고 외국인이 여행을 오면 소비가 우리나라에서 발생하기 때문에 수출(exports)이 된다. 상품무역은 각 나라의 보호무역에 의해 무역마찰이 발생할 수 있고 관세장벽, 민족자원주의에 의한 원자재 수급의 곤란, 수출시장의 환경악화와 같은 문제를 가지고 있는 반면에, 관광은 오히려 국제친선이나 문화교류에 기여하면서 외화를 획득하는 이점을 가지고 있다. 따라서 세계의 많은 국가들은 외국 관광객을 유치하기 위해 관광산업에 대한 지원이나 국제마케팅을 강화하는 등 관광시장의 국가 간 경쟁력이 매우 치열하게 전개되고 있다. 또한 이와는 반대로 직 · 간접적으로 여러 가지 수단을 통해 해외여행에 대해서 정부가 개입하고 있다.

관광객의 국제간의 이동에 따른 장벽은 관세장벽과 비관세장벽으로 나눌 수 있다. 관세는 수입품에 대한 세금으로서 상품에 관세가 부과되면 국내소비자들의 수입상품 가격이 오르게 됨으로 수입이 줄어들게 된다. 관광객이 외국여행에서 소비를 위해 자국화폐를 외국화폐로 바꾸는 외환거래(foreign exchange)에 부과되는 세금은 유사 관세형태의 장벽으로 간주된다. 또한 공항에서 부과되는 해외여행에 대한 출 · 도착세도 같은 개념이다.

비관세장벽은 관세 이외의 모든 무역정책수단을 의미하는데, 그 기능이 강력하기 때문에 국가의 정책적 목표를 달성하는데 관세장벽보다 비관세장벽이 유리한 것으로 알려져 있다. 비관세장벽은 보건 및 안전규정을 이용하여 WTO(World Trade Organization)의 규정을 피해서 수입규제 효과를 달성할 수 있을 뿐더러 교역상대국의 보복적 조치도 회피할 수 있다. 수출장려금이나 수출금융제도 그리고 외환관리 같은 수출장려 목적의 경우도 비관세장벽에 포함된다.

국제관광에 대한 제약으로는 해외여행을 직접적 그리고 간접적으로 제한하는 것이다. 관광객의 출 · 도착을 직접적으로 제한하는 것은 상품교역에 있어서 비관세장벽에 해당된다. 그리고 간접적인 제약으로는 관세장벽을 이용하여 해외여행비용의 인상효과를 가져오게 하는 것이다.

2) 여행제약의 여러 가지 방법

세계 모든 국가의 사람들이 자유롭게 국가 간 이동이 이루어지는 것은 아니다. 각국은 출입국관리규정을 두고 외국인의 입국을 제한하고 있는데, 이는 불법 이민자나 도피처로서 입국하려는 사람들을 통제하기 위한 것으로, 국가 간 이동에는 입국비자를 발급받고 심사를 거쳐야 입국허가를 받게 된다. 한국과 일본국민들은 비자 없이도 입국이 허락되며 최장 30일간 체재할 수 있다. 미국은 30여개 국가와 무비자면제 프로그램을 도입하고 있는데 최장 90일간 체재할 수 있으며, 한국인의 무비자 미국입국은 한국정부에서 오랜 기간을 두고 요구한 사안이지만 2008년 11월에서야 가능하게 되었다.

그러나 국제관광의 제약은 입국보다는 국제수지를 고려하여 내국인의 출국에 초점이 맞추어져 있다. 과거 우리나라의 해외여행정책에서 살펴본 것처럼 모든 나라의 국민들이 해외여행을 자유롭게 하지는 않는다. 또한 각국은 여행객의 안전에 위협이 되는 지역이나 SARS와 같이 국민건강에 위험을 초래하는 경우에는 국가가 방문을 일시적으로 금지할 수도 있고 가급적 방문을 하지 말 것을 권고하기도 한다.

해외여행을 제약하는 방법으로는 여권발급 수수료를 과다하게 부과하거나 출 · 도착세(공항이용료)를 부과하는 방법이다. 이는 국제여행객들에게 일종의 여행에 따른 세금에 해당된다. 1982년 11월에 인도네시아는 내국인의 출국자에게 140달러를 부과한 적이 있다. 이로 인해 가까운 싱가포르 방문자수가 전년도에 비해 33.5%나 급감한 적이 있다(Mak, 2003). 출 · 도착세가 내국인에게만 부과되는 반면에 공항이용료는 공항이용자 모두에게 부과되는 요금이다. 나라마다 다르지만 공항이용료는 외국여행을 제한하려는 의도보다는 공항시설들의 비용을 충당하려는 목적에서 부과되는 목적세이다.

모든 국가들은 외국여행객들의 국내반입 외국상품의 한도를 정해놓고 있다. 국가마다 정도의 차이는 있지만 비교적 세금이 높은 담배와 주류제품이 이에 해당된다. 주류제품의 경우 한국은 2병, 일본은 3병까지 허락하고 있다. 담배는 한국이나 일본 모두 20갑으로 제한하고 있다. 이 밖에도 의료약품이나 고가의 물품을 반입금지 품목으로 제한하거나 금액으로도 제한하고 있다. 반입 품목의 금액에 대해 상한선을 두고 있다는 것은 쇼핑관광객들에게는 분명 해외여행의 제약요인으로 작용하게 된다.

또한 많은 국가에서는 내국인이 외국에서 소비할 수 있는 화폐액의 한도를 제한하고 있다. 우리나라는 이러한 규제가 과거 여러 차례에 걸쳐 상한

선이 완화된 이후 이제는 해제되었다. 외환사정이 좋지 않은 나라들의 경우에는 이러한 규제가 효과적일 수 있다. 경제개발을 위해서 외국자본이 필요한 나라들은 해외에서의 휴가여행이 사치일 수 있고 반드시 필요한 부분이 아니기 때문에 해외여행에 통제를 가하는 것이다. 프랑스나 영국 같은 선진국에서도 과거에 해외여행객들에게 외환거래에 통제를 가한 적이 있다. 어떤 사람이 외국여행을 할 수 있고, 얼마를 지참할 수 있는가를 규정해 놓는 것은 해외여행에 대한 비관세장벽으로서 국가에서의 직접규제와 같은 것이다.

이 밖에도 우리나라에서 국제여행을 규제하기 위해 실시되어 온 기타의 규제방법을 보면, 여권(관광여권)의 발급제한, 관광허가연령 제한(1985년 50세 이상, 1987년 45세 이상, 1988년에는 30세 이상만 해외여행 등), 은행예치금제도(해외여행희망자는 지정은행에 원화 200만원을 예치하도록 한 제도), 여행기간 제한, 여행허가제(공무원의 경우) 등을 들 수 있다. 이 외에도 신원조회와 소양교육제도, 병역확인 등 번거로운 절차를 통해 해외여행을 간접적으로 규제하기도 하였다.

제17장

관광과 자연환경

환경은 크게 인문환경(human environment)과 자연환경(natural environment)으로 구분된다. 인문환경은 인간이 자연환경을 토대로 만들어 낸 환경으로서 인종, 언어, 인구, 교통, 문화, 산업 등이 여기에 포함된다. 그런데 인문환경은 자연환경의 영향을 받아 형성된 것이기 때문에 자연환경과의 차이는 궁극적으로 인문환경의 차이를 가져오게 만드는 것이다.

관광은 자연환경과 인문환경이 상이한 지역 간에 발생한다. 사람들은 쾌적한 기후에 독특한 자연경관을 갖고 있는 지역이나 자신이 살고 있는 지역에서는 찾아볼 수 없는 생활환경을 갖고 있는 지역에 대해 매력을 갖게 되는 것이다.

1. 자연환경의 이용

자연은 인간의 경제활동에 필요한 각종 재화와 서비스를 만들어내는 원료를 제공할 뿐만 아니라 재화와 서비스를 소비하고 난 뒤 생기는 폐기물을 자연 속에 내다 버림으로써 자연을 다시 또 이용한다. 자연환경과 사회·경제활동과의 관계를 보면, 자연환경으로부터 얻어진 자연자원은 생산부문으로 들어가 생산물로 만들어져 소비부문에 제공되고 일부는 생산과정의 부산물로써 폐기물이나 오염물질의 형태로 자연환경에 버려진다. 부산물의 일부는 리사이클링을 통해 생산과정이나 소비부문에서 재사용될 수도 있다.

〈그림 17-1〉 환경과 사회 · 경제활동과의 관계

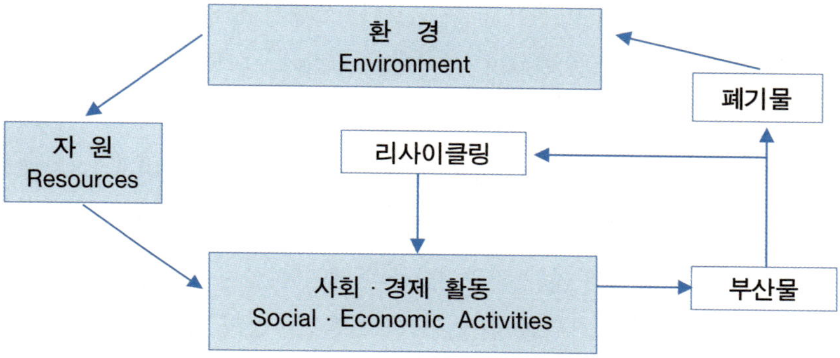

환경문제를 일으키는 중요한 원인은 인간의 사회 · 경제활동이다. 생산과 소비 등 경제활동은 시장을 매개로 하여 일어난다. 시장이 제 기능을 발휘하지 못하면 문제가 생기게 마련이다. 자연환경이 제공하는 대부분의 서비스는 시장에서 매매되지 않고 그냥 사용한다. 다시 말해 환경자원은 경제적 가치를 갖고 있는 재화임에도 불구하고 사용자가 제 값을 지급하지 않고 남용한다. 필요 이상으로 자원을 남용하니까 그 결과 환경오염과 자원고갈 문제가 발생한다. 이를 시장의 실패라고 하는데 이는 환경오염이 발생하는 원인을 경제학적으로 설명하는 방법이다.

만일 경제가 완전경쟁상태에 이르지 못했을 경우나 완전경쟁상태에 이르더라도 외부효과 또는 외부성(externalities)이 존재하면 자원은 최적배분을 가져올 수 없다. 자연자원과 환경문제는 수많은 외부효과가 발생한다. 또한 그것이 어떤 경로를 통해서 일어나는지 대체로 알려져 있다. 그러나 외부효과의 규모가 너무 크거나 긴 시간을 두고 나타날 때에는 그 정확한 규모와 효과를 파악할 수 없는 경우가 많다.

관광발전은 환경보존과는 상충관계에 있다. 관광객을 만족시키기 위해서는 어느 정도의 개발은 불가피하기 때문이다. 관광지의 접근용이성을 제공하기 위해 도로가 건설되거나 정비되어야 하고 관광객의 숙박을 위해 숙박시설이 갖추어져야 한다. 일반적으로 저개발국가에서의 관광개발은 도로, 항만, 상 · 하수도와 같은 기반시설의 확충으로 관광객과 지역주민을 위한 환경개선이 이루어질 수 있으나, 쓰레기 등의 폐기물과 수질 오염, 부적절한 하수 및 오염처리, 주거조건 악화나 그리고 자연의 황폐화 등의 결과를 가져올 수 있다.

관광개발에 의한 토양과 식생의 변화, 생태계 변화, 관광객에 의한 사적지나 자연환경의 훼손, 무계획적인 관광지 개발과 무질서한 팽창, 지역미관과 어울리지 않는 관광시설물의 배치와 설치로 인한 부조화, 관광객 급증에 의한 시설 과부화 현상, 그리고 혼잡현상의 유발 등은 개발도상국 관광지 어디에서나 볼 수 있는 관광의 환경적 영향이자 현상이다. 선진국에서는 기본적인 환경영향문제는 해결된 단계이나 2차적인 환경문제, 즉 관광지의 확대와 증가로 인한 교통혼잡과 소음문제 등의 환경공해가 더 큰 문제일 수 있다.

관광이 환경에 의존하고 있는 것은 사실이지만 환경상태는 관광에 의해 영향을 받는다. 관광객들은 등산을 하거나 경관감상 또는 수영을 할 때도 자연환경을 직접 이용하게 된다. 따라서 관광객들은 여행 중 환경과의 상호작용에서 책임 있는 행동을 해야 한다. 최근 사람들이 환경에 대한 인식이 높아지면서 '책임 있는 관광'에 대한 관심도 증대되어지고 있다. 관광산업은 일반적으로 무공해산업이라고 알려져 있지만 관광활동으로 수질, 대기의 질 그리고 토질을 저하시키고 있다는 것은 명백한 사실이다. 그렇다고 공해산업이라고 볼 수는 없다. 관광지 오염은 주로 물과 에너지의 사용증가로 인해 발생하는 수질오염과 대기오염이 가장 큰 비중을 차지한다.

대부분의 자연자원의 사용이나 오염물질의 발생은 관광활동과 직접적인 관련이 있는 것보다는 관광의 공급부분과 관련된 것이다. 운송업은 에너지의 최대 사용처이고 호텔은 가장 많은 수자원을 사용하고 있다. 호텔과 음식점은 하수와 쓰레기를 배출하고 있는 반면 운송업은 최대의 공기오염을 발생하고 있다. 공급자는 노동과 자본, 그리고 연료나 물과 같은 자연환경으로부터 주생산요소를 사용하여 소비자가 원하는 상품과 서비스를 생산한다.

관광은 환경에 부정적인 영향만을 가져다주는 것이 아니라 자연보존과 같은 긍정적인 영향도 가져올 수 있다. 주요 관광자원인 사적지나 명소들에 관광객을 위한 편의시설을 추가하고 개선하게 되면 그동안 중시되지 않았던 관광자원이 개발됨으로써 보유자원에 대한 인식이 재평가될 수 있다. 또한 관광객을 위한 관광대상의 정비가 이루어지게 되면 무분별하게 이용되었던 관광자원을 체계적으로 활용함으로써 자연 및 문화자원의 보호에도 도움을 줄 수 있다. 환경보호를 위한 자금다련이나, 야생동물 보호, 공원이나 보존지역의 유지 및 신설 등이 관광을 통해 이루어질 수 있기 때문에 관광은 환경에 긍정적인 영향을 가져다주기도 한다.

관광이 여러 가지 측면에서 환경영향을 살펴보면(Mak, 2002)

① 관광객이나 관광상품의 공급자들은 물이나 에너지 같은 자연자원을 소비한다. Grenada의 관광객들은 지역주민들보다 7배나 많은 물을 소비하고 있으며, 더구나 외국인소유호텔은 가뭄에 지역주민 소유의 호텔보다 물 사용에 있어 우선권을 가지고 있다(Mastny, 2002). 인도양에 여러 개의 섬으로 구성된 Maldives에서는 1972년에 1,000명이던 관광객이 2000년도에는 50만 명으로 증가함에 따라 지역주민들이 물 부족 문제를 안고 있다(Demores, 2001). 하와이에서는 일일평균 관광객이 하와이 거주민의 1/8을 차지하고 있음에도 불구하고 관광이 직·간접적으로 전체 하와이 에너지 소비의 40%를 차지하고 있다(Tabachinia-Tamirisa et al., 1997).

② 관광객과 관광업체는 쓰레기와 공해물질을 땅이나 바다 그리고 대기로 배출시키고 있다. 일반적으로 관광객은 지역주민보다 일일평균 쓰레기 배출량이 더 많은 것으로 알려져 있다. 특히 후진국가에

서는 호텔에서 배출하는 하수가 강이나 바다로 흘러들어가 수질을 오염시키는 지역이 많다. 에베레스트 등반가들이 쓰레기와 등산장비를 현지에 버림으로써 지구의 가장 높은 산의 정상까지도 오염되어 있다. 골프장에서 사용하는 제초제는 생활용수를 오염시키고 국립공원에 설치된 케이블카는 소음이나 공기오염 등을 발생시키고 방치된 관광시설물 역시 보는 사람에게는 일종의 오염이다.

③ 관광객은 오락 또는 위락활동에 참여함으로써 환경을 직접적으로 파괴하게 된다. 등산객들은 무의식적으로 나무를 훼손하기도 하고 바위에 낙서를 함으로써 의식적으로 자연을 훼손하고 있다. 바다 속의 자연을 감상하기 위한 관광잠수함이나 스쿠버다이버들의 활동은 산호초와 같은 바다 식생을 훼손하게 된다. 수영, 등산, 스키와 같은 야외 위락활동은 자연의 활용정도에 따라 자연의 영향정도가 크게 달라질 수 있다.

2. 자연환경의 가치

깨끗한 공기, 아름다운 경치, 생물종의 다양성 유지와 같은 환경자산은 시장에서 사고팔 수 있는 것이 아니기 때문에 시장가격을 통해 직접 가치를 측정하기 어렵다. 시장가격이 없는 환경에 대해 굳이 그 가치를 화폐액을 가지고 측정하려는 이유는 환경이 중요한 자산이기 때문이다.

환경자산은 관광자산이며 이는 곧 관광자원이다. 관광자원의 성격을 가지고 있는 자연자원의 경제적 가치는 크게 실제 이용가치(use value)와 비이용가치(non-use value)로 나누어 볼 수 있다. 실제 이용가치는 자원을 소비자가 실제로 이용함으로써 얻는 가치를 말한다. 자연경관을 감상하거나 수영을 하고 낚시질을 하는 것처럼 이 때 누리는 가치가 직접사용가치이다. 간접사용가치는 직접이용가치는 없으나 철새들의 서식지가 된다든지 동 ·

식물들이 많아져 생태가치가 풍부해지는 것 등을 보고 즐김으로써 얻는 효용을 말한다.

비이용가치는 직접 보거나 만지거나 소비하거나 등의 구체적 사용행위 없이 그냥 특정 자원이 존재하는 것만으로도 얻는 만족 또는 가치를 말한다. 비이용가치는 보전가치라고도 하는데, 보전가치란 아름다운 자연자원이나 수질 · 동식물 등을 우리가 갖고 있거나 보전되고 있다는 사실에서 얻게 되는 편익 또는 효용을 말한다. 비이용가치 또는 보전가치는 다시 선택가치(option value), 존재가치(existence value) 그리고 유산가치(bequest value)로 설명된다.

선택가치(option value)는 현재 이용하지 않으나 미래에 사용할 가능성이 있기 때문에 미래의 선택(option)이 가능하도록 하는 자원의 보전가치를 의미한다. 이는 미래의 선택을 위해 지불할 용의가 있는 일종의 보험료 같은 기대가치(expected value)를 의미한다(Bishop, 1982). 존재가치(existence value)는 현재 이용하지 않고 있으며 미래에도 이용할 가능성이 없지만 존재한다는 사실만으로도 얻는 효용을 말한다. 생전에 보지도 못할 세계 오지의 유명한 자연자원이나 다른 나라의 희귀 동 · 식물은 존재만으로도 효용가치를 느끼는 수가 많다. 존재가치는 일종의 고유가치(intrinsic value)로 자연은 인간이 이용하지 않는다고 해도 존재할 권리와 가치가 있다고 보는 것이다. 유증가치(bequest value)란 현재 이용하지 않고 있으며 가까운 미래에도 이용할 가능성은 없으나 후손들이 즐길 수 있도록 자연환경의 보존을 위해 지급할 용의가 있는 가치를 말한다. 유증가치는 존재가치와 실제로 중복되는 부분이 많기 때문에 존재가치 속에 모두 포함시키기도 한다. 이처럼 선택가치와 존재가치 그리고 유증가치는 상호 배제적(mutually exclusive)인 것이 아니기 때문에 서로 겹칠 수도 있다(Munashinghe, 1994).

〈그림 17-2〉 환경자산에 속한 경제가치의 분류

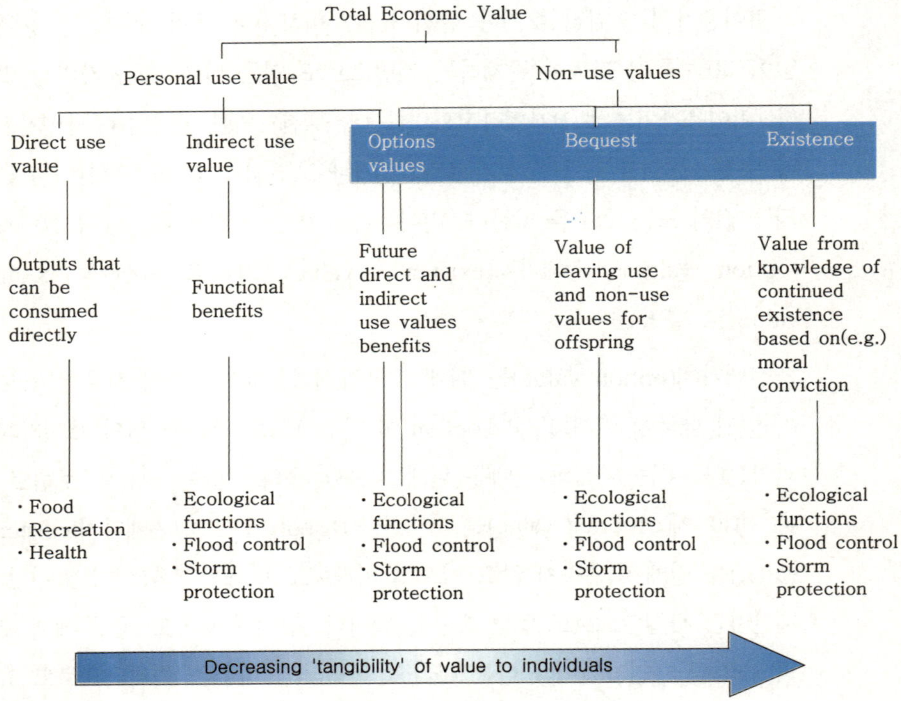

자료: Munashinghe, M.(1994), Economic and policy issues in natural habitats and protected areas, in Protected Area Economics and Policy, The World Bank.

환경의 가치를 돈으로 평가한다는 뜻은 소비자나 정책결정자들로 하여금 환경을 희소자원으로 취급하도록 하여 개인의 소득이나 공공부문의 예산분배에 있어서 선택의 대상으로 하자는 것이다. 특히 정부는 시장기능의 실패를 보완하거나 또는 채산성은 없어 생산을 기피하지만 사회적으로 꼭 필요한 재화와 서비스를 제공하기 위해 다방면에 걸쳐 공공투자사업을 실시한다. 다목적 댐, 도로, 항만을 건설하고 공원을 조성하는 등이 공공투자사업의 예이다.

정부도 개인과 마찬가지로 공공투자 결정을 내릴 때는 선택이 가져다주는 이해득실을 따져야 한다. 다만, 이해득실의 기준이 개인적 입장에서의 손익이 아니고 사회적 입장에서 계산한다는 점이 다를 뿐이다. 사회적 입장에서 이해득실을 계산할 때에는 누구든지 인정할 수 있는 객관적이고 분명한 기준이 있어야 하는데, 이때 이용하는 기법으로 편익－비용분석(benefit-cost analysis)이 있다. 편익－비용분석은 복잡한 현실문제를 화폐라는 매개를 통해 단순화시키고 핵심을 정리가기 때문에 문제의 파악과 의사결정에 도움을 준다. 과거에는 편익－비용분석에 화폐적 평가가 어려운 비시장효과 예컨대, 외부효과에 대한 고려는 환경영향평가로 대체하였으나, 1980년대 중반부터 비시장재화와 서비스에 대한 화폐적 평가방법이 발전됨에 따라 외부효과를 편익－비용분석에 포함시키게 되었다(오호성, 2002).

환경재화처럼 비시장재화의 가치를 평가하는 방법은 여러 가지가 있지만, 여기서 여행비용법과 내재가격법을 간단히 소개하면, 여행비용법(travel cost method)은 자연경관지나 문화유적지 등의 가치를 소비자의 여행비용을 이용하여 간접적으로 도출하는 방법이다. 이 방법은 특정 장소를 방문하는 여행비용 속에 해당 장소에 대한 여러 가지 가치에 대한 여행자의 평가가 내재되어 있다는 가정에서 산출하는 방식이다. 내재가격법(hedonic price method)은 소비자가 특정 재화를 구입하는 것은 재화 그 자체를 위한 것이라기보다는 해당 재화가 제공하는 특질을 원하기 때문에 구입한다는 것이다. 사람들이 고급식당을 가는 이유는 단순히 먹기 위해서가 아니라 깨끗함, 좋은 분위기, 친절한 봉사 등 고급식당이 제공하는 특질이 한데 어울려 만들어지는 효용을 제공하기 때문이다.

한편, 환경의 가치를 돈으로 평가하는데 대해 불만을 가진 환경론자들도 있다. 이것은 생태나 환경이 돈으로 평가한다는 것은 사람중심이며 생태와 환경은 돈으로 평가할 수 없을 만큼 귀중하다는 의미이다.

3. 환경오염의 규제

현실경제에서는 한 기업이나 소비자가 오염행위의 원인을 제공했지만 실제로 손해 보는 사람은 오염행위를 일으킨 자가 아닌 다른 사람이다. 환경문제를 해결하기 위한 수단은 정부가 여러 가지 환경기준을 세우고 공권력을 동원하여 이를 지키도록 하는 직접규제방법이 있고, 시장기구의 문제점을 보완하여 경제적 유인을 제공함으로써 문제를 해결하거나 소비자와 기업의 자발적 참여를 유도하는 간접규제방식이 있다.

전자가 직접적이고 강제적이기 때문에 선택에 자유가 없는 반면, 후자는 간접적이기 때문에 기업이 가장 유리한 방법을 선택할 수 있어 기업활동의 자율성이 보다 존중된다. 간접규제제도는 환경자원과 서비스를 무료로 이용해온 지금까지의 관행을 바꾸어 돈을 내고 이용하도록 함으로써 소비자들의 행위패턴을 바꾸도록 하려는 목적을 갖고 있다. 경제적 유인을 이용한 규제방식은 선진국에서는 광범위하게 이용되고 있으며 직접규제방식에 비해 정책의 유연성과 효율성 면에서 효과가 있다.

1) 직접규제

(1) 인·허가

인·허가제도는 법령에 의해 일반적으로 금지된 행위를 특정한 경우에 한하여 허용함으로써 적법하게 행위를 알 수 있도록 하는 제도를 말한다. 오염배출시설 설치허가가 대표적이다.

(2) 금지

금지는 깨끗한 환경을 유지하기 위해 특정행위를 금지하거나 엄격한 제한을 가하는 방법을 통해 환경훼손을 일으키는 원인행위를 제거시켜 환경훼손이 일어나지 않도록 하는 방안을 말한다. 입산금지, 수영금지, 낚시금지 등이 좋은 예이다.

(3) 용도지정

용도지정은 일정구역의 토지를 특정 목적 이외의 타목적 사용을 금지시키는 토지이용 규제방법으로 지역규제를 말한다. 이 방법은 토지의 용도를 지정함으로써 무질서한 도시팽창이나 공해, 소음, 교통 혼잡 등과 기타 토지이용의 혼란에서 오는 외부효과를 차단하기 위한 토지정책수단을 말한다.

우리나라에서는 「국토의 계획 및 이용에 관한 법률」을 통하여 전국의 토지를 도시지역, 준도시지역, 농림지역, 준농림지역, 자연환경보전지역으로 나누어 용도를 지정하고 있다. 그리고 이 지역들은 또 필요에 따라 주거지역, 상업지역, 공업지역, 녹지지역, 개발제한구역 등 여러 가지로 세분하여 용도를 지정하고 타목적 사용을 금지시키고 있다.

2) 간접규제

(1) 환경세

환경오염은 오염으로 인해 발생한 외부비용을 오염원인자가 부담하지 않기 때문에 발생한다. 만약 외부비용을 오염자가 지급하도록 한다면 환경오염 문제는 해결될 수 있다. 즉 모든 환경오염물질 배출자에게 오염물질 배출로 인한 피해만큼 세금을 부과함으로써 오염행위를 교정할 수 있다. 이 방법은 영국의 경제학자 Pigou가 제일 먼저 주장하였기 때문에 피구세라고 한다.

환경세는 공해세(pollution tax)라고도 하며, 환경오염 문제는 오염원인자가 전적으로 책임을 지고 비용을 부담해야 한다는 오염자부담의 원칙에 입각한 제동이다. 피구세가 생산되는 제품이나 서비스를 대상으로 과세하는 것임에 비해 환경세는 배출되는 오염물질을 대상으로 한다.

피구세는 환경오염의 외부비용을 정확하게 산출하기 어렵기 때문에 현실적으로 도입하기 어렵다. 환경오염의 피해는 자연적으로 매우 광범위하고 또 시간적으로 오랜 세월에 걸쳐 나타나기 때문에 외부비용을 정확하게 산출하는 것이 쉽지 않다. 또 피구세는 생산되는 제품이나 서비스에 부과하는 것이므로 환경문제를 해결하기 위한 수단으로서는 오염물질의 배출량에 과세하는 환경세보다 간접적이다.

이와 같은 어려움 때문에 많은 나라에서는 피구세를 변형하여 배출부과금, 예치금환불제도, 환경소비세(user fee) 같은 것을 사용하고 있다.

(2) 배출부과금

배출부과금은 오염물질 배출량에 비례하거나 또는 누진적으로 환경사용료를 부과하는 제도이다. 배출부과금은 환경오염의 외부비용을 오염자 개인의 비용으로 내재화시키려는 의도를 가진 피구세의 한 형태이나, 부과금이 반드시 오염의 외부비용과 일치하는 것은 아니고, 환경기준을 달성하는데 필요한 오염처리비용을 대신 지급할 수 있다는 점에서 피구세와 다르다. 이 방법은 정부의 부과금을 납부함으로써 해결될 수 있지만, 생산요소와 에너지원을 대체하거나 또는 신기술을 개발하는 방식으로 부과금을 대신할 수 있기 때문에 배출자의 입장에서 비용을 최소화하는 데 보다 유연하게 대처할 수 있다.

(3) 예치금환급제도

예치금환급제도는 제품판매시에 일정액의 예치금을 미리 받았다가 폐품을 반납하거나 또는 환경오염이 일어나지 않도록 적절히 처리했을 경우 예치금을 되돌려주는 제도이다. 이 제도는 재활용이 가능한 자원의 효과적인 수거 및 처리를 통해 자원 재활용률을 높이는 것을 목적으로 한다. 예컨대 빈병을 반납하게 되면 구입자가 아니어도 예치금을 돌려받게 된다.

3) 자발적 자율규제

환경문제의 해결을 정부의 직접적인 규제나 경제적 유인과 같은 간접적인 규제와 같은 타의에 의한 방식보다 자발적으로 문제를 해결하려는 노력이 있을 때 보다 효과적일 수 있다.

(1) 소비자 선택

경제의 궁극적인 목적은 소비자들로 하여금 질 좋고 편리한 상품과 서비스를 풍부하게 사용할 수 있도록 하는 것이다. 어떤 제품을 어느 정도 구입할 것인가는 소비자들이다. 결국 소비자들의 경제활동 크기가 환경에 미치는 영향을 결정하게 된다. 소비자들이 환경의 중요성과 소비자들의 소비행위가 환경에 큰 영향을 미칠 수 있다는 사실을 인식시키면 소비자들은 보다 더 환경친화적인 소비행동을 하게 될 것이다. 녹색소비자주의(green consumerism) 또는 녹색소비자운동은 환경보호에 적극 나서며 환경에 좋은 상품을 사고 기업들로 하여금 환경친화적인 제품을 만들도록 촉구하자는 소비자운동이다.

(2) 환경마크

소비자들이 환경친화적인 제품을 구매하려 해도 어느 제품이 환경친화적인지 모르는 경우가 많다. 기업들 역시 환경을 중시하는 소비자들에게 자사의 제품이 환경친화적이라는 것을 알릴 필요가 있다. 이러한 목적으로 도입된 것이 환경마크이다. 환경마크를 기업체에 부여함으로써 기업이 자체적으로 환경문제를 스스로 해결하게 하는 효과도 볼 수 있다.

소비자들이 환경에 대한 관심이 높아지면서 그린마케팅의 중요성이 높아지게 되었다. 제품의 디자인을 바꾸어 재활용이 가능하게 하거나 포장이나 용기가 쓰레기가 적게 나오도록 만들거나 또는 기업이 환경보전을 위해 많은 노력을 기울이고 있다는 것을 소비자들에게 알림으로써 기업의 환경친화적 이미지를 구축하는 것이 그린마케팅(green marketing)이다.

4. 자연자원의 이용과 보전

1) 자연자원의 적정이용

한라산의 자연경관이 수많은 관광객들에 의해 파괴된다고 모든 사람들의 입산을 허용하지 않는다면 이는 자원을 쓰지 못하는 것으로 만들어 자원으로서의 가치를 반감시키는 것이다. 한라산이 아무리 아름다워도 우리가 가 볼 수 없다면 이것을 우리의 자원이라고 말하기 어렵다. 자원의 보전은 자원이 황폐화해지는 것을 막기 위해 자원의 이용을 금지 또는 중지시키는 것을 뜻한다.

자연자원은 사용자의 입장에서 재생불가능자원과 재생가능자원으로 구분된다. 재생불가능자원은 석유나 석탄처럼 한번 사용하면 없어지고 저장량이 줄어드는 특성이 있으므로 이에 대한 이용문제는 언제 사용할 것인가 하는 것은 시간적 배분에 관한 것이다.

재생가능자원의 이용문제에 대한 특성은 임계지대가 있는 것과 없는 것이 다르다. 임계지대(critical zone)란 사람들이 자원을 너무 많이 이용하여 어떤 경계점(threshold point) 이하로 고갈시켰을 경우 경제적으로 원상회복이 어렵게 되는 분기점을 말한다. 태양열이나 풍력은 임계점이 없는 자원이기 때문에 자원이 고갈될 염려가 없다. 재생가능자원 가운데 임계지대가 있는 자원은 지나치게 이용할 경우 환경오염을 일으키고 소진되거나 멸종되어 버리기 때문에 자원의 합리적인 이용과 관리가 매우 중요하다.

자원의 효율적 이용이란 시간을 고려하지 않은 정태적 분석(static analysis)에서는 파레토최적상태를 가져오는 자원이용을 말한다. 파레토최적은 외부효과가 없을 경우 가격과 한계비용이 일치되는 점에서 이루어지며 이때 후생이 극대화된다. 그러나 자원을 다른 시점 간에 효율적으로 배분하기 위해서는 현재의 자원소비 및 생산에 관한 의사결정이 미래에도 영향을 미친다는 상호관계를 고려하여 각 기간별로 적정이용량을 결정해야 한다.

2) 관광행동과 환경훼손

사람들은 자신의 정원은 깨끗하게 손질하면서도 길거리에 쉽게 쓰레기를 버리기도 한다. 관광객들 역시 관광활동을 하면서 자신의 행동이 자연환경에 부정적인 영향을 줄 수 있다는 것을 인식하지 못하는 경우도 있지만, 때로는 인식하면서도 환경훼손을 가져오는 행동을 하는 경우도 있다. 예를 들면, 선탠로션을 한 직후 수영을 하게 되면 수질을 악화시킨다는 사실은 모를 수 있다. 이러한 사실에 대해 관광객을 상대로 교육이 이루어진다면 그들의 행동을 쉽게 바꾸게 될 것이다.

그러나 환경훼손을 가져올 수 있다는 것을 잘 알고 있으면서도 사회적으로 무책임한 행위를 하는 이유는 그로 인해 얻게 되는 편익보다 부담해야 되는 비용이 더 크기 때문이다. 예를 들면, 등산객들이 쓰레기를 가져오지 않고 산에다 버림으로써 개인적으로는 많은 노력을 줄이는 결과가 될 수 있다. 경제학적으로 설명하면 사람들은 기대된 한계편익(MR)과 그들의 행동으로 인한 한계비용(MC)을 저울질해서 순혜택을 가져다주는 쪽으로 행동을 취하게 된다. 쓰레기를 버리지 않는다는 것은 자연환경을 훼손시키지 않았고, 법이 있지 않아도 양심을 지켰다는 자부심일 것이고, 그것은 등산객이 얻게 되는 편익에 해당되지만, 쓰레기를 가지고 내려오는 노력은 부담해야 될 비용에 해당된다. 편익보다 비용이 더 크게 되면 등산객들은 쓰레기를 버리게 될 것이고, 반대로 비용보다 편익이 더 크게 되면 쓰레기를 가지고 하산하게 될 것이다.

이윤을 추구하는 관광공급자 역시 환경문제에 대해서는 편익과 비용의 관점에서 접근하게 된다. 환경훼손으로부터 잃게 되는 비용과 이로 인해 얻게 되는 혜택을 저울질하게 될 것이다. 관광에서 중요한 문제는 많은 자연자원이 이것을 이용하고자 원하는 사람 모두에게 개방되어 있다는데 있다. 누구나 강에서 수영할 수 있고 누구나 산에 오를 수 있다. 즉 환경자원은 개인적 소유권이 확립되어 있지 않고 누구나 똑같이 사용할 수 있는 공유재산자원(common property resource)이다. 환경자원은 동시에 공공재(public goods)의 성격을 갖고 있다. 이러한 자원은 사회적으로 분명히 희소성이 있고 경제적 가치가 있지만 무료로 사용할 수 있기 때문에 생산성이 높은 곳부터 배분되지 못한다. 결국 초과이용이나 이용의 혼잡으로 인해 자원의 가치가 하락하는 결과가 초래된다.

관광공급자 역시 환경자원의 이용으로 이익은 독점하고 비용은 남에게 떠넘김으로써 이윤을 극대화할 수 있다. 자연자원을 이용하여 관광상품을 만들어 내는 관광기업 역시 비용부담 없이 소비가 가능하다면 어떤 기업이든 환경의 질을 개선하는 서비스를 생산하려 하지 않는다. 결국은 정부나 공공기관이 환경개선서비스를 생산하지 않으면 안 된다.

3) 자연자원의 이용제한방법

한라산과 같은 자연환경을 효율적으로 이용하기 위해서는 환경차원에서 수용가능인원(carrying capacity)이 고려되어져야 한다. 수용가능인원은 일정기간 동안 환경에 부정적 영향을 초래하지 않으면서 높은 수준의 이용객 만족을 보장해줄 수 있는 최대수용인원(maximum carrying capacity)을 의미한다. 관광지에서의 과밀은 방문객의 만족을 가져다줄 수 없다. 또한 환경자원이 지나치게 이용되면 환경오염을 일으키고 소진되거나 식생의 멸종으로 재생불가능하게 된다. 따라서 자원의 합리적인 이용과 관리가 매우 중요하다.

생태공원이나 동굴 기타 희소한 자원을 보유하고 있는 지역은 생태계를 보존하기 위해 방문객을 통제하고 있다. 이러한 지역에 대한 수용가능인원(carrying capacity)은 이용관리나 방문객의 환경교육을 통해서 수용인원을 증대시킬 수 있다. 예를 들면, 개별방문을 지양하고 안내자로 하여금 단체로 방문객을 인솔하게 한다든가, 지정된 장소 이외의 방문을 금지하거나 또는 방문객들에게 해당 지역에 대한 환경교육을 실시한 후 입장하게 한다면 생태계의 스트레스를 줄이는 효과를 가져다 줄 수 있기 때문에 더 많은 입장객을 수용할 수 있게 된다.

자연보호지역의 방문객을 제한하는 방법은 해당 지역의 방문자에게 비용을 부과하는 것으로 입장요금제가 있다. 비가격제로는 일일수용한도를 결정한 후 선착순으로 방문자를 제한시키는 선착순제(first come first served)가 있고 사전에 예약된 사람들만 입장시키는 사전예약제 등이 있다. 또는 선착순이나 사전예약을 통해서 입장하는 모든 입장객에게 입장요금을 부과시키는 경우도 있다.

입장요금제는 저소득층에게 비교적 더 큰 부담으로 작용할 가능성이 높다. 또한 관광자원이 매우 대중적이거나 또는 진귀한 것일 때, 방문수요는 가격에 비해 매우 비탄력적일 수 있기 때문에 입장요금만으로는 이용객을 제한하는데 한계가 있을 수 있다. 입장요금제는 여러 가지 유리한 점을 가지고 있다. 방문자수를 가격으로 통제할 수 있고, 입장요금은 경제지대로서 수익금의 일부를 공익에 사용하거나 공원관리나 유지를 위해서 사용할 수 있다는 점이다.

코스타리카에서는 국립공원 보존을 위해 필요한 국제적인 지원이 줄어들고 정부의 예산지원도 어려움을 겪자 1994년에 외국인 관광객의 입장료를

U.S.$1.50에서 U.S.$15.00로 무려 10배나 인상하였다. 입장요금이 인상되자 입장객은 1/3이나 감소하였으나 입장수입은 3배로 증가하였다. 그러나 정치적인 압력에 의해 1996년에 입장료가 U.S.$6.00로 인하된 이후 방문자수가 매년 10%씩 증가를 보이고 있다(Mak, 2002). 일반적으로 입장수입으로 얻은 재정은 보호지역 자체를 위해 사용되기보다는 재정수입으로 간주되어왔기 때문에 입장수입 본래의 목적으로 사용되는 예는 점차 줄어들고 있다.

제18장

지속가능한 관광

관광의 수요가 증가하면 관광지는 관광환경의 훼손으로 인해 장기적으로는 관광의 가치가 저하되면서 궁극적으로는 '관광이 관광을 파괴'하는 결과를 가져오게 된다. 관광이 관광을 파괴시키는 결과를 피하기 위해서는 관광의 부정적인 영향들은 가능한 억제시키고 관광의 긍정적인 영향만을 가져오게 하는 노력이 필요하다. 이를 위해서는 관광지가 스스로 수용 가능한 범위 내에서 관광객을 받아들이는 것이 무엇보다 중요하다.

1. 지속가능한 관광의 기원

지속가능한 관광은 기존의 환경에 대한 패러다임(paradigm)이 보다 환경친화적이고 지속가능한 개발의 의미를 갖고 있는 '그린 패러다임(green paradigm)'으로 바뀌어가고 있다는 데서 시작되었다. 1993년 Auliana Poon은 관광의 황금시대는 끝났다고 말하였다. Poon이 말하는 관광의 황금시대는 대중관광의 시대이다(Poon, 1993). 대량의 표준화되고 경직된 여행상품이 생산되고 소비되었던 시대는 방문지역의 규범이나 문화 그리고 환경은 고려의 대상이 아니었다. 그 결과는 장기적으로 지속가능한 의미를 갖고 있는 New tourism을 가져오게 되었다고 하였다.

UNWTO(2003)에 의하면 대중관광의 모델은 보존의 중요성은 무시된 채 관광의 양적 성장만이 강조되고 관광의 질은 고려되고 있지 않기 때문에 지속가능한 것이 아니다. 즉 관광지의 문화나 사회적 혜택은 고려하지 않은 채 관광지의 장기적 지속가능성 대신에 단기이윤을 강조하고 있어 결과적으로 미래에는 관광객 및 관광지의 주민 모두에게 현재보다 더 나쁜 관광환경을 갖게 만든다는 것이다. 1990년대부터 지속가능한 관광의 개념은 정부나 관광산업 그리고 비정부조직(NGO)에 의해 관광계획 및 관광개발을 하는데 있어서 지침이 되고 있다.

지속가능한 관광의 시작은 1987년 세계환경개발위원회(World Commission on Environment and Development)의 Brundtland의 보고서에서 찾아볼 수 있다. 이 보고서는 몇몇 선진국들 사이에서 그동안 산업화로 인해 발생하는 환경훼손에 대한 반대요구와 경제성장에 대한 필요성 사이에 균형을 맞추기 위한 발전전략을 수립하는 과정에서 만들어진 것이다. 이 보고서에서는 지속가능한 개발을 경제발전, 환경보호 그리고 사회적 형평성 등 3가지 분야를 강조하고 있다. 세계은행(World Bank, 2003)은 지속가능한 개발을 시간이 지나감에 따라 더 나은 인간복지를 실현하는 것이라고 간결하게 설명하고 있다.

지속가능한 관광(sustainable tourism)에 적용된 지속가능한 개발(sustainable development)은 '환경적으로 건전하고 지속가능한 개발(ESSD: Environmentally Sound and Sustainable Development)'의 약어로서 1972년 스톡홀름에서 개최된 인간환경회의와 같은 해 발간된 로마클럽 보고서 '성장의 한계(Limit to Growth)'에서 사용되기 시작한 용어이다. 지속가능한 개발은 환경을 질적으로 개선시킨다는 개념으로서 물리적 차원에서 양의 증가를 의미하는 성장과는 구별된다. 개발은 지역공동체에 경제적 수익과 소득증대, 고용창출과 같은 경제적 역동성과 사회문화적, 생태적, 세대형평성(세대간 · 세대내) 등 모든 부분이 통합적으로 고려되어 궁극적으로 지역공동체의 지속가능성이 강조된 개념이다(Opschoor and Straaten, 1993).

따라서 지속가능한 개발은 경제모델의 역동성과 함께 환경보전 등 지역 공동체의 복지증진을 균형적으로 고려하여, 지금까지 양자택일의 관계로만 보아온 경제성장과 환경보존을 양립 · 통합시키고 현재세대의 욕구를 넘어서서 미래세대의 욕구까지도 배려하는 자세로 자원과 환경을 관리하면서 계획을 추진해야 함을 의미한다. UNWTO는 1992년 리오지구정상회의(Rio Earth Summit 1992)에서 지속가능한 개발(SD)의 개념이 관광분야에 적극적으로 적용되어져야 한다고 강조하였다. 1995년 4월에는 UNWTO와 UNESCO의 주관으로 지속가능한 관광(sustainable tourism: ST)에 대한 세계회의가 개최되면서 '지속가능한 관광헌장'을 선포하였다. 헌장의 핵심 내용은 미래의 관광개발이 자연자원, 문화자원 그리고 사회자원의 보호가 강조되는 개발이어야 한다고 하였다.

UNWTO는 1992년 리오지구정상회의(Rio Earth Summit, 1992)에서 지속가능한 개발(SD)의 개념이 관광분야에 적극적으로 적용되어져야 한다고 강조하였다. 1995년 4월에는 UNWTO와 UNESCO의 주관으로 지속가능한 관광(sustainable tourism: ST)에 대한 세계회의가 개최되면서 '지속가능한 관광헌장'을 선포하였다. 헌장의 핵심 내용은 미래의 관광개발이 자연자원, 문화자원 그리고 사회자원의 보호가 강조되는 개발이어야 한다고 하였다.

관광에서 환경에 대한 중요성을 인식하고 그 문제점이 제기되면서 시작되었던 지속가능한 관광은 그 동안 여러 차례에 걸친 국제회의와 선언을 통해 정의, 원칙, 개념규정에 관한 초기 이론구축 단계에서 점차 실질적인 적용단계로 발전되어 왔다. 지속가능한 관광의 발전과정을 시기적으로 3단계로 구분하여 살펴보면, 제1단계(1986년 이전)는 관광과 환경간의 밀접한 관계를 인식하는 단계, 제2단계(1987~1992년)는 지속가능한 개발 이념이 새로운 패러다임으로 정착하는 단계, 제3단계(1983년 이후)는 관광에 지속가능한 개발의 개념을 도입하고 실천하는 단계이다(강신겸 외, 2004).

〈표 18-1〉 지속가능한 관광의 발전단계

단계	단계별 논의사항 및 주요 국제회의
제1단계 (인식단계) 1986년 이전	- 관광과 환경보전의 중요성 및 필요성을 인식하는 국제회의의 개최 - 1960년 IUOTO(International Union of Official Travel Organization) 15차 총회 - 마닐라 선언(1980), 휴가권리에 대한 아카풀코문서(1982), 관광권리장전선언(1985)
제2단계 (이론단계) 1987-1992	- 국제회의를 통해 지속가능한 개발 이념이 새로운 개발과 보전의 패러다임으로 정착 - 지속가능한 개발을 관광분야에 적용하려는 개념 정립단계 - 환경과 개발에 관한 세계위원회의 브룬트란트 보고서(1987), 헤이그 선언(1989), 지속가능한 개발을 위한 글로브 '90회의(1990), 유엔환경개발회의(1992) - 리오지구정상회의(Rio Earth Summit 1992)
제3단계 (실천단계) 1993년 이후	- 지속가능한 관광의 정의와 원칙, 실행지침, 계획과 제도 등의 이론을 정립하고 관광대상지에 실제 적용하는 단계 - 지속가능한 관광헌장 선포(1995)–WTO, UNEP, UNESCO, EU : 원칙, 방법, 역할 18개 행동지침 제시, 관광개발은 장기적인 생태적 안정성과 경제적인 지속성, 지역사회에 윤리적, 사회적인 공평성을 주는 지속가능한 기준에 기초해야 함(제1조) - APEC 관광과 환경심포지움(1995), 여행과 관광산업을 위한 의제 21(1996), WTO 말리선언(1997), UNCSD (1999) - 지속가능한 개발을 위한 요하네스버그 선언(2002)

자료: 강신겸 · 최영국 · 김성진 · 윤양수(2004), 「지속가능한 관광실태 및 성공조건」, 국토연구원.

2. 지속가능한 관광의 의미

지속가능한 관광의 정의가 매우 많이 존재하지만, UNWTO(2002)에 의하면 다음과 같은 개발을 의미한다.

현재의 관광객과 지역주민의 욕구를 충족시키면서 미래에도 현재와 같은 수준 또는 그 이상의 기회가 주어져야 한다. 모든 자원의 관리가 경제적, 사회적 그리고 심미적 욕구가 충족되어지면서 문화적 통합, 생태작용, 생물의 다양성, 그리고 생명지원체계가 유지되어지도록 직시되어지는 것이다.

이 밖에 또 다른 해석으로는 지속 지속가능한 관광은 ① 단기 그리고 장기적 기간 동안 지역주민의 삶의 질을 높이려는 욕구를 충족시켜주는 것, ② 새로운 관광자원을 개발하여 증가하는 관광객의 만족을 증대시키는 것, ③ 위의 두 가지 목적을 성취하기 위해 환경을 보존하는 것이라고 하였다(Cater, 1992). 또한 지속가능한 관광은 관광산업과 관광객, 환경, 지역사회간의 복잡한 관계로부터 발생하는 긴장과 갈등을 줄이는 바람직한 접근법으로 자연과 인간환경의 질과 경제적 지속성을 추구하는 것(Bramwell, 1993)이라고 설명하고 있다.

UNWTO(2002)에 의하면 지속가능한 관광이 되기 위해서는 다음의 사항들이 필요하다.

- 자연, 역사, 문화관광자원 등 모든 관광자원은 현재 사회에 혜택을 가져다주면서 동시에 미래에도 지속적으로 사용되도록 보존하는 것이다.
- 관광지에 환경적 또는 사회 · 문화적 문제가 발생되지 않도록 관광개발이 계획되고 관리되는 것이다.
- 관광지의 전반적 환경의 질을 유지하거나 필요하다면 개선시키는

것이다.

- 관광만족이 높은 수준으로 유지되어 관광지의 시장성과 명성을 유지하는 것이다.
- 관광의 혜택이 사회 전반에 확산되게 하는 것이다.

지속가능한 관광이 강조하는 사항은 대략 다음의 세 가지로 집약해 볼 수 있다. 첫째, 관광개발은 관광이 기반하고 있는 자연과 문화의 지속성을 보장함으로써 환경의 질을 보호 · 개량하고, 이를 통해 관광객 방문을 촉진함으로써 관광지 지역사회의 삶의 질을 향상시키는 데에 기여해야 한다는 것이다. 환경으로 얻게 되는 여러 가지 혜택은 우리세대 뿐만 아니라 미대세대까지 영원히 지속되어야 한다는 의미를 갖고 있으며, 이를 위해서는 환경 특히 자연환경의 중요성, 그 가운데서도 지구상에 있는 동식물에 대한 생태계 보존의 필요성을 크게 강조하고 있다.

둘째, 방문자에게는 그들이 바라는 양질의 관광경험을 제공하여 관광객 만족을 보장하고, 이를 통해 관광산업의 발전을 도모하며 관광으로부터 얻게 되는 여러 가지 혜택이 지역주민의 삶의 질을 향상시키는데 있어야 함을 의미한다. 관광객의 관광만족은 현재상태가 유지되거나 향상되어져야 한다.

셋째, 관광의 이해당사자인 관광객과 지역사회, 관광산업 그리고 환경론자들의 요구를 조화시키고 그 과정에서 발생할 수 있는 갈등을 적정하게 관리하여 관광이해집단의 응집력을 높임으로써 관광발전이 지역사회와 통합되는 형태로 추진될 수 있도록 해야 한다는 것이다.

앞에서 소개된 세계환경개발위원회의의 보고서는 지속가능한 관광개발을 경제발전, 환경보호 및 사회적 형평성 등 세 개의 개념으로 설명하고 있다. 따라서 지속가능한 관광의 개념의 축은 환경적 지속성, 사회문화적 지속성 그리고 경제적 지속성으로 구성된다. 또한 이들 세 가지 구성요소가 서로 조화를 이루면서 통합이 이루어져야 지속가능성의 의미를 충족시킬 수 있다.

〈그림 18-1〉 지속가능한 관광의 개념

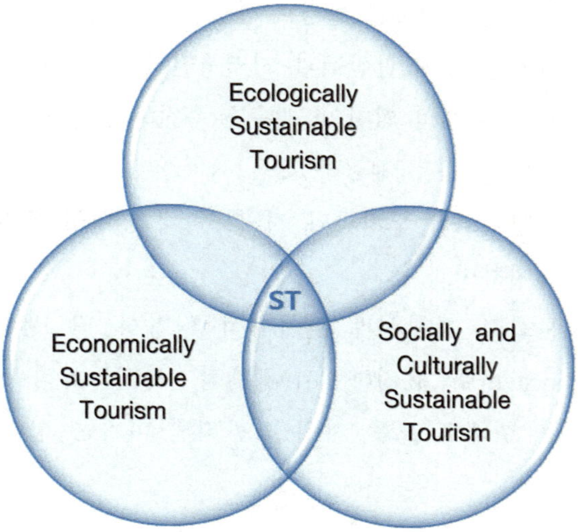

자료: Firag, I.(2002), "Role of Government in Tourism Management" In: The Economic Impact of Tourism in the Islands of Asia and the Pacific, WTO.

3. 지속가능한 관광의 실천

1) 지속가능한 관광의 실천목표

지속가능한 개발을 실천하기 위해서는 지속가능한 관광의 포괄적인 정의를 바탕으로 보다 세부적인 이해가 필요하다. 세계관광기구(WTO, 1996)의 정의를 충실히 수용하면서 그동안 많은 학자들에 의해 해석된 지속가능

한 관광개발에 대한 정의는 다음과 같이 명시될 수 있다. 지속가능한 관광개발이란(최병길, 2000)

① 환경의 보전과 관광을 동시에 지원 · 조정하며 관광이 환경과 경제에 기여할 수 있음에 주목하고,
② 관광지의 경제를 환경과 통합시켜 지역주민의 삶의 질을 향상시키며,
③ 관광을 통해 관광객과 지역주민 간의 상호 문화적 이해를 증진하여 관광 본래의 의미인 교류를 촉진하는 동시에 관광객에게는 높은 수준의 만족을 제공하고,
④ 개발이익을 투자자와 지역사회에 공평히 환원시켜 개발의 형평성을 실현하며,
⑤ 문화적 통합성과 생물학적 다양성 및 생명지원체계(life support system)를 유지하면서 경제적 · 사회문화적 · 심미적 요구를 달성하는 형태로 모든 자원을 관리해 나가는 방식이다.

2) 경제, 환경 그리고 사회적 지속성의 실현

지속가능한 관광을 실현하기 위해서는 지속가능한 관광개발의 세 가지 축 즉, 경제적 지속성(tourism sustainability), 환경적 지속성(environmental sustainability) 그리고 사회문화적 지속성(social & cultural sustainability)의 관점에서 살펴볼 필요가 있다.

(1) 경제적 지속성

관광지 입장에서 관광개발을 하는 이유는 관광지의 경제적 효과를 얻기 위한 것이다. 즉 관광의 목표는 궁극적으로는 지역경제 활성화 및 지역주민의 삶의 질을 향상시키는 데 있다. 관광으로 인해 지역에 기반을 둔 관광산업이 경제적으로 활성화될 수도 있고, 지역주민에게는 소득과 고용이 증대되는 결과를 가져온다. 관광은 공공재적 특성을 갖고 있으며 지역주민의 환

대가 뒷받침되어야 한다. 관광이 관광지 경제에 지속적인 혜택을 가져다주기 위해서는 관광자원이 효과적으로 이용되어져야 한다. 따라서 경제적 지속성은 자원의 경제적 효용성(economic efficiency)을 기본원칙으로 하고 있다.

관광지가 가지고 있는 자원의 효용성은 관광자원이 관광객을 유인하는 매력요인으로 작용함으로써 관광지의 지역주민들에게 경제적 혜택이 지속적으로 이어져야 한다. 관광으로 인해 소득 · 고용 · 수익 등 경제적 편익이 발생함으로써 지역경제가 활성화되고, 그 혜택이 지역주민에게 공평하게 분배되어져야 함을 의미한다. 이러한 개념은 현세대에 그치지 않고 미래세대에도 지속적으로 적용되어져야 한다.

관광지에 관광객이 더 이상 찾아오지 않는다면 관광자원의 가치는 소멸된다. 미래세대까지 이어질 정도로 관광지가 오랜 기간 동안 관광지로 남아 있기 위해서는 관광객의 방문이 지속적으로 이루어져야 함을 의미한다. 이를 위해서 관광지는 관광객에게 만족할 만한 관광경험이 이루어질 수 있도록 관광환경이 개선되어져야 한다. 관광시장에 대한 조사가 꾸준히 이루어져야 하고 새로운 관광상품의 개발이나 마케팅활동, 접근성 제고 등과 같은 노력을 통해 경쟁관광지와의 관계에서 항상 비교우위를 확보하고 있어야 관광수요가 지속적으로 발생하게 된다.

이처럼 자원의 이용을 경제적으로 해석한다면 이용자의 주체에 따라 서로 달리 해석될 수 있다. 관광자의 입장에서는 관광객은 자신의 관광만족을 극대화하기 위해 최소의 경비와 노력으로 많은 자원을 활용하려 할 것이다. 반대로 지역주민의 입장에서는 최소의 자원이용으로 최대의 경제적 효과를 기대할 것이다. 자원의 이용자와 제공자 사이에 경제적 이해가 서로 상충되고 있는 것이다. 자원의 경제적 효용성은 관광지역주민과 관광객 사이에 서로 다른 경제적 목표를 두고 타협이 이루어져야 함을 의미하며, 현재세대와 미래세대 사이에도 서로 상충되기 때문에 세대간 타협도 포함하고 있다.

대중관광시대에는 관광의 지나친 양적성장 추구로 인해 자원의 활용이 매우 비효율적이었다. 따라서 이러한 관점에서 지역주민과 관광객 사이의 상충은 그 방법을 어떻게 보느냐에 따라 완화될 수 있는 부분이다. 예컨대, 관광개발 방식이 급속한 성장위주보다는 기존자원이나 시설을 활용한 개발이나 지역사회의 특성을 반영하는 사업이 이루어진다면 해당 지역의 자원이 보다 효율적으로 이용된다는 의미가 된다.

(2) 환경적 지속성

자연 및 사회 · 문화 환경은 관광상품을 생산하기 위한 생산요소로서 관광이 성립되기 위한 가장 기본적인 요소이다. 그런데 관광으로 인해 원치 않은 다양한 부산물이 만들어지는데 이것이 원래의 환경을 변형시킨다. 이처럼 환경은 관광이 영향을 미치는 대상인 동시에 관광의 질을 결정짓는 원자재로 작용하는 것이다. 즉 환경은 관광의 진흥과 쇠퇴의 결정요인으로 작용하고 있기 때문에 환경은 무엇보다 관광 그 자체를 위해서 보호되어져야 함을 알 수 있다.

최근 기후변화로 인해 세계 여러 곳에서 기상변화가 나타나고 있는 등 지구환경의 중요성에 대한 인식은 계속 높아지고 있다. 선진국을 중심으로 환경을 중시하는 상품에 더 많은 관심을 가지고 있는 그린소비자 시장이 중요하게 여겨지고 있는 것처럼 환경에 대한 관심은 관광분야에서만 나타나는 것은 아니다. 그린소비자는 상품의 소비행동에 있어서 환경을 적극적으로 고려하는 사람을 말한다.

관광은 관광지의 자연환경, 역사, 문화유산과 같은 관광자원으로 인해 발생하기 때문에 이들 자원이 훼손되거나 파괴되면 관광은 발생하지 않게 된다. 또한 환경은 일단 훼손되거나 파괴된다면 다시 복구된다는 것은 불가능에 가깝기 때문에 보전이 무엇보다 중요하다. 지속가능한 관광에서의 환경적 지속성은 자연보전을 원칙으로 하며 이에 대한 목표는 생물다양성 체계가 유지될 수 있는 범위에서 개발이 이루어져야 한다고 되어 있다. 그러나 환경은 자연적인 것에만 국한된 것은 아니다. 자연현상에 적응하기 위해 인간의 생활양식인 사회문화적인 상태까지도 환경의 범주에 포한되는 것이다. 따라서 환경적 지속성은 자연환경뿐만 아니라 관광환경을 구성하는 모든 요소를 다 포함하고 있다. 환경적 지속성에서 자연환경을 강조한 이유는 관광개발의 측면에서 설명된 것이고 관광개발을 위해서는 자연환경의 훼손은 불가피하기 때문이다.

특히, 생태계가 파괴되거나 희귀 동·식물의 멸종을 가져오는 관광개발이 이루어진다면 이는 궁극적으로 관광자원이 사라지는 결과를 가져오기 때문에 관광을 위해서는 손해일 수밖에 없다. 따라서 환경적 지속성이 이루어지기 위해서는 자연자원 및 생태계의 적정 수용력 유지가 필요하며, 이를 위해 제도의 도입이나 환경변화에 대한 감시체계의 도입 그리고 지역주민이나 관광객을 대상으로 환경에 교육 등이 이루어져야 한다.

(3) 사회문화적 지속성

관광은 관광객과 지역주민 사이의 접촉으로 이루어지는 사회현상이라는 관점에서 볼 때, 관광객은 관광활동을 통하여 만족을 얻고 지역주민은 관광객에게 관광활동공간을 제공함으로써 경제적·사회적 편익을 얻는 일종의 사회교환과정이다(John, 1992). 물론 지역주민이 얻게 되는 관광편익은 반드시 관광비용이 수반되게 마련이다. 관광이 지역사회에 편익을 가져다주느냐, 아니면 비용을 초래하느냐에 대한 지역주민의 지각은 긍정적일 수도 있고 부정적일 수도 있다. 어떠한 지각을 갖고 있느냐에 따라 관광에 대한 지역주민의 태도가 결정된다. 그 결과 호의적인 태도는 관광개발이나 정책에 대한 지지로, 부정적인 태도는 그것에 대한 반대로 연결된다.

관광영향과 이에 대한 지역주민의 지각, 그리고 그로 말미암아 형성되는 지역주민의 관광에 대한 태도는 관광의 지속가능성 유지라는 측면에서 중요한 가치기준이 된다. 관광은 기본적으로 관광지 지역사회의 환대를 기반으로 하는 산업이다. 관광으로 인해서 지역주민의 삶의 질과 환경이 개선되면 결과로서 지역주민의 환대성은 제고되고 이는 다시 관광객 만족을 증대시킴으로써 관광객 방문을 촉진한다. 이를 관광시스템의 선순환이라고 할 수 있다. 이 경우 관광과 환경 및 지역사회는 상호의존적으로 되고 관광의 지속가능성은 보장되는 것이다. 반대로 관광으로 말미암아 지역주민의 삶의 질과 환경이 악화되면 지역주민은 관광에 대해 부정적 태도를 지니게 되고 관광객에게 적대감을 보임으로써 다시 찾고 싶지 않은 관광지로 전락하게 된다. 이는 관광시스템의 악순환이라고 할 수 있다. 관광과 환경 및 지역사회는 배타적으로 갈등하게 되고 관광의 지속가능성은 위협받는 것이다(최병길 · 송재호, 2002).

〈그림 18-2〉 관광순환 모델과 지속가능성 여부

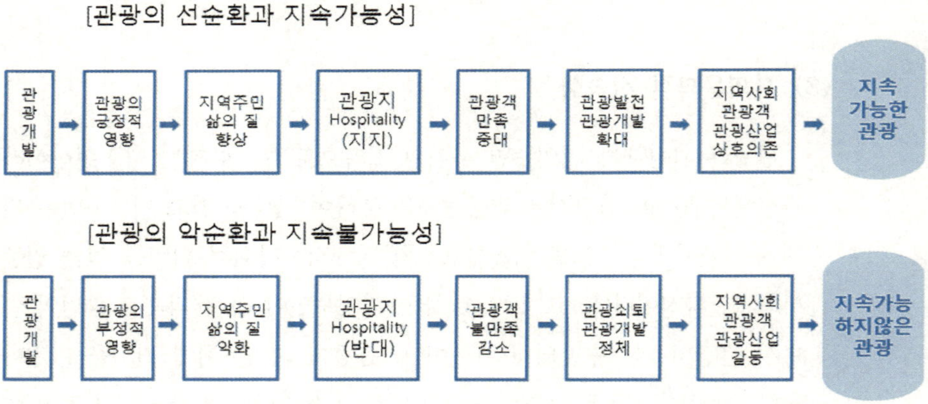

자료: 최병길 · 송재호(2000), 관광의 지속가능성(ST) 구조-개념 모델의 개발, 관광정책학연구, 제6권 제3호(통권 11호), 한국관광정책학회.

사회 · 문화적 지속성은 형평성을 원칙으로 하며 이에 대한 목표는 세대 내 그리고 세대간 형평성이 이루어질 수 있어야 한다. 관광은 지역사회가 가지고 있는 자연, 역사, 문화를 가지고 관광객과 지역주민과의 만남이 이루어지는 것이다. 관광의 지속가능성을 확보하기 위해서는 관광활동이 이루어지는 관광지의 지역사회가 지속가능해야 한다. 즉 관광이 지역의 사회문화적 특성에 기초하여 이루어질 때 관광은 지역사회의 삶의 질 향상에 기여할 수 있는 것이며, 이를 통해 관광에 대한 지역주민의 환대가 창출되고 이는 다시 관광객의 관광만족으로 이어져 관광의 지속석이 보장되는 것이다.

즉 관광에 대한 지역주민의 긍정적 인식은 관광의 지속가능성 실현을 위해 매우 중요한 부분이다. 이를 위해 지역주민의 요구를 지속적으로 수렴하거나 관광과 관련된 의사결정과정에 지역주민을 참여시키는 것이 필요하다. 예컨대, 지역사회의 전통을 유지하기 위해서는 지역주민의 협조 없이는 불가능한 일이다. 형평성을 위해서는 지역간 균형 있는 개발을 도모하거나 자원의 이용이나 보존 · 관리를 위해 발생하는 편익과 비용을 형평성 있게 배분하는 일 또한 중요한 부분이다.

3) 통합과 균형

지속가능한 관광의 개념은 매우 추상적인 의미를 갖고 있으며 이를 구체적으로 현실에 적용하기 위해서는 서로 상충되고 있는 목표들이 서로 통합되고 균형이 이루어져야 한다. 관광의 지속가능성이 실현되기 위해서는 관광객의 욕구와 지역사회의 이해를 동시에 충족시켜야 한다. 또한 환경보전 역시 강조되어져야 한다. 즉 <그림 18-3>에서처럼 관광객, 지역사회 그리고 환경부문 등 이들 세 분야의 목표가 서로 균형이 이루어져야 지속가능한 관광이 가능하게 된다(McNulty, 2002). 이 가운데 어느 한 분야가 지나치게 강조되다 보면 다른 분야가 소홀히 다루어질 가능성이 높다.

다수의 목표가 주어진 상황에서는 목표간 균형을 찾는 방안이 강구되어져야 하지만 궁극적으로는 우선순위가 있게 마련이다. 우선순위를 어디에 두느냐 하는 것은 관광지의 성격에 따라 달라질 수 있다. 선진국에서는 생태계 보존에 그리고 빈곤국가에서는 지역사회의 이해와 같은 경제적 측면에 더 많은 비중을 둘 가능성이 높다. 일반적으로 빈곤국가에서는 관광이 가장 보편적으로 소득수준을 향상시키거나 고용을 창출하는데 주요 원천이 되는 곳도 있기 때문이다.

〈그림 18-3〉 지속가능한 관광이 되기 위한 목표간 균형

자료: Michael, McNululty(2002), The Economic Impacts of Tourism in the Islands of Asia and the Pacific, WTO.

지속가능한 관광은 물론 현재세대와 미래세대 사이의 복지측면에서도 균형을 요구하고 있다. 단기적인 경제이익을 위해서라면 환경을 쉽게 그리고 과도하게 이용하는 경향이 있다. 이러한 행위는 결국 미래의 복지를 줄이게 된다. 세대간 균형을 경제적 의미로 해석한다면 관광지가 단기이윤극대화보다는 장기이윤극대화를 추구하는 데 있다. <그림 18-4>에서처럼 모든 관광지는 휴양지라이프사이클(resort life cycle)에 따라 변화를 맞이하게 되는데, 라이프사이클의 성숙단계 이후에는 쇠퇴기를 맞이하게 된다. 지속가능한 관광의 개념을 휴양지 라이프사이클에 적용할 경우, 기존의 대중관광은 빠른 기간에 성숙기에 도달하여 현재 세대에서 이윤을 극대화하는데 있다면, 지속가능한 관광은 성숙기에 도달하는 데까지 오랜 기간이 소요되나 성숙기(saturation period)가 오랫동안 유지되도록 하는 데 있다(최병길, 2002).

〈그림 18-4〉 장기이윤극대화를 추구하는 지속가능한 관광

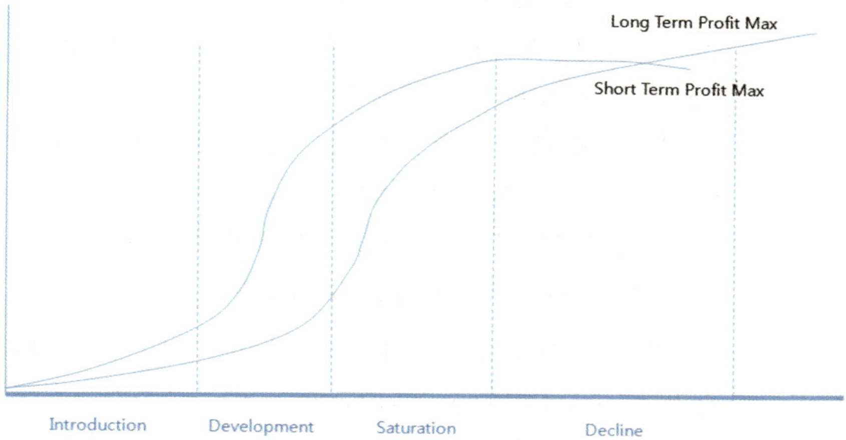

4) 세대간 형평성(generation to generation equity)

지속가능한 관광의 핵심은 세대간 형평성에 있다. 세대간 형평성은 현재세대와 미래세대간 이해가 서로 균형을 이루는 것이다. 다시 말하면, 미래세대 역시 최소한 현재세대가 갖고 있는 삶의 질을 즐길 수 있도록 해야 한다는 의미이다(World Bank, 2003). 미래세대의 복지는 부분적으로는 현세대가 넘겨주게 될 자산(assets)이나 또는 자원(resources)에 달려 있다. 자산은 매우 넓은 의미로서 인간이 만든 인조자원, 인적자원, 문화자원, 그리고 자연자원으로 구성된다. 자연자원은 재생 가능한 것과 재생 불가능한 것으로 구분된다. 석탄과 같은 재생 불가능한 자원은 사용되면 고갈되어진다. 재생가능한 자원은 태양에너지나 물, 동 · 식물, 그리고 숲처럼 사용된다 해도 자연적으로 복원되면서 영원히 유지될 수 있다. 관광상품으로서 인조자원, 인적자원 그리고 자연자원은 서로 보완되거나 대체되기도 한다.

다음세대가 갖게 될 여건이 현재세대의 여건보다 더 악화되지 않게 하기 위해서는 다음세대에게 넘겨줄 자산의 양이 현재세대가 갖고 있는 양보다 작지 않게 하는 것이다. 그런데 인공자원과 자연자원이 서로 대체될 수 있는 것이고, 개별자원의 양은 무시된 채 총자산의 양(total quantity)의 개념으로만 접근하게 된다면 미래세대의 복지는 자산의 개념으로 설명될 수 없을 것이다. 왜냐하면, 인공시설물을 건설하기 위해 자연자자원이 파괴되었다면 인공자원과 자연자원 간에는 자원의 양에서 제로섬이 되기 때문이다. 즉 총자산의 양은 불변인데 인공자원의 양이 증가한 만큼 자연자원의 양은 감소하였기 때문이다(Fyall and Garrod, 1997).

이러한 개념을 환경경제학에서는 '약한 지속가능성(weak sustainability)'과 '강한 지속가능성(strong sustainability)'으로 구분하고 있다. 약한 지속가능성은 모든 자원의 투입은 서로 완전 대체가능한 것이고, 강한 지속가능성은 자연자산의 감소를 허용하지 않는 것이다(Beckerman 1994; Hinterberg 1997 ; Dolemann et al., 1998; World Bank, 2003). 강한 지속가능성은 인간이 만든 인조자원이 자연자원을 대체할 수 없다는 데 근거를 두고 있다. 왜냐하면, 자연자원은 유일한 것이고 현재 그리고 미래세대의 복지를 크게 희생하지 않고서는 인조자원으로 대체될 수 없기 때문이다. 반면에 약한 지속가능성은 인간의 복지와 자연자원의 이용가치를 강조한 것으로서 자연자원의 일부는 인조자원으로서 대체될 수 있다는 것이다(Dale, 1998).

자연자원과 인조자원 사이의 대체성은 이러한 자원들이 어떻게 사용되어지는가에 달려 있다. 철강이나 플라스틱은 목재대신 사용될 수 있는데 이처럼 자연자원이 중간재 또는 생산재로 이용된다면 자원의 대체정도는 매우 높다. 서비스상품의 생산과정에서 인간의 노동력을 기술이 대체하기도 한다. 가끔은 인공자원이 자연자원을 대체하기도 하지만 완전대체는 불가능하고 그 비용 역시 매우 높기 때문에 비록 대체가 가능하더라도 자연자원은 유지되어야 한다(Mak, 2003).

반대로 자연자원은 자원이 변형되거나 소모되지도 않으면서 직접 소비되는 경우도 있다. 자연에 기반을 둔 관광(nature based tourism)의 경우처럼 관광객들이 자연 그 자체를 경험한다는 것은 자연자원이 관광객들에게 소비되었다고 할 수 있다. 이것은 자연자원이 인간에게 주는 혜택이다. 이처럼 관광지 자연자원은 관광만족을 결정짓는 요인이기 때문에 관광분야에서 제기되는 자연자원의 보존이나 유지는 매우 큰 의미를 갖고 있다.

5) 대중관광과 지속가능한 관광의 개발방식 차이

대중관광을 위한 관광개발방식과 지속가능한 관광개발방식과의 차이점을 살펴보면 다음과 같다. 대중관광은 규모의 경제를 통해 낮은 가격에 대규모 단체이용객을 수용하여 이익의 극대화를 추구하는 개발방식으로 관광단지나 지구지정을 통해 대규모 개발을 원칙으로 한다. 그 결과 주변의 환경보다는 내부 환경만 고려하여 시설물을 새로 짓거나 새로운 식물이 이식됨으로써 자연훼손이나 생태계의 파괴를 가져올 가능성이 높다. 개발상의 법적 제약요인들을 해결하는 과정에서 지역주민과의 마찰이 발생될 가능성이 높다. 개발의 주체가 지역주민보다는 외지인에 의해 이루어지기 때문에 고용 역시 외지인의 유입으로 이루어진다. 따라서 소규모 지역업체는 개발참여의 기회를 얻기 힘들고 관광으로 발생하는 사회적 비용은 지역사회가 부담할 가능성이 높다.

반면에 지속가능한 관광개발은 그 목표가 지역주민의 복리증진과 관광객만족에 있으며 관광개발을 통해 지역의 소득증대 및 생활환경개선 효과에 있기 때문에 지역과 연계된 지구계획을 수립하여 계획적으로 이루어진다. 개발대상은 지역성을 나타내는 자원을 가지고 자연적, 역사적 환경을 최대한 활용되도록 한다. 개발지역 내에 경관이 양호한 지역을 우선 보존하고 기존건물을 활용하도록 한다.

〈표 18-2〉 전통적 관광개발과 지속가능한 관광개발의 차이

구분	전통적 관광개발	지속가능한 관광개발
개발목표	- 관광객 만족 - 고용창출 - 세수증대 - 기반시설 확충	- 지역주민의 복리증진 - 소득증대, 생활환경의 개선 - 정체성, 자부심 고취 - 관광객 만족
개발주체	- 국가, 공공단체 - 민간사업자 - 대기업	- 지방자치단체 및 기타 공공단체 - 지역주민, 시민단체, 기업 - 협조적, 갈등적 참여과정
개발대상	- 뛰어난 자연경관자원 - 온천 - 문화유적, 지정문화재	- 지역 고유한 환경·문화 - 기후, 자연, 풍습, 생활, 축제 - 지역 산업 - 마을단위(지역단위) 관광개발
개발내용	- 관광시설 : 스키장, 골프장 - 숙박시설 : 호텔, 콘도 - 편의시설 : 수영장, 슈퍼마켓	- 생산기반시설 : 도로확충, 창고 - 생활기반시설 : 주택, 주거환경 - 관광객 편의시설 및 관광상품 - attractions and amenities
개발성격	- 대규모, 집중적, 고밀도 - 자연파괴적 개발 - 단기적 개발	- 소규모, 분산, 저밀도 - 환경친화적 개발 - 장기적 개발
시장성격	- 대규모 시장 - 하나의 지배적인 표적시장 - Psychocentric형 관광객 - 높은 계절성	- 소규모 시장 - 특정 지배시장 없음 - Allocentric형 관광자 - 특정계절 없음

자료: 강신겸 · 최영국 · 김성진 · 윤양수(2004), 「지속가능한 관광실태 및 성공조건」, 국토연구원, 26.

개발내용면에서는 생산 및 생활시설의 확충, 특산품 개발, 이벤트 개최 등 지역의 고유한 문화, 산업, 자연 등 다양한 요소를 연계 개발한다. 개발규모는 성수기 그리고 비수기 수요를 고려하여 평균수요를 지향한다. 개발성격은 소규모 투자를 장기간 계속하는 환경친화적 개발로서 단기적인 성

과보다 지속가능한 성장을 추구하기 때문에 개발주체가 외지인보다는 지역주민의 참여를 유도하고 가능한 지역 내 자본으로 개발하며 지역주민의 고용을 우선한다. 따라서 기존의 지역산업이 더욱 활성화되고 개발업자가 사회적 비용을 부담하게 된다.

지속가능한 관광의 적용대상이 주로 소규모 또는 이용도가 낮은 관광지를 대상으로 하고 있지만, 실제로 지속가능한 관광이 적용되어져야 하는 것은 대중관광이다. 대기업은 환경이나 문화에 대한 지배력이 크기 때문에 이들 기업이 지속가능성에 보다 적극적으로 참여할 때 효과가 크게 나타난다. 왜냐하면, 자원이나 에너지의 소비가 큰 업체가 환경교육 프로그램을 운영하거나 환경감시활동을 주도할 때 높은 효과를 기대할 수 있는 것처럼 규모의 경제가 이 부분에도 적용될 수 있기 때문이다.

6) 지속가능한 관광의 지표

관광지는 해당 관광지가 지속가능하게 유지되고 있는가에 대한 기준이 있어야 한다. 첫 번째 단계는 적합한 지표 또는 변수들을 개발해 내는 것이다. 지표란 어떤 목표를 이루기 위한 지침으로서 이루고자 하는 목표와 비교된 현재 상태의 반영표이다. 관광의 지표는 관광의 변화방향을 제시해주기 때문에 관광지가 지속가능하게 관리되어지기 위해서는 세부적으로 지표를 설정하고 이를 정기적으로 모니터링을 해야 한다.

그동안 지속가능한 관광의 지표를 개발하려는 많은 노력이 이루어져 왔으나, 관광의 범위나 지속가능성의 개념이 모호한 점이 많기 때문에 아직까지도 명확한 지표의 개발은 이루어지고 있지 않다. 경제, 환경 그리고 사회문화 부문 가운데 경제와 환경에 대한 지표의 개발은 어느 정도 성공적이라고 할 수 있지만, 사회문화의 지속성에 대한 지표는 이에 대한 정의가 불분명하기 때문에 지표의 설정 또한 쉬운 일이 아니다. 지표는 관광지 전체를 대상으로 할 수도 있고, 지역의 일부분만을 대상으로 고안되어질 수 있다.

UNWTO(1998)에서 개발된 관광지 지표의 예를 보면 <표 18-3>과 같다. 이는 모든 관광지에 적용될 수 있는 것으로서 관광지 관리에 가장 기본적이면서 실질적이고 핵심이 되는 11개의 지표들로 구성되어 있다. 이를 바탕으로 각각의 관광지 특성에 맞는 지표들을 새롭게 추가할 수 있다.

〈표 18-3〉 지속가능한 관광의 핵심지표

지표	주요 측정 대상
관광대상지 보호상태	보호 대상지의 범주는 ICUN*지표에 근거함
스트레스 상태	연도별, 월별 관광객수
이용밀집도	성수기 이용밀집도(명/면적)
사회적 영향도	지역주민과 관광객 비율(성수기, 변화율)
개발통제 상태	공식적인 환경감시나 대상지 개발통제수단의 존재 여부
쓰레기 관리상태	상수원지역에서의 오수 비율
개발절차상태	관광지 개발계획의 존재 여부
중요 생태계	희귀종/멸종위기(동식물)종의 수
방문자 만족도	방문자의 만족수준
지역주민 만족도	지역주민의 만족수준
관광의 지역공동체 기여도	지역경제에서 순수관광이 차지하는 비중

* International Union for Conservation of Nature and Natural Resources.
자료: World Tourism Organization(1998).

지속가능성 지표는 모호한 부분들이 많다. 예를 들면, 관광의 사회지표는 지역인구에서 관광객이 차지하는 비율로서 단순지표이다. 만약 지표 값이 증가하였다면 지역주민들에게 좋은 의미인지 나쁜 의미인지 불분명하다. 정도의 차이는 있지만 모든 지표들의 성격이 불확실하고 복잡하게 구성되어 있다는 특징을 가지고 있다. 따라서 몇 개의 지표 변화만을 가지고 관광지가 지속가능한지 아닌지에 대해 확실히 결론을 내린다는 것이 쉬운 일이 아니다. 경제적, 환경적 그리고 사회문화적 지속성의 지표가 보다 구체적이고 신뢰할 수 있는 수준까지 개발되기 위해서는 아직도 많은 노력이 필요하다. 그럼에도 불구하고 지속가능한 관광을 추구하거나 지표를 개발하고 평가하는 것은 그 자체로서 분명히 가치가 있기 때문이다. 왜냐하면 이러한 노력 없이는 관광지가 지속가능하지 않는 결과를 가져올 것이라는 것이 명백하기 때문이다.

Reference

강신겸 · 최영국 · 김성진 · 윤양수, (2004). 『지속가능한 관광실태 및 성공조건』. 국토연구원.

김대식 · 노영기 · 안국신, (2007). 『경제학원론』. 박영사.

김병문 · 김현지, (2006). 『국제관광론』. 백산출판사.

김성일 · 박석희, (2001). 『지속가능한 관광』. 일신사.

김사헌, (2002). 『관광경제학』. 백산출판사.

김태영, (1995). 『현대관광학원론』. 백산출판사.

맨큐(Mankiw, N.G)/ 김경환 · 김종석 옮김, (1999). 『맨큐의 경제학』. 교보문고.

문화관광부 · 문화관광정책연구원, (2005). 「2004년 한국관광위성계정」.

소병희, (2004). 『공공부문의 경제학』. 박영사.

안국신, (2004). 『경제학 길잡이』. 율곡출판사.

오호성, (2002). 『환경경제학』, 법문사.

이강욱, (2006). 관광수요예측 가이드라인 설정 연구. 한국문화관광정책연구원.

이강욱 · 최승묵, (2003). 『관광산업의 지역경제 기여효과 분석』, 한국문화관광정책연구원.

이후석, (2003). 『관광자원의 이해』, 백산출판사.

애드리안 불 지음/이응진 · 최현숙 옮김, (2005). 『여행과 관광의 경제학』. 일신사.

제주도, (2012). 제주관광통계.

제주도, (2013). 제주특별자치도 설치 및 국제자유도시 조성을 위한 특별법.

주명건 · 주상영, (2000). 『경제학원론』. 박영사.

최병길 · 송재호, (2000). 관광의 지속가능성(ST) 구조-개념 모델의 개발, 관광정책학연구. 제6권 제3호(통권 11호), 한국관광정책학회.

최병길, (2000). "관광 수요예측에러에 대한 시계열 모델 평가". 관광경영학 연구. 제6권, 제2호.

______, (2002). 『IT 혁명과 관광』. 백산출판사.

______, (2002). "The Economic Aspects of Tourism on Jeju Islands", in The Economic Impacts of Tourism in the islands of Asia and The Pacific, WTO, Madrid, Spain.

최병길 · 오상훈 · 현정석, (2006). "여행형태별 제주관광수요 패턴 및 예측". 관광 · 레저연구. 18권 4호.

최승이 · 이미혜, (2006). 『국제관광론』. 대왕사.

카와무라 세이지 지음/서정교 옮김, (2001). 『관광경제학 입문』. 한울출판사.

통계청, (2012), 한국통계연감.

한국경제신문, 2008년 5월 12일, 한국인 67%가 일중독.

한국관광공사. (2012). 한국관광통계.

한국노총 중앙연구원, (2008). "실근로시간 단축 저해요인 분석 및 향후 개선과제 마련을 위한 연구".

한국은행, (2004). 「알기 쉬운 경제지표 해설」.

Alstrup, J., Anderson, S., Boas, S., Madsen, O. and Vidal, R. (1989). Booking control increases profit at Scandinavian Airlines, Interfaces, 19 July/August, pp.10-19.

Ap, John. (1992). "Residents' Perceptions on the Tourism Impacts," Annals of Tourism Research, 19(4).

Archer, Brian. (1976). "Forecasting Tourism Demand", In S. Wahab (ed) Managerial Aspects of Tourism, Cairo: Salah Wahab.

Archer, Brian. (1982). "The Value of Multipliers and Their Policy Implications," Tourism Management, p. 237.

Bell, Daniel (1973). The Coming of Post-Industrial Society: A Adventure in Social Forecasting, New York: Basic Books.

Berkman, W., (1994). "Sustainable Development is it a useful Concept", Environment Values, 3(3).

Bishop, R. (1982). "Option value: an Exposition and Extension," Journal of Environmental Economics and Management.

CEC, OECD, WTO and UN (Commission of the European Communities, Organization for Economic Co-operation and Development, United Nations and World Tourism Organization) (2001). Tourism Satellite Account: Recommended Methodological Framework.

Dale, J. (1998). "Sustainability and Beyond", The Ecological Economics, 24.

Doleman, J.A. and Sandler, T., (1998). "The intergenerational Case of Missing Markets and Missing Voters", Land Economics, 74(1).

Dimitri L. and Debbage, K.G. (1998). (Edited) The Economic Geography of the Tourist Industry, A Supply-side Analysis, London and New York.

Dwyer, Larry and Forsyth, Peter. (2006). (edited) International Handbook on the Economics of Tourism, Edward Elgar. UK. USA.

Firag, Ismail, (2002). "Role of Governments in Toruism Management", in The Economic Impacts of Tourism in the islands of Asia and The Pacific, WTO, Madrid, Spain.

Frechtling, D. (1996). Practical Tourism Forecasting, Oxford: Butterworth-Heinemann.

Fyall, A. and Garrod. (1997). "Sustainable Tourism Toward a Methodology for Implementing the Concept." In: M. J. Stabler(ed.), Tourism and Sustainability, Principles to Practice, New York: CAB International, pp. 51-68.

Gartner, William C. (1996). Tourism Development; principles, process, and policies, John Wiley & Sons, Inc.

Gee, C. Y., Mackens, J. C. and Choy, D.J.L. (1997). The Travel Industry, Van Nostrand Reinhold.

Taylor, R. and Judd, L. (1989). Delphi Method Applied to Tourism. In S. Witt and L. Mouthinho (eds.), Tourism Marketing and Management Handbook, Cambridge: Prentice Hall.

Travel Industry World 2001 Yearbook. (2002). pp. 188-189.

Tribe, John. (1999). The Economics of Leisure and Tourism, Second Edition, Butterworth Heinemann.

Hinterberger, F., Luks, F. and Schmidt-Bleek, F. (1997). "Methods: material flows vs natural capital'; What makes an economy sustainable? Ecological Economics, 23.

Leeds, Michael and Allmen, Peter von, (2002). The Economics of Sports, Addison Wesley.

Lundberg, D. E., M. M. Stavenca and M. Krisnamoorthy, (1995). Tourism Economics, John Wiley & Sons, Inc., p. 157.

MacNulty, Michael, (2002). "The Role of Government in Successful Island Tourism", in The Economic Impacts of Tourism in the islands of Asia and The Pacific, WTO, Madrid, Spain.

Mak, James. (2003). Tourism and the Economy, University Hawai'i press, Honolulu, Hawai'i.

Mathison, A. and Wall, G., (1988). Tourism Economic, Physical and Social Impacts, Longman Scientific & Technical.

McIntosh, Robert W. and Goeldner, Charls R., (1990). Tourism Principles, Practices, Philosophies (6th ed.), John Wiley & Sons, Inc.

Munashinghe, M. (1994). "Economic and Policy Issues in Natural Havitats and Protected Areas", in M. Munashinghe and J. Mcneely (eds) Protected Area Economics and Policy: Linking Conservation and Sustainable Development, Washington, DC; The World Bank.

OECD, (1998). A Tourism Satellite Account for OECD Countries, DSTI/DOT/TOU/STAT(98)1.

______, (1999). Draft OECD Guidelines for a Tourism Satellite Account, DSTI/DOT/TOU/SAT(99)2.

______, (2000). Measuring the Role of Tourism in OECD Economies: The OECD Manual on Tourism Satellite Account and Employment.

Opschoor, H., and Van der Straten, J. (1993). "Sustainable Development: An Institutional Approach," Ecological Economics, 2.

Poon, Auliana. (1993). Tourism, Technology and competitive Strategies, Oxon, U.K.: CAB International.

Smeral, E. (1994). Tourism 2005, Vienna, Ueberreuter.

UNWTO, (2007, 2012). World Tourism Barometer.

Vanhove, Norvert, (2005). The Economics of Tourism, Elsevier.

Walton, G. and Wykoff, F., (1989). Understanding Economics Today, Irwin, Homewood, Illinois.

Weaver D. and Lawton, L., (2006). Tourism Management, John Wiley & Sons Australia, Ltd.

Werthner, Hannes & Klein, Stefan (1999). Information Technology and Tourism - A Challenging Relationship, Springer Computer Science.

World Bank (2003). Sustainable Development in a Dynamic World. World Development Report 2003, Washington, D.C.: The World Bank.

WTO. (1993). Sustainable Tourism Development: Guide for Local Planners, Madrid, Spain.

______, (1998) International Union for Conservation of Nature and Natural Resources.

______, (1996). Agenda 21 for the Travel & Tourism Industry: Towards Environmentally Sustainable Development.

______, (1998). Guide for Local Authorities on Developing Sustainable Tourism, Madrid, Spain.

______, (1998), Tourism Satellite Account(TSA).

______, (1999), Tourism Satellite Account(TSA): The Conceptual Framework.

______, (2000), Tourism Satellite Account(TSA): Methodological Accounting-Methodology and Documentation.

______, (2000). Sustainable Tourism Development: A Compilation of Good Practices, Madrid, Spain.

______, (2002). Tourism and Poverty Alleviation, Madrid, Spain.

WTTC, Progress and Priorities, 2005-2006.

______, (2013). Tax Burden on Travel & Tourism in the US.

______, (2013). The Economic Impacts of Travel and Tourism.

http://www.wttc.org/eng/Home/

http://disneyworld.disney.go.com/

http://korean.visitkorea.or.kr/kor/index.kto(한국관광공사)

http://www.dubaitourism.co.ae/(두바이 관광청)

주요 용어 찾아보기

ㅇ

저/자/소/개

최병길(崔炳吉)

현재_ 제주대학교 관광경영학과 교수
동국대학교(학사)
University of Detroit(MBA)
University of Texas at Arlington(경영학박사)

저서_ IT혁명과 관광(백산출판사, 2004년 초판, 2007년 재판)

주요 관심부문은 관광경제, 관광통계, 정보기술 발전에 따른 관광의 영향 등이며, 발표 논문으로는 관광수요 예측에러에 대한 시계열모델 평가, 제주섬 정체성 변화, 제주관광의 정체성변화, 지속가능한 관광을 위한 구조모델, 환경변화와 생태관광의 시장성, 여행형태별 제주관광수요 패턴 및 예측, 제주관광에서 재방문객의 특성과 그 밖에 다크투어리즘, 관광자의 지각된 가치, 공연관광, 관광정보 관련 문헌 및 사례연구 등 70여 편의 논문이 있음.

김태보(金泰保)

현재_ 제주대학교 경제학과 교수
중앙대학교(경제학사)
서울대학교 환경대학원(도시계획학석사)
중앙대학교 대학원(경제학박사)

저서_ 한국지역경제론(법문사, 1998)

주요 관심분야는 지역경제학, 자원 및 환경경제학, 지방재정론 분야 등이며, 주요 발표논문으로는 제주경제의 구조적 특성과 성장전망, 제주 관광산업의 경제적 영향, 관광개발정책에 관한 연구 등 50여 편의 논문이 있음.

관광경제학

2009년 2월 25일 초 판 1쇄 발행
2015년 9월 10일 개정판 2쇄 발행

지은이 최병길 · 김태보
펴낸이 진욱상 · 진성원
펴낸곳 백산출판사
교 정 조진호
본문디자인 오양현
표지디자인 오정은

저자와의 합의하에 인지첩부 생략

등 록 1974년 1월 9일 제1-72호
주 소 경기도 파주시 회동길 370(백산빌딩 3층)
전 화 02-914-1621(代)
팩 스 031-955-9911
이메일 editbsp@naver.com
홈페이지 www.ibaeksan.kr

ISBN 978-89-6183-182-6
값 23,000원